온라인 청년 극우의
성차별, 인종주의, 여성혐오의 정신분석

**Fantasy, Online Misogyny and the Manosphere**
by Jacob Johanssen

여성혐오와 남성문화를 정신분석학적으로 심층 연구한 최초의 성과물

# 온라인 청년 극우의 성차별, 인종주의, 여성혐오의 정신분석

야콥 요한센 저 | 김정은 역

FATASY, ONLINE MISOGYNY AND THE MANOSPHERE

MALE BODIES AND DIS/INHIBITION

학지사

# 역자 서문

인연은 묘하다.

내가 읽고 있던 것은 만주국에 관한 책이었다.[1] 만주와 남성성에 관한 대목이었다. 만주를 휩쓸던 동아시아적 변형 파시즘이 빚어 낸 원형적 우익 남성성이 후일 일본과 한국 현대사에서 군부독재와 반공주의를 통과하면서 어떻게 전개되고 변용되었는지가 설명되었다. 그리고 만주 남성성과 해방 후 군부 남성성, 나치 남성성이 지닌 친연성이 설명되었다. 그러면서 인용된 참고문헌이 바로 클라우스 테벨라이트의 저작이었다. 아마존에서 테벨라이트의 책을 구입하려고 검색을 했던 듯하다. 정확하게 무슨 검색어를 입력하였는지는 기억나지 않는다. 연관 검색 결과이든가 아니면 추천 알고리즘 탓이었는지는 모르겠다. 그렇게 우연하게 마주친 것이 바로 야콥 요한센의 책이었다.

우리는 한국의 노년 우파가 어떤 인물형인지를 알고 있다. 이들은 전쟁과 가난을 아직도 공포에 질린 채 기억한다. 그 공포가 조금이라도 일깨워지면 이들은 생각하기를 멈추며 폭력적으로 과잉 대응한다. 우리는 중년 우파도 잘 알고 있다. 이들은 진취적이고 엄격하고 단련되어 있다. 이들은 나라를 일으켰으며 맨손으로 경제를 일구어 냈다. 큰일을 해냈기에 민주주의, 인권 따위의 작은 불평은 무시한다. 그리고 우리는 오늘날 청년 우파를 만났다. 이들은 억울하다. 소외되었고 빼앗겼고 배제되었다. 세상이 불공평하다. 그러나 이들은 투쟁하거나 건설하지 않는다. 온라인 공간에 모여서 비아냥거리고 깐죽거리고 혐오하고 조롱한다. 모두가 남 탓이다.

---

1 한석정(2016). 만주모던: 60년대 한국 개발 체제의 기원. 문학과지성사, p. 183.

지난 대선은 유독 팽팽한 대결이었다. 고작 0.7퍼센트, 겨우 24만 표가 승패를 갈랐다. 한국 정치 지형도에서 세대 대결 구도나 지역 대결 구도는 늘 상수였다. 이번 대선을 결정한 것은 바로 젊은 세대 중에서도 남성들이었다. 이대남이라는 말이 있었다. 2찍남이라는 말도 있었다. 뭐라고 부르든 간에 나는 이들에 대해서 알고 싶었다. 닥치는 대로 여러 가지를 읽던 중에 한 권의 책에 인용된 참고 서적의 연관 검색어를 잘못 클릭한 끝에 야콥의 책을 만났다. 그리고 뜻밖에 놀랍게도 내가 알고 싶었던 청년 우파의 마음속을 들여다 볼 수 있게 되었다. 정말이지 인연이란 이렇게도 묘하다.

이 책의 연구 대상은 인터넷 공간에 나타나는 성차별적 인종주의적 극우적 남성계다. 남성계, 즉 manosphere는 이러한 경향성을 느슨하게 공유하는 남성 주류의 온라인 공간을 의미한다. 특정 게시판이나 포럼, 채널, 플랫폼에 국한되지는 않으나 경우에 따라서는 독자적 웹사이트를 가지고 있는 경우도 있다. 때로는 온라인을 벗어나 오프라인 공간에까지 연장되어 커뮤니티를 형성하거나 혹은 극단적 시위 및 폭력 사태를 일으키기도 한다. 남성계의 구성원들은 서로 느슨하게 연합하고 중첩하고 연대한다. 온라인과 오프라인을 넘나들며 모종의 흐름을 형성한다. 이 책에서는 극우 유튜버, 인셀, 남성분리주의, 금딸 커뮤니티, 총기난사범 등을 다루었다.

이 책의 독창성과 탁월성은 연구 방법론에 있다. 야콥 요한센은 남성계를 주관적 몰입의 방식으로 이해하고자 한다. 동일시적 지식이자 내재적 이해다. 좀 더 일상적인 말로 표현하자면, "요즘 젊은 남자애들은 대체 머리와 마음속에 뭐가 들었기에 저러는가!"에 대한 대답이다. 그러므로 저자는 우선 이들의 말을 듣고 글을 읽는다. 그냥 듣고 읽는 것은 아니다. 그 아래에 그 너머에 무엇이 어떻게 틀 지워져 있는지를 알아내고자 한다. 여기에 동원되는 것이 정신분석학이다. 그리하여 저자는 심지어 남성들 자신조차도 몰랐던 남성계의 무의식과 정신역학을 설명한다.

인터넷 청년 우파는 지극히 최근의 현상이다. 그럼에도 이들에게는 역사적 연원이 있다. 바로 테벨라이트가 분석한 원형적 파시스트 군인 남성이다. 이들은 시대를 뛰어넘어서 남성계 남성들과 매우 유사한 심리역학을 보여 준다. 요한센은 원형 파시스트 남성성이 나치 시절을 지나 1968년 성혁명, 페미니즘의 전개, 정보기술의 시대, 신자유주의의 시대를 거치면서 어떤 식으로 변형되고 퇴행하고 수정되었으며, 증폭되고 극단화되어 왔는지를 설명한다. 이제 우리는 남성계를 좀 더 입체적이고 맥락적으로 이해할 수 있다. 그리하여 탄생한 인터넷 청년 우파는 특유의 역사와 현실을 창조하여 스스로를 가둔 채, 피해의식을 느끼고 희생자 행세를 한다. 우리와 타자를 나누어 혐오를 뿌린다. 여성이건 흑인이건 이민자건 좌파건 성소수자건 상관없이, 타자라는 것이 중요하다. 너무 미워하고 두려운 나머지 때로는 남을 죽인다. 혹은 내 안에 들어 있는 남이 너무 미워서 자아를 죽이는 지경에 이르기도 한다. 히틀러에서 시작하여 금딸러로 끝나는 이 이야기는 이토록 불길하고 암울하다.

당연한 말이겠지만 요한센의 분석은 한국 상황과는 다소 차이가 있다. 이민자, 난민, 인종, 총기, 성소수자 이슈 등은 각국마다 역사적 맥락이나 상황이 무척이나 다르다. 비단 한국뿐 아니라 유럽의 상황과 영미권의 상황마저도 무척 다르다. 특히 최근 한국에서는 극우 페미니즘 내지 보수 페미니즘의 문제가 정치적 지형의 복잡성을 심화시키고 있다. 심지어는 페미니즘의 우파 무기화 현상까지도 벌어지고 있다. 이 책에서 설명하는 페미니즘을 한국적 맥락에서 오독하지 않기를 바란다.

2023년 1월 말에 저자에게 무턱대고 이메일을 보냈다. 한국의 인터넷 문화 지형과 선거 이야기, 정치 상황 이야기를 두서없이 했던 것 같다. 당신의 책에 나온 거의 모든 현상이 한국 온라인에도 한국 버전으로 존재한다는 점이 놀랍다고 털어놓았다. 저자는 한국 상황에 대해서는 잘 몰랐다면서도 대표적 혐오 온라인 4chan의 연원이 된 일본 2channel이 여성 혐오뿐만 아니라 한국인에 대한 인종 혐오로 가득한 공간이라는 점을 이야기했다. 하나의 유령이 인터넷을 떠돌고 있다, 혐오라는 유령이!

요즘 세상은 좁고 빠르다. 한 구석에서 시작된 바람은 어느새 비슷한 모양새를 갖추어 전세계를 휩쓸곤 한다. 나는 독일에서 15년째 살고 있다. 독일인 남편을 두었고 아이 셋을 낳아서 키우고 있다. 난민 위기와 우크라이나 전쟁, 이스라엘 하마스 전쟁 등을 거치며 뭔가 달라지고 있는 듯한 바람의 방향을 복잡한 심경으로 바라본다. 얼마 전 독일의 극우정당 AfD가 외국인 강제 '역이민(Remigration)'을 주장하는 극우 활동가와 비밀 회동한 현장이 몰래 촬영되어서 언론에 전격 공개되었다. 극우 정치에 반대하는 시민들의 자발적 시위가 전국적으로 일어나고 있다. 그런가 하면 이스라엘의 가자지구 공격에 반대하는 무슬림 시민들의 시위에 대해서는 반유대주의 금지라는 명분으로 단속과 해산 조치가 내려지고 있다. 혼란할 따름이다. 이 책의 번역 원고를 퇴고하던 시기에 한국에서는 무차별 칼부림 사건이 있었다. 작은 키 때문에 열등 감을 느끼던 외톨이 젊은이의 소행이었다. 곧이어 온라인 공간에는 칼부림 테러 예고가 동시다발적으로 들끓었다. 편집 마무리 단계에는 급기야 유력 정치인에 대한 폭력적인 암살 시도까지 발생했다. 피의자는 아마도 극우적인 동기를 지녔던 듯 보이지만 어찌된 일인지 수사는 안개 속을 헤매고 있다. 무슨 말을 할 수 있을까. 그저 세상이 좀더 나은 곳이 되었으면 좋겠다. 제발.

많은 격려와 조언을 아끼지 않았던 야콥 요한센에게 감사의 말을 전한다. 기획과 진행 과정에서 친절하게 도움을 주신 학지사 관계자 여러분께도 깊은 감사를 표한다. 언제나 지지해 주고 믿어 주는 남편에게는 늘 미안한 마음뿐이다. 무엇보다도 엄마가 끙끙거리며 책에 매달려 있는 동안, 저희끼리 서로 챙겨 가면서 밥 잘 먹고 잘 놀아 준 세 아이들, 킬리안, 아일리스, 렉시에게 깊은 사랑을 보낸다.

2025.
역자 김정은

# 서문

　우선은 야콥 요한센에게 감사한다. 나의 1977년 작『남성 판타지Männerphantasien』는 우리 시대 남성 폭력 연구에 이론적 틀로 사용된 영광을 누렸다. 그의 훌륭한 연구는 실로 다방면에 걸쳐 있다.

　근래 몇십 년 동안 분석적 '가해자 연구' 방면에서의 성과가 뜸하였다. 제1차 세계대전 이후 독일 상황에 대한 역사학적 연구성과는 꽤 있었다. 내 전공 분야이기도 하다. 영어권 저작을 예로 들자면 마크 존스Mark Jones의 책『바이마르 공화국 건국: 1918~1919년 폭력과 독일 혁명Founding Weimar, Violence and the German Revolution of 1918~1919』(Cambridge UP, 2017)이 있다. 젊은 역사학자가 오래된 사료를 다시 한번 다듬어서 이루어 낸 빼어난 역작이다. 그럼에도 책 제목에 언급된 '폭력'의 이유인 심리 상태에 대해서는 아무런 설명이 없다. 전문 역사학자의 본분이란 게 그렇다. 그들은 외부적으로 존재하는 '대상물' 혹은 '영역'을 연구 대상으로 삼는다. 역사학자는 기록을 검토하고 냉철한 주체─객체 관계에서만 '판단'을 공식화한다. 역사학자는 판단을 내린다. 역사는 판단을 받는다. 그리고 역사학자는 '다음 대상물'로 논의를 진행한다. 역사학자 자신은 스스로 서술한 '역사'의 일부분이 아니라고 생각한다.

　야콥 요한센은 다르다. 그의 연구는 남성 폭력을 주제로 삼는다. 연구자 자신마저도 역사적 구체물이라는 성찰 없이는 제대로 된 연구가 불가능하다는 것을 알고 있다. 폭력을 서술하려면 기존 사회구조를 말해야 한다. 이는 곧 지배 시스템이다. 지난 수천 년을 지배한 '가부장제'의 조건을 함께 생각해야 한다. 모든 남성 자신이 이 구조의 일부다. 아무리 비판적 개인이라고 하더라도, **신자유주의적 자본주의 시대를 사는 한**

**명의 남성이라는 사실만으로도 일정 정도는 가부장제를 재생산하는 셈이다.**

야콥 요한센은 이러한 위험을 직시한다. 세상에 존재하는 각종 남성 폭력을 '이성'과 '고상한 감정'의 시각에서 비판하는 작업에는 위험성이 내재되어 있다. 남들의 남성 폭력은 '멍청'하고 '광적'이며 '헛소리'이고, 내 자신의 사고방식이나 행동방식에 비교하자면 '당연하게 열등'하다고 단순하게 규정해 버린다면, 폭력의 핵심적 구조를 뜻하지 않게 반복해 버리는 꼴이 되어 버린다. 야콥 요한센은 말한다. 인셀(incel), 남성 분리주의, 금딸 등 소위 '남성계' 커뮤니티의 사고방식을 단순히 배격해 버리고 만다면, 정신과적 전문용어로 '양극성 망상형 정신분열증'이라고 낙인찍어 버린다면, 우리는 특정한 폭력의 구조를 재생산하게 된다. 이러한 '진단'은 어떤 식으로든 사태에 뒤얽혀 있는 우리 자신에게 면죄부를 주지 않는다. '이분법'적 사고와 판단은 극도로 위험하다.

기존의 서구 민주주의 문화와 제도적 조건을 누리며 하루하루를 살아가는 사람이라면 변명 몇 마디로 기존 구조에서 면피할 수는 없다. '나는 다르다'. 나는 '가해자'가 아니며 여성을 억압하지 않는다. 그러므로 나는 연구 대상이 되지 않으며 연구 대상들을 넘어선 존재다. 정신분석학적 사고에 익숙하지 않은 일반인들이 흔히 보여 주는 태도다. 그들은 외부 세상이 자신을 '불편'하게 하고 '방해'하고 있다고 보는 경향이 있다. 너무나 '사악'하고 '나빠'서 자신이 '받아들이기 힘든' 것들은 죄다 '타자'의 탓이다. 이렇게 산다면 인생은 아마도 좀 견딜만하겠지만 **응용 가능한 통찰**은 얻을 수 없다.

최근 역량 있는 독일 역사학자가 19세기 후반 20세기 초반의 독일사에 관한 연구서를 펴냈다. 방대한 자료와 실명이 동원된 좋은 책이며, 나도 많은 것을 배웠다. 모든 자료를 철저히 검증하고 고찰하였다. 한 예로 역사학자는 독일제국 지배 집단과 지배 계급이 이미 19세기 후반부터 **호기롭게** '장기적 목표'를 가지고 전쟁으로 전진하였으며, 그 역사적 결과가 제1차 세계대전이었음을 자세히 서술한다. 또한 그들이 경제적, 군사적으로 곧 다가올 전쟁과 세계 정복을 갈망하였다는 사실도 서술된다. 또한 유럽 유대인 인구를 수용소에서 멸절시키려 하였던 혐오스러운 사실도 감추지 않고 그대로 서술한다.

하지만 '정신분석학'은 고사하고 '프로이트' 같은 말은 책에서 한 번도 나오지 않는다. 과연 이래도 될까? 독일 폭력의 역사, 전쟁 역사, 수용소의 역사를 서술하면서, 유대인 그리고 러시아인 멸절 시도로 표현된 독일의 파괴 의지의 역사를 서술하면서, 대부분 남성이었던 이들 가해자의 심리 구조를 이해 안 하고 넘어가도 되는 걸까? 그럴 수 없다고 본다. 영미권 남성 가해자들에 대해서도 마찬가지다.

나는 1972년에서 1977년까지 『남성 판타지』를 저술하였다. 당시는 서독 페미니즘의 초기 발전기였다. 나는 어린 아들을 한 명 두었고, 프라이부르크 대학 병원 소아청소년 정신건강의학과에서 커리어를 시작한 아내와 신혼생활 중이었다. 당시 프라이부르크에는 온갖 정치적 논의, 생태주의, 페미니즘, 반제국주의 논쟁이 활발하였다. 모든 논쟁의 중심에는 바로 '폭력의 문제'가 자리 잡고 있었다. 언제 어디에서 무력의 사용이 허용되어야 하는가. 혹은 심지어 요구되기까지 하는가. 평화주의자를 자처하는 이들의 자기정체성을 뒤흔들 위협이 있는 질문이었다.

1920년대 자유군단[1]의 살인적 남성성이 과연 내 자신의 '남성성'과 어떤 관련을 맺는가? 내 아버지의 남성성은 권위 추종적 히틀러 지지자와 나치 당원들의 남성성과 어떤 관계를 맺는가? 내 아내의 눈에 나의 남성성은 어떻게 비춰질까? 우리 아이는 나를 어떻게 볼까? 나의 남성성은 나와 함께 음악 활동하는 밴드 멤버들에게 어떻게 보일까?

이만하면 인생을 '성공적'으로 살아왔다고 자부하는 기성세대의 연로한 남성들에게 가장 좋아하는 노래가 무엇이냐고 물어보면 '마이 웨이My Way'라고 대답하는 경우가 많다. 폴 앵카, 프랭크 시나트라가 "내 인생 내 방식으로 살았노라"고 당당하게 가슴 펴고 부르는 노래. 독일 전 총리 게르하르트 슈뢰더도 퇴임식에서 이 노래를 들었다. 마이 웨이. 파워 마초. 흔들림 없이. 변함없이.

마이 웨이? 내 삶과 내 행동은 그렇지가 않았다. 오히려 '우리 식으로 살았'다. 그마저도 나 혼자 잘나서 된 게 아니다. 내 아내가 없었다면, 언제나 돕고 공감해 주었던

---

1  역자 주-Freikorps 바이마르 공화국 시절, 퇴역 군인 및 우파 청년들로 구성된 우익민병대 겸 백색테러조직. 여러모로 일본의 대륙낭인, 해방정국 미군정 시기 서북청년회와 유사한 조직이다.

친구들이 없었더라면, 늘 지지하고 협력해 주던 직장과 기관 동료들이 없었더라면, 제2차 세계대전이 끝난 이후 꾸준히 민주화된 우리 사회와 공론장의 구조 변동이 없었더라면, 흑인음악 문화운동이 없었더라면, 이 모든 것과 내 자신의 관련성에 대한 끊임없는 성찰이 없었더라면, 내 자신의 '생각'이라는 것은 결국 아무것도 아니며 아무런 성과도 이루지 못했을 것이다. 소위 한 명의 개인이라고 하는 것은 존재할 수가 없다. 최소한 둘이 필요하다. 아기를 만들 때에도 그렇고 사랑의 기쁨을 누리기 위해서도 그렇다. 소위 '자율적 주체'라는 것은 철학적 구성 개념일 뿐이다. 잠시 후 상술하겠다.

나에게는 무척이나 큰 기쁨이다. 1972년에 집필을 시작했으니 『남성 판타지』는 곧 쉰 살이 된다. 2021년에 정신분석학적으로 사고하는 젊은이가 내게 동의하며 읽어 준 것만도 고마운데 더욱 발전시켜 성과물을 내주었다니 말이다. 야콥 요한센은 오늘날 우리가 당면한 '파시스트' 남성들과 그들의 무도한 행동을 과거뿐 아니라 현재적인 연구성과에 의거하여 고찰한다. 더 나아가 새로운 정신분석학적 개념을 적용하여 현대 세계의 변화한 기술 환경과 연관하여 이해하도록 해 준다. 훌륭한 성과에 진심으로 찬사를 보낸다. 이러한 노력의 중심에는 다양한 인간 육체가 다양한 섹슈얼리티의 표현을 통해 발현된다는 확신이 자리 잡고 있다.

내 책과 요한센의 책에 나오는 개별 육체는 스스로의 개별성을 강박적으로 강변하고는 있지만 궁극적으로는 '파편화된 육체'다. 발달과정을 통해 부분적으로 파괴된 채 길러졌으며, 외부 세상으로부터의 위협에 방어하기 위해서 스스로를 방탄복으로 감싼다. 그리고/혹은 동시에 방탄복에 들어맞도록 하기 위해서 스스로를 강력하게 단속한다. 겁에 질려 있고 '위협당한' 육체는 늘 필연적으로 폭력을 저지른다. '파시스트'의 육체는 언제나 겁에 질려 있다. 특히 외부적 현실에 의해서 '집어삼켜질까 봐' 두려움에 떤다. 모든 '파시즘적'인 것의 핵심 공포는 바로 육체 해체의 공포다. 1920년대에도 그랬고, 1960년대, 1990년대, 그리고 2020년대에도 그렇다. 주변 환경만 살짝 달라질 뿐이다.

1977년에는 퀴어라는 말이 없었다. LGBTQ(레즈비언, 게이, 바이섹슈얼, 트렌스젠더를 나타내는 포괄적 용어)? 몰랐다. 인셀, 금딸, 남성분리주의 따위의 '남성계'는 실체도 없었고 이름도 없었다. '인터넷'도 없었고 '디지털'도 없었다. 최소한 오늘날처럼 중요하지는 않았다.

변하지 않은 것도 있다. 야콥 요한센이 지적하였듯 "실제 여성은 부재하며 통제 가능한 판타지로서의 여성으로 대체된다." 이 '판타지'의 형태와 조건이 크게 변화하였을 뿐이다.

남성계가 자초한 강박적 고립의 상황이 변하였으므로 이들을 탈출시킬 정신분석학의 형태 역시 변화하였다. 야콥 요한센은 '파편화된 육체'라는 개념을 사유하면서도 제시카 벤저민Jessica Benjamin의 이론적 프레임을 수용한다. 제시카 벤저민은 오이디푸스/남근이라는 개념적 구성물에서 벗어나서 '관계의 정신분석학'에 중점을 둔다. 한 인간이 다른 인간을 동등하면서도 다른 존재로 인정하고, 사고와 감정의 공유가 가능해지며, 개인 상호 간의 공동 인정과 양자 모두에게 속하는 교차성이라는 '삼자the Third'가 출현할 수 있는 가능성이다. 벤저민이 말하는 삼자는 남근의 압제로부터는 생겨날 수가 없으며, 오이디푸스적인 프로이트/라캉 영역에서는 성장할 수가 없다. 아버지가 오로지 금지하고 위협하는 존재로서만 있는 곳이기 때문이다. 벤저민이 개념화한 어머니와 아이 간의 아동기 상호주체적 젠더 관계성은 마가렛 말러Margaret Mahler, 디디에 앙지외Didier Anzieu 등이 주장한 전(前) 오이디푸스 단계의 어머니와 아기의 미분화 상태 이론을 극복한 이론이다.

'물론' 말이야 쉽다. 요한센의 책에 추천사를 쓰는 일이 나에겐 참으로 어렵다. 책은 전적으로 공감하면서 읽었는데 막상 글을 쓰려고 보니, 내가 완전히 찬성하고 공감하면서 읽었기 때문에 오히려 감상을 쓰기가 더 어렵다. "옳지, 그렇지, 내 생각도 그래.", "표현 잘했구나. 정말로 말이 된다. 대단하네." 한도 끝도 없이 이럴 수는 없다. 책 내용을 계속 인용할 수도 없는 노릇이다.

그러므로 차이점을 주로 이야기해 보려고 한다. 요한센의 남성계 남성들은 나의 『남성 판타지』 남성들과 여러 면에서 유사하지만, 어떤 면에서는 다르다. 『남성 판타지』가 알아낸 것은 여성에 대한 판타지가 실재 여성의 부재에서 생겨났다는 것이다. 오늘날의 경우는 더 이상 이렇지 않다. 야콥 요한센은 "남성들은 여성 판타지에 의존하고 있다. 판타지 여성만이 그들을 언젠가는 인정해 주고 존재를 확증해 줄 것이기 때문이다."라고 설명한다. 남성계 남성들에게 여성은 '부존재'하기 때문에 판타지의 중심이 된다. 남성들의 모든 감정과 생각은 여성성을 참조하여 경험된다. 이들이 비밀스럽게 갈망하는 것은 여성이 자기들의 존재를 인정해 주는 것이다. 여성들이 이러한 소망을 충족시켜 주지 않기 때문에 여성을 향해 강렬한 분노를 품는다.

여성들에게 인식되고 인정받고자 하는 소망은 1890년에서 1920년까지의 빌헬름 2세 재위 시기 독일제국에서는 드문 일이었다. 여자를 가까이하기에는 남자의 육체를 녹여 버리는 여성 속성에 대한 두려움이 너무나도 컸다. 빌헬름 치세기에서 제1차 세계대전에 이르기까지는 남매를 제외한 남성과 여성 사이에는 진정한 친밀함이 절대로 생겨날 수 없도록 일상이 조직되었다. 양성이 함께 마주칠 수 있는 공적 공간이 거의 없었기 때문이었다. 초등학교는 성별에 따라서 분리되었다. 공식적 무도회도 존재하지 않았다.

이제 상황은 근본적으로 변화하였다. 여성은 공적 공간 어디든 존재한다. 직장, 거리, 클럽, 공장과 사무실 등 어디든 여성이 있다. 여성은 가정에 갇힌 존재가 아니며 광고를 통해 무소부재하다. 오히려 남성계 남성만이 특이한 판타지를 스스로에게 주입한다. 요한센은 말한다.

이들 다양한 남성 커뮤니티는 자신들에게 봉사해 줄 존재로서의 타자를 허구적으로 구성해 낸다. 남성의 파편화된 자아를 지탱해 줄 순종적인 여성성이다. 이들이 욕망하는 것은 인정밖에 없기 때문에 오히려 타자에 대한 파괴로 퇴행해 버린다. 그러한 행위는 인정, 상호 이해, 대화의 가능성 자체를 차단해 버린다. 이 남성들이 원하는 인정이란 것은 아마도 특정한 종류의 인정만을 의미하는 듯 보인다. 바로 순종이다. 이들은 파시스트적 육체 판타지로부터 힘을 얻어 순종적인 여성에게서 숭배받는 동시에 보살핌을 받는 시나리오를 꾸며 낸다.

자신을 종속시켜 주길 원하는 여성이 허구적으로 구성된다. '타자'에 대한 진정한 인식과 '상호 존중'은 생겨날 수가 없다. 해결되지 않는 또 하나의 차이점이 있다. '남성계'의 남성이 '여성'을 차라리 죽이고 싶어 하는 것은 과연 어떤 상황 때문일까? 과연 어느 시점에서 죽이려는 욕망이 생겨날까? 여성 육체를 멸절시키고자 하는 결심, 남성 판타지의 많은 부분이 궁극적으로 향하는 지점, 바로 여성이 없는 세상이다. 요한센도 이 지점에 대한 확답을 내리지 못한다. 소위 인셀, 남성분리주의자 남성이 과연 어느 지점에서 살인범, 저격범이 될까? 대뜸, 마구잡이로 죽이는 것이 아니다. 죽일 결심을 내린 것이다. 그것만은 분명하다. 개별적 사례를 정확히 연구해야만 알 수 있을 것이다.

핵심 질문에 대답해 보자. '파괴되고 파편화된 육체는 어디에서 기원했는가?' 이 역시, 20세기 후반 21세기 초반에 들어 변화하였다. 제2차 세계대전이 끝날 무렵에는 주로 가정교육이라는 허울을 통해 이루어졌다. 남자 아기들의 육체는 체벌, 어리광에 대한 조롱과 비아냥, '약해 빠졌다'고 놀려 대기, 여러 형태의 심리적, 육체적 모욕을 지속적으로 겪으며 길러졌다. 그 결과 남성들은 자신의 리비도를 스스로의 육체 경계 안에 안정적으로 주관하는 방법을 배우지 못하였다. 인간의 피부는 타자와의 우호적 접촉을 가능하도록 만들어 주는 경이로운 기관이다. 타인과의 긍정적 접촉은 다양한 이성적 능력의 기반이 되는데, 이것의 대부분이 비활성화된 채로 남게 된다. 그러므로 프로이트적 의미에서의 안정적 육체-자아의 발달 기반이 결여된다.

군대가 치유책이 되곤 하였다. 고문처럼 혹독한 육체 단련과 상관의 체계적인 정신적 학대를 견뎌 낸 남성들은 종종 일종의 '해방감'을 경험하였다. 새로운 형태의 육체성으로의 돌파. 일찍이 느껴 본 적 없는 힘으로의 돌파. 심리적으로 비활성화 상태였던 육체 경계가 군대 및 군조직에 대한 소속감으로 대체된다. 빌헬름 시대 독일제국군의 육체 '방탄복'이 이렇게 생겨난다. 튼튼한 근육으로 감싸인 자아. 명령과 복종에 의해서 발동되며, 시스템 안에서 착착 움직이는 한 절대로 파편화되지 않는 육체다. 혹독한 군대 생활은 남성의 육체에 바깥세상을 강건하게 버텨 낼 수 있도록 확실한 힘을 부여한다. 스스로를 '군인다운 사나이'라고 자부했던 자유군단 남성들의 회고록에는 이러한 육체적 경지에 이르렀을 때의 **감동을 묘사**한 내용이 가득하다. 자유! 해방의 경지! 그러나 심리적으로 지속 가능한 관계는 **어느 누구하고도** 맺을 수가 없었다. 차라리 **논리적인** 귀결이다. 이토록 근육적이고 겁에 질린 균형 상태를 **깨뜨리지** 못하게 물리칠 방법은 오로지 폭력밖에는 없기 때문이다. 평정을 깨뜨리는 원인은 제거해야 한다. 특히 여성의 **생동감**, 남자의 육체를 망쳐 놓는 에로틱의 힘이 주요 원인이다.

이제 최근 상황에 질문을 던져 보자. '교육적 수단'으로써 체벌이 더 이상 주류가 아닌 오늘날에는 이것이 어떻게 작동할까? 요즘 젊은이들에게는, 심지어 군대에서조차 육체-안정화 단련이 드문 일이 되었다.

내가 제일 먼저 떠올린 것은 체력 단련이었다. 스포츠 시설, 사격장, 사설 트레이닝 센터 등에 남성들은 정기적으로 방문하여 '강철' 같은 근육을 단련하고 '최적의 상태'로 관리한다. 가장 극단적인 형태가 데이비드 핀처David Fincher의 영화 〈파이트 클럽Fight Club〉(1999)에 묘사된 실전 격투 테크닉 단련이다.

야콥 요한센은 말한다. 과거 군대가 수행했던 육체 안정화 기능은 이제 주로 인터넷에서 수행된다. 나 역시 전적으로 동의한다. 이 생각이 처음 든 것은 1,500페이지에 달하는 아네르스 베링 브레이비크Anders Behring Breivik의 '선언문'을 읽은 후였다. 그는 오슬로 폭탄 테러와 우퇴위아섬 총기난사 연쇄살인을 일으키기 직전에 인터넷에 선언문을 올렸다. 브레이비크는 법정에서 선언문이 인터넷에서 주목받도록 하기 위해서 연쇄살인을 저질러야만 했다고 증언했는데, 이 지점을 특기할 필요가 있다. 그는 인터넷 유명 인사가 되는 것이 자신의 영웅적 지위를 공고히 해 준다고 믿었다. 인터넷은 그의 **탁월성**을 증명해 주며, 궁극적으로 시시한 세속의 법, 질서 따위가 건드릴 수 없게 해 준다. 그의 육체성은 아무도 감히 넘볼 수 없다. 인터넷이 바로 방탄복이다.

2010년 이래로 일부 남성 및 남성 단체들이 인터넷을 방탄복으로 활용하는 일이 점점 더 뚜렷해지고 있다. 야콥 요한센은 남성계의 다양한 그러나 결국 **비슷비슷**한 남성 집단을 통해 이를 명백하게 보여 준다. '파시스트 유형' 남성의 육체적, 정신적 형성 과정의 매우 중요한 특징이 여기에 있다. 때때로 간과되고 무시되기도 하는 점인데, 이들의 특징은 바로 '모순적'이라는 것이다. 이들은 고도로 숙련된 기술적 능력을 보유한 사람들이다. 거의 모든 파시스트 남성성이 예외 없이 그러하다. 그러면서도 동시에 이념적으로는 가장 '구시대적'이다. 독일 파시스트 남성들은 '피와 흙'의 가치를 부르짖었다. 여성 육체보다 남성 육체가 우월한 것이 '자연법칙'이라고 주장한다. 혹은 백인 '인종'이 모든 유색인보다 '우월성'을 보유하고 있다고 우긴다. 결론적으로 남성계 남성들은 한편으로는 고도로 첨단적이지만, 동시에 다른 한편으로는 고도로 퇴행적이다. 하지만 자신들은 이를 '모순'으로 여기지 않는다. 오히려 이를 특별한 통합성이라고 여기며 자신의 절대적인 존재 증명이라고 생각한다. 구석기 시대의 젠더 관념을 찬양하면서도 하이테크 첨단 기술을 자유자재로 구사하는 능력을 동시에 지닌 이들. "딱 적절하잖아? 안 그래?"

'은유적'으로 그렇다는 것이 아니다. 실제 육체적 상태가 그러하다. 인터넷은 곧 육체적 현실이라는 것을 이해해야 한다. 원칙적으로 인터넷은 서로 연결되어 있음(Zusammenschaltung)을 뜻한다. '구식'의 군인 남성들은 자신의 기관총, 모터바이크, 탱크, 전투기와 자신을 '연결'하여 이해하였다. 기술 기기는 단순한 '무생물 물질'이 아니다. 기기와의 심리생리학적 상호 연결은 수많은 개별 육체에게 특별한 '생명력'을 부여한다. 더 나아가 많은 연결성을 보유한 자들에게는 막강한 수준의 권력 충족감이 증폭된다.

20년 전에만 하더라도 대부분의 우익 남성들은 세계 곳곳에 뿔뿔이 흩어진 채로 고립되어 살아갔다. 서로의 존재조차 잘 몰랐고 기껏해야 몇몇 얼간이들이 소규모로 모이곤 하였다. 이제는 그들이 인터넷을 장악하였다. 이들은 무서운 기세로 확장하고 뻗어 나가 이젠 없는 곳이 없을 지경이다. 소위 '남성계'는 한때 세계 곳곳의 풀뿌리 민주주의를 증진하리라 믿었던 인터넷의 산물이다. 인터넷에 연결됨으로써 파편화의 위협에 놓였던 개인의 육체는 이제 거대한 통합체로 거듭난다. '좋아요'를 클릭하는 순간 개인은 초월적 차원으로 확장된다. 우리는 최고 우수 인종론의 정보기술적 재정립을 목격하는 중이다. '인터넷 자체'를 원칙적으로 반대하자는 것이 아니다. 오히려 인터넷은 여러모로 유용하다. 기술은 누구에게나 열려 있다. 살인자와 폭력 집단은 기술의 용도를 권력과 폭력을 증폭시키는 용도로 경험할 뿐이다. '우리'는 다르게 사용한다. 다르게 사용할 수 있고, 다르게 사용해야만 한다.

내가 오늘날의 '정상 유형'이라고 부르고 싶은 사람들의 결정적인 차이점이 여기에 있다. 내가 생각하기에 서구 민주주의 사회의 대다수 사람은 자신의 '육체성'을 그 자체로 '일관된' 단일체로 경험하는 입장과는 근본적으로 거리를 둔다. 나는 '분절-자아'라는 개념을 통해서 이 현상을 설명해 보려고 오랜 시간 애썼다. '분절-자아'는 소위 '자아분열적' 분할의 공포를 겪는 육체를 그럭저럭 극복한 시민적 삶이다. 이러한 유형의 육체는 제2차 세계대전이 끝나기까지 지배적 위치를 누렸다. 그는 자기 자신을

'선하다'고 여긴다. 선량한 시민이자 좋은 가장이다. 착하고 순종적인 국민이자 우수한 인종의 착실한 일원이다. 그는 대량 학살 정책에 참여하면서도 자신을 인도적이라고 여겼고, **순종적으로** 대량 학살을 하였다. 당국은 무슨 내용인지 정확히 알고서 **명령**을 내렸다. 당국의 방침에 조금이라도 벗어난다면 육체는 파편화되고 심리가 붕괴될 위험이 있었다. '비정상'은 물리적 처리, 즉 살해될 수 없을 경우에는 심리적으로 **쪼개 버려야** 한다. 이 과정에 성공하지 못하고 각성되어 버린 사람들은 '병적'이라고 간주되었다. **임상의학적**으로 각성된 사람들은 '정신분열증', 즉 '두 개의 인격'으로 쪼개진 사람으로 '진단'을 받았다.

오늘날 서구 민주사회의 시민들은 이러한 이분법의 함정에 더 이상은 빠지지 않는다. 그들은 실제 세상의 다양한 분야와 너무나도 많은 관련을 맺고 살아가기 때문이다. 예를 들면 다음과 같다.

직장 생활을 하는 중년 남성. 아이들을 학교에 데려다주고 아내에게 키스로 인사한다. 출근길에 애인과 밀회할 스케줄을 잡고, 10시 20분 사무실에서 주식 거래, 혹은 부동산 거래, 무기 거래 계약을 처리하고, 10시 50분에는 인도의 굶주리는 어린이를 위해서 기부를 하고, 11시 30분에는 부하 직원에게 근무 태도가 느슨하다고 갈궈 주고, 점심시간 동안에는 주변 직원들에게 친절하게 대해 준다. 오후 2시 30분에 있을 회의에서 경영상의 이유로 그들을 해고해야 하기 때문이다. 교회에 다닐 수도 있고 안 다닐 수도 있다. 오전에 딱 한 시간, 저녁에 딱 한 시간만 종교적 인간일 수도 있다. 하루한 시간만 평화주의자이자 어린이 보호론자가 되고, 한 시간은 전쟁론자가 되고, 그 중간에 남는 시간은 변호사 면담 스케줄을 조정해서 서로 상반되는 두 역할 사이를 어정쩡하게 오가면서 '중재'한다. 이렇게 살아가면서 그의 육체 역시 자주 관계망에 뒤엉켜 들어간다. 하루 일과를 마친 후 울타리를 사이에 두고 정다운 이웃 노릇을 하기도 하지만, 다음 날에는 주차 공간 문제로 혹은 개똥 문제로 이웃에게 욕을 하기도 한다. 데이비드 린치 영화에서 그려진 대학교수처럼 아침 식탁에서는 손톱 밑에 때가 끼었다는 이유로 딸의 뺨을 때리며 결벽증적 아버지 노릇을 하고, 밤이 되면 '유령'처럼 딸의 침대에 기어들어가 성적 착취자가 되기도 한다.

이 모든 것이 억지로 뭉쳐 놓은 '통합 자아' 아래로 깔끔하게 정리될 수는 없다. '정상 유형'은 어떻게 대처를 할까? 새로운 영역에 진입할 때 자아의 상태 변화가 일어난다. 버려야 할 자아 상태는 쪼개어 버리거나 혹은 아예 억눌러 버린다. 결정적 신박함이다. 이러한 상태 변화는 '병적'인 느낌이 없이 발생한다. 하나의 상태를 끄고 다른 상태를 켜는 것은 완전하게 자아−협화음ego-syntonic적이며 완전하게 비병리학적이다. '자아'는 공존하면서도 서로 간섭하지 않는 다수의 분절체로 구성되어 있다. 이러한 자아 현실에 잘 대처하는 사람은 주변의 사회적 현실에도 잘 대처한다. 특히 오늘날 기술적으로나 사회적으로 매우 다양화한 사회는 분절화된 정신을 지닌 한 개인에게 **실천과 행동의 반경**을 허용한다. 원칙적으로 공공의 시선에 잡히지만 않는 한 어떠한 **위반**도 허용이 된다. 고립 개별자의 사회는 개개인을 그냥 내버려 둔다.

반면, 남성계 남성들은 어찌된 노릇인지 외부 세계에서도 혹은 자신의 정신세계에서도 냉철한 분절이라는 문화적 테크닉을 배우지 못했거나 아예 못하는 별종들인 듯하다. 야콥 요한센이 몇 차례 지적하였듯, 이들은 통합된 세계관을 달성하고자 안간힘을 쓰지만 '남자'가 살아가야 할 수많은 현실의 혼란 속에서 결국은 폭력과 파괴 이외에는 방법을 찾지 못하고 만다.

분절화된 세상에 대한 또 다른 형태의 저항은 **'미래를 위한 금요일**Fridays for Future'등의 운동에도 나타난다. '기성세대'의 복잡한 정책들은 '기만적'일 뿐이라는 저항감을 품은 젊은이들이 조직적으로 나섰다. 기성세대는 그때 그때 말만 바꿀 뿐 약속은 하나도 지키지 않는다는 것이다.

현대 정신분석학에서도 이 점은 커다란 의문으로 제기된다. '자아'라는 용어는 어떤 종류의 '자아' 혹은 '나'를 의미하는가? 우리 자신을 말하는가, 아니면 사회에 존재하는 다른 '자아들'을 의미하는가? 제대로 된 대답이 드물다. 많은 저자는 '주체'라는 용어를 써서 그냥 넘어가 버린다. 그러나 '주체'는 존재하지 않는다. 추상적인 철학적 개념으로만 정립될 뿐이다. '주체'는 관념일 뿐 실체가 없다. 이건 육체에 관한 것이다. 그들은 끊임없이 자신들의 개별적 파편화를 통제해서 어떻게 해서든 '삶을 견딜 수 있도록' 만들고 싶어 한다.

삶은 타자와의 관계를 통해서만 살 만한 것이 된다. 제시카 벤저민의 정신분석학이 가르쳐 준 통찰이다. 야콥 요한센은 이 통찰을 남성계의 고립된 세계를 탈출하는 방법으로 제시한다. '타자'와의 관계를 떠난 순수한 '나'는 기본적으로 존재하지 않는다는 깨달음은 이론적으로만 있을 뿐 우리의 일상 언어와 행동에 아직 받아들여지지 않았다. 우리는 '나'라는 말을 할 때 그 깨달음을 어렴풋이 알고 있을 뿐이다.

제시카 벤저민은 여성의 질이 가진 힘을 말한다. 100년 전 군인들과 오늘날 우익 남성들이 '집어삼켜'질까 봐 극도로 두려워한 존재. 한 가지 강조해 둘 것이 있다. 벤저민의 정신분석학적 고찰은 기존과는 다르다. 인간의 젠더를 단순한 이분법적 성별 관념으로만 고정해 두고 '오이디푸스' 콤플렉스를 통해 양자선택적으로 발전한다고 보지 않는다. 벤저민은 들뢰즈/가타리의 안티 오이디푸스를 부분적으로 수용한다. 최근 몇십 년간 자신들의 '퀴어' 정체성을 대중의 인식 전면에 내세워서 자신들의 '비정상적' 섹슈얼리티를 인정해 달라는 것 그 이상을 꾀한 사람들이 있었다. '이분법적 젠더 질서' 시스템의 해체는 '우리' 사회의 사고방식과 조직 방식의 핵심에 의문을 제기한다. 그 결과 '양자택일적'인 모든 형태의 사고방식이 연속적으로 해체되고 있다. 이성애 중심적 젠더 이분법이 한 사례다. 또한 소위 '변증법'이라고 불리는 철학 방식도 그렇다. 사물은 '양면적'이지 않다. 거의 언제나 다면적이다. 정-반-합을 말하는 사고 형식을 이제 철학사에서 폐기할 때가 되었다. 또한 '우리' 입장에서의 논증이란 거의 언제나 사물을 특정 입장에서 질서 짓고 그들을 **위계화**하여 배열함을 의미한다. 이렇게 '고지'를 점령하고 '진실의 증거'를 찾겠다는 것이야말로 못 믿을 노릇이다. 세상 그 무엇이나 닥치는 대로 '이성적' 토론을 통해서 증명할 수 있다는 생각이야 말로 아네르스 베링 브레이비크가 법정에서 보여 준 연설의 핵심이었다. 그는 모든 것을 설명하였다. 어처구니없이 어마어마한 헛소리를 언제나 통계와 그래프를 근거로 제시하면서 논증하였다. 모든 것은 '증명 가능'하다. 일상적인 언어로도 혹은 고도로 이론적인 언어로도 다 가능하다. 다만 육체의 현실과 사회적 조건의 실질적 다양성이 쏙 빠져 버릴 뿐이다. 한 치 앞도 똑똑히 볼 수 없는 모호함을 헤치고 앞으로 나아가려는 야콥 요한센의 노력이 그래서 더욱 소중하다.

오늘날의 우리는 그 어느 때보다도 더 지식론의 '종언'에 가까이 도달해 있다. 트럼프의 미국이 우리에게 보여 준 것은 '민주적-문명적' 세상이라는 것이 안정적인 것이 못 된다는 사실이다. 이랬던 적이 이번 '한 번'만도 아니다.

세상에 '평등'을 요구하는 여자들이 있다는 사실만으로도 못 살겠다고 난리를 치는 남자들이 있다니. 바로 이게 '민주주의'의 기반이라는 것이 제일 큰 문제다. 평등이란 원래 '부자연'스러운 것이다. 제발 좀 깨달으시라.

클라우스 테벨라이트

[ **콘텐츠 경고** ]

이 책은 유해하고도 충격적인 내용을 다룹니다.
이러한 자료를 다루는 것에
일부 독자는 불편함을 느낄 수도 있습니다.

## 용어 정리

**NTR 호구남Cuck:** 원래는 성적으로 행실이 문란한 여자를 아내로 둔 남성을 뜻하는 말이다. 특정 장르의 포르노를 지칭하기도 한다. 백인 남성이 자신의 '아내'가 흑인 남성과 성교하는 장면을 보는 상황을 설정하는 장르다. 대안우파가 유행시킨 용어다. 이른바 나약한 남성을 묘사하는 말이다. 종종 정치적으로 중도적 혹은 진보적 입장을 지닌 남성에게 쓰인다.

**금딸NoFap:** 포르노와 자위행위에 반대하는 커뮤니티다. 대다수는 남성이지만 간혹 여성도 있다.

**나자뒈LDAR:** 나가서 자빠져 뒈져라lie down and rot를 줄인 말이다. 인셀 용어로 자살을 해 버리라는 뜻이다.

**남성계Manosphere:** 다양한 남초 커뮤니티로 구성된 SNS 프로필, 게시판, 웹사이트 등의 느슨한 집합적 연대다. 그중 상당수가 노골적인 안티 페미니즘과 여성혐오를 표방한다.

**남성분리주의MGTOW:** '남성이 자신의 길을 가다Men Going Their Own Way'의 이니셜을 딴 말이다. 남성들만의 분리주의적 라이프 스타일과 남성 우월성을 주장한다.

**노미Normie:** 평균적인 외모와 지능을 지닌 노멀한 사람을 가리키는 말이다. 비아냥거리는 말이지만 한편 부러움도 담겨 있다.

**눈꽃송이Snowflake:** 대안우파 남성들이 리버럴 좌파의 '나약한' 남성을 얕잡아 부르는 말이다.

**대안우파Alt-Right:** 극우적 파시즘적 반유대주의적 대형 커뮤니티이며 온라인을 넘어 오프라인 활동도 한다. 지난 몇 년간 대안우파 자체는 존재감이 작아진 편이지만 대안우파적 사고방식은 여전히 영향력을 행사하고 있다.

**레딧**Reddit: 이용자들이 스스로 커뮤니티나 게시판, 즉 서브 레딧을 개설할 수 있는 플랫폼이다.

**베타벅스**Beta buxx: 베타 메일. 알파 메일에 상대되는 용어다.

**비주얼 인셀**Looksmatch: 인셀 용어로. 외모가 인셀처럼 생겼다는 뜻이다.

**뽈딸싸**PMO: 금딸 커뮤니티 용어다. 포르노, 자위행위, 오르가슴을 뜻한다.

**상향혼**Hypergamy: 여성들이 자신보다 상위 계급의 남성들과 결혼하려 든다는 뜻의 용어다.

**스테이시**Stacy: 인셀 용어로, 많은 남성, 대개는 채드와 성관계를 갖는 여성을 뜻한다. 얄팍하고 멍청하고 예쁘지만 문란하다는 고정관념이 있다.

**암봇**Femoid: '암컷female'과 '로봇humanoid' 혹은 '안드로이드android'를 합성한 말이다. 여성을 인간 이하 혹은 비인간으로 여기는 단어이며, 더 줄여서 '앗foid'으로 부르기도 한다.

**인셀**Incels: 비자발적 금욕involuntary celibate의 줄인 말이다. 남성우월주의 커뮤니티.

**짤**Meme: 온라인에서 공유되는 이미지나 짧은 영상을 의미한다. 하나의 이미지나 영상을 여러 가지로 변형해서 사용하며, SNS와 인터넷 커뮤니티에서 빠른 속도로 전파된다. 종종 유미와 아이러니의 강점이 있다.

**채드**Chad: 여성과 많은 성관계를 갖는 매력적인 남성을 가리키는 비하적 용어다.

**파란 알약, 빨간 알약, 까만 알약**Blue Pill, Red Pill and Black Pill: 남성계에서 시작되어 일반에게도 널리 알려진 용어들이다. 파란 알약은 주류 페미니즘을 의미하고, 빨간 알약은 안티 페미니즘적 '진실', 즉 남성들이 사회에서 가장 억압받는 존재라는 것을 의미한다. 까만 알약을 먹는다는 것은 인셀에서 생겨난 용어인데, 다 망했으며 희망이 없다는 뜻이다.

**포챈**4Chan: 익명 기반, 이미지 공유 포럼. 다양한 토픽을 다루는 하위 게시판이 개설되어 있다. 극단적이고 공격적인 콘텐츠가 특징이다.

**현웃**LOL: 크게 소리 내어 웃는다laughing out loud는 뜻이다. 우스운 상황을 말할 때 쓰는 약어다.

# 차례

C O N T E N T S

# 서론
# 남성계에 대한 정신분석

　　이안 커쇼Ian Kershaw에 따르면 "히틀러는 여자들에게 '킹카'가 전혀 아니었다"(1998, p. 44). 파시스트 독재자 히틀러를 연구한 2권 분량의 저서에서 커쇼는 히틀러를 "노골적으로 여성혐오적"인 남자로 묘사하였다(ibid). 20세기 초반, 세상이 권장하던 모범적인 행실은 25세가 될 때까지 순결을 지키는 것이었다. 그 시절에는 적당한 시점까지 섹스를 멀리하는 것이 "건강에 좋고 의지력 강화에 이로우며 육체적 또는 정신적으로 드높은 성취를 이룰 기반이 된다"(ibid)라고 여겼다. 1913년 비엔나를 떠날 무렵, 24세의 히틀러는 성 경험이 전혀 없었다. 커쇼가 지적하듯, "당시 비엔나 같은 대도시에서는 젊은이들이 성적 향락을 손쉽게 누렸으며, 남자가 사창가를 출입하는 것은 흔하고도 당연한 일이었고 공적 도덕성에 전혀 흠이 되지 않았다. 히틀러와 같은 경우는 오히려 드물었다."(ibid) 커쇼는 히틀러가 여성과 여성의 섹슈얼리티를 두려워하였다고 결론짓는다. 히틀러는 성적으로 억눌려 있었다. 즉, **억제적**이었다. 현실적으로는 실패자였으면서도 마치 위대한 사명을 지닌 예술가인 양 과대망상을 하였다. 다른 한편으로 그는 사악한 악마였다. 20세기 최악의 죄악을 한 몸에 구현한 남자. 수많은 사람을 '타자'라고 혹은 다르다고, 열등하다고 지목하고 내몰아서 학살하고 대량 살상한 남자. 그는 거만했고 무턱대고 화를 냈으며 분노를 통제하지 못하는 것으로 악명이 높았다. (연극적으로) 분통을 터뜨렸고 거의 히스테리에 가까운 정신 상태였다(ibid, 513). 완벽하게 **탈억제화된** 괴물이었다.

히틀러의 실패한 섹슈얼리티 이야기는 절대로 농담이 아니다. 이 사례에서 우리는 파시즘적 정신, 섹슈얼리티, 구체적 경험이 어떤 식으로 밀접하게 연결되어 있는지를 볼 수 있다. 역사적으로 파시즘은 매우 특정한 방식의 남성성, 여성성, 몸과 섹슈얼리티와 관련이 있다. 이 관련성은 오늘날에 이르기까지 온라인 공간과 수많은 남성 육체성에 영향을 끼치고 있다.

* * *

온라인 여성혐오는 트위터Twitter, 페이스북Facebook, 유튜브YouTube 등 소셜미디어에서 최근 증가 추세다(Banet-Weiser, 2018; Ging & Siapera, 2019). 포챈4chan, 에잇챈8chan, 레딧Reddit 등의 포럼 플랫폼은 여성혐오의 주류화에 상당한 역할을 수행하고 있다. 이러한 증가 추세는 우익 파시즘 정치 및 사상과 본질적으로 연관되어 있다. 비단 보리스 존슨, 도널드 트럼프, 나렌드라 모디, 자이르 보우소나루, 마테오 살비니, 빅토르 오르반, 로드리고 두테르테, 레제프 타이이프 에르도안, 마린 르펜 등의 정치인, 정부, 선거를 통해서만이 아니다. 이들은 인터넷에 조직적으로 씨앗을 뿌리는 방식으로 퍼져 나간다.

좀 더 최근에 유럽과 세계 각지, 예를 들면 미국의 도널드 트럼프, 영국의 브렉시트 국민투표, 유럽 극우정당의 난민 반대 담론 등에서 벌어진 극우 포퓰리즘의 득세는 특정 형태의 여성혐오를 동반하는 경향을 보였으며(Walton, 2012; Keskinen, 2013; Wilz, 2016; Ouellette & Banet-Weiser, 2018), 여성권과 LGBTQI+ 권리증진에 거스르려는 역풍을 가져왔다.

이런 맥락에서 종종 집합적으로 '남성계'라고 지칭되는 각종 온라인 커뮤니티가 대두되었고, 여성 적대적 게시물이 대량 유포되고 있다(Gotell & Dutton, 2016; Ging, 2017; Koulouris, 2018; Van Valkenburg, 2018; Bratich & Banet-Weiser, 2019). 이들의 주장에 따르면 페미니스트 시스 여성(cis women)[1], LGBTQI, 좌파 성향 개인들과 유색인종 등이 백인 남성의 지위를 위협하고 있다는 것이다. 이제는 이성애 중심의 남성성을 다양한 방식으로 복원하고자 하는 것이 남성계의 시도다.

이러한 커뮤니티는 시스 여성, 그리고 다양한 젠더와 성적 정체성을 지닌 개인들에게 온라인에서만 해를 끼치는 것이 아니다. 이들 커뮤니티에서 시작된 위협은 현실적인 살인과 강간 협박에까지 이어지기도 한다. 실제로 여성들이 살해당하기도 한다. 최근에는 온라인 공간을 벗어난 현실에서 총기 난사가 다수 벌어졌다. 백인 남성 총기난사범은 종종 여성혐오론자이자 인종차별주의자인 경우가 많았고(Myketiak, 2016; Murray, 2017a, 2017b; Wilson, 2017; Vito, Admire, & Hughes, 2018), 그들의 뒤틀린 시각은 남성계와 SNS를 통해서 더욱 확대·강화되었다. 온라인 여성혐오는 절대로 무해한 '가상' 폭력이 아니다. 이는 '실제' 여성을 향한 폭력으로 이어진다.[1]

우리 시대 남성들은 여성을 욕망하면서도 증오하는 듯 보인다. 이런 식의 증오는 인터넷에서 어떻게 구체화될까? 왜 하필 지금 이런 현상이 나타날까? 이는 역사적 맥락에서 파시즘, 성혁명, 페미니즘과 어떠한 관련을 맺고 있을까? 이들은 왜 육체 및 섹슈얼리티와 이토록 본질적인 연관을 보일까? 여성혐오는 왜 온라인 커뮤니티를 통해 증폭될까? 온라인 여성혐오에서 판타지는 어떤 역할을 하는 것일까? 이러한 질문이 쌓여서 이 책을 집필하게 되었다.

이 책의 일차적인 과제는 남성계의 다양한 커뮤니티에서 여성혐오가 어떤 식으로 구체화되는지를 연구하는 것이다. 내가 특히 관심을 쏟은 것은 남성의 판타지, 욕망, 육체 정동적 상태 등을 데이터를 통해 추론하는 것이다. 레딧[2], 유튜브, 온라인 포럼, 그리고 대량살상범 두 명의 선언문을 분석 자료로 삼았다.

---

1 역자 주-시스 여성, 시스젠더 여성. 타고난 성별과 자신이 느끼는 성적 정체성이 일치하는 젠더를 뜻한다. 이 두 가지가 불일치하는 트랜스젠더에 대비되는 개념이다.

2 레딧Reddit은 게시판 스타일의 웹사이트이며 사용자가 세부 테마별로 커뮤니티를 개설할 수 있도록 되어 있는 플랫폼이다. 세부 테마를 '서브 레딧'이라고 부른다. 사용자는 글, 이미지, 비디오, 링크를 게시할 수 있다. 다양한 토픽에 대해 생각과 의견이 교환된다. 각각의 서브 레딧에는 개설자가 있고 나름의 규칙, 관행, 용어가 있다. 게시물은 사용자의 추천과 비추천을 받아서 서브 레딧에서의 노출 위치를 결정받는다. 레딧은 '인터넷의 시작 페이지'임을 자부하며, 온라인 플랫폼 최대의 커뮤니티 규모를 자랑한다(Massanari, 2017).

이 책은 여성혐오를 **정신사회학적** 분석을 통해 그려 보려고 한다. 여성혐오를 증폭하여 특정 정치적 영향력으로 작동하도록 만드는 사회역사적 요소에 주목한다. 또한 주관적·심리적 차원이 여성혐오와 어떻게 연관되는지 알아본다. 케이트 만Kate Manne(2018)은 여성혐오에 대한 저서에서 여성혐오를 순전히 심리학적으로 다루거나 개인의 주관적인 비이성적 상태로 다루는 것에 반대하였다. 여성혐오는 사회적 관습이며 가부장제에 뿌리를 두고 있고 기존 체제를 유지하고자 한다. 단순히 어떤 개인의 정신 상태로 치부될 수는 없다. 만에 따르면 한 개인의 여성혐오의 원인을 상세하게 규명하는 것은 불가능하다. 나는 그것이 개인의 탓인지 사회의 탓인지 양자택일하는 식의 관점은 도움이 되지 않는다고 생각한다. 여성혐오는 개인과 사회 내에서 발생하는 **변증법적이고 심리사회학적 현상**으로 다루어야 한다. 개인과 사회 모두가 뒤얽혀서 여성혐오를 특정한 방식으로 구체화한다. 사회적 현상인 여성혐오의 이면에서 주관적 차원을 읽어 내야만 어째서 가부장제 내부의 특정 남성들이 특정 사회역사적 맥락에서 여성혐오에 동조하는지 이해할 수 있게 된다.

나는 정신분석학을 이론적인 틀로 차용하였다. 구체적으로는 클라우스 테벨라이트의 2권 분량의 걸작 『남성 판타지』(Theweleit, 1987, 1989)의 정신분석기법에 많은 신세를 졌다. 또한 빌헬름 라이히Wilhelm Reich의 섹슈얼리티와 파시즘 이론(Reich, 1997)과 엘리자베스 영-브륄Elisabeth Young-Bruehl의 편견 이론(Young-Bruehl, 1996)에 많은 빚을 졌다. 세 명의 사상가 모두 섹슈얼리티, 육체, 무의식의 분석이 여성혐오 등의 극단주의와 온갖 형태의 권위주의 이데올로기의 관계를 이해하는 데에 중요하다고 강조한다. 오늘날 극우 극단주의와 파시즘이 이토록 세상을 현혹하고 열광시키는 이유를 알려면 반드시 섹슈얼리티를 고려해야 한다. 파시즘은 집단 정체성과 소속감, 육체적 강인함을 약속할 뿐 아니라, 더 나아가 과잉 자격의식[3]을 제공하고 의무감으로부터

---

**3** 역자 주-'entitlement', 'a sense of entitlement'의 번역어로 '과잉 자격의식'을 선택하였다. 이는 자격을 주장할 위치나 처지에 있지 않은 사람이 지나치게 좋은 대우를 억지로 기대하고 요구한다는 뉘앙스를 지닌 말이다. 뻔뻔함이나 어리석음, 어이없음, 시대착오성 등의 부정적 평가도 다소 묻어 있다. 흔히 쓰는 일상적 우리말에 '자격지심'이 있는데, 자격의식과 한편으로는 유사하지만 다른 한편으로는 많이 다르다. 예를 들

해방시키며 타자에 대한 철저한 지배를 약속한다. 거세감, 무력감, 분해될 위기감을 느끼는 사람에게는 더할 나위 없이 솔깃한 소리다. 특히 오늘날의 어떤 남성들은 섹슈얼리티와 여성에 관해서 이런 소리에 더욱 취약하다.

이 책은 구체화, 육체, 정동을 강조할 뿐만 아니라 사회적 영역에까지 관심을 둔다. 테벨라이트, 라이히, 영-브륄의 이론을 수용하여 발전시키고자 한다. 이들의 심리사회학적 관점은 무척이나 유용하다. 내가 분석하려는 특정 판타지와 내러티브는 담론과 텍스트의 영역을 넘어선다. 이들은 육체와 섹슈얼리티, 정동에 의해 빚어진다. 이들 내러티브는 텍스트의 형태로 온라인에 게시되지만, 의식/무의식 역학의 구체화된 표현이며 남성 개인의 심성 및 더 넓은 사회문화적 차원과 연관되어 있다.

테벨라이트, 라이히, 영-브륄의 분석을 기반으로 하고, 여기에 프로이트가 이해한 억제 개념을 발전시킨 **억제/탈억제**의 개념을 더해서 특정 종류의 남성 판타지를 분석하려 한다. 틴더Tinder와 같은 즉석 만남 앱, 셀프 제작 아마추어 포르노, SNS에서 벌어지는 성행위 취향 공개 토론이 난무하는 오늘날의 섹슈얼리티는 과거 어느 때보다도 방종하고 탈억제되어 있다. 노골적이며 고삐 풀린 열정이 난무하는 가운데 한편으로는 많은 개인이 억제와 갈등의 감정을 느낀다. 억제/탈억제는 우리 시대 테크노컬처의 일반적인 증상이다. 섹슈얼리티는 억제/탈억제의 방식으로 경험되고 타협되고 생각된다. 이 개념쌍은 우리가 논의 대상으로 삼을 시스 남성에게 특히 잘 들어맞는다. 그들의 육체는 억제/탈억제의 상태로 구조화되어 있다. 냉담하고도 유해한 상징 권력, 욕망의 모순, 정동의 힘, 무의식의 끝없는 밀고 당김. 이들은 자아가 나약하다. 여성, 여성 섹슈얼리티, 오늘날 여성이 장악하였다고 여겨지는 권력으로부터 위협을 느낀다.

---

어, 먼 친척 어른이 돌잔치에 대뜸 찾아와서 특별 대우를 요구하는 경우를 생각해 보자. "어른을 당연히 청해 모셨어야지!"라고 말하는 경우에는 과잉 자격의식이다. "나를 안 모시다니, 사업 실패하였다고 어른을 무시해?"라고 말한다면 자격지심이다. 요컨대, 두 경우 모두 공통적으로 자격이 없는데도 특별 대우를 원한다. 그런데 당사자가 자격 없음을 주관적으로 의식하고 있는 경우에는 자격지심에 해당한다. 자격의식은 자격이 없는데 특별 대우를 원하면서도, 자신의 자격 없음에 대한 자각 자체가 없는 경우다.

그러면서도 이들은 스스로를 욕망의 대상도 못 되는 부적응자라고 느낀다. 이들은 실패감에서 비롯된 실존적 두려움 때문에 스스로를 구속하고 배제하려고 한다. 특정 온라인 단체에 속한 채로 소외감을 느낀다. **동시에** 자신이 만물을 지배하는 전능 판타지를 마구 표출하면서 여성이라는 일반 개념을 허구적으로 만들어 내어 대(大)타자로 삼는다.[4] 대타자는 반유대주의가 꾸며 낸 유대인 관념, 인종주의자가 꾸며 낸 유색 인종 관념과 많은 점에서 비슷하다. 이들은 성적으로 문란하고 간교하고 기만적이며 유혹적이고 전염성이 있다.

여성혐오와 SNS에 대해서는 많은 연구성과가 있다(Filipovic, 2007; Jane, 2014, 2016; Rentschler, 2014; Massanari, 2017; Banet-Weiser, 2018; Zuckerberg, 2018). 온라인 팬과 게임 문화에서 여성혐오적 남성 이용자의 유해한 행동에 대한 연구도 많다(Mantilla, 2015; Salter & Blodgett, 2017; Proctor & Kies, 2018). 또한 여성혐오와 극우 포퓰리즘의 관계에 대한 연구도 있다(Wodak, 2015; Lyons, 2017; Ott, 2017). 극우적 사상과 여성혐오, SNS의 관련성을 온라인 콘텐츠의 내용과 그 내용이 남성 육체와 지닌 관련성을 고찰한 연구성과도 다양하다.

이 책은 시스 남성, 남성 정체성, 온라인 남초 커뮤니티를 네 가지로 구분해 논의하고자 한다.

- 반발론자: 대안우파 유튜버 성혁명과 페미니즘 탓에 도덕이 땅에 떨어졌다면서 요즘 세태에 분노하는 사람들(제3장)
- 인셀: 여성을 비인간화하면서도 욕망하는 사람들(제4장, 제5장)
- 남성분리주의(MGTOW): 여성이 없는 남성만의 라이프 스타일을 옹호하는 사람

---

**4** 탈억제가 온라인 커뮤니케이션의 핵심적인 역할이라는 점은 존 슐러John Suler의 뛰어난 연구에서 '온라인 탈억제 효과the online disinhibition effect'로 논증되었다(Suler, 2004). 그러나 탈억제와 억제는 사실 깔끔하게 구분되는 것이 아니며, 슐러와 많은 정신분석학자도 여기에 동의한다. 이 두 가지는 서로 복잡하게 뒤엉켜 있다. 억제가 있는 곳에 탈억제가 있으며, 탈억제는 억제를 불러들인다. 둘은 서로를 필요로 한다.

들(제5장)
- **총기난사범**: 아네르스 베링 브레이비크와 엘리엇 로저. 자신의 성적 실패 때문에 여성들을 살해하였다(제6장).
- **금딸**: 포르노와 자위행위를 끊은 사람들. 그러나 여성과 페미니즘에 대해서 문제적 사고방식을 가지고 있다(제7장).

서론 부분에서는 연구 주제의 윤곽을 제시하고 핵심적 논의에 대해서 설명하도록 한다.


## 파시즘, 대안우파, 남성계, SNS

극우와 파시즘은 전 지구적 규모로 위세를 넓혀 가고 있다. 확실한 사실이다. 복잡한 지정학적, 정치적, 환경적, 경제적 위기의 시대, 겉모습만 새 단장한 애국주의와 포퓰리즘적 권위주의가 많은 이에게 손쉬운 해답으로 다가오는 모양이다. 낡은 이데올로기가 SNS 등의 새로운 테크놀로지를 통해 전파된다(Fuchs, 2018). 오늘날 세계 도처를 사로잡고 있는 애국주의 이데올로기는 본질적으로는 인종주의, 여성혐오, 성차별과 전 지구적 타인종 혐오를 내포하고 있다고 크리스티안 푹스Christian Fuchs는 지적한다. 이 책은 권위주의적 자본주의와 곧 밀어닥칠 파시즘과 극우 극단주의 위험 속의 여성혐오를 다룬다. 많은 국가가 권위주의적 형태의 자본주의로 변화하고 있고, 이들은 파시즘에 위험천만하게 가까워지고 있다. 헝가리, 브라질, 미국, 심지어 영국까지도 그렇다. 푹스는 극우 극단주의와 파시즘의 차이를 설명한다. 전자는 정치적 적에 대해서만 상징적이고 실제적인 폭력을 수용하고 사용하지만, 후자는 모든 적과 희생양에게 폭력을 수용하고 사용한다(ibid, 56). 파시즘은 특정한 이데올로기이자 국가 시스템이다. 역사적으로 파시즘은 히틀러 치하의 나치 독일, 무솔리니의 파시스트 이탈리아 등 상이하고 다양한 형태로 존재하였다. 그럼에도 하나로 묶어서 파시즘이라고 부를 수 있게 해 주는 공통점이 있다. 파시즘은 억압적이며 폭력적이고 권위주의적인 형태의 전체주의다. 제이슨 스탠리Jason Stanley는 파시즘의 특징을 신화적 과거를 준거로 삼음, 반지성주의, 위계 및 법과 질서에 대한 과다한 강조, 현실 왜곡, 피해의식과 희생자 행세[5], 성적 불안 심리라고 정리한다(2018).

크리스티안 푹스에 따르면 극우 권위주의는 다음과 같은 특징을 보인다.

- 권위주의 및 지도자 추종: 권위주의적 지도자와 강한 국가를 신봉한다.
- 애국주의 및 자민족 중심주의: 특정 공동체나 국가의 우월함을 신봉한다.
- 아군 아니면 적군 프레임: 위험한 적으로서의 대타자가 존재하며 반드시 제거해야 한다고 맹신한다.
- 가부장제 및 군국주의: 성차별, 가부장제, 군국주의 등 보수적인 가치를 전파한다
  (Fuchs, 2018, p. 53에서 수정·인용)

파시즘과 극우 포퓰리즘의 핵심적 특징 중 하나는 보수적인 젠더 위계론, 성차별주의, 그리고 여성혐오다. 파시즘은 육체, 근로, 남성 우월성, 육체의 단련과 강건함을 숭상한다. 우익 파시즘 이데올로기는 이분법적이다. 젠더를 생산의 영역(남성)과 재생산의 영역(여성)으로 분리한다. 남성 군인의 육체가 이상적인 육체이며, 모든 남성은 운동으로 이상적 육체를 닮도록 해야 한다(Fuchs, 2018, p. 68). 푹스에 따르면 이러한 이분법은 아군과 적군을 양분하는 사고방식에서도 드러나듯 가부장제를 통해 이데올로기적으로 합리화된다. 가부장제는 무엇이 남성 혹은 여성으로서 올바르고 적절한

---

**5** 역자 주-'self-victimization'을 '희생자 행세'라는 다소 적극적 번역어로 옮겼다. 흔히 사용되는 말로 '희생자 코스프레'가 이와 유사한 의미다. 실제로 피해나 희생은 전무하거나 거의 없음에도 스스로 피해를 당하였다고 굳게 믿으면서 억울해하는 심리 내지 전략을 뜻한다. 스스로를 피해자 내지 희생자라고 생각하기 때문에 오히려 적반하장으로 공격적인 언행이나 행동을 보인다. '피해의식'과는 주의해서 구별해야 한다. 피해의식은 실제로 피해를 당한 사람이 그 이후에도 모든 상황을 피해와 연관지어 방어적으로 해석하는 심리를 뜻한다. 피해나 희생이 없었을 경우에는 '희생자 행세' 혹은 '피해자 행세', 실제로 피해가 있었을 경우에는 '피해의식'에 해당한다.

행동, 외모, 성격인지를 결정한다. "그리하여 여성은 성적, 생물학적, 가사노동적 존재로만 제한된다."(ibid, 240)

파시즘과 마찬가지로 극우 극단주의 포퓰리즘도 인종주의, 애국주의, 여성혐오와 능력주의로 구성되어 있다. 배제적 담론과 행동을 통해서 특정 집단 혹은 카리스마적 지도자가 국민의 뜻을 한 몸에 모아서 기존 엘리트와 기존 질서를 뒤엎어 버릴 것이라고 선전한다. 이들은 '우리'와 '저들'을 나누는 논리를 특징으로 갖는다. 특정한 그룹, 즉 난민, 여성, 성소수자, 장애인 혹은 뭔가 '다른 사람들'에게 모든 문제의 근원이라는 누명을 씌운다.

소위 '대안우파'라는 사람들이 온라인과 오프라인에서 영향력 있는 커다란 집단으로 부각되었다(Hawley, 2017; Wendling, 2018). 이 집단의 구성원들은 틈새시장에서 벗어나서 미국의 주류로 승격되었으며, 더 넓게는 서구 정치권에까지 확장력을 보여 주었다(Wendling, 2018). "대안우파의 도움으로 도널드 트럼프가 당선되었고, 트럼프의 선거운동이 대안우파를 뉴스에 등장시켰다."(Lyons, 2017, p. 2) 이들은 반유대주의적, 인종차별주의적, 반페미니즘적이며, 젠더 평등에 반대하였다. 호울리는 말한다.

> 대안우파의 근본적인 관심은 인종이다. 대안우파의 핵심은 백인종 국민국가운동이다. 대안우파에 공감하는 대다수의 사람에게 이런 규정이 못마땅하겠지만 그래도 사실이다. 대안우파운동의 가장 정력적이고 열성적인 인물들 대부분은 북미 대륙에서 백인 인종국가의 건국을 보고 싶어 한다. ……대안우파는 최근 젠더 평등론의 관념에 반대하여 반페미니즘을 표방하고 좀 더 가부장적인 사회를 선호한다. 그러나 페미니즘 비판의 논거는 성 역할에 대한 전통적인 교회의 입장이 아닌 경우가 많다. 대안우파가 내세우는 논거는 소위 '성별 현실주의'인데, 남성과 여성은 생물학적으로 다르기 때문에 다른 사회적 역할이 주어지는 것이 당연하다는 논리다. 대안우파와 소위 '남성 인권운동' 사이에는 공통점이 꽤 있다. 이들은 모두 오늘날에는 여성에 대한 차별보다 남성에 대한 차별이 더 심하기 때문에 문제라고 주장한다(Hawley, 2017, p. 11, 17).

대안우파와 남성인권운동의 공통점을 눈여겨봐 둘 필요가 있다. 앞으로도 설명하겠지만, 내가 다룰 다양한 남성 커뮤니티와 개인들은 대안우파 및 남성인권운동과 은밀한 혹은 노골적 관련을 맺고 있다. 대안우파라는 커다란 명칭 아래에 다양한 극우운동이 모여 들고 있다. 이들은 지도자도 위계질서도 없지만, "상당한 수준의 기술과 적절한 행동방식을 구사하는데, 이는 보통은 극좌파 사회운동에서 보던 수준이다."(Salazar, 2018, p. 136). 대안우파 구성원들이 보여 주는 기술적 능수능란함을 보면 많은 젊은 남성과 일부 여성들이 왜 빠져드는지 이해할 수 있게 된다(Fielitz & Thurston, 2019). 유튜브 비디오도 그렇고(Lewis, 2018), 짤[6]과 움짤[7]도 그렇고(deCook, 2018; Lamerichs et al., 2018), SNS 인기순위, 게임 문화 및 대중문화 필수요소 등(Blodgett & Salter, 2018) 여러 방면에서 그렇다.

또 하나 언급해 둘 것은 익명 포럼인 포챈과 대안우파의 관계다. 웬들링에 따르면 포챈은 대안우파에게 "사육장인 동시에 도착지가 되었다"(ibid, p. 51)는 점에서 대안우파의 핵심적인 차원이다. 포챈에는 콘텐츠 규제 정책이 놀라울 정도로 느슨하거나 실질적으로는 거의 없다. 소위 '노미', 즉 '주류'에 속하는 일반인인데 보수파는 아니며 어둠의 인터넷 문화에 익숙하지 않은 사람이 어쩌다 우연히 포챈에 접속하게 되면 "무척 역겨움을 느낀다"(ibid, p. 52). 레딧이 그렇듯 포챈 역시도 인터넷의 초창기 시절, 혹은 일찍이 존재한 적이 없었던 시절에 대한 향수와 퇴행을 보여 준다. 이제 인터넷은 (a) 너무나 주류가 되었고, (b) 거대 기업에 의해 상품화되고 압도당하고 있다. 포챈

---

**6** 역자 주-밈meme의 한국어 번역어로 '짤'이란 용어를 썼다. 원래 한국어 온라인 용어인 '짤'은 디시인사이드에서 비롯되었다. 갤러리라는 게시판의 성격상 사진이 첨부되지 않은 텍스트 게시물은 '짤'리는 것이 게시판 운영 원칙이었다. 사용자들은 글을 올리려면 아무 상관이 없더라도 '짤림 방지'용 사진을 일단 첨부하고는 했는데, 게시물에 첨부하는 이미지를 '짤방'이라고 부르게 되었고 이것이 다시 줄어서 '짤'이라는 용어가 되었다. 현재는 인터넷을 떠도는 사진이나 이미지를 통칭하는 말로 쓰인다. '밈'과 '짤'은 용어의 연원은 다르지만 결국 같은 뜻으로 쓰이게 되었다는 점에서 흥미롭다.

**7** 역자 주-'움짤'은 '움직이는 짤방'의 줄임말로 한국어 인터넷 용어다. GIF는 'Graphics Interchange Format'의 약자이며, 확장자는 '.gif'인데 웹상을 떠도는 저용량 저화질의 움직이는 이미지 파일이다.

의 정치 게시판인 /pol/(정치적 그릇됨Politically Incorrect의 줄임말)은 대안우파의 구인 게시판으로 사용되고 있으며 젊은이들을 극우화하는 용도로 쓰인다. 아이러니와 유머가 난무하는 포챈 커뮤니티의 분위기는 새로운 대안우파 극단주의의 구별적 특징이며, 인셀, 남성분리주의, 남성계의 주된 정서를 이룬다(Greene, 2019; Udupa, 2019; Krüger, 2021). 주류 SNS 플랫폼에서 대안우파 출신 유명 인사들이 대거 퇴출당하면서 최근(2017년 전후로) 대안우파는 쇠퇴하는 경향을 보였지만 완전히 사라지지는 않았다. 오히려 '대안우파적 마인드셋'이 다양한 형태로 파생 진화하면서 파시스트와 대안우파 운동가의 영향력이 점점 온라인에서 존재감을 확장해 나가고 있다(Hermansson et al., 2020).

아드리엔 마사내리Adrienne Massanari(2017)와 마이클 샐터Michael Salter(2018)는 특히 레딧이 여성혐오적 커뮤니티의 결집과 확산에 기여하였다고 판단한다. 이 책에서 상세히 논의하는 모든 커뮤니티(인셀, 남성분리주의, 금딸)가 다양한 서브 레딧을 가지고 있다는 것은 결코 우연이 아니다. 마사내리에 따르면 레딧의 디자인, 알고리즘, 플랫폼 운영정책은 유해한 남성성과 여성혐오 현상의 출현을 일부러 부추기지는 않더라도 최소한 도와주고는 있다(2017). 여타 틈새 커뮤니티들, 특히 극단적인 포르노물이나 시체 사진 공유 커뮤니티 등도 레딧에 모여서 수년간 규제당하지 않고 있었다. 최근 여론이 극도로 악화되자 레딧이 압력에 굴복하여, 2017년과 2019년 두 차례에 걸쳐 커뮤니티 규제 정책을 강화하였다. 이에 수많은 서브 레딧이 폐쇄되었다. 마사내리가 지적하듯 레딧 그 자체는 본질적으로 유해한 플랫폼이 아니며, 페미니스트, 인종차별 반대, 특정 문화 및 취미를 중심으로 개인이 자유롭게 모이는 서브 레딧도 충분히 많이 있다.

남성인권운동은 대안우파와의 관계에서 중요한 위치에 있다. 남권운동가들은 현재 남성계의 선구자이자 인플루언서의 역할을 하였다. 남권운동은 1970년대 초반까지 거슬러 올라가며, 페미니즘에 대한 대응으로 생겨났다. 이들은 현대사회의 발전이 남성들에게 불리하게 전개되었다고 주장한다. 가족법, 양육, 남성 자살률, 남성에 대한 폭력, 남성에게 강요되는 편파적 남성 정체성 등이 그러하다는 주장이다(Messner, 1998). 남권운동 및 남성계에 인터넷이 새로운 기회를 제공하였다. 최근 레딧, 유튜브 등의 플랫폼과 개별 웹페이지가 가능해진 것이다. 호울리는 남성계를 다음과 같이 정의한다.

> 블로그, 레딧 토픽, 웹사이트와 SNS 계정의 느슨한 연합. 일부는 자기계발 그룹에 가깝다. 소년 성적 학대에 대한 투쟁, 이혼남 부성권 투쟁 등 개별 캠페인에 집중하기도 한다. 섹스와 자위행위를 완전 끊겠다는 커뮤니티가 있는가 하면, 최대한 많은 여성과 성행위 하기를 꾀하는 픽업아티스트 등의 커뮤니티도 있다. 일부는 강간 범죄율과 강간 무고죄에 집착한다. 일부는 현대 페미니즘의 해악을 열거하는 작업에 열을 올리기도 한다(Hawley, 2017, p. 62).

곧이어 설명하겠지만, 남성계는 대안우파에서 많은 담론, 생각, 이미지와 용어를 그대로 빌려 온다.

이제까지 남성계의 요소, 그룹, 용어를 대략 설명하였다. 현재 온라인 여성혐오를 이해하는 데에 있어 반드시 알아야 할 문화적 배경지식 네 가지가 있다. 이들은 결정적 장면을 제공하였다는 점에서 창시자의 역할을 하였다. 영화 〈파이트 클럽 Fight Club〉(Fincher, 1999)과 〈매트릭스 The Matrix〉(Wachowski & Wachowski, 1999), 픽업아티스트와 게이머게이트 사건이다.

## 파란 알약, 빨간 알약, 눈꽃송이

1999년 개봉한 두 편의 영화가 최근 들어 남성계 및 대안우파의 커뮤니티에서 새로운 의미를 획득하면서 인구에 회자되고 있다. 영화 〈매트릭스〉에서 모피어스는 네오에게 파란 알약과 빨간 알약을 내밀며 둘 중 하나를 선택하라고 한다. 파란 알약은 무지와 현실도피이며, 빨간 알약은 진실을 의미한다. 빨간 알약이라는 모티브, 그리고 이에서 파생된 까만 알약이라는 용어는 남성계에 의해 차용되어 젠더 질서의 진실을 의미하게 되었다. 영화 〈파이트 클럽〉은 현실을 직시할 것인가 거부할 것인가의 문제를 제기한다. 남성들이 원형적 파시스트적 그룹을 결성하여 사나이들의 형제애를 키워 나간다. 〈파이트 클럽〉은 폭력과 성별 격리를 골자로 하는 파시스트적 남성성의 형성과 전개를 보여 준다. 파이트 클럽에는 '눈꽃송이'라는 용어도 등장한다. 주인공 타일러 더든이 메가폰에 대고 졸개들에게 외친다. "너희가 예쁘고 독특한 눈꽃송이라도 되는 줄 알아?" 대안우파에서 눈꽃송이라는 말은 예민하고 나약하고 연약한 남성을 의미한다. 종종 '호구남cuck[8]'이나 'PC충[9]social justice warrior' 등의 뜻으로 쓰이며 좌파 성향의 사람을 가리키기도 한다.

평론가들은 대안우파가 이 영화들을 오독하거나 호도하고 있다고 지적한다. 논란의 여지가 있는 평가다. 문화연구학이 시작된 이래로 수십 년간의 수용자 연구가 보여 주듯이 원래 수용자들은 미디어 텍스트를 다양하게 해석하기 마련이다. 나는 〈매트릭스〉나 〈파이트 클럽〉이 근본적으로 파시즘적이거나 혹은 최근 격화된 문화 전쟁에 책임이 있다고 보지 않는다. 대안우파가 입맛대로 무시해 버리고 있기는 하지만, 두 편 모두에 여성 캐릭터가 비중 있게 등장한다. 〈매트릭스〉는 소비주의 자본주의에 대한 비판이자 현실 그 자체의 인식과 경험을 빚어내는 디지털 테크놀로지에 대한 이야기로 읽어 낼 수도 있다. 요원들과 기계가 시스템을 위협하는 모든 타자를 멸절하려고 시도한다는 점에서 파시즘에 대한 신랄한 비판으로 읽어 낼 수도 있다.

〈파이트 클럽〉에서 타일러 더든이 건설한 유토피아는 "농업 및 수렵 채집 사회다. 사람들은 가죽 옷을 입고 버려진 고층빌딩과 대형 고가도로에서 식량을 경작한다."(Vacker, 2019, online) 배커는 더든의 미래관이, 1980년대와 1990년대에 활동하였

---

**8** 역자 주−Cuck은 cuckhold의 줄임말로 원래는 바람난 아내를 둔 남편을 뜻한다. 여기에서 진화하여 여성에게 손해를 보기만 하는 만만하고 연약한 남성을 뜻하기도 한다. 맥락에 따라서 한국어로는 '호구남' 정도로 번역할 수 있다.

**9** 역자 주−SJW는 사회정의를 위한 전사social justice warrior의 이니셜이다. 사회정의를 수호하기 위해서 나서서 남들의 언행을 관리하려는 사람들이라는 뜻인데, 주로 리버럴 좌파 성향을 지녔으며 언어적인 차별에 지나치게 민감한 사람을 비웃는 말이다. 한국 인터넷 은어로는 정치적 올바름political correctness을 맹종하는 사람이란 뜻의 'PC충'으로 번역하겠다.

던 유나바머Unabomber의 에코 테러리즘과 유사함에 주목한다. 유나바머는 모든 테크놀로지를 파괴할 궁극적인 목적으로 대학과 기업에 폭탄을 보냈다. 〈파이트 클럽〉의 마지막 장면은 소위 '그라운드 제로'와도 유사하였다. 타일러 더든이 첫 장면에서 말했던 바로 그 단어다. 〈파이트 클럽〉이 보여 준 가장 큰 공포는 바로 대중소비사회가 이 허무한 우주의 궁극적 무의미성을 은폐하고 있다는 것이다. 이 책에서 논한 젊은 남성들은, 반드시 젊은 남자들만 그런 것은 아니겠지만, 나처럼 〈파이트 클럽〉과 〈매트릭스〉를 보며 자라났다. 우리 세대에게 〈매트릭스〉는 특별히 결정적인 영화였으며 많은 추종자를 양산하였다. 불멸의 명성을 남긴 전 지구적 대중문화 아이콘이었다. 〈매트릭스〉는 '현실'과 '가상'의 경계가 모호해지면서 심층적으로 상호 연결되는 세상을 예언하였다. 오늘날의 세상은 하이퍼 리얼의 현실에 더욱 가까워졌다. 〈파이트 클럽〉에 나온 자기 개선이라는 개념 또한 이 책의 고찰 대상이다. 남성계 남성들은 자기 개선이 무엇인지, 어떻게 달성해야 하는지를 남성 정체성과 관련하여 끝없이 정의하고 토론한다. 영화에서 타일러는 잭에게 말한다. "자기를 개선하겠단 개소리는 딸딸이야. 개선하려면 차라리 파괴하든가!" 〈파이트 클럽〉의 허무주의는 대안우파와 인셀 커뮤니티에게 수용되어 이미지, 인용문, 짤의 형태로 자주 언급된다. 인셀은 영화 속에서 자기 자신을 발견한다.

배커는 주장한다. 〈파이트 클럽〉은 "근본주의, 종교적 테러리즘, 인종 우월주의, 인터넷 터프가이, 반과학주의 광신도, 전근대적 미신을 금과옥조로 모시면서 초현대적인 사회를 살아가려는 반계몽주의적 무리를 영혼의 단짝으로 삼는다"(Vacker, 2019, online). 또한 〈매트릭스〉 역시도 테크놀로지 바깥의 삶을 그린다. 두 영화 모두 네오와 잭이라는 소외된 남성 캐릭터를 보여 준다. 이들은 영화 속에서 근본적 변신을 겪고 자신의 존재에 혁명을 일으킨다. 원시 파시스트 사상가처럼 그려진 타일러 더든은 나약한 여타 남성들에게 이상적인 남성상으로 비쳐진다. 바로 이것이 남성들이 이 영화에 열광하고 공감을 느끼는 핵심적 이유라는 것을 이해해야 한다. 이들은 변신의 판타지에 꽂힌다. 〈파이트 클럽〉에서 잭과 타일러가 사실은 동일인이었다는 반전은 오늘날 시스 이성애 남성이 겪는 본질적 모순과 몸부림을 상징한다. 남성들의 모순된 욕망과 판타지는 모순된 생각과 정동으로 뒤얽혀 있다. 책에서 곧이어 상술하도록 하겠다.

어찌 되었든 간에 빨간 알약과 눈꽃송이라는 단어는 대중문화에서 발굴되어 오타쿠, 남초 인터넷 커뮤니티에 유통되었지만, 곧 널리 퍼지면서 남성들의 세계관과 관점에 맞도록 다양한 맥락에 널리 쓰이는 용어로 정착되었다. 내가 연구한 많은 남성 커뮤니티에는 빨간 알약이라는 개념을 사용하여 자신들이 '빨간 알약'을 먹고 세상의 진실에 눈을 떴기 때문에 남성분리주의자가 되었다고 강변하는 사람이 많다. 이들에게 빨간 알약이란 진실, 혹은 신념을 의미한다. 섹스 자본시장에서 여성은 오로지 높은 지위의 남성에게만 관심이 있다는 것이다. 일에서 성공하면 지위를 얻는다. 혹은 자신감 넘치는 외형을 갖추어 성공한 사나이처럼 굴어야 한다. 인셀은 한 걸음 더 나아가서 까만 알약을 이야기한다. 섹슈얼리티는 오직 남성의 턱 윤곽선 등 생물학적 특징과 외모로만 결정된다. 인셀은 생물학적 우월형질이 결여되어 있기 때문에 시스템에서 아예 철저하게 억압당하고 있다고 주장한다. 현재 온라인 문화와 대안우파와의 관계를 이해하는 데에 중요했던 사건이 최근에 있었다. 게이머게이트다.

## 게이머게이트

게이머게이트는 현재의 인터넷 커뮤니티를 이해하는 데에 중요한 사건이다. 포챈에서 시작되어 여성혐오와 성차별, 인종차별이 사방에 퍼져 나갔다. 게이머게이트는 오늘날 온라인에서 대개는 백인인 남성들이 저지르는 상징적, 물리적 테러리즘에 청사진을 제공하는 역할을 하였다. 피해가 직접적인지 간접적인지는 중요한 것이 아니다. 2014년 페이스북, 트위터 등 SNS 플랫폼이 완전히 주류로 자리 잡을 무렵, 비디오게임 개발자인 조이 퀸의 전 남자 친구가 온라인에 장문의 글을 올렸다. 이 글에는 두 사람이 사귄 몇 주 동안의 일이 자세히 묘사되어 있었고 대중에게 공개되어선 안 될 사생활까지 공개되었다. 포챈과 레딧 이용자들, 게이머들이 자주 출입하는 온갖 온라인 커뮤니티와 하위문화계가 조이 퀸에게 좌표를 찍고 대대적인 공격을 시작하였다. 남성 희생자론과 여성혐오론 세계관에서 여성이 게임 개발자라는 것은 있을 수 없는 일이다. 이용자들은 퀸이 남성 게임 저널리스트들에게 성상납을 하고 좋은 평점을 받았다는 음모론을 지어냈다. 곧 다른 여성 게임 저널리스트와 평론가, 개발자들까지도 좌표가 찍혀서 몇 달 동안이나 사이버 테러에 시달렸다. 이들의 '신상이 털렸'으며(개인의 세부적 인적 사항이 온라인에 공개되는 일) 수천 건의 강간 및 살해 협박이 쇄도하였다. 게이머게이트는 인터넷에서 벌어진 첫 문화 전쟁이었다. 엄청난 숫자의 남성이 가짜 트위터 계정을 개설하여 페미니스트를 사칭했고, 일부러 '#아버지의날 폐지' 등의 욕먹을 해시태그를 작성하여 트위터 트렌드 순위를 점령하였다. 이전까지는 무해 무탈하고 비정치적이었던 남성 하위문화가 유치하고 퇴행적인 모습을 보이며 동참하였다(Massanari, 2017; Wendling, 2018). 외행적 보수와 극우는 '여성, 소수민족 집안, PC충 리버럴 좌파가 게임문화를 바꾸려 한다'고 경악하였다. 남성의 주류적 지위를 흔들어서 게임계에서 몰아내려고 한다! 'PC 강박'과 '문화적 마르크스주의', 페미니즘이 게임문화 영역을 점령하기 직전이다! 남성 게이머들은 피해망상적 위협을 느꼈다. 맞서서 싸워야만 하였다(Proctor & Kies, 2018). 게이머게이트 때문에 오타쿠 게이머들이 남성 인권운동의 손을 잡고 주류로 끌려 들어왔다.

아드리엔 마사내리(2017)는 게이머게이트에서 레딧이 사건 전개에 플랫폼을 제공했을 뿐 아니라, 온라인 남성 커뮤니티의 퇴행적, 폭력적인 측면을 완전히 전면으로 이끌어 내는 역할을 하였다고 평가한다. 레딧은 게이머게이트, 남권운동 등의 세력에 완벽한 공개적 플랫폼이었다. 있으나 마나한 느슨한 게시물 규제 정책 때문이었다.

조지 호울리(2017)는 게이머게이트를 대안우파의 선구였다고 본다. 끝없는 대량 악플과 도배질은 대안우파의 핵심적 중요 전략이다. 『뉴욕 타임스』는 게이머게이트를 최근 서방에서 가장 결정적으로 영향력 있었던 주류 정치 문화 사건이었다고 규정하였다. 트럼프의 트윗, 트위터의 댓글 부대, 가짜 뉴스와 가짜 해시태그, 주류 미디어에 대한 공격, 여성, 성소수자 집단, BIPOC[10]에 대한 살해와 강간 협박이 난무하였으며, 게다가 안티 페미니즘 유튜버, SNS 인플루언서 및 정치인 역시 참전하였다(Warzel,

---

**10** 역자 주-BIPOC은 Black, Indigenous and People of Color, 즉 흑인, 원주민, 유색인종을 지칭한다.

2019). 게이머게이트는 남성 온라인 폭동의 전형이자 극단화한 젊은 남성의 폭력적 여성혐오였다.


## 픽업아티스트

인터넷에서 활동 중인 남성 커뮤니티를 이해하는 데에 중요한 문화 현상 중 하나가 바로 픽업아티스트Pick Up Artists(PUAs)다. 픽업아티스트는 1990년 초반과 2000년대에 등장했고, TV 데이트 쇼 등을 통해서 미국 대중문화의 주류가 되었다. 픽업아티스트는 기본적으로 여성에게 작업을 걸어서 섹스에 응하도록 만들려는 전략을 가지고 있다. 이들은 자신들의 노력을 '게임'으로 인식하고 있으며 특정 규칙만 따른다면 모든 여성에 통할 것이라고 생각한다. 픽업아티스트는 이성애 남성들에게 여성을 '격파'할 비법이 있다는 허상을 전파하는 이데올로기다. 이는 신자유주의적 성문화가 지닌 근본 구조인 섹스 파트너와 섹슈얼리티의 소비 경쟁 구도를 반영한다(Banet-Weiser & Miltner, 2016; Kray, 2018; O'Neill, 2018; Bratich & Banet-Weiser, 2019). 앞서 언급한 빨간 알약의 개념은 오늘날 픽업아티스트 커뮤니티에서 자주 언급된다. 가장 인기 있는 픽업아티스트 서브 레딧의 제목도 **빨간 알약**The Red Pill이다. 픽업아티스트가 설계하는 전략은 기본적으로 **기계 생물학적** 성격의 여성 주체성을 전제한다. 여성은 기계적인 존재라서 적절한 '알고리즘'을 확보한 남성에게 액세스를 허용한다. 이러한 도구적 사고방식은 인셀, 남성분리주의, 금딸 등 여타 남성 커뮤니티에서 아주 흔하다(이 부분은 책의 뒷부분에서 더 자세히 논하겠다). 픽업아티스트는 이성애 남성에게 전통적 남성의 과잉 자격의식과 남근 효능감을 약속하며, 이는 주류 미디어에서 묘사되는 남성상에 의해 더욱 증폭된다. 이는 만들어진 판타지이기 때문에 현실 속의 일반 남성은 절대로 도달할 수가 없다. 레이첼 오닐Rachel O'Neill(2018)은 픽업아티스트 '트레이너'들이 이성애 남성에게 제공하는 훈련이 날로 번창해 가는 유혹 산업의 일부임을 설명한다. 오닐이 인터뷰한 많은 남성은 소위 '포스트 페미니즘' 사회에서 혼란과 어려움을 느낀다고 대답하였다. 요즘 여성들은 남근적이고 기가 세기 때문에 연애하는 게 쉽지 않다는 것이다(McRobbie, 2009 참고). 이 책의 중요한 배경이 되는 사회문화적 상황을 설명하였다. 이제부터는 몇 가지 중심 개념을 설명하겠다.

## 정신분석: 판타지, 욕망, 거세, 정서

이 책은 디지털 미디어에 대한 심리문화적 접근을 위해서 전문편집인들이 기획한 시리즈물의 일환으로 집필되었다(Bainbridge, 2012, 2013, 2019, 2020; Bainbridge & Yates, 2011, 2012, 2014; Yates, 2007, 2015, 2019). 심리사회학 연구, 정신분석학 이론과 방법론은 물론 미디어와 문화연구성과도 다양하게 동원된다. 이 책은 정신분석학에서 가져온 틀로 SNS를 연구하려는 노력이며, 이러한 시도는 미디어 연구에서 갈수록 많아지고 있다(Dean, 2010; Turkle, 2011; Balick, 2014; Horbury, 2015; Johanssen & Krüger, 2016; Clough, 2018a; Eichhorn, 2019; Johanssen, 2019; Pinchevski, 2019; Singh, 2019). 사회적 압력 속에 존재하는 한 개인이 어떤 식으로 자신을 규정하고 사회에 반응하는지, 그 복잡하고도 모순적인 양상에 주목하기 때문에 특히 더욱 유용한 접근이다. 합리성보다는 모순, 비일관성, 모호성에 더욱 주목하며, 겉보기에는 말도 안 되는 경험, 사고, 판타지와 표현에 주안점을 둔다. 정신분석학은 판타지와 현실의 관련성에 대해 독창적인 이론을 제공한다. 담론, 이미지, 생각에 들어 있는 정서적, 정동적 투자에 관심을 기울인다(Johanssen, 2019). 정신분석학적이고 정신사회학적인 접근은 온라인 여성혐오 현상 안팎에 존재하는 온갖 문화적, 사회적 과정과 귀결 안에서 개인의 정신역학이 어떠한지 이해할 수 있도록 도와준다.

초창기부터 정신분석학은 남성성과 여성성의 문제, 양성이 섹슈얼리티와 어떤 관련을 맺는지를 탐구하였다. 지그문트 프로이트는 '정상' 섹슈얼리티는 없으며 이성애는 신화에 불과하다고 강조하였다. 또한 여성성을 확실한 해답이 존재하지 않는 수수께끼이며 어둠의 대륙이라고 여겼다. 프로이트의 여성 섹슈얼리티 이론은 많은 페미니스트에게서 비판을 받았다(예를 들면, Mitchell, 1974). 그럼에도 그의 이론은 젠더와 섹슈얼리티를 연구하는 여러 분야에 큰 영향을 끼쳤고 프로이트 사후 정신분석학계로 계승되었다. 섹슈얼리티 및 관련 연구 주제는 주로 정신분석학자들에 의해 임상 영역에서 논의되어 왔지만, 곧 문화적 측면의 연구로까지 확대되어 적용되었고 요즘 더욱 증가 추세에 있다(Lemma & Lynch, 2015; Giffney & Watson, 2017; Knafo & Lo Bosco, 2017; Lemma, 2017; Kanwal & Akhtar, 2018).

다양한 사상가가 젠더와 섹슈얼리티에 대한 정신분석학적 이해를 시도하였다 (Rose, 1986; Pollock, 1988; Butler, 1990; Sedgwick, 1993; Copjec, 1994; de Lauretis, 1994; Grosz, 1995; Dean, 2000; Yates, 2007; Bainbridge, 2008 등). 특히 남성성을 정신분석학적으로 연구한 학자들도 있었으며(Frosh, 1994), 여성혐오에 대한 저작도 있었고(Moss, 2003), 성차별, 인종차별, 동성애 혐오 등 광범위한 차별에 대한 일반 연구도 있었으며 (Young-Bruehl, 1996; Auestad, 2012, 2014; Krüger, Figlio, & Richards, 2018), 폭력에 대한 탐구도 있었다(Sinclair & Steinkoler, 2019). 편견은 개인이 느끼는, 그러나 물론 객관적인 실재가 아닌 근본적인 위협 때문에 의식적 혹은 무의식적으로 발생하여 인종주의, 성차별주의, 동성애 혐오 및 이슬람 혐오 등의 구체적인 편견으로 발전한다. 엘리자베스 영-브뤨은 편견을 '사회적 방어기제'라고 정의한다(1996, p. 209).

프로이트 정신분석학에서 판타지라는 개념은 무척이나 유용하며 이 책에서 자주 사용되었다(Freud, 1981d). 다양한 플랫폼과 커뮤니티는 판타지가 표출되는 공간이다. 한 개인이 표현한 판타지가 다른 사용자에게 평가를 받으면서 또 다른 판타지에 의해서 확인받는다. 프로이트가 가치중립적으로 정의한 판타지는 한 개인이 자신을 주인공으로 삼아서 창조해 낸 상상적 장면이다. 프로이트는 판타지를 애국주의에 빗대서 설명한다. 판타지는 "한 민족이 자랑스럽고 위대하게 내세우는 전설과 비슷하다. 사실은 보잘것없고 실패자였던 시초를 감추고 있을 따름이다."(Freud, 1981d, p. 20). 판타지는 종종 소망 충족의 욕망을 표상하고 있으며 특정 현실을 창조해 낸다(Freud, 1981d, p. e).

예를 들어, 이 책이 논하는 다양한 온라인 커뮤니티는 여성적 대(大)타자[11]와 관계

---

**11** 이 책에서는 군이 '라캉적 대大타자'라고 표기하지 않겠다. 대타자는 명백하게 라캉적인 의미로 사용된 말이다.

에서만 의미를 갖는 남성 정체성의 여성혐오 판타지를 꾸며 낸다. 이들은 여성성을 특정한 방식으로만 구성한다. 예를 들면, 여성이 남성에 비해 권력을 너무 많이 갖고 있다거나 혹은 죄다 얄팍하다는 식이다. 이에 비해 남성 정체성 판타지는 극우 포퓰리즘이 자극하는 사회정치적 발상에 의해 만들어진다. 예를 들어, 여성이 있을 곳은 가정이라고 하거나, 백인 여성은 백인 남성하고만 사귀어야 한다는 식이다. 정신분석학적 관점에서 보자면, 이러한 판타지와 온라인 판타지 표출 방식은 남성들의 잠재적 자기 정체성을 반영하고 있다. 남성들은 자신들이 특정한 개인이나 단체, 즉 페미니스트 및 여성들에 의해서 무력하게 당하기만 하는 희생자라는 담론에 열렬히 환호하고 있는 것이다. 극우 포퓰리즘과 파시즘은 개인에게 잠재한 의식적, 무의식적인 공포와 불안을 자극하여 착취하고 왜곡한다. 다름에 대한 공포, 상실과 사회적 변화에 대한 공포 등이 그것이다(Auestad, 2014). 남성계 역시 비슷하게 작동한다. '아군 아니면 적'(남성 대 여성)이라는 포퓰리즘적 논리를 사용하여, 페미니즘 및 여성들을 문제로 규정하고 새로운 형태의 남성성을 약속한다. 그러면서도 판타지는 새로운 현실, 행동, 관계를 마음속에 새롭게 지어내는 능동적 요소이기도 하다. 판타지가 어떤 식으로 방어기제, 희생자 행세, 유해한 상징 권력 사이를 오락가락하는지를 이 책에서 자세히 분석하였다.

    내가 이 책에서 사용한 핵심적 용어와 개념에 대해서 판타지와 관련된 것들을 이쯤에서 간략하게 정리하는 게 좋을 듯하다. '욕망', '남근', '상징적 거세', '정동'이 주요 개념이다. 욕망은 판타지와 충동이다. 이 책의 초점은 기본적으로 라캉적이지 않다. 오히려 프로이트적이다. 그럼에도 나는 라캉이 프로이트에게서 계승하여 발전시킨 욕망, 섹슈얼리티, 판타지 등의 개념이 무척 유용하다고 생각한다. 라캉(1977)이 이해한 충동은 공전하는 움직임이다. 부분 대상물 주변을 끝없이 맴돌며 무한하게 뱅글뱅글 돌지만 결코 가까이 가지는 못하는 상태다. 그 반면 욕망은 언제나 앞을 향하는 움직임이다. 생산적 힘으로 끝없이 앞으로 직진한다. 라캉(1977)은 욕망이 일차적이며 최우선적으로는 무의식적이고 성적이라고 본다. 정신분석학적 치료의 목적은 자유 연상을 통해서 욕망을 의식으로 끌어올리는 것이다. 그러나 욕망에는 언제나 완전히 알 수도 없고 말할 수도 없는 무엇인가가 남아 있다.

나는 욕망이라는 개념을 대부분은 의식적 욕망의 뜻으로 사용하려고 한다. 온라인 남성들은 대부분의 경우 자신의 다양한 욕망을 어느 정도는 **의식**하고 있으며 욕망을 명시적으로 혹은 암시적으로 말한다. 명시적으로 표현되지 않는 경우라고 하더라도 그들의 욕망은 대개 내러티브를 통해서 의미와 함의가 해석된다. 욕망의 생산력은 인셀, 남성분리주의, 금딸 등의 남성에게 중요한 개념이다. 라캉(1977)과 들뢰즈, 가타리(Deleuze & Guattari, 1983a, b)는 프로이트를 재해석하면서 생산력 개념을 강조한 바 있다.[12] 욕망의 무의식적 요소 때문에 남성들은 공포를 느끼고 갈팡질팡한다. 라캉적 의미에서 욕망은 절대로 충족되거나 실현될 수 없다. 욕망은 늘 연기된다. 끝을 모른다. 궁극적인 목표물은 없다. 일시적으로는 특정한 목표물을 추구한다고 하더라도 결국은 특정 목표물을 목적으로 삼지 않는다. 어떤 의미에서 욕망이란 '목표물의 획득 불가능성'에 의존하고 있으며(Ruti, 2018, p. 141) 끝없이 '계속 원하기'를 원하도록 만든다(ibid). 욕망은 특히 다른 인간 존재와 연관되어 있다. 개인은 타자에 의해 욕망의 존재가 되기를 원하며 타자에 의해 주체로 인정받기를 원한다. 예를 들면, 인셀이 가장 바라는 것은 여성이 그들을 욕망해 주고 보아 주고 소중하게 여겨 주는 것이다. 욕망에 대한 개념 중에는 **욕망을 욕망함**이 있는데(Deleuze & Guattari, 1983a, b) 그것은 7장에서 더 자세히 다루도록 하겠다.

라캉주의 이론가 마리 루티에 따르면, 남성계는 남근 선망의 집합적 구현체라고 이해된다(Ruti, 2018). 정신분석학에서 특히 라캉 철학에서의 남근 선망은 남근이 가져오는 상징적·실재적 권력과 특권을 선망하는 행위를 의미한다. "남근 권력의 기표로서 페니스는 일종의 집합적 페티쉬"가 된다(Ruti, 2018, p. xi). 그러나 두 가지는 동의어가 아니다(제1장 참고). 자신에게 남근이 결여되었다고 느끼거나 남근을 거세당하였다고 느끼는 사람들은 남근이 있는 사람들을 선망한다. 이 책에 논의된 많은 남성의 내러

---

**12** 물론 들뢰즈/가타리와 라캉 사이에는 무시할 수 없는 입장 차이가 존재하며, 이들의 욕망과 쾌락에 대한 이해도 차이가 상당하다. 그러나 이들의 이론적 차이와 사상 계통을 자세히 논하는 것은 이 책의 범위를 벗어난다. 나는 이들이 갖고 있는 최소한의 공통점, 특히 욕망을 역동적이고 유동적인 것으로 이해한다는 점을 지적해 두는 데에 그치겠다.

티브가 보여 주듯, 남성들은 이제 여성들이 남근을 가져갔으며 남성을 억압한다고 믿는다. 정신분석학적 개념인 남근은 이 책에서 여러 번 언급될 것이다. 그러나 남성들이 보여 주는 정신역학과 자기모순을 설명하는 데에는 여전히 부족하다. 남근과 관련해서 거세라는 정신분석학적 개념이 있다. 남근 선망은 프로이트에게서 비롯된 개념이다. 프로이트는 소녀가 남자 형제나 아빠와는 달리 자신은 페니스가 없음을 알게 된 후 자신은 거세되었다고 믿게 된다고 설명하였다. 소년은 자신도 아버지에 의해서 거세를 당할 수도 있다는 두려움을 느끼게 된다. 이 개념은 많은 비판을 받았지만 한편으로는 더 넓은 의미로 발전되었다. 이것은 제1장에서 더 자세히 설명하도록 하겠다. 내가 이 책에서 말하는 상징적 거세는 남근적 권력을 상실할지도 모른다는 판타지라는 뜻이다. 라캉에게 거세란 "상상계 대상물이 상징적으로 결여됨"을 의미하고 (Evans, 1996, p. 23) 이것은 모든 주체에게 적용되는 보편적 현상이다. 적절한 수준의 건강한 정신 기능에 도달하기 위해서는 모두가 거세라는 상징적 사건을 받아들여야만 한다. 그러나 거세 판타지, 혹은 남근 선망이 개인의 삶에 드러나지 않는다는 뜻은 아니다. 사실 상징적 거세, 즉 남근 권력의 박탈에 대한 의식적 판타지는 내가 논할 남성들의 정신세계에 핵심적 요소다. 제1장에서 개괄하겠지만, 남근이라는 개념에 대해서는 많은 비판이 있었고, 특히 프로이트 라캉학파의 정신분석학이 남근중심적이라는 지적도 많았다. 정신분석학 내부로부터의 비판도 있었고(Benjamin, 1988), 미디어 문화 연구 분야 등 외부로부터의 비판도 있었다(예를 들면, Renold & Ringrose, 2012, 2017). 남근의 개념을 분석적 카테고리로 사용하는 것은 유용하다. 내가 분석할 내러티브가 그 자체로 남근적이기 때문이다(Allan, 2016). 그렇다고 해서 내가 수행할 남근 분석이 남근중심주의를 따른다는 뜻은 아니다. 책의 결론 부분에 가서 이 점을 다시 언급하겠다.

마지막으로, 프로이트적 지향의 정동affect이라는 개념은 언어의 무의식/의식적 뒤얽힘과 구체화된 경험을 개념화할 수 있도록 해 준다(Johanssen, 2019). 테벨라이트 역시도 저작에서 이 개념을 명료하게 사용하고 있다. 억제/탈억제와 관련해서 보면, 정동은 육체적 평형상태 혹은 항상성을 지탱하려는 육체의 시도라고도 이해할 수 있다. 프로이트는 초기 방출 이론에서 정동은 주관적인 신체 경험이라고 이해했으며, 주관적으로 느껴지며 결국은 '방출'되는 현상이라고 설명하였다. 정동은 육체에서 떠나서 점점 사라진다. 정동 경험은 부분적으로는 의식적으로 경험되지만, 순간적인 육체 박탈감과 행위주체성 상실을 동반한다(Freud, 1981a). 예를 들면, 공포 영화 장면을 보면서 내 몸이 나도 모르게 움찔하는 경험이 이에 해당한다. 심적으로 동요되거나 압박감을 느낄 때 뭐라고 이름 짓거나 설명하거나 묘사할 수는 없지만 분명히 느껴지는 신체적인 상태가 바로 정동이다. 정동은 감정에 의한 신체적인 긴장 상태를 뜻한다. 이 책에서 다루는 어떤 남성들은 정동 상태가 너무나 극심하게 느껴진 나머지 그 상태를 일으켰다고 생각되는 타자를 멸절시키려 하기도 한다.

## 장별 요약 및 이 책의 이론적 입장

크게 말하자면, 제1, 2, 3, 4장은 좀 더 사회구조적인 면에, 제5, 6, 7장은 좀 더 심리학적으로 주관적인 면에 분석의 초점을 둔다. 처음 세 개의 장에서는 큰 틀을 잡고 중요 개념과 맥락을 비판적으로 소개하도록 하겠다. 제1장에서는 이론적 틀을 소개하고, 특히 억제/탈억제의 개념을 자세히 다루겠다. 제2장에서는 페미니스트 미디어 연구 및 다양한 분야의 연구를 검토한다. 제3장에서는 대안우파 및 반발론 유튜버의 성 정치학을 논하고, 곧이어 개별 연구 사례를 소개한다. 인셀 문제는 제4장과 제5장에서, 남성분리론자는 제5장, 금딸은 제7장에서 다룬다. 또한 총기난사범 두 명의 이야기를 제6장에서 다룬다. 개별 사례 연구 부분에서 이론적 틀과 도구를 총동원하도록 한다. 억제/탈억제는 여러 장에서 반복적으로 사용될 일반 개념인데, 남성계의 남성 판타지는 모순으로 가득한 것이 그 본질적인 구조다. 방어기제가 있는 동시에 행위주체자로서의 상징 권력이 추구된다. 피동성과 능동성이 공존하고 욕망의 여러 형태가 오간다.

빌헬름 라이히는 섹슈얼리티와 파시즘의 관계를 이해한 중요한 사상가였다. 그의 『파시즘의 대중심리Mass Psychology of Fascism』(1997)를 제1장에서 다루도록 한다. 라이히는 파시즘이 극렬한 형태로 등장한 원인을 성적 억압과 억제에서 찾았다. 파시즘의 주요한 근원은 바로 핵가족 내부에 있었다. 권위적인 아버지는 바로 권위주의적 국가의 대리인이었다. 라이히가 보기에 평범한 인간은 파시즘적 정신역학을 내재적으로 가지고 있으며, 이는 파시즘 정권에 의해 외부에서 강제되거나 주입된 것이 아니다. 매우 중요한 통찰이다. 제1장에서는 테벨라이트, 라이히, 영-브릴의 저작에서 다루는 네 가지 주요 주제에 대해 알아보려고 한다. 첫째, 파시스트적 캐릭터 유형, 둘째, 섹슈얼리티의 문제와 양육방식, 셋째, 여성의 부재하는 현전성, 넷째, 방탄복과 파편화된 자아다. 이 네 가지는 우리의 분석에 중요한 정보를 제공할 것이며, 자주 언급될 것이다.

독일의 철학자이자 이론가인 클라우스 테벨라이트는 내 연구에 넓은 기반을 제공해 주었다. 이 책은 테벨라이트의 획기적 걸작인 『남성 판타지』에 대한 헌정이다. 『남성 판타지』는 바이마르 공화국 남성들에 대한 독창적이고도 통찰 넘치는 분석을 담고 있다. 테벨라이트는 특정한 육체와 환지적[13] 성향이 나치즘을 향한 열광과 제3제국의 발흥을 가능하게 하였다고 분석하였다. 그가 수행한 남성 육체의 정신분석학은 파시즘 동조 집단과 그들의 본질적인 여성혐오 성향에 대한 연구 중에서 내가 아는 한 최고의 걸작이다. 충격적이면서도 위트가 넘치고 과감한 문체로 독자를 사로잡아, 1920년대 독일을 넘어서는 날카로운 문제의식으로 끌고 들어간다. 테벨라이트는 묻는다.

> 유혹적인 유대인 계집이 과연 마녀와 다를까? 요망한 계집을 처형하는 것은 늘 있던 일이 아니었을까? 진짜 이유는 꼭 경제적인 데에만 있는 것은 아니었지만, 가부장적인 유럽에서 특정한 젠더 관계가 사회적 기구에 영향을 끼친 결과가 과연 아니었을까? (Theweleit, 1987, p. 79)

테벨라이트의 논증은 역사적인 성격일 뿐 아니라 수백 년을 거슬러 올라가는 정신

---

**13** 역자 주-'환지적'幻肢的, fantasmatic이란 말은 신체 일부가 절단된 환자들이 실제로는 없어진 사지에 고통을 느끼는 현상에서 비롯된 말이다.

사회학적 존재론으로서의 가부장제의 분석이기도 하다. 그런 의미에서 테벨라이트의 분석은 역사적 맥락에 특별한 관심을 기울이고 있음에도 비역사적이다. 그의 사상은 활용성이 크며, 오늘날 남성계의 분석에 유용하다고 본다. 제1장에서는 테벨라이트의 저작을 자세히 소개한다. 테벨라이트는 수백 편의 소설, 일기, 이미지와 기타 데이터의 분석에 기반하여 자유군단의 일원이었던 남성들, 그들의 육체, 판타지 및 무의식에 정신분석을 수행하였다. 이들 남성들은 자기 자신과 여성 안에 있는 모든 쾌락과 관능에 방어적인 태도를 취하였다. 여성은 성이 결여된 존재로 순결화되거나, 아니면 '더럽고' 위협적이고 남근적이고 색정스러운 대타자이므로 죽여야 할 대상이다. 타자를 죽이는 것은 거세에 대한 의식적 불안으로 촉발된 방어책이었다. 여성 살해는 언제나 상징적인 거세로 이루어졌고, 그 과정에서 남성 군인은 만족감을 느꼈다. 살해 행위, 그리고 거대한 통합체, 즉 파시즘의 일부가 되는 느낌 등은 남성 군인의 방탄복을 강화해 주었다. 방탄복은 라이히가 창안했고 테벨라이트가 발전시킨 개념이다. 방탄복은 여성, 적, 그리고 이들이 참여한 학살에 대한 말과 글을 통해서 더욱 강화된다. 이들은 육체적 자아의 분해에 대한 방어벽과 댐을 의식적으로 만들어 낸다. 이것은 이 책이 연구한 남성들에 대한 핵심적인 통찰이다. 이들은 자신의 무력감과 분열감을 스스로도 의식하고 있다는 점에서 유사하다. 그러나 이러한 의식적 감정에는 또한 무의식적 차원이 뒤따르며, 이는 곧이어 논증하도록 한다. 제1장에서는 억제/탈억제의 개념을 더 발전시켜 보도록 한다.

제2장은 페미니스트 미디어 연구, 사회학, 페미니스트 이론 및 다양한 연구성과를 검토해 보겠다. 1968년 성혁명 이후 섹슈얼리티의 성격 변화, 1960년대 후반 이래로 함께 진화해 온 페미니스트 운동과 남성인권운동, 위기 논란 속에서의 남성성, 대안우파와 백인 우월주의, 오타쿠와 비주류 남성성, 포스트 페미니즘과 포르노 문화에 대한 논란 등을 고찰해 본다. 더불어 학문적인 연구성과와 현실 참여에 대한 내 입장도 서술하겠다. 제2장에서 개괄된 주제는 남성계 남성들이 자주 동원하는 논리이며, 이에 대한 학계의 반응도 아울러 논한다.

제3장은 1960년대 후반 성혁명의 결과에 대해서 논한다. 현재 보수층, 퇴행적 반발론자, 대안우파의 온라인 활동가들은 성혁명의 결과에 대해 자주 언급한다. 몇몇 유튜

버를 상세하게 검토하여, 그들이 어마어마한 도덕적 타락, 성적인 일탈 및 현대사회의 소위 병폐가 모두 성혁명 때문이라고 얼마나 강변하는지에 대해서 설명하려 한다. 제2장에서 설명했듯 성혁명은 절대로 일면적인 사건이 아니었기 때문에 대안우파 및 여타 그룹이 강변하는 성혁명 역풍론에는 정합성이 없다. 성혁명의 또 다른 성과는 섹슈얼리티가 광고와 미디어 이미지를 통해서 상품화될 수 있다는 것을 보여 준 것이다. 섹슈얼리티는 주체적이며 정열적이고 해방적으로 보인다. 특히 여성은 대상화되어 과잉 성애화된 여성성으로 제시된다. 이는 포르노그래피에서도 자주 등장한다. 이러한 모습의 섹슈얼리티는 남성들에 의해서 종종 수용되고 왜곡된다. 이들은 자신의 성적인 박탈감과 무력감을 여성과 페미니즘의 탓으로 돌린다. 이들은 사방의 탈억제된 판타지와 이미지 때문에 오히려 억제감을 느낀다. 이러한 내러티브는 신자유주의, 진화심리학과 연관되어 있으며, 섹슈얼리티가 시장 논리에 스며들어 있음을 논하도록 한다.

제4장에서는 인셀에 집중하여 레딧의 게시물을 분석한다. 인셀은 여자와 관계를 맺어 본 일이 없는 남성이므로 종종 남성계 남성의 근본적인 모순을 잘 보여 준다. 즉, 시스 여성을 욕망하는 동시에 파괴하고 싶어 한다는 것이다. 인셀은 방어적이고 자기파괴적이며 허무주의적 심리를 보여 준다. 그들은 끝없는 자기 연민에 빠져서 세상과 여성에 대한 증오를 뿜어낸다. 한편으로 이들은 여성과 함께하고 싶다는 정동적 긴장 상태에 놓여 있다. 인셀은 대안우파의 담론과 이미지를 받아들이며 인종과 민족성에 관한 편견을 수용한다. 인셀은 파시스트 남성 육체를 욕망하며, 두상이나 턱선 등을 논하며 유전학에 집착한다. 이들은 방어기제를 넘어서 적극적 변신의 판타지를 구성한다. 이들의 게시판에는 여성을 상징적으로 파괴하겠다는 내러티브로 넘쳐난다. 이들은 자신들을 무시하고 거절한 여성들에게 어떻게 복수할까를 계획한다. 잭 브래티치Jack Bratich와 사라 바넷−바이저Sarah Banet-Weiser의 인셀과 신자유주의에 대한 최근 연구(2019)에 따르면, 인셀은 2008년 금융위기에 대한 특이한 대응의 결과다. 남성들은 신자유주의도 자기 자신도 믿지 않는다. 남성들은 파시스트 남성 육체에 대한 판타지로 유해한 상징 권력의 일종을 제공받았으며, 이를 통해 냉혹함을 넘어서길 소망한다.

엘리자베스 영-브륄은 『편견의 해부학』이라는 저서에서 정신분석학을 차용하여 성차별, 그리고 인종차별과 동성애 혐오에 대한 섬세한 이론을 제시하였다. 제5장에서는 영-브륄의 연구를 소개하고 또 다른 남성 레딧 커뮤니티인 남성분리주의를 논해보겠다. 이들은 인셀만큼이나 자기모순에 빠져 있다. 이들의 존재론은 여성의 부정형으로 구성되어 있다. 남성분리주의자는 끊임없이 고독과 모험과 행복으로 가득한 라이프 스타일을 말하지만, 이들에게 여성은 부재함의 형태로 언제나 현존한다. 남성분리주의 이데올로기는 덜 파괴적으로 보여도 사실 인셀 이데올로기만큼이나 여성혐오적이며, 인셀들처럼 여성을 궁극적으로 욕망하고 있다. 남성분리주의자의 판타지에는 여성상이 반드시 필요하다. 그래야만 남성들만의 동지의식을 주장할 수 있기 때문이다. 절대로 인정하지는 않겠지만 궁극적으로 이들은 여성을 욕망하고 있다. 제5장의 후반부에서는 인셀과 남성분리주의의 강박형 성격 유형과 부분적 히스테리 유형의 성격을 영-브륄의 정의에 따라서 분석해 보려고 한다. 영-브륄은 프로이트가 이론화(1932)한 기본적 성격 유형을 계승하여 각각의 유형이 편견을 어떻게 구체화하는지를 논하였다. 남성계의 많은 남성, 그중에서도 인셀과 남성분리주의자는 특히 강박적인 성격 유형을 보인다. 이들은 혹독하고 통제적인 초자아를 지녔으며 자신들의 불행을 종종 남 탓으로 돌린다. 남초 커뮤니티에는 이러한 유형이 흔하며 혹은 만들어지기도 한다. 개인이 원래 가지고 있던 성격 특징을 커뮤니티가 가지고 있는 강박형 성격 유형에 맞추어 발전시키기 때문이다. 특정 성격 유형은 커뮤니티에서 의식적으로 빚어지고 키워진다. 인셀 혹은 남성분리주의자가 어떤 사람인지 정의하고 논의하기 때문이다.

제6장에서는 무의식의 문제로 돌아온다. 인셀과 남성분리주의자는 자신들의 부모 성충(成蟲, imagos), 특히 아버지를 죽이고 대체하려는 무의식적 소망을 가지고 있다. 아버지는 남근을 물려주지 않았다는 점에서 세대 간 배신을 저질렀기 때문이다. 제6장에서는 아버지의 문제를 다시 고찰한다.

정신분석학자 루스 스타인Ruth Stein은 이슬람 테러리스트에 관한 뛰어난 연구에서 이슬람 테러리스트 남성들에게 아버지가 어떤 역할을 했는지에 대한 정신분석학적 고찰을 수행하였다. 제6장에서는 남성 총기난사범을 스타인의 연구성과를 동원하여 자세히 살펴본다. 총기난사범 아네르스 베링 브레이비크와 자칭 인셀 엘리엇 로저의 소위 '선언문'을 분석하려 한다. 두 사람 모두 뼛속까지 여성혐오적이었으며 파시스트적 사고에 경도되어 있었다. 로저는 특히 남성계에서 자주 언급되며 일부는 그를 영웅시한다. 스타인이 연구한 테러리스트는 신앙심이 깊은 사람들이 흔히 그렇듯 신을 아버지로 여긴다. 그들은 신을 숭배한다. 신이 이들에게 힘을 주고 명령을 내리며, 이들의 폭력을 수행하라고 명령하였다고 여긴다. 인셀 및 남성계가 신 혹은 아버지와 같은 지도자를 믿지 않을 수는 있다. 그럼에도 루스 스타인이 분석한 테러리스트가 보였던 아버지상과 상당한 유사성을 보인다. 이들이 구성해 낸 아버지상은 욕망의 대상인 이상화된 아버지다. 그러나 이 욕망은 실제, 혹은 환지적 '실제' 아버지상에 의해 방해받는다. 실제 아버지는 인셀을 배신했고 남성들을 실망시켰다. 이들은 남근적 아버지를 욕망한다. 이들을 이끌어 주고 궁극적으로는 닮고 싶은 그런 아버지여야 한다. 아네르스 브레이비크와 엘리엇 로저와 같은 테러리스트는 취약하고 해체된 남성 정체성을 지녔다. 한편으로는 여성에 의해 위협받고 다른 한편으로는 아버지에게 격려도 받지 못하였다. 제6장에서는 이들의 문제적 아버지상을 짚어 본다. 이들의 범행은 궁극적으로는 아버지를 거세/살해/대체하려는 극적인 시도로 볼 수도 있다.

제7장은 안티 포르노, 안티 자위행위 커뮤니티인 금딸과 그들의 공식 웹사이트, NoFap.com을 살펴본다. 금딸은 남성들, 그리고 소수 여성들의 자기계발 포럼이다. 이들은 자신들이 포르노에 중독되었다고 여기며, 중독에서 벗어날 전략을 논하고 중독 극복 과정을 기록한다. 금딸은 유튜버, 인셀, 남성분리주의에 비하면 대안우파의 영향이 덜한 편이다. 그럼에도 이들은 여성에 대한 문제적 인식을 갖고 있으며, 포르노에 의해 왜곡된 남성성 및 여성성을 은연중에 내비치고 있다. 욕망과 판타지를 좀 더 자세히 고찰하고, 남성계와 관련성에 대해 알아본다. 특히 금딸 커뮤니티에서 자주 언급되는 두 가지 장르의 포르노를 살펴보려 한다. '계집애 최면 포르노', 즉 남성에게서 남성성을 빼앗으려고 '최면'을 걸어서 여자로 만들려는 포르노와 'NTR 호구남 포르노', 즉 '남편'이 바람난 '아내'와 흑인이 섹스하는 모습을 억지로 본다는 설정의 포르노다. 이를 금딸의 인종주의적 불안과 게이 포르노물 및 남성 포르노 배우 소비에 대한 방어라는 관점에서 논의해 보겠다.

엘리자베스 코위Elizabeth Cowie의 판타지와 관중 이론(1997)을 사용하여 금딸 커뮤니티의 남성들이 보여 주는 오락가락하는 욕망과 판타지를 분석해 본다. 이들은 헤테로, 게이, 그리고 여타 포르노를 통해서 퀴어 욕망에 대한 동일시를 보였다가도 곧바로 전통적 이성애적 헤게모니 남성성으로 되돌아오면서 탈동일시하고 외면하는 모습을 보인다. 금딸 커뮤니티는 계집애 최면 포르노와 NTR 포르노를 페미니스트가 배후에서 음모를 꾸며 퍼뜨린 것이라고 생각한다. 이들의 억측이 보여 주는 것은 이들이 스스로의 무의식과 무의식의 생산력을 두려워하고 있다는 사실이다. 패트리샤 티치네토 클로우Patricia Ticineto Clough의 이용자 무의식 개념(Clough, 2018a)을 이 맥락에 적용하여 분석해 본다. 이들의 무의식은 스스로의 주체성이 포르노 스트리밍 웹사이트, 알고리즘, 빅데이터 등의 디지털 테크놀로지와 만나서 탄생한 결과물이다.

결론에서는 이 책의 핵심 주장을 요약하여 제시한다. 남성계의 광범위한 역학은 동시대 정치 및 테크놀로지와 관련되어 있다. 라캉주의 이론가인 올리비에 주텔Olivier Jutel은 소위 '기술-자유주의'와 남성계의 논리에 놀라울 정도의 유사성이 있음을 지적한다(2019, 2020). 양자 모두 사회적 삶이 빅데이터 분석과 인공지능의 전산 논리로 환원될 수 있다는 가설하에 작동한다. 오늘날에는 정치 캠페인과 정책이 정교한 컴퓨터 기술을 통해서 이루어진다. 데이터 축적과 감시를 통해서 전략이 자동으로 수립되는 것이다. 남성계 역시 자신의 '적들'에 대해서 끊임없이 기사, 게시물, 비디오 등의 데이터를 축적하려는 논리에 좌우된다. 정치권과 남성계 모두 대타자를 제거하고 깨끗하게 만들어 낸 가상 세계의 판타지를 추종하고 있다. 그러나 남근적 지배권은 내가 이 책에서 논증했듯 언제나 실패하고 만다.

결론 부분에서는 새로운 이론적 관점을 모색한다. 제시카 벤저민의 저작(1988, 2018)을 참고하여 그녀의 상호 주관적 인정이란 개념을 고찰해 본다. 벤저민에게 인정이란 어머니와 아기 사이에 생기는 근원적인 순간이며 개인의 인생 전체에 핵심적인 차원을 제공한다. 인정은 타자를 유사하면서도 다른 존재로 볼 수 있도록 해 주며 타자 역시 마찬가지다. 이 책을 통해서 하고 싶었던 또 하나의 주제가 여기에 있다. 남성계의 남성들이 끝내 이해하지 못했던 것은 바로 인정에 대한 욕망이다. 인정에 대한 욕망은 우리에게 좀 더 희망적인 관점을 열어 준다. 벤저민이 말하는 관계적 주체성

의 개념은 프로이트/라캉적 주체성을 넘어선다. 아기와 어머니 사이의 전(前) 오이디
푸스적 인정의 순간을 우리에게 보여 준다.

*　*　*

## 왜 이 책을 쓰는가? 일말의 자기 성찰

나는 왜 이 책을 쓰는가? 이제 서론의 끝자락에 이르러, 내가 이 프로젝트에 바치는
무의식적 헌신에 대해 성찰하고 독자가 제기할 법한 비판적 지점에 대해서 말하고자
한다.

정신분석학적 연구가 늘 염두에 두는 것은, 연구자가 연구 주제를 향해서 갖는 의
식/무의식 및 정동적인 관계다. 많은 남성이 그렇겠지만 나도 내 자신을 남성으로서
어떻게 정의해야 할지 혹은 내가 체화하고 있는 남성 정체성의 특정한 감각을 어떻게
묘사해야 할지 확신이 없다. 이럴 때에는 누구라도 자신의 정체성에 고정된 특정 기
의를 작동시켜 설명할 수밖에 없을 것이다. 백인, 시스 이성애자, 중산층, 좌파, 페미
니스트. 한편으로는 이러한 속성들이 내가 누구인지를 다 전달해 주고 있다는 느낌이
들지 않는다. 나는 공부 노동자이고 독일에서 태어나서 영국에 살고 있다. 나 자신의
남성 정체성에 대해서 분명히 혼란을 느끼고 있으며 남들에게도 그렇게 설명하곤 한
다. 나는 내 자신을 공감능력이 좋고 배려 깊고 성찰적이며 재미있고 자기모순적이며
상처를 잘 받고 회의적이며 자기비판적인 사람이라고 소개하고 싶다. 나는 일단은 남
성이다. 사실 이 선언은 그 자체로 일종의 특권이다. 그렇다면 이 책을 쓴다는 것 자체
가 어쩌면 35세 남성인 내 자신이 어떤 사람인지 혹은 어떤 사람이 아닌지를 명확하게
알고 싶어 하는 무의식적 욕망의 발로일 수도 있겠다.

나는 분석 대상인 남성들을 어느 정도까지 이해하려고 노력하였다. 마음속 깊숙이
비판적 시각을 유지하는 동시에, 정신분석학자 루스 스타인이 말하는 '동일시적 지
식'(Stein, 2010, p. 3)을 견지하였다. 근본적으로는 불가능한 작업이겠지만, 그럼에도
용기를 내어 도전해야만 했다. 이 남성들의 정신을 이해하려고 시도한다는 것은 '공포

스럽고 이질적이며 혐오스러울' 수도 있다(ibid, p. 4). 그러나 이런 작업을 통해서만 일방적 비판이 아닌 더 정교한 형태의 지식을 얻을 수 있다고 본다. 아마도 이 책에 등장하는 남성들이 반발하는 남성상은 정확히 나 같은 부류의 남성, 즉 좌파, 페미니스트, 자기모순적 남성일 것이다. 그럼에도 불구하고 나는 이 책이 분석한 남성들의 연원을 이해해 보려고 노력하였다. 스타인이 그러했듯 나 역시도 이 책의 근저를 이루는 남성들을 더 알고 싶은 '양가적인 욕망'(ibid, p. 5)에 떠밀렸다. 일종의 관음증적 매혹, 혐오, 분노, 충격뿐만 아니라 이해와 동정, 슬픔과 절망감이 뒤섞인 양가적인 욕망이었다.

페미니스트이자 반파시스트를 자처하는 백인 남성으로서 이 책을 쓰게 된 특정 이슈들도 분명히 있었다. 첫째로는 정치적인 성격의 이슈다. 브렉시트, 트럼프 당선, 세계 각처에서 대두하고 있는 극우 포퓰리즘 확산 등의 최근 이슈는 우리 모두에게 경각심을 불러일으킨다. 처음으로 온라인 인셀과 여성혐오를 접했을 때, 나는 이 현상들이 대안우파 및 파시즘과 태생적으로 그리고 함축적으로 연관되어 있음을 즉각 알아차렸다. 남성 커뮤니티에서 이런 남성성이 어떻게 주창되고 논의되는지를 테벨라이트, 라이히, 영-브뤨의 이론으로 혼습한다는 것은 시대적으로도 적절하다. 그런 의미에서 이 책은 정치적이다. 이들 남성들이 파시스트적 생각, 이미지, 판타지를 어디까지 동원하는지를 보여 주고자 하였다. 누군가 내게 저술 동기를 묻는다면 나는 주저하지 않고 대답할 수 있다. 이 책은 나의 현실 참여이자 정치적 발언이다. 그리고 나치 독재와 홀로코스트의 역사적 과오를 지닌 독일 시민의 한 사람으로서 나 자신의 책임감이 있었다. 독일의 끔찍한 과거를 절대로 잊어서는 안 된다. 민주적 절차로 선출된 파시즘이 복귀하는 것을 어떤 일이 있어도 막아야만 한다. 이런 당위를 의식하는 사람으로서, 세계 곳곳에서 벌어지고 있는 현재 상황, 그리고 특히 독일에서 세력을 얻고 있는 극우정당 '독일을 위한 대안Alternative für Deutschland'에 대해서 충격받지 않을 수가 없었다. 많은 독일인이 그렇겠지만 나는 지금 이 순간 더욱 큰 집단 죄의식과 애도, 과거에 대한 속죄로 마음이 불편하다. 아마도 그런 이유에서 내 이론적 프레임은 테벨라이트와 라이히의 이론에서 보이듯 무척이나 독일적이며 전후 독일 학계 특유의 사유 방식을 대표하게 되었다고 본다. 아마도 백인 학자로서의 무의식적 선입견도 역시 어느 정도는 관련이 있을 것이다.

　또한 '흑인 목숨도 소중하다Black Lives Matter' 운동이 사회적, 정치적으로 진행되고 있고, 인종차별과 억압, 인종 불공정에 대한 전 지구적 저항이 확산되고 있는 요즘 시대에 인종이란 문제는 무척이나 중요하다. 나는 집필 과정에서 대부분 백인 남성이 좌우하고 있는 남성계에서 인종 및 흑인 육체가 어떻게 논의되고 있는지를 다루기가 쉽지 않았다. 남성계의 남성들은 반유대주의적 발언만이 아니라 인종차별적인 반흑인적 내러티브도 서슴지 않는다. 원고를 퇴고하고 동료들로부터 조언을 받는 과정에서 나는 인종과 백인성의 문제를 더 자세히 다룰 필요를 느꼈다. 인종과 민족 문제를 소홀히 대할 수 있었던 것 자체가 내가 특권적 백인 남성이었기 때문이 아니었나 반성해 본다.

　그럼에도 나는 백인 학자의 한 사람으로서 이런 문제가 여전히 불편하다. 이 책의 이론적 틀 자체가 무척 백인적이다. 내가 반파시스트 독일인이기 때문에 신뢰도가 확보된다는 자신감으로 파시즘과 반유대주의를 연구 주제로 골랐던 것도 어쩌면 어느 정도는 무의식적 결정이었을 수 있다. 이 책에서 여러 번 논증하겠지만, 인종주의와 흑인 육체의 문제는 인셀과 금딸 커뮤니티 등에서 볼 수 있듯 파시즘에 깊이 뿌리를 내리고 있다. 나는 남성계의 여성혐오가 결국은 파시즘, 인종주의와 깊숙이 뒤얽혀 있음을 밝히고자 한다.

　이밖에도 바탕에 짙게 깔려 있는 개인적인 동기가 물론 있다. 나의 부모님은 두 분 모두 1968년 독일학생운동에 참여하셨다. 그리고 나는 1968년 이후의 시대정신 속에서 자라났다. 또한 성혁명 시기의 지식인들에게 개인적, 정치적 영향을 받았다. 예를 들면, 귄터 아멘트Günther Amendt, 군터 슈미트Gunther Schmidt, 폴크마 지구쉬Volkmar Sigusch 등은 독일의 비판적, 진보적 성 과학의 핵심적 창시자들이다. 나는 또한 프랑크푸르트학파의 비판이론에도 깊은 관심을 가졌다. 이 책은 1960년대 후반의 사상가들, 특히 클라우스 테벨라이트에게 드리는 헌정이기도 하다. 이들의 정신이 길이 빛나시길. 귄터 아멘트는, 2011년 THC 마약에 취한 젊은 운전자가 여러 명의 보행자를 들이받은 사고에서 비극적으로 목숨을 잃었다. 이 사고는 독일 함부르크에 있는 내가 자라난 곳에서 10분 거리의 장소에서 일어났다.

둘째, 나는 이 책이 논하고 있는 남성들, 특히 인셀들에게 공감을 느꼈다. 나는 '동일시적 지식'(Stein, 2010, p. 3)을 수행하면서 어색함과 상징적 거세감이란 감정이 거의 모든 남성과 여성에게 보편적이라는 것을 깨달았다. 아마도 나를 비롯한 거의 모든 젊은이들은 청소년기에 인셀 시기를 겪으면서 비슷한 감정을 느꼈을 것이다. 물론 나는 여성혐오는 안 했지만! 누가 나를 좋아해 줄까? 내가 매력적인가? 나는 누구지? 나는 어떤 사람이 되고 싶지? 나는 이 남성들과 그들의 공포를 이해할 수 있다. 남성계의 인셀 및 여타 남성의 대다수는 게임 문화에 익숙하고 나 역시도 청소년 시절 온라인 게임을 하며 자랐다. 그런 의미에서 이 책은 우리 모두의 내면에 있는 남성들의 걱정과 불안을 인정하려고 한다.

이어질 장에서 수차 다시 언급하겠지만, 이 책의 이론적 틀을 보다 덜 남근중심적 시각에서 다르게 잡을 수도 있었을 것이다. 테벨라이트, 라이히, 영-브뤼일의 이론을 아우르는 이 책의 포괄적 이론 틀은 무척이나 프로이트적이다. 남성 판타지를 보다 대상 관련적으로 혹은 관계 중심적으로 다룰 수도 있었을 것이다. 그럼에도 남근을 분석적 도구의 중심에 두기를 고집한 것은 이 남성들에게 **분석적 지배력**을 행사함으로써 이들을 제자리로 돌려보내는 일종의 권력을 행사하고 싶었기 때문이다. 이러한 욕구가 내 이론의 대략을 만들어 냈다. 한편 제1장에서 언급했듯 연구 자료 자체가 남근적이라서(Allan, 2016) 남근 개념이 중심이 되는 것이 타당하였다. 곧이어 두 가지의 비판을 검토하도록 한다.


## 해악의 재생산 우려

꼭 이렇게까지 자세한 데이터를 제시해서 분석할 필요가 있었냐고 반박할 사람도 있을 듯하다. 남성 커뮤니티와 남성들에 대해 자세히 파헤쳐서 연구하는 것이 오히려 유해한 자료를 더 재생산하게 만들어서 여성을 더욱 여성혐오와 성차별, 괴롭힘의 희생자로 굳어지게 만들지 않겠냐는 우려. 그러한 비판이 있다면 나는 이렇게 해명하고 싶다. 첫째, 무엇보다도 데이터를 자세하게 인용하는 것이 중요하다. 이런 커뮤니티가 있다는 것을 모두가 아는 것은 아니기 때문이다. "결국 우리 모두가 내부에서 움직이고 있는 더 넓은 권력의 경제학에 도전하고 싶다면, 이것의 기반이 되는 모든 것에 대해서 최대한 많은 것을 알고 최대한 자세히 아는 것이 필요하다."(O'Neill, 2018, p. 218) 레이첼 오닐Rachel O'Neill이 픽업아티스트에 대해 연구하면서 한 말이다. 이 책에서는 직접 인용의 분량은 가급적 제한하려고 노력하였다. 그리고 대부분의 게시물에 비해서 비교적 '순한' 내용만 인용하고 대부분의 너무 심한 내용은 제외하였다. 둘째, 극우 극단주의, 파시즘, 여성혐오에 어떤 식으로 대응해야 하는가, 혹은 대응하지 말아야 하는가에 대해서 논란이 있을 수 있다. 이 문제는 유해성과 괴롭힘을 어떻게 차단할 것인가의 논란이며 또한 디-플랫포밍De-platforming 혹은 노-플랫포밍No-platforming,[14] 더 나아가 캔슬 컬처cancel culture[15]와 관련된다(Nakamura, 2015; O'Keefe, 2016; Vemuri, 2018). 어떤 사람들은 파시스트, 인종주의자, 혹은 여성혐오자의 발언은 어떤 경우에라도 증폭되어선 안 된다고 주장한다. 어떤 발언 기회도 주어서는 안 되며 심지어 자세한 연구 대상으로 삼아서도 안 된다고 주장한다. 나는 이런 주장에는 동의할 수 없다. 이런 종류의 자료를 비판적으로 분석하는 것은 매우 중요한 일이다. 이들의 정체를 폭로하고 해체하기 위해서다. 무턱대고 금지하는 것은 도움이 안 된다. 게다가 가뜩이나 자기 연민과 희생자 행세를 핵심적 무기로 삼는 파시즘과 인종주의를 오히려 돕는 셈이 될 수 있다(제2장 참고).

로라 마크스Laura U. Marks는 최근 세상에서 파시즘의 가시성이 부쩍 높아졌음을 지

---

**14** 역자 주-디-플랫포밍과 노-플랫포밍은 플랫폼 차단, 플랫폼 박탈을 의미한다. 유튜브나 SNS 등 온라인 플랫폼에서 특정 개인이나 단체, 혹은 특정한 주제가 제한되거나 차단되는 것을 뜻한다. 약간의 의미 차이는 있다. 디-플랫포밍은 특정 개인이나 단체가 계정 삭제, 채널 삭제 등의 방식으로 퇴출되는 것을 의미한다. 반면 노-플랫포밍은 특정 주제나 견해가 차단되는 것을 의미한다. 트럼프의 트윗 계정이 삭제된 것이 디-플랫포밍이라면, 음란물 게시 금지는 노-플랫포밍이다.

**15** 역자 주-캔슬 컬처는 취소 문화라고도 불린다. 어떤 유명인이 과거에 행한 잘못된 행동이나 발언이 알려지게 되면, 대중의 비판이 쇄도하여 해당 유명인이 사회적 지위나 직업을 잃게 되어 '취소'되는 일을 뜻한다.

적하며 이렇게 말한다.

> 온갖 노골적 혐오가 활개 치는 걸 보니 차라리 안심이 된다. 자유주의적 가면 뒤에
> 숨어 있는 것보단 낫다. 억누르고 있는 여성혐오가 톡 까놓은 여성혐오보다 훨씬 더
> 위험하다. 동성애 혐오나 인종주의 역시 마찬가지다. 여러 가지 두려움 때문에 정치의
> 문제를 표현의 영역에서만 수리해 보려고 애쓰는 자유주의적 담론은 이래서 위험하다
> (Marks, 2020, p. 115).

이런 시각에서 보자면, 요즘 우리가 목격하는 여성혐오, 인종주의, 파시즘은 애매한 자유주의 이데올로기 뒤에 숨어 있는 게 아니라 아예 정체를 드러낸 모습이다. 이 책 역시 우회적 표현, 간접 묘사 등으로 데이터를 처리한 후 에둘러 비판하기보다는 오늘날의 노골적인 여성혐오 그대로를 보여 주고자 한다. 나는 이 책에서 내가 공개한 데이터가 이들의 유해성과 파괴성을 재생산하는 결과를 낳지 않을 것이라 생각한다. 그럼에도 이런 종류의 연구서에는 언제나 논란이 따라다닌다. 내가 몇 차례 중요하게 인용한 바 있는 레이첼 오닐의 픽업아티스트 연구에는 이런 내용이 나온다.

> 이 프로젝트를 수행하기 위해서 내 자신이 성차별주의와 여성혐오를 흡수하는 법을
> 배워야만 하였다. 내가 이러한 정서와 담론에 익숙해져야만 문화적 현상으로서의 유
> 혹 산업을 이해할 수 있기 때문이었다. 현장조사의 성공을 위해서는 내 속마음을 자발
> 적으로 억눌러야만 하였다(O'Neill, 2018, p. 208).

나는 오닐과 달리 연구 대상과의 인터뷰를 수행하지는 않았다. 다만 조용하게 '눈팅'을 하면서 대중에 공개된 온라인 활동을 관찰하였다. 그럼에도 역시 여성혐오와 인종주의, 파시즘 및 남성들의 파괴성을 어느 정도 받아들여야 하였다. 그래야만 데이터를 수집하고 비판적으로 분석할 수 있었기 때문이었다. 나는 백인 남성이기 때문에 아마 다른 연구자들보다는 어려움이 덜했을 것이다. 나 역시 오닐처럼 침묵해야만 하였다. 만약 내가 '노미' 혹은 '베타'의 정체를 드러내고 온라인 커뮤니티에서 개입하기

시작했더라면 바로 차단을 당했을 것이다. 나는 남성계의 공범이 되진 않았고 그들을 연구 대상으로 대하였다. 그러나 가끔은 이들 커뮤니티에 빨려 들어가는 느낌을 받았고, 내가 읽고 있는 내러티브에 의식적으로 거리를 두기 위해 노력해야만 하였다. 마음 깊숙이 불편함을 느끼면서도 괴상하게 마음이 끌렸다. 오닐 역시 유혹 산업을 들여다보면서 이런 심정을 토로하였다. "내가 아는 세계관과 이들이 주장하는 세계관을 심리적, 감정적으로 도저히 화해시킬 수가 없었다."(ibid, p. 211) 나 역시도 나 자신과 이들 남성들 사이에 존재하는 근본적인 단절과 불화를 느꼈다. 바로 이 지점에서 비판이 시작되며 비판적 연구가 가능해진다고 믿는다.

## 우리와 저들, 갈라치기의 논리, 부재하는 여성, 대안의 부재

이 책에는 여성이 부재하다는 비판이 가능하다. 덧붙여 제기될 수 있는 또 하나의 비판은 내가 '우리 대 저들'이라는 갈라치기의 논리를 구사한다는 점에서 내가 분석하는 남성들과 다를 바가 없다는 것이다. 이 책에는 여성이 어느 정도 부재한다. 연구 대상인 남성계가 여성이 없는 커뮤니티이기 때문이다. 리즈 고텔Lise Gotell과 에밀리 더튼Emily Dutton은 남성인권운동에 대한 분석에서 비슷한 요지의 말을 하였다.

> 학문 연구가 뜻하지 않게 이들의 메시지를 증폭하는 결과를 낳을 수도 있다. 게다가 남성인권운동과 진지한 관계를 맺는 것은 '우리 대 저들'이라는 단순한 대결 구도를 강화시킴으로써 많은 전략적 문제를 낳을 수도 있다. 이렇게 이분법적 프레임은 페미니즘을 외부의 적과 대결 구도로 만들어 버리는 효과를 가져온다. 페미니즘 정치의 내부가 분열을 겪고 내부 갈등, 예를 들면 페미니스트들이 성 노동 및 매춘 등의 이슈를 둘러싸고 분열하는 등 갈등을 겪는 상황에서 외부의 적을 상정하는 것은 분명 유혹적인 전략이라는 것을 이해하기는 한다(Gotell & Dutton, 2016, pp. 70-71).

나 역시도 내 책에 언급된 남성들을 외부의 적으로 여기고 있는지도 모르겠다. 그럼에도 나는 백인 남성으로서 성차별과 가부장제에 대해 신중한 입장을 취하고자 한다. 첫째, 연구자는 여성혐오 담론을 비판적으로 분석해야만 한다. 둘째, 그래야만 대안적이고 다원적인 관점을 취할 수 있기 때문이다. 이 책의 결론에서 대안적 남성성을 다시 한번 논할 것이며, 내가 분석한 파괴적인 내용에서도 조심스럽지만 희망이 도출될 수 있음을 보이려 한다. 이러한 희망이 있어야만 '우리 대 그들'이라는 대결 프레임을 넘어설 수 있다. 그렇게 되기 위해서는 남성계를 반드시 비판적으로 분석해야 한다.

## 01

# 남성 파시스트의 몸–과거와 현재

여기에서는 이 책의 이론적 틀을 제시하고 논하며, 파시즘과 편견, 성격 유형에 대한 이론을 소개한다. 클라우스 테벨라이트의 『남성 판타지』 1, 2권은 1977년, 1978년에 독일어로 출간되었고 10년 후 영어로 번역 출간되었다(Theweleit, 1987, 1989). 빌헬름 라이히의 『파시즘의 대중심리』는 원래는 1933년에 출간되었다(Reich, 1997). 두 저자 모두 파시즘에 대한 정신분석학적 비판적 통찰을 보여 준다. 히틀러가 권력을 장악하기 이전까지의 독일은 테벨라이트가, 나치당 집권기의 독일은 라이히가 분석하였다. 엘리자베스 영-브뤨(1996)은 이 책이 계승한 세 번째의 이론가다. 제5장에서 그 이론을 자세히 소개하고 적용하도록 하겠다. 그녀는 기념비적 저작에서 편견은 특정한 유형의 성격에게 더욱 잘 전파되고 발전된다는 것을 정신분석학적으로 개념화하였다. 내가 분석하고자 하는 남성들의 전형적 정신 유형에 잘 들어맞는다. 서론에서도 밝혔듯, 현재 우리 시대에는 파시스트적 사고방식을 구현하고 있는 특정 유형의 남성성이 대두되고 있다. 이들의 사고방식은 테벨라이트와 라이히의 연구가 보여 주듯 역사적 전례와 무척 유사하다. 이는 또한 본질적으로 섹슈얼리티와 깊이 연관되어 있음을 테벨라이트, 라이히, 영-브뤨의 연구가 보여 준다. 물론 역사적 전례와 현재 남성계의 남성들 간에는 차이도 있다. 영-브뤨이 분류한 성격 유형은 어느 정도 비역사적이기는 하다. 그럼에도 이들의 유사성은 놀랄 만큼 크다. 테벨라이트의 연구로 예측 가능하듯 현재의 권위주의 정치의 회귀는 남성계를 활성화시켰다. 우리 시대 남성 판타지의 역학을 이해하는 작업에 세 명의 저자는 중요한 통찰을 제공한다. 이들이 육체, 자아, 섹슈얼리티, 방어기제와 행위주체성의 문제에 주목하기 때문이다. 테벨라이트는 특히 원형적 파시스트 남성이 구사하는 구체화 전략, 방어기제, 행동 방식 등에 광범한 분석을 제공한다.

후반부에서는 라이히와 테벨라이트의 이론에 간략한 비판을 시도해 본다. 테벨라이트의 책은 1960년대 후반 학생운동과 소위 성혁명이 진행되는 동안 저술되었다. 성혁명과 그 결과를 디지털 혁명으로 촉발된 오늘날의 성문화에 비추어 다음 장에서 심도 있게 논의해 보려 한다. 오늘날 여성혐오적 담론은 적어도 부분적으로는, 1960년대 성혁명에 영향을 받고 촉발된 측면이 없지 않다. 소위 68혁명, 성혁명1을 전후로 있었던 섹슈얼리티의 전환은 빌헬름 라이히가 1933년 저서에서 강력히 주장하였던 것과 비슷한 형태의 자유롭고 억제 없는 섹슈얼리티였다. 라이히는 독일 파시즘을 가능하게 한 핵심이 바로 당시의 억압적 섹슈얼리티와 성적 도덕률이라고 보았다. 1968년과 같은 다양한 성문화와 섹슈얼리티는 많은 사람을 해방시킬 수 있으리라는 예측이다. 그러나 제2장에서도 언급하겠지만, 1960년대 후반의 성혁명에도 나름대로 문제는 많았으며 진정한 해방은 아니었다. 오늘날의 성문화는 1968년에 비해서 겉으로는 더 해방적인 것처럼 보인다. 그러나 오늘날 모두가 해방을 누리지는 않는다. 오늘날 세계 도처에 재등장한 권위주의 파시스트 정치는 1968년 성혁명에 대한 반발이자 탈억제화된 섹슈얼리티의 문제와 깊은 연관이 있다. 1960년대 성혁명을 비판적으로 점검해야만 오늘날 다양한 온라인 커뮤니티 안팎에서 들끓고 있는 권위주의적 섹슈얼리티 운동을 제대로 분석할 수 있다. 또한 광범위한 역사적 선례를 분석해야 오늘날의 흐름을 이해할 수 있다. 테벨라이트의 분석을 통해서 독일 제국 막바지의 남성 판타지가 어떻게 바이마르 공화국을 거쳐 파시즘으로 이어졌는지 살펴보도록 한다.

---

1  나는 '68혁명'과 '성혁명'을 동의어로 사용하도록 하겠다. 내가 말하는 성혁명은 테벨라이트의 저작에서 끌어온 개념이며, 서독을 시발점으로 해서 다른 나라로 퍼져 나간 운동이고 당시 서구권의 다양한 지역에서 거의 동시적으로 진행된 경향을 통칭한다 (제2장 참고).

오늘날 권위주의의 복귀와 함께 성적 자유 담론에 대한 법적, 정치적, 대중적 담론에도 변화가 생겼다. 이쯤 테벨라이트의 저작을 다시 점검해 보고 파시즘에 대한 그의 통찰이 현 상황에 대해 어떤 시사점을 줄 수 있을지 알아본다.

이 장에서는 테벨라이트, 라이히, 영-브륄의 중심 사상을 미리 점검한다. 이 책에서 내내 사용될 핵심적 개념은 네 가지인데, 이는 다음 장에서 계속적으로 분석에 사용될 것이다.

파시스트적 성격 유형
섹슈얼리티와 양육방식
여성의 부재하는 현전성
방탄복과 파편화된 자아

여기에 덧붙여서 내가 고안한 이론적 개념쌍인 **억제/탈억제**를 도입한다. 다양한 남성들의 판타지와 욕망을 분석하는 작업에 지속적으로 사용될 것이다. 이들의 육체와 판타지는 억제/탈억제의 상태로 구조화되어 있다. 이들의 욕망, 정동, 무의식의 밀고 당김은 모순 상태에 놓여 있다. 앞으로도 논증하겠지만 이들 남성들은 방어적이면서도 둔감하고, 상징적으로 파괴-권력적인 모습을 동시에 보인다. 억제/탈억제의 개념쌍은 이들 남성들의 모순을 잘 포착하도록 도와준다. 이들은 자신들이 주장하듯 일방적인 희생과 억압을 당하는 입장이 아니다. 이들은 스스로 희생자 지위를 차지함으로써 지배력을 확보하려는 판타지를 드러낸다.

일단 간략하게 젠더 및 섹슈얼리티에 대한 정신분석학적 이론을 살펴보고, 인종주의와 정신분석학을 고찰해 본다. 이 장의 대부분은 라이히, 영-브륄, 특히 테벨라이트의 이론을 살펴보는 데에 할애하도록 하겠다.

## 섹슈얼리티, 젠더, 정신분석

더 넓은 이론적 틀을 개괄하기에 앞서, 남성성과 여성성, 섹슈얼리티에 대한 정신분석학적 개념을 일반론적으로 알아보는 것이 필요하다.

섹슈얼리티, 남성성, 여성성의 문제는 이 책의 핵심이자 정신분석학 인식론 패러다임의 중심이다. 프로이트의 사상을 이어받아 발전·보완시킨 많은 정신분석학자에게 섹슈얼리티는 인간 주체성의 핵심이자 인간의 삶의 모든 면에 영향을 끼치는 것이었다. 무의식이 그러하듯 섹슈얼리티도 겉으로는 뚜렷하게 드러나지 않는 삶의 영역에 관련되어 있다(Giffney & Watson, 2017). "섹스를 과감하게 정신발달의 중심에 놓고, 삶을 뒤흔드는 그 전복적 위력에 주목하였으며, 그것을 관리하여 방어할 수 있게 만든 것은 프로이트의 업적이었다"(Lemma & Lynch, 2015, p. 3). 다음 장에서 논증하겠지만, 섹슈얼리티는 오늘날 극우 포퓰리즘 득세의 핵심에 해당할 뿐 아니라 일부 남성들의 특정 방어기제와 판타지의 생성에 관련되어 있다.

일반적으로 프로이트는 '정상적'이거나 '자연적'인 섹슈얼리티, 예를 들면 생물학적으로 결정된 이성애 경향 등은 없다고 보았다. 그러면서도 그는 성차별적이라고 비판받는 섹슈얼리티 이론을 전개하였다. 프로이트 이론 중 일부는 "재생산적 헤테로섹슈얼리티로 이끄는 규범적 발달심리학적 경로"가 있다는 의견도 있다(Giffney & Watson, 2017, p. 26). 심지어 일부 정신분석학자는 퀴어, 바이, 호모섹슈얼리티를 병리적으로 이해하기도 하였다. 일부는 여전히 그렇다(ibid). 섹스와 젠더에 대한 정신분석학적 견해는 심리학계 안팎에서 활발히 논의되었는데, 특히 최근에는 트랜스젠더와 트랜스섹슈얼 문제도 주목을 받았다(Frosh, 2006; Elliot, 2014; Gherovici, 2017). 임상학자들은 트랜스를 향한 구시대적이고 적대적인 견해를 보이기도 하였다. 한 연구에서는 "일부 임상가는 섹스를 전위, 혹은 주변화하여 개인적 섹슈얼리티와 갈등에 주목하기보다는 애착, 관계, 상호 인정의 문제로 치환하여 다룬다"라고 지적하였다(Lemma & Lynch, 2015, p. 4). 한편으로는 임상 영역을 넘어서 페미니즘, 퀴어 이론, 섹슈얼리티 연구 등의 영역에서는 혁신적인 연구성과가 많이 나왔다. 정신분석학적 개념을 차용하여 트랜스 및 퀴어 이슈와 섹슈얼리티에 대한 광범위한 이론이 생산되었다(Rose,

1986; Pollock, 1988; Butler, 1990; Sedgwick, 1993; Copjec, 1994; de Lauretis, 1994; Grosz, 1995; Dean, 2000; Yates, 2007; Bainbridge, 2008).

서론에서 예고하였듯 이 책은 남근과 거세에 대한 정신분석학적 개념, 그리고 정동, 판타지, 욕망 개념에 특히 주목한다. 정신분석학에서는 남근 및 거세 개념과 관련된 대표적인 두 명의 사상가가 있는데, 바로 지그문트 프로이트와 자크 라캉이다. 남근은 라캉이 대중화시킨 개념이며 페니스와 어느 정도 연관은 있지만 완전히 동의어는 아니다(Lacan, 2020).[2] 전술하였듯 남근은 **기표로서의 남성 권력, 특권, 때로는 지배력을 표상한다**(Frosh, 1995). 남근은 오이디푸스 콤플렉스와 강하게 연관된다. 그리고 소녀는 자신에게는 남근이 결여되어 있음을 깨닫고 아버지를 무의식적 욕망의 대상으로 생각한다. 그리고 동시에 아버지의 욕망과 소유를 놓고 어머니와 경쟁한다. 소년은 어머니의 욕망과 소유를 놓고 아버지와 경쟁한다. 프로이트와 라캉에게 남근은 **"욕망의 상징이자 구현이다"**(Benjamin, 1988, p. 85). 이런 의미에서 이 책에서 분석하는 남성들은 본질적으로 남근적이다. 이들은 성적 차이에 대한 이성애 규범적이고 성차별적인 논리를 욕망한다. 프로이트와 라캉은 1960년대 이래 페미니스트와 퀴어 사상가들에 의해서 성차별적이고 남근중심적이라고 많은 비판을 받았다(Campbell, 2000; Dean, 2000; Luepnitz, 2003; Huffer, 2013; Preciado, 2018; McKey Carusi, 2020 등 개요와 정리 참고). 줄리엣 미첼Juliet Mitchell(1974)은 프로이트를 비판하면서도 욕망과 권력의 상징으로서의 남근중심성을 승인하거나 재생산하지 않는 한에서 받아들여야 한다고 주장한다(Butler, 1990; Frosh, 1995; Hsieh, 2012 참고). 이 지점에서 우리는 많은 이론가가 그랬듯 남근에 대한 많은 의문이 생긴다(Irigaray, 1985, 1993; Butler, 1990, 1993; Kristeva, 1982, 1998).

남근의 실재하는 권력을 인정하는 한편 우리는 여성 복종의 문제를 '가부장제의 심

---

**2** 라캉은 특히 상상계와 상징계의 남근을 구분했고 그들의 결여, 행위주체자(아버지), 대상물과의 관계를 세미나 4편에서 상술하였다(Lacan, 2020). 이는 남근적 향유phallic jouissance와 '타자의 향유'(여성의 향유)에 대한 사유와 연관된다. 이 영역에 대한 자세한 내용은 이 책의 범위를 벗어난다(Lacan, 1972~1973, 1974~1975 참고).

층심리적 뿌리'라고 이해해야만 한다(Benjamin, 1988, p. 88). 이는 또한 '남근 독점에 대항할' 상징 및 기관이 없다는 것을 의미한다(ibid, p. 88). 이는 남근의 이데올로기적 지위를 인정하면서도 그것을 정당화하는 것은 아니다. 남근을 권력의 상징으로 확정하는 것은 그러한 지위를 재생산하자는 것은 **아니다**. 분석적 목적으로 사용하여 그것의 현실적, 실제적 지위를 이해하자는 것일 뿐이다. 벤저민은 여성 이미지는 남근을 넘어서 있기 때문에 무성적인 어머니 혹은 남성의 시선과 욕망의 대상이 되는 '섹시'(ibid, p. 78)한 여성 두 가지 중에서 양자택일적으로만 주어진다고 설명한다. 최근 포스트 페미니즘 계열에서는 새로운 인물형으로 '남근적 여성', 즉 대중문화에서 때에 따라 남성적 특성을 보여 주는 여성형이 등장하였다고 지적한다(McRobbie, 2007; Saitō, 2011; Renold & Ringrose, 2012, 2017). 다음 장에 가서 이 문제를 다루도록 하겠다. 이 책에서는 제시카 벤저민의 남근중심성 비판 입장을 수용한다. 남성계 남성들은 남성과 여성 모두의 이성애 권력의 핵심 근거를 남근으로 보는 논리를 공고히 하고자 한다.

벤저민(1988)은 남근의 의미라는 개념을 더욱 유용하게 정교화한다. 남근을 단순히 남성 지배와 여성 복종의 상징으로만 이해할 것이 아니라, 아이가 어머니의 막강한 권력에서 벗어나고자 소망할 때 이차적으로 찾게 되는 아버지 권력의 상징으로 이해하자는 제안이다. 아이가 처음 경험하는 것은 어머니의 권력이며, 자신을 다시 삼켜 버리려고 위협하는 어머니 질의 판타지다. 아이는 이에 아버지의 남근으로 도피한다. 정신분석학자 자닌 샤스게-스미르젤Janine Chasseguet-Smirgel의 분석이다(1986). 남근은 결여가 아니라 모성적 **권력**에 대한 대응으로 이해된다.

그러나 벤저민은 이러한 이론은 한 종류의 지배를 다른 종류의 지배로 대체한 것에 불과하며 불충분하다고 지적한다. 그 대신 벤저민은 상호주관적 인정 이론을 제시하며 남근-비남근, 피동성-능동성, 주체-대상, 지배-복종의 이분법을 벗어나려 한다. 벤저민의 이론은 결론에서 다시 고찰하겠다. 그녀의 이론은 내 분석의 전개에 무척이나 유용하며, 내가 분석한 내러티브 내부의 소위 '삼자'를 사유하는 데에 도움이 된다(Benjamin, 2018). 그러나 일단은 미첼(1974)과 벤저민이 말하는 남근중심성에 보다 집중하도록 한다. 남근은 실재와 판타지 모두에서 지배의 도구로 쓰이며, 성적 혹은 다른 수단을 통해서 남성들에게는 생생한 판타지를 불러일으키는 역할을 한다. 바로 이러한 이유로 나는 남근을 이론의 중심에 둔다. 이는 남성들의 내러티브에 남근이 중요하기 때문만은 아니다. 나는 남근중심주의를 주장하거나 남근을 모종의 초월적 권력의 상징으로 추종하려는 생각이 추호도 없다. 남근은 정신분석학과 미디어 연구에 동원되는 분석적 도구의 하나일 뿐이다.

프로이트의 오이디푸스적 남근적 심리성애 발달이론과 여성성, 남성성, 성별 개념은 후기 프로이트학파 정신분석학자들에게 많은 비판과 이론적 수정을 받았다. 대표적으로 카렌 호나이Karen Horney, 멜라니 클라인Melanie Klein, 장 리비에르Jean Riviere, 헬레네 도이치Helene Deutsch 등이 있다(Grigg, Hecq, & Smith, 2015; Lemma & Lynch, 2015; Giffney & Watson, 2017 등의 개관 참고). 여기에서는 더 다루지 않겠다. 지면이 부족하므로 나머지 분량에서는 남성성에 대한 정신분석학적 연구를 성별 간 차이에 특히 주목하여 간략히 살펴본다. 이 책은 남성성을 주제로 하기 때문이다.

캔디다 예이츠Candida Yates는 "정신분석학은 젠더를 이원적, 문화적 구성개념으로 만들어 내는 심리추동력을 파악할 수 있도록 도와준다. 여성성은 남성성의 심리적, 문화적 타자로 규정된다. 성별 차이에 대한 정신분석학적 설명은 이러한 대결 구도를 유지하려는 데에 심리적 에너지를 투자하고 있다"(Yates, 2007, p. 7)라고 지적한다. 내가 논한 남성들에게서 매우 유사한 심리역학이 보인다. 이들의 담론은 여성을 대타자로 위치 짓고, 이들을 욕망하면서도 동시에 이들에게서 위협을 느낀다. 예이츠는 많은 전통적 프로이트 정신분석학이 남성성을 지나치게 부정적으로 그리고 있다고 본다. 오이디푸스적 관점과 부모와의 갈등이라는 면에서 본질적으로 방어적 존재로 그리고 있기 때문이다. 예이츠는 도널드 위니컷D. W. Winnicott의 남성성 모델을 차용하여 오늘날의 모호성과 모순성을 그려 낸다. 이러한 남성성 이해는 남성을 이상화하거나 헤게모니적으로 그리지 않으며 적당히 좋으면서도 적당히 연약하게 묘사한다. 나도 이 책에서 이러한 남성성 개념을 사용하여 방어적인 **동시에** 행위주체적으로 그려 보려고 한다. 그러나 이들은 대체적으로는 파괴적이며 유해하다. 이들의 담론에서 긍정적 측면을 찾는 것은 무척 어렵다. 이는 결론에서 다시 논하도록 한다. 남성성에 대한 정신분석학적 연구는 이외에도 많다(예를 들면, Frosh, 1994; Frosh, Phoenix, & Pattman, 2001; Maguire, 2004; Samuels, 2018; Quindeau, 2018; Neill, 2019). 그러나 이 장에서 더 자세히 다룰 수는 없다. 이제 인종의 문제를 정신분석학적 시각에서 다루어 본다.

## 인종주의와 정신분석

인종, 백인우월주의, 인종차별주의는 임상의학자, 활동가, 학자들에 의해 다양한 학파의 정신분석학과 전문 분야에서 다루었다. 인종은 심리사회학적 범주이며 심리적이고 사회적 요소의 영향을 받는다. 그리고 본질적으로 섹슈얼리티, 젠더, 계급, 종교 및 육체적 능력과 연관되어 있는 개념이다(Crenshaw, 1989; Rustin, 1991; Abel, Christian, & Moglen, 1997; Clarke, 2003). 서론에서도 말했지만 백인 연구자로서 인종에 대해 논한다는 것은 인종주의적 차별을 받는 입장의 여타 연구자들에 비해서는 다소 특권적인, 그리고 아마도 상대적으로 편한 입장인 셈이다.

앞서 논의한 섹슈얼리티에 대한 고전적 생각과 마찬가지로, 정신분석 임상학자들은 인종 차별 및 억압이 존재하는 현실 속에서 내면화된 인종 개념, 백인성, '중립성'이라는 문제에 많은 의문을 품고 있다. 직업으로서의 정신분석가는 상담실, 훈련 및 수련기관 등에서 여전히 인종적 다양성 문제에 맞닥뜨린다(Kovel, 1984; Tate, 1996; Brickman, 2003; Snider, 2020). 프로이트 역시도 정신의 '미개성'이라든지 여성을 '검은' 대륙에 비유하였다든지 하는 문제적 발언을 한 바 있다. 다니엘 호세 가스탐비데Daniel José Gaztambide는 『정신분석학의 민중사A People's History of Psychoanalysis』(2019)에서 정신분석학의 역사 내내 비판적이며 자유주의적인 사고가 이어져 내려 왔다고 지적한다. 프로이트의 저작에서부터 프랑크푸르트학파, 프랑츠 파논Frantz Fanon, 파울로 프레이레Paulo Freire, 이그나시오 마르틴 바로Ignacio Martín-Baró 등의 좌파적 정신분석학자들의 저작과 현실 참여가 그 좋은 예들이다. 또한 문화 연구, 탈식민주의 및 비판적 인종 이론가들도 정신분석학의 개념을 많이 계승한다. 예를 들면, 프랑츠 파논Frantz Fanon(1967), 스튜어트 홀Stuart Hall(1993), 호미 K. 바바Homi K. Bhabha(1994), 에드워드 사이드Edward Said(1978) 등의 사상가들이 있다(Dalal, 2001; Cohen, 2002; Khanna, 2003; Riggs, 2005; Greedharry, 2008; Hook, 2008 등의 개관 참고).

인종과 인종차별에 대한 현대 정신분석학 연구는 종종 프로이트와 라캉적 관점에서 수행된다. 프로이트 라캉 이론에 의거한 인종 연구는 유색인종 및 아시아계 미국인에 대한 인종차별, 남미의 인종차별, 남아프리카의 인종차별, 온라인의 인종차별, 최근 세계 각지에서 득세하고 있는 민족주의에 대한 연구 등 다양하다(Lane, 1998; Tate, 1998; Seshadri-Crooks, 2000; Cheng, 2001; Hook, 2004, 2006, 2018; Bergner, 2005; Tuhkanen, 2010; Fakhry Davids, 2011; Aron & Starr, 2013; Auestad, 2014, 2017; Krüger, 2017, 2018; Sheehi, 2020). 내 연구의 경향은 넓게는 프로이트적이므로(2차적으로는 라캉으로 확장된다.) 여기에서는 프로이트와 라캉에 관련된 것으로만 논의를 제한하겠다.[3] 또한 인종주의와 반유대주의를 다룬 중요한 연구도 있는데(Žižek, 1994; Ostow, 1996; Young-Bruehl, 1996; Frosh, 2005, 2016) 더 자세한 내용은 제5장에서 다시 다루겠다.

인종주의는 후기 프로이트학파인지 라캉주의 입장인지에 따라서 다르게 이론화될 수 있다. 두 가지 입장 및 여타 정신분석학적 접근의 공통분모는 특정 행동과 담론을 통해 기능할 뿐만 아니라, 의식적 무의식적 차원의 파괴적 판타지를 통해 작동한다는 것이다. 인종은 심리사회적 구성개념이며, 주체에게는 삶의 경험의 형태로 체험된다(Lane, 1998). 백인 우월주의자가 상정한 잠재적 판타지와 행동이 비백인 주체에게 주어진다. 인종주의자는 타자에 대해 이미 주어진 **판타지**를 재생산한다. 타자는 '위험'하며 '열등'하고 '위협적'이다. 타자를 차별하고 억압하는 데에 도움이 될 모든 기표가 총동원되어 부과된다. 이러한 판타지가 유지되는 것은 인종주의자들이 '순수'한 국가의 신념을 추종하기 때문이다. 이들은 이민자들을 값싼 노동력으로 착취하길 원하는 동시에 이민 자체에는 반대하고 이민 노동자들의 자유운동에는 반대한다는 것이 사회학적 설명이다(Giddens, 2009, pp. 639-642). 심리사회학적 현상으로서의 인종주의

---

**3** 프로이트와 라캉주의와 무관한 인종 및 인종차별 개념화 이론도 물론 있다(Kristeva, 1982; Walton, 2001; Rasmussen & Salhani, 2010; Dalal, 2013; Fang, 2020). 인종차별을 심리사회학적으로 다룬 성과는 시몬 클라크Simon Clarke의 연구에 주목할 만하다 [참고 Clarke(2003)].

는 역사적, 사회적 차원을 갖고 있으며 수세기 동안 인종주의적 담론의 외형을 규정해 왔다. 미국 흑인노예제에 관련된 인종주의, 독일의 경우엔 히틀러가 그 사례다. 그리고 지속적인 의식적/무의식적 트라우마 영향을 오늘날에까지 끼치고 있다(George, 2014, 2016).

라캉주의 학자 셸든 조지Sheldon George는 인종이라는 개념을 주체의 "주체성이 핵심적으로 결여되었음을 은폐하는 도구"(George, 2014, 360)라고 정의 내린다. 달리 설명하자면 인종 그 자체가 무의식/의식적 메커니즘이며, 이를 통해 주체인 자신의 존재로부터의 실존적 소외가 은폐되는 기능을 한다는 것이다.[4] 인종 그 자체는 판타지다. 주체에게 '자신들'의 민족에 속해 있다는 내러티브를 이상적으로 제공함으로써 그 자신의 정체성을 젠더, 성적 지향 등과 마찬가지로 구성하도록 해 준다. 인종적 정체성은 특히 특정 국가에 대한 판타지와 결합될 경우에 특정 그룹의 안팎을 나누어 냄으로써 민족주의적 소속감을 만들어 낸다. 그리고 명시적이고 암시적인 가치관과 규율을 설정하여 개인에게 민족에 소속될 근거를 마련해 준다(Anderson, 1991; Billig, 1995). 인종주의에 대한 조지의 이론은 이 기회에 자세히 살펴볼 필요가 있다. 인종주의에 내재한 과잉 향유(jouissance)를 강조한다는 것이 흥미롭기 때문이다.

인종주의는 **향유**를 성취하려는 방법이다. 쾌락-고통의 과잉분을 정동적으로 경험하는 방법이다(Lacan, 1975). 인종주의자는 자신들의 상상계에서의 환지적 인종 정체성을 상징계, 즉 사회담론적 영역을 통해 강화하고자 한다. 백인 인종주의자로서의 강화된 정체성은 백인이 아닌 사람들을 타자로 규정하여 배제함으로써 기능한다. "이러한 **향유**의 핵심에 있는 것은 타자로서의 흑인에 대한 탄압이다. 흑인의 열등성을 주장함으로써 백인 미국인의 우월성과 위대성을 확보하려는 것이다"(ibid, p. 362). 조지는 미국의 안티 흑인 인종주의를 이렇게 정리한다. 라캉주의에 너무 매몰되지 않는 선에서 정신분석학적 개념을 이용해 인종주의를 이해하자면 이렇다. 인종주의적 판

---

**4** 이 발상은 라캉적 개념인 결여와 관련되어 있다. 주체는 상징계에서 결여를 통해서 구성된다. 상징계와 상상계 사이에서 결여를 은폐하려는 시도가 삶 내내 지속된다 (Lacan, 1977).

타지와 행동은 인종주의를 추종하고 실천하는 자들에게 가학적인 기쁨을 안겨 준다(Hook, 2018 참고). 인종주의, 파시즘, 여성혐오와 성차별 역시도 남성들에게 유사한 기능을 한다는 것을 이 책에서 앞으로 논증하겠다. 이러한 방식의 편견을 상징적으로 조작하는 것은 이들에게 향유를 안겨 준다. 데릭 훅Derek Hook도 이렇게 말한다.

> 문화적 타자는 그저 허구적 구성개념이 아니다. 정동, 관능, 판타지 차원의 영역에서 경험되고 확인되는 실체다. 라캉주의적으로 보면 타자성은 차이를 '증명'하는 불쾌한 관능이다. 게다가 타자성은 즉각적이고 본능적 수준으로 차이를 강화하고 증폭해 준다(Hook, 2020, p. 275).

담론과 판타지, 정동의 뒤얽힘은 인종주의 및 여러 형태의 차별주의를 파괴적이면서도 쾌락적이도록 만든다.

인종주의적 향유의 문제에는 인종주의자의 또 다른 판타지가 담겨 있다. 마땅히 그들의 몫인 향유를 타자가 훔쳐 갔으며, 그 결과 타자가 그 자신들보다 더 좋은, 더 많은 향유를 즐기고 있다는 환상이다. 백인이 아닌 주체의 향유가 바로 대타자 그 자체다. 위험하고 육욕적이고 전염적이며 과잉적이다. 대타자는 그래서 상징적 혹은 실제적으로 멸절되어야 한다. 위협적인 타자에 대한 판타지는 반유대주의적 판타지와 상당히 유사하다(제5장 참고). 이는 종종 유사 과학에 뿌리를 둔 담론과 결합하여 백인 인종의 우월성을 주장하는 데에 쓰인다. 오늘날의 대안우파와 여타 인종주의 단체에서 이 예를 찾아볼 수 있다(Hawley, 2017). 라캉주의 학자인 슬라보예 지젝Slavoj Žižek(e.g., 1994), 셸든 조지(2016), 데릭 훅(2020), 제이슨 글라이노스Jason Glynos 등의 학자들은 대안우파와 극우 포퓰리즘 및 인종주의에 대한 연구에서 이들 개인들에게서 도둑맞은 향유라는 판타지가 형성되어 있음을 지적한다. 타자들, 예를 들면 난민들이 나라의 '토착적' 주인들에 비해서 훨씬 더 삶을 즐기고 있다는 신념이다(Chang & Glynos, 2011; Glynos & Mondon, 2016).[5] 그리하여 분노와 울분과 불안감이 생겨난다.

---

5  데릭 훅Derek Hook(2018)은 '도둑맞은 향유'라는 가설을 비판하여 라캉적 카테고리인

극우 포퓰리즘, 인종주의, 파시즘은 개인에게 이미 존재하는 무의식적/의식적 공포와 불안을 파고들어서 착취하고 왜곡한다. 차이, 상실, 사회적 변화에 대한 공포가 바로 그것이다(Auestad, 2014, 2017). 남성계 역시 비슷한 방식으로 작동한다. 기본적으로 '우리 대 그들', 즉 시스 남성 대 시스 여성, 백인 남성 대 여타 유색 인종 등의 포퓰리즘적 논리를 사용한다. 이들은 페미니즘과 여성을 문제라고 특정하여 규정하고 종종 인종주의적 내러티브를 포함시킨다(제3, 4, 5장 참고. 특히 제7장). 이러한 불안에 대처하는 과정에서 특정 정체성, 예를 들면 인셀, 남성분리주의, 금딸 등이 만들어지고 가정된다. 물론 인종주의자 및 여성혐오자의 불안은 실제로는 근거도 없고 해당 사실도 없다. 그럼에도 이들은 세계와 사회의 변화에 대해 진짜로 주관적 불안을 겪고 있으므로 그들이 추종하는 가치는 환지적이며 허상적이다.

남성계는 백인 여성에 대한 특유의 판타지를 만들어 낸다. 예를 들면, 여자들은 다 이렇다는 둥 저렇게 군다는 둥, 혹은 남자들보다 훨씬 더 권력을 누린다는 둥, 혹은 죄다 얄팍한 것들이라는 둥. 그리고 이에 대응되는 백인 남성의 정체성을 지어낸다. 그리고 극우 포퓰리즘, 인종주의, 여성혐오를 유발하는 사회정치적 사상이 만들어진다. 예를 들면, 여자는 집에서 육아나 해야 한다거나 백인 여성은 백인 남성하고만 사귀어야 한다는 식이다. 정신분석학적 관점에서 보자면 이러한 판타지가 온라인으로 표출되는 방식이 흥미롭다. 남성들은 자신들이 무력한 희생자이며 특정한 단체나 개인들, 즉 페미니스트, 여자들, 이민자들 때문에 부당하게 침해받고 있다는 의식에 동조하는 모습을 보이기 때문이다. 희생자 행세하기의 문제는 다음 장에서 다루도록 하겠다.

파시즘은 반유대주의를 포함하는 일종의 인종주의이며, 국가의 조직 방식에 대한 특유의 이해방식을 지녔다(서론 참고). 국가는 권위주의 혹은 독재적 형태의 억압적 국가주의를 통해 작동한다. 나치 독일과 히틀러가 대표적인 예다(Fuchs, 2018).

---

향유jouissance가 너무 느슨하게 사용되었다고 지적한다. 또한 특정 사회정치적 맥락이 무시되었기 때문에 인종주의가 비정치적이고 몰역사적으로 이해되는 점을 아울러 지적한다. 또한 인종주의적 담론 및 행동에도 향유에는 다양한 방식이 존재함이 간과되었다고 말한다.

프랑크푸르트학파의 일원, 그중에서도 테오도어 아도르노Theodor W. Adorno(1970)는, 막스 호르크하이머Max Horkheimer(1947), 에리히 프롬Erich Fromm(1941), 헤르베르트 마르쿠제Herbert Marcuse(1964) 등과 마찬가지로 독일 파시스트 정권에 직접적으로 탄압을 받았고, 나치 독일을 떠나 망명하여 독일 파시즘 및 파시즘 일반에 대한 뛰어난 분석을 수행하였다. 그는 파시즘 전체주의에 대해 저술했으며, 마르크스주의와 정신분석학을 계승·발전시켰다. 『권위주의적 성격The Authoritarian Personality』(Adorno et al., 1950)은 테벨라이트의 『남성 판타지』만큼이나 중요한 저작이다. 『권위주의적 성격』은 영-브륄의 성격 유형 및 편견에 대한 연구(1996)와 여러모로 유사하다. 그러나 테벨라이트는 아도르노가 공저한 저작의 의견에 **반대**하며 중요한 점을 지적한다. 파시즘이 호모섹슈얼리티의 억압 **그 자체**에서 기원한 것은 아니라는 점이다. 나는 파시즘과 남성계, 호모섹슈얼리티의 관계에 대해 제5장에서 논의하겠다. 나는 아도르노를 비롯한 프랑크푸르트학파보다는 테벨라이트의 이론을 수용한다. 테벨라이트의 이론은 군대, 파시즘 성격, 구체화, 섹슈얼리티와 판타지의 관계를 논하고 있기 때문이다. 다른 연구가 도달하지 못한 독보적 수준의 논의다. 1930년대 독일의 자유군단 남성들을 통해서 본 원형적 파시즘에 관한 테벨라이트의 연구는 무척이나 중요한 성과다. 그는 특정 형태의 남성성, 섹슈얼리티, 여성혐오, 군기 등의 상호관련성을 정신분석학을 원용해서 사유한 최초의 사상가다. 그는 파시스트적 사고방식이 특정 남성들에게 어떻게 구현되고 판타지와 행동을 통해서 전개되는지를 설명하였다. 다음 부분에서는 테벨라이트 및 여타 사상가들을 더 자세히 소개하도록 한다.


## 파시즘의 대중심리와 남성 판타지

클라우스 테벨라이트와 더불어 또 한 명의 핵심적인 정신분석학적 파시즘 연구자는 바로 빌헬름 라이히다.[3] 라이히의 분석은 좀 더 직접적으로 나치 독일 내부 상황과

---

**3** 물론 파시즘 및 여러 형태의 전체주의에 관해 연구한 정신분석학자들은 이밖에도

나치당, 즉 국가사회주의 독일 노동자당(Nationalsozialistische Deutsche Arbeiterpartei: NSDAP)의 파시즘에 집중되어 있다. 그의 저작 『파시즘의 대중심리』는 1933년 히틀러가 정권을 잡은 바로 그 해에 독일어로 출판되었다. 나치를 통해서 본 파시즘의 기원과 성격에 관한 정신분석학적 연구의 기념비적 걸작이다. 라이히의 저작은 질 들뢰즈, 펠릭스 가타리, 미셸 푸코Michel Foucault 등 주요 사상가들에게 큰 영향을 끼쳤다. 그러나 1957년 저자가 미국에서 사망한 후 잠시 잊혔다가 1968년 독일의 학생운동 시기에 재발견되었고, 그 후로도 꾸준히 명성을 이어 오고 있다. 라이히는 '성혁명'이라는 단어를 오늘날에 사용되고 이해되는 방식으로 처음 각인시킨 최초의 사상가였고, 혁명의 열기에 달아오른 학생들에 의해 열렬한 추종을 받았다. 라이히는 권위주의적 가정을 파시즘의 핵심적 기본 단위라고 보았다. 권위적 가정은 파시즘과 히틀러를 적극적으로 수용하게 만든 일종의 기구였다. 모든 가족 구성원에게 행사되는 섹슈얼리티의 억압은 권위주의적 충성과 지도자를 향한 갈망으로 발전된다. 라이히가 보기에 파시즘은 안정감과 보수성을 약속해 주며, 어떤 사람들에게는 이것이 매력으로 작용한다. 라이히의 이론은 잠시 후 더 자세히 소개하도록 하겠다. 나는 이 책에서 주로 테벨라이트와 영-브릴의 이론을 차용하고 있지만, 라이히 역시 중요한 사상가이며 테벨라이트에게 영향을 끼쳤다. 내가 제안하는 억제/탈억제의 개념쌍도 라이히가 이해한 성적 억압과 억제에 영향을 받은 것이다.

클라우스 테벨라이트의 『남성 판타지』는 내가 보기에는 파시즘에 관한, 혹은 파시즘의 출현을 가져온 환지적 발달에 관한 가장 중요한 정신분석학적 연구성과다. 테벨라이트의 두 권 분량의 저작은 1987년과 1989년에 영어로 출판되었으며 주석과 참고문헌을 포함하여 모두 1,000페이지가 넘는 대작이다. 긴 분량의 장들로 구성되어 있으나 반드시 연대순으로 읽을 필요는 없다. 두 권의 책에서 테벨라이트는 지그문트 프로이트, 질 들뢰즈/펠릭스 가타리, 빌헬름 라이히와 마가렛 말러의 사유를 다양하

많이 있다. 그러나 이들을 자세히 다루는 것은 이 책의 범위를 벗어난다[예를 들면, ffytche & Pick(2016), Krüger 참고, 최근의 개괄과 해설은 Figlio & Richards(2018) 참고].

게 원용한다. 프로이트와 프로이트학파의 이론을 동원한 그의 작업은 때로는 느슨하고 때로는 난해하다. 그러나 그가 보여 주는 강렬함과 폭발력은 최우선적으로 그리고 전적으로 그의 **독창적**인 사유와 분석에서 나온다. 그는 이론적 틀을 복잡하게 설계하고 세워서 끌어다 쓰는 방식을 쓰지 않는다.

『남성 판타지』의 핵심적인 목표는 제목이 말하는 바 그대로다. 일기, 소설, 엽서, 예술, 삽화 및 연극의 형태로 떠돌고 있던 남성 판타지의 실상을 자세히 들여다보는 것이다. 테벨라이트는 프로이트적 전통을 충실히 이어받아 자유군단[4] 군인들과 여타 젊은 남성들의 글과 예술적 표현을 분석함으로써 주체성의 구성을 추적한다. 그는 250편의 소설과 회고록을 분석하였다. 그가 특히 주의를 기울인 것은 남성들이 스스로 발설하는 여성, 폭력, 군인의 육체, 전투 경험담의 내러티브였다. 특히 자주 인용된 것은, 전부는 아니었지만, 각각의 자서전에 등장하는 일곱 명의 남성들이었는데, 그들 전부가 이후에 국가사회주의자들로 '변신'한 것은 아니었다(Niethammer, 1979). 다음 부분에서는 라이히의 『파시즘의 대중심리』와 테벨라이트의 『남성 판타지』 중 핵심적 개념을 소개하도록 한다.


## 파시스트 캐릭터

라이히, 테벨라이트, 영-브륄은 모두 편견을 가진 주체의 특정 성격 유형에 관심을 기울였다. 세 학자의 방식은 제각각이었다. 영-브륄은 『편견의 해부학』에서 편견 일반을 다루었고, 특히 인종주의, 반유대주의, 성차별과 동성애 혐오를 자세히 분석하였

---

**4** 자유군단Freikorps은 제1차 세계대전 종전 이후에 결성된 폭력적 민병대였다. 이들은 제1차 세계 대전 이후 몇 년간 독일 전역을 휩쓸고 다녔다. "이들은 무장대와 용병의 중간쯤 되는 존재였다. 이들은 특히 베르사유 조약 때문에 독일이 지배력을 잃게 된 동유럽 및 중유럽 지역(예를 들면, 신생 발틱 국가들)에서 난동을 부렸는데, 독일의 중앙 혹은 지방 당국의 사주를 받아서 바이에른, 루르, 베를린 지역 등에서 노동자 저항을 진압하는 일에 동원되었다."(Niethammer, 1979, p. 178)

다. 제5장에서 영-브뢸의 이론을 자세히 다루고 인셀 및 남성분리주의자를 분석하도록 하겠다. 영-브뢸은 프로이트 이론을 동원하여 여성혐오, 성차별, 인종차별, 반유대주의, 동성애 혐오에 특히 수용적인 성격 유형이 있다고 설명하였다. 그녀는 해당 성격 유형, 예컨대 강박형 성격 혹은 히스테리형 성격 등을 대략 설명하고, 이들 성격이 어떤 방어기제를 구사하는지, 어떤 판타지를 가지고 있으며 어떤 전형적 행동을 하는지 설명하였다. 영-브뢸의 성차별에 관한 이론은 무척 유용하게 나의 이론적 틀을 보완해 준다. 성차별은 사회집단적 방어기제이며 대개는 남성인 특정 성격 구조의 개인에 의해 구사된다. 제5장에서는 인셀과 남성분리주의자들이 강박형 성격에 해당하며 여성을 욕망하는 동시에 적대하고 있음을 논증하고자 한다.

빌헬름 라이히(1997)는 히틀러에게 표를 던지고 기꺼이 나치 독재를 받아들인 사람들에게 특히 주목하였다. 자본주의, 특히 파시즘이 추구하는 권위주의적 자본주의를 추종하기 위해서는 개인 주체의 성격 차원에서 근본적인 모순을 지녀야만 가능하기 때문이다.

> 특정 역사적 상황에 상응하는 성격 구조의 기본적 특징은 매우 어린 시절에 결정되며, 기술적 생산력보다도 훨씬 더 변화에 느리다. 그 결과로 세월이 흐를수록 그들의 심리적 구조는 그들이 속한 사회구조의 급격한 변동보다 뒤처지게 되며, 나중에는 새로운 형태의 삶과 갈등을 일으키게 된다(Reich, 1997, p. 18).

라이히의 중요한 성찰이다. 개인이 늘 적응하는 것은 아니므로 뒤처지게 된다. 그러므로 자신을 위협한다고 느껴지는 사회적 변화에 맞서 방어하려고 든다. 내가 이 책에서 분석한 남성들도 변화하는 사회와 성문화에 적응하는 것을 힘들어하였다. 섹슈얼리티, 페미니즘, 남성인권운동 등과 관련된 사회역사적 변화는 제2장의 설명을 참고하기 바란다. 제4장에서 인셀 남성이 위험한 신자유주의 사회에서 왜 파시즘적 정체성을 선택하는지를 설명하면서 이 문제를 아울러 언급하도록 한다. 방어 방법 중의 하나는 파시즘에 순종하는 것이다. 파시즘 이데올로기는 모든 것이 질서정연하였고 사회적 변화와 불안이 없었던 신화적 과거로 돌아가겠다고 주체에게 약속해 주기 때문이다(서론 참고). 파시즘은 이러한 세계관에 솔깃하는 기존 성격을 포섭한다.

클라우스 테벨라이트 역시 특정 유형의 남성 군인이나 남성형을 만들어 내는 것이 단순히 경제적 요소가 아니라고 말한다. 불황, 경제 위기, 의회 민주주의의 붕괴 상황, 혹은 제1차 세계대전은 본질적이지 않다. 오히려 특정한 유형의 남성이 **이미** 존재하고 있으며, 이것이 능동적 역할을 수행함으로써 훗날 파시즘과 나치 독일로 나아간 것이라고 설명한다. 테벨라이트가 말하고자 하는 것의 핵심은 이런 유형의 남성들이 파시즘 이전, 1914년에도 이미 존재하였다는 것이다.[5] 파시즘이 특정 유형의 남성상과 남성 인생의 본질에 대한 특정한 판타지를 단순히 만들어 낸 것이 아니다. 오히려 이미 존재하는 원형적인 파시스트 남성형을 적극적으로 발굴해 낸 것이다. 이러한 남성 유형은 1890년대에서 제1차 세계대전 직전까지의 소위 '빌헬름 태평성대', 즉 암묵적 전쟁과 위기 와중에 명목상 평화가 유지되던 시절에 생겨났다. 언제든지 전쟁으로 돌변할 수 있는 위태로운 평화였다. '평화로서의 전쟁'(Theweleit, 1989, p. 351)은 젊은 남성들을 **무언가**를 갈망하는 어정쩡한 상태로 밀어 넣었다. 제1차 세계대전에서 '패배'한 후, 승승장구하는 타고난 독일의 용사라는 판타지가 산산이 부서진 후에도 이러한 유형의 남성은 계속해서 생성되었다. 테벨라이트는 특정한 경제적 조건 때문에 나치 독재 정권이 탄생하게 되었다는 일반적 견해에 집요하게 반대한다. 그럼에도 심리사회학적 관점에서 독일의 파시즘 대두를 분석하기 위해서는 사회경제적, 역사적 측면을 반드시 중요하게 고려해야 한다. 이 책에서는 사회심리학적 관점을 받아들여 사회

---

**5** 여성(과 타자)에 대한 폭력적인 압제는 수천 년 전부터 있어 왔으며, 그 점에서 어찌 보면 비역사적이다(Theweleit, 1987, 1989). 아마도 남성 자아의 일부분이 삶에서 여성 짝을 찾는 과정에서 맞닥뜨리게 되는 모성(의 일부)과의 근본적 대결이 이와 연관되어 있을 수도 있겠다(Benjamin, 1988). 만약 이러한 관점에서 이 책을 집필하였더라면, 멜라니 클라인의 저술(1988a, 1988b,) 및 질투와 선망, 편집증-분열증 이론을 참조했을 수도 있겠다. 혹은 카렌 호나이(2015)의 자궁 선망, 오이디푸스적 갈등의 결과로 형성된 여성에 대한 편견과 판타지도 좋은 이론적 도구가 되었을 것이다. 그러나 나는 파시즘의 대두와 신자유주의 확대를 남성계의 판타지와 연관지어 분석하는 전략을 택하였다. 내가 선택한 이론적 틀이 분석에 가상 적합한 길을 열어 준다고 믿는다.

적 측면과 주체적 측면 모두를 고려해 내러티브를 분석하도록 한다.

테벨라이트는 파시즘적 성향이 심리사회학적으로 어떻게 발달되는지를 파시스트 육체와 판타지를 통해서 집요하고도 철저하게 밝혀냈다. 그의 이론을 좀 더 자세히 알아볼 필요가 있다. 이 유형의 성격을 이해하는 핵심은 바로 그들의 섹슈얼리티와 양육방식에 있다.

## 섹슈얼리티와 양육방식

라이히가 보기에 가부장적 가정은 파시즘의 '핵심적인 반동적 생식세포'(1997, p. 89)와도 같다. 특히 프롤레타리아 가정은 어린이들, 그리고 어른들의 성적 욕구를 강제로 억압하며, 억눌린 욕구는 나중에 분출되어 권위주의에 대한 충성으로 나타난다. 어린이는 섹슈얼리티의 억제와 억압을 통해서 길러지고, 가정 내의 권력 관계를 경험하며, "겁 많고 수줍고 권위를 두려워하며 순종적이고 '착하고' '참하게' 자라난다"(ibid, p. 30). 가정은 사회의 기본 단위이며 주류적 사회규범과 구조를 반영한다. 부모와 자식 사이의 권력 구조에서 특히 그렇다. "국가주의적 정서는 가족 간 유대의 직접적 연장선이었다"(ibid, p. 57). 라이히는 파시즘의 외양이 "평균적인 성격의 구조를 조직적, 정치적으로 표현해 놓은 것"이라고 설명한다(ibid, p. xiii). 나는 이 책에서 파시즘적 정신과 육체 상태를 바로 이렇게 이해하고자 하며, 라이히가 그랬던 것처럼 특정 사회계급에 중점을 두지는 않을 것이다.

테벨라이트는 또한 파시즘과 권위주의적 양육방식이 어떻게 관련되어 있는지에 대해 논한다. 그가 분석한 군인 내러티브는 가장 위대한 언어를 동원하여 어머니를 그려 낸다. 어머니들은 '천사들'이며 '세상 최고'로 소중하며 '지상 최고의 여성들'이다(Theweleit, 1987, p. 104). 그러면서도 동시에 어머니를 향한 적대감도 존재한다. 모성의 따뜻함, 어머니다운 보살핌은 내러티브로부터 분리되어 떨어진다. 군인들은 어린 시절부터 어머니와의 관계에서 실패한 경우가 많았다. 그들은 쌀쌀맞은 어머니로부터 진정한 사랑을 못 받고 자랐다. 그럼에도 군인들은 어머니를 '착한 분'으로 조작/구성해 냈다. 살해하고 싶어 하고 자유군단 민병대에 소속되고 싶어 하는 그들의 욕망은 부분적으로는 부모적 성충imagos으로서의 어머니, 아버지를 죽이고 싶어 하는 욕망에 뿌리를 두고 있었다. "그러므로 테벨라이트의 분석에 따르면 자유군단이 전쟁에 몰입하게 된 것은 도피를 통해서 자아의 개성화를 이루고 싶은 소망이 표출된 것이었다. 그들은 여성 이미지를 혐오하였으며, 여성 육체에서 표현되는 섹슈얼리티로부터 도피하고 싶어 하였다"(Vadolas, 2009, p. 70)라는 것이 안토니오 바돌라스Antonios Vadolas의 분석이다. 테벨라이트가 보기에 파시즘은 오이디푸스적 아버지에 대한 반란이 아니다. 또한 아버지와의 동일시도 아니다. 아버지는 존재하지도 않는다. 아버지의 목소리는 "이들 회고록에서 범주적으로 부정되었다."(ibid, p. 108) 내가 분석한 남성들의 양육환경과 부모도 이들과 상당히 유사한 정신역학을 보여 준다. 이 점은 앞으로 이어질 장들(특히 제5장과 제6장에서)에서 더 논하도록 하겠다. 남성계의 남성들도 무의식적으로 부모를 죽이길 소망한다. 과거와의 연결고리를 모두 끊고 완전한 주체가 되고 싶어 한다. 이들 남성들의 삶에서 아버지가 독특한 역할을 한다는 점을 제6장에서 논하겠다. 총기난사범 아네르스 브레이비크와 엘리엇 로저를 연구 사례로 삼아, 그들이 아버지와 가졌던 원만치 못한 관계를 설명하고, 그들이 어떻게 무의식적으로 아버지를 제거하고 남자로 새롭게 다시 태어나고 싶어 했는지를 설명해 보려한다.

곧 이어질 장에서 논하겠지만, 남성계가 보이는 인종주의, 파시즘, 반유대주의의 담론은 어디까지나 이차적일 뿐이다(물론 사람에 따라서는 최우선일 수도 있겠다.). 어쨌든 일차적 본질은 여성을 욕망하는 동시에 지배하려는 파시스트적 남성성의 구체화다. 이들의 독특한 판타지가 구성되는 방식은 파시즘과 친화적이다. 이들은 독특한 현실을 만들어 내어, 자신들을 여성 때문에 피해를 당하는 존재라고 여기는 동시에, 앞뒤 가리지 않고 무지막지한 파괴적 상징 권력을 휘두르는 존재라고 생각한다. 이들은 자신과 다른 여성 및 타자들에게 행위주체성을 확보해 주어야만 한다. 일반적으로 파시즘은 말대꾸나 나약함, 약점을 봐주지 않는다. 내가 분석한 남성들도 마찬가지였다. 곧이어 논하겠지만, 이들은 극도로 방어적이면서도 동시에 저돌적이다. 이들은 파시스트적 유형의 남성성을 특정하여 욕망한다. 대안우파 및 그와 연관된 파시스트적 정치가 득세함에 따라서 이러한 유형의 남성이 되고자 하는 것이다(제4장, 제5장 참고). 다음 부분에서는 남성 판타지에 대한 본격적 논의를 진행한다.


## 여성 부존재의 현전성

『남성 판타지』1권은 1920년대 자유군단 군인들이 아내와 여자에 대해 나누는 잡담을 자세히 소개하는 것으로 시작된다. 1권의 대부분은 바이마르 공화국 시절의 남성 군인들, 그리고 많은 일반 남성이 여성을 어떻게 인식했고 어떻게 이야기했는지를 다루고 있다. 이들이 아는 여성은 오직 세 유형뿐이었다. 첫째, 어머니. 둘째, '백색', 순결한 아내들, 간호사들, 누이들. 셋째, '적색', 위험하고 유혹적인 여자들(창녀, 여군, 유대인 계집 등).

군인이 되고 자유군단에 합류한다는 것은 곧 여자들을 두고 왔다는 뜻이었다. 다른 남자들과 함께하기 위해서 아내와 약혼녀를 뒤에 남겨 두고 온 것이다. 진짜 '사나이'는 여자가 없다고 아쉬워하지 않는다. 남자들만의 순결한 세계에는 섹슈얼리티 따위는 흔적도 없으며 그래야만 **참된 군인**이다. 아녀자의 소견으로는 군인을 이해할 수 없다. 남자만이 남자의 마음을 이해한다. 매우 유사한 정신역학이 오늘날의 남성 전용 인터넷 공간에 떠돈다. 그 안에서 남자들만의 판타지가 공유되고 인셀, 남성분리주의자, 금딸러의 정체성이 정의된다. 과거 자유군단 군인들과 오늘날 남성계 남성들은 백인 남성성을 추종하고 여성성은 배제하는 방식의 정체성을 가지고 있다.

여성은 두 가지로 가를 수 있다. 하나는 다정하고 조신한 '순백의 누이들'이고 다른 하나는 문란하고 짐승 같은 '빨간 여자들'이다. 빨간 여자들은 군인들이 무찌른다. 살해는 두 단계로 이루어진다. 첫째, 여성을 상징적 성교 과정을 거쳐 거세한다. 상징적 남근, 즉 무기로 여성의 성기를 파괴함으로써 여성의 위협적인 남근을 거세한다. 일종의 방어기제인 셈이다. 둘째, 여자가 '선혈이 낭자한 꼴'(ibid, p. 195)을 보니 흡족하다. 진짜 군인된 보람을 느낀다. 이리하여 군인은 방어 전략을 구사하는 동시에 돌격을 한 셈이 된다. 살해는 위협적인 여성이 멸절된 새로운 현실을 만들어 낸다.

내가 분석한 남성들의 압도적 대다수는 실제로 여성을 죽이지 않는다. 이들은 상징적 차원에서 여성을 파괴하길 소망하는 동시에 한편 여성을 욕망한다. 이들은 두 방향 한가운데에서 밀고 당기며 갈팡질팡한다. 이들은 여성에게 방어막을 치면서도 동시에 상징적 삽입을 원한다. 이들은 군인들과는 상반되게 여성을 선과 악으로 양분하지는 않는다. 여자들은 죄다 똑같다. 테벨라이트의 군인들이 섹슈얼리티를 뒤로 한 채 떠났듯 이들은 섹슈얼한 모든 것에 방어벽을 치려고 든다. 그러나 남성계의 남성들은 넘쳐 오르는 성적 욕망을 두 가지의 출구를 확보하여 분출하고자 한다. 이 내용을 곧 이어 논한다.

## 군인의 몸: 파편화된 자아와 방탄복

남성계와 관련해서 핵심적인 측면은 바로 **파편화된 자아**다. 테벨라이트는 여타 주체에 비하여 군인의 자아가 훨씬 더 파편화되어 나타남을 지적한다. 테벨라이트는 말러가 창안한 '파편화된 자아'[6] 개념을 끌어온다.

> 파편화된 자아는 변화가능성과 복잡성에 대처할 수가 없다. 통합할 수가 없고 합성할 수가 없다. 살아 있는 생명체는 생명이 없는 물체에 비해서 훨씬 더 변화가능성, 취약성, 예측 불가성이 크다(Mahler, 1979, p. 176).

앞서 언급하였듯이 라이히 역시도 사회적 변화에 뒤처지는 자아를 지적하였다. 군인들은 예측 불가하고 위협적인 모든 것을 죽여야 한다. 이들은 자신이 용해되고 남들 역시 용해되어 온 세상과 하나가 되는 일종의 트랜스 상태에 놓이기를 욕망한다.

---

**6** 파편화된 자아에 대한 비슷한 개념이 멜라니 클라인에 의해 제안된 바 있다. 말러와 달리 클라인은 자아가 언제나 붕괴되어 있고 분열되어 있다고 이해한다. 자아는 편집증-분열증적 상태와 우울증 상태를 오가며 진동한다(Klein, 1988a, 1988b).

테벨라이트에 따르면 **드센 빨갱이년**Flintenweiber[7]에 의해 거세되리라는 공포는 거세 공포 그 이상을 넘어서는 공포였다. 이는 몸이 녹아 버리고 파괴되어 버리고 산산이 부서질지 모른다는 공포였다.

군인은 자유군단의 일원으로서 기계와도 같은 전체성의 부품이 되었다. 여단은 **하나의 몸**이었다. 테벨라이트에 따르면 이들은 **방탄복**을 형성하여, 혹은 그 자체가 되어 온몸을 감쌌다(Reich, 1997 참고). 이 과정은 '나와 거리를 두고' '나를 통제하며' '나를 정밀화'하는 과정이기도 하였다(Theweleit, 1987, p. 302). '정동의 억제'(ibid)는 주체의 내부와 외부를, 내면 세계와 외부 세계를 대립시킨다. 테벨라이트에 따르면 남성 군인들에게는 프로이트적 의미의 자아가 없다. 오이디푸스 콤플렉스의 발현과 해소를 통한 자아 구조화가 없기 때문이다. 그들의 자아는 외부적 대상, 프로이트적으로는 오이디푸스 콤플렉스와의 동일시를 통해 형성되지 않았다. 그들은 전(前) 오이디푸스 단계의 파편화된 자아 상태에 머물러 있다. 그 대신 그들은 자아를 방어해 줄 외부 사물을 찾았다. 군사 훈련, 폭력과 체벌은 그들에게 지속적으로 자신의 한계와 경계를 확인시켜 주었다. 그들은 양육과정을 통해서 청결을 교육받았다. 모든 체액과 분비물은 터부시되었다. 쾌감을 주는 모든 것은 금지되었다. 그들은 결국 기능성 방탄복을 만들어 내어 군대 같은 집단성으로 자신을 무리 없이 통합시켰다. 그들에겐 **방탄복**이 자아였다. 그럼에도 방탄복은 완성체가 아니었다. 군인들이 상상했던 강철 같은 사나이는

---

**7** 역자 주-Flintenweiber는 독일어로 산탄총Flinten 계집Weiber이라는 뜻이다. 말뜻으로만 보면 총을 들고 싸우는 여성 군인이라는 뜻이다. 나중에는 전용되어 남성이 주류인 영역에 도전하는 여성이라는 뜻으로도 쓰였는데 다소 비하의 어감을 담고 있다. 양차 세계대전 시기에만 국한해서 보면, 독일군에도 비록 소수였지만 게슈타포, 적십자, SS 등의 형태로 여성의 참여가 있긴 하였다. 그러나 좀 더 여성의 참여가 많았던 것은 소비에트 진영이었다. 좀 더 역사적으로 국한된 의미의 Flintenweiber는 전투에 참여한 소비에트 여성 의용군을 의미하는 나치 용어다. 이들은 포로가 되는 즉시 처형되었으며 대개 잔혹한 성적 학대의 희생자가 되었다. 한국어 번역어로는 다소 무리가 있지만, 역사성을 고려하여 '드센 빨갱이년'을 선택하였다. Weiber는 특히 늙은 여성, 마녀, 아줌마 등의 어감을 가진 말이기 때문에 '드센'이라는 뜻이 포함된 것으로 보아 덧붙였다.

늘 어딘가 모자랐다. 군인들의 실제 방탄복은 조금씩 조각나고 금이 가 있었고, 그들의 자아 역시도 파편화되어 있었다. 바로 그래서 이들에겐 군대와 지도자가 필수적이었다. 군대와 지도자가 방탄복을 유지해 준다. 그것이 바로 군대의 '집단성 자아'다(Theweleit, 1987, p. 207). 그 덕에 군인은 긴장 상황에서도 임무를 수행할 수 있다. 그 시절에는 군인뿐 아니라 모든 남성이 그랬다. 그런 의미에서 주체는 **온전하게 태어난 것이 아니었다.** 그렇기에 더 큰 무언가가 주체를 낳아 주고 길러 주어야 했다. 무언가가 주체를 완성시켜 주고 경계를 갈라 주어야만 했다. 파시즘이 바로 여기에 응답했다. 파시즘이 육체를 집단성에 통합시켰다. 이제 육체는 전체성의 일관된 부분으로서 안정을 찾았다. 주체는 자신의 리비도를 통합할 수 없기 때문에 지속적인 정동적 긴장 상태에 있다. 이는 남성계에도 동일하게 적용된다. 이와 마찬가지로 그들은 자신들의 판타지와 집단 커뮤니티와 댓글을 통해서 방탄복을 구성하려고 든다. 그들은 지속적인 정동적 긴장 상태와 억제/탈억제의 모순 상태에 놓여 있기 때문에 글을 올림으로써 긴장을 해소하고 순간적인 위안을 찾는다. 커뮤니티에 소속감을 느낌으로써 그들의 파편화된 자아가 강화된다.

테벨라이트는 이들 남성들이 절대 정신증적이지 않았다고 강조한다. "이들의 글쓰기 방식은 무척이나 절제되어 있다. '정신증적'인 개인이 절대 할 수 없는 일이다. 마치 세심한 자아가 문법을 바람직하게 교정해 주고 사건을 연대순으로 확인하며 정렬해 주듯' 쓰였다."(Theweleit, 1989, p. 210). 이들은 오히려 정신병에 걸리지 않도록 방어하기 위해서 전쟁에 몰두하였다. 이들은 '빨갱이' 여자들과 여성 섹슈얼리티의 위협 때문에 자신들이 멸절될지도 모른다는 근원적인 공포를 가지고 있었다. 남성들의 파편화된 자아는 여성 섹슈얼리티에 위협을 받아서 붕괴하여 끔찍한 정신증의 상태에 빠질 위험에 놓였다고 여겨졌다. 남성계의 남성들이 정신증에 저항하고 있다는 뜻은 아니다. 이들이 싸우고 있는 것은 여성 섹슈얼리티와 자신들의 무의식, 그리고 무의식의 불가항력이다. 이 점을 계속 논해 보도록 하겠다.

전쟁 상태에 있다는 것은 군인들에겐 '비생명화이자 탈분화'(ibid, p. 218)의 경험이었다. 그들은 건강한 대상 관계성을 형성할 수 없는 채로 오로지 죽였다. 바로 비생명화이자 탈분화 과정이다. 살아 있고 성적이고 다르고 위협적인 것들, 특히 여성들은 모두 죽어야만 했다. 궁극적으로 비생명화되어 살해당한 것은 군인들 내면의 여성적 측면이었다. 바로 부드럽고 열정적이고 성애적이며 여성적인 측면이다.

비생명화와 탈분화 상태에 덧붙여, 세 번째의 상태가 있다. 바로 '자아-결합'(ibid, p. 276) 혹은 '자아-병합'이다. 테벨라이트가 사용한 독일어 단어로는 **Selbstverschmelzung**, 즉 **자아 융해**다. 파편화된 자아는 비생명화와 탈분화 두 가지 과정을 통해서 하나로 합쳐진다. 그리하여 군인의 바람직한 상태가 만들어진다. "군인은 진압되고 침수된다. 그리하여 목적에 도달한다"(ibid, p. 276). 궁극적인 목적은 개별적 자아를 초월하고 과거의 자아를 버리는 것이다. 테벨라이트는 남성 육체의 변신 과정을 설명하고 분석한다. 남성은 열렬한 분해를 거쳐서 타자를 살해하고 학살하는 육체로 변화한다. 이 모든 것은 남성의 복잡하고 모순적 판타지를 동반하여 이루어진다. 이와 상당히 유사한 판타지가 내가 분석한 남성들에게서 나타난다는 것이 내 주장이다. 남성계 남성들도 유사한 변신의 판타지를 보여 준다. 이들은 **자신의 육체를 벗어나거나 새로운 육체를 얻거나 완전히 새로운 사람이 되기를 꿈꾼다.** 이 문제는 제4장에서 인셀이 채드가 되기를 꿈꾸는 판타지, 제6장에서 총기난사범이 무의식적으로 자신의 아버지를 죽이고 새로운 양육을 받아서 새로운 사람으로 태어나고 싶어 하는 소망을 지녔다는 점 등을 들어서 논증하도록 하겠다. 이러한 판타지는 또한 방어적 판타지, 혹은 희생자 행세하기, 자기 연민 판타지를 동반하기도 한다.

테벨라이트는 남성 군인에게는 무의식적 억압이 없었다고 주장한다. 오히려 그들은 무의식 자체를 억압하여 예측 불가능한 무의식의 생산성을 없애 버린다. 쾌락과 쾌락추구적 이드가 억압되어 버린다. 이 책의 인셀, 남성분리주의, 금딸을 다룬 부분과 결론 부분에서 다시 언급하겠다. 파편화된 자아는 테벨라이트의 핵심적 통찰이다. 남성계의 남성들도 비슷한 양상을 보인다. 이들 역시도 무의식 자체를 억압하길 원한다.

# 억제/탈억제

이전 모든 논의가 정점에 달하는 곳이 바로 내가 말하는 **억제/탈억제** 개념이다. 남성들의 육체는 억제/탈억제되어 있다. 이 부분에서 자세히 논한 후 책 전체에서 수차다시 언급하겠다.

지그문트 프로이트에게 억제는 중심적 개념이었다. 개인이 의식적 혹은 무의식적으로 상황을 자기-선택적으로 제한하여, 불안이나 불쾌 등의 정동적 경험을 다른 방향으로 돌리는 것이 억제다. 그런 의미에서 억제는 주체와 특정 상태 혹은 특정 행동사이의 장벽이며, 이 장벽은 주체가 인식 혹은 성취를 못하도록 막는다. 억제는 무의식적일 수도 있고 의식적일 수도 있다. 억제 그 자체는 잠재되어 있는 문제를 은폐하는 증상일 수도 있다. 프로이트는 억제를 "자아 기능을 제한하려는 표현"이라고 정의하였다(Freud, 1949, p. 16). **억제는 자아가 억압할 필요가 있는 정신적 갈등을 경험하지 않으려고 자신의 일부를 포기하였다는 뜻이다.** 이런 방식으로 억제는 우회적 억압으로 기능한다. 정신적 갈등을 제거할 수 있다면 무엇이든 억지로 힘차게 유지되지만실제적 해소되지는 않는다(Johanssen, 2019, p. 81 참고). 이런 방식으로 무의식 자체와예측 불가능성을 부정하는 기제로 작용한다(Phillips, 2013, p. 202).

프로이트적 억제는 다소 평범하고 일상적으로 작용한다. 부끄럽거나 당황스러운구체적 상황을 피하는 목적에 쓰인다. 인셀이 여자와 잡담을 하는 일도 좋은 예가 되겠다. 초자아는 특정 욕망이나 행동을 추구하지 못하도록 자아를 제한한다. 왜냐하면그 결과가 재앙적이며 부끄럽고 창피할 것이기 때문이다. 이러한 상황에서는 초자아의 외설적이며 징벌적인 성격이 드러난다(Johanssen, 2019, pp. 80-84).

**억제는 "사람에게서 유일한 자유를 떼어 낸다. 바로 예측 불가능한 미래를 선택할자유다"**(Phillips, 2013, p. 202). 애덤 필립스Adam Phillips(2013)는 정신분석이 주의 깊게그리고 꾸준히 환자의 억제를 풀어 주어야 한다고 주장한다. 환자가 애초에 금지하고있던, 혹은 금지해야 한다고 믿던 특정 생각, 욕망, 행동 등을 인식하고 생각하고 표현할 말과 능력을 가능하게 만들어 주어야 한다. 억제를 해결하는 것은 궁극적으로 환자들의 고통과 번민을 덜어 준다. 억제는 언제나 일종의 가학-피가학적 관계로 탈억제를 불러일으킨다. 억제된 주체는 자신의 '상상계의 탈억제된 타자'와 특정한 관계를 맺는다(ibid, p. 201).

어떤 억제는 자연스럽고 사회적 합의에 부합된다. 이를 위반하거나 선을 넘는 것이 탈억제다. 존중, 공중도덕, 상식과 법률 등이 그렇다. 억제를 입에 담고 위반하고 싶은 욕망을 입 밖에 꺼낸다는 것은, 말하는 것, 혹은 글을 쓰는 것 그 자체가 행동에 옮기는 것에 상응하는 의미를 지닌다. 억제는 사회에 연결되어 있다. 억제의 대상이 되던 것이 주체의 적극적인 긍정을 거치면 갑자기 정반대로 돌변할 수도 있다. 그렇게 해서 못할 말들이 버젓이 내뱉어진다. 여성이 남성을 억압하고 있다는 등, 유대인이 선량한 보통 사람들을 망치려고 음모를 꾸민다는 등, 이민자들이 백인들의 일자리를 빼앗아 간다는 등. 변화된 사회적 환경이 억제를 느슨하게 만든다. 전형적 극우파의 발언이 활개 친다. "말도 못 하란 법이 어디 있어!" 특정 사고방식을 수용시켜서 주류가 되도록 하는 것이 극우 파시즘 전체주의 인식론의 첫걸음이다. 필립스가 저서에서 설명했듯 이렇게 해서 몰상식이 새로운 이름을 얻게 된다(ibid, p. 202).

탈억제는 원래 개인이 억제를 벗어나서 심리적 기능이 향상되는 것을 뜻한다. 그러나 나는 탈억제를 한층 더 이론화하여 경계가 해제된 과잉적 존재 양상을 의미하도록 고조시키려 한다. 기본적으로 탈억제는 억제의 반대말로 이해된다. 행동과 관계에서 경계가 해제된 상태를 의미한다. 규범과 법률 체계 안팎에서 발생할 수 있는 도전적인 과잉 상태로 이해될 수 있다. 반대말인 억제와 마찬가지로 탈억제는 특정한 사회문화적 규범 안에 자리 잡고 있다. 평소에는 억제되어 있던 것들은 축제, 카니발, 혹은 술과 약물의 기운을 빌린 '파티의 밤'에 제의적 상호작용적 형태로 탈억제된다. 또한 탈억제는 규범 혹은 법률 체계 안팎에서 형성되는 과잉적 과정, 규칙 및 믿음의 도전적 체계로 이해될 수 있다. 1960~1970년대에 섹슈얼리티, 실천 등의 영역에서 벌어진 일이 바로 이렇다(제2장과 3장 참고).[8]

내가 이 책에서 분석한 행동과 내러티브는 본질적으로 남성들의 억제/탈억제를 표

---

**8** 탈억제는 또한 임상심리학에서 뇌손상으로 인한 탈억제 행동을 가리키는 데에 쓰이는 말이다. 이 책에서는 그런 의미로 쓰지 않고 있다.

현하고 있다. 내가 여러 번 강조하듯 이는 그들의 특정한 정동-육체적 상태다. 테벨라이트가 보여 주는 것이 바로 이것이다. 자유군단 남성들은 '자아 융해'를 완성하고 정신증과 자아 분해를 겪지 않기 위해 오히려 더 폭력적으로 행동하였다. 온라인 남성들이 정신증을 겪지 않기 위해 방어적이라고까지는 말하지 않겠다. 그러나 그들은 자아 분해, 거세 불안, 근본적 육체 해체에 **정말로** 대항하고 있다. 이는 프로이트적 정동 모델과 관련이 있다. 프로이트에게 정동은 외부적 혹은 내부적 자극 혹은 감각이 몸을 떠나서 방출되는 입력-출력 기능이다. 프로이트의 심신 에너지 모델의 핵심은 정동 방출이 육체적 평형 상태를 복원시킨다는 것이다. 남성계와 자유군단 남성들에게 육체적 평형은 끊임없이 요동쳤다. 정동은 억제/탈억제 축을 따라서 기능하였다.

> 정동은 근본적으로 동작 방출, 즉 분비 및 혈관운동으로 나타난다. 이는 외부 세계와는 상관없이 주체 자신의 육체 억제로 표출된다. 행동 운동성은 외부 세계의 변화에 영향을 준다(Freud, 1915, pp. 178-179, 보그Boag의 책에서 재인용, 2012, pp. 124-125).

프로이트가 억제라는 용어를 사용하고 있다는 점이 흥미롭다. 자극이 억눌려져서 더 이상 느껴지지 않는다는 신경학적인 의미로 억제라는 말을 사용하였다. 내가 이미 언급하였듯이 억제/탈억제라는 개념쌍은 기본적으로 분열적 의미가 있다. 억제는 개인의 정동, 사고, 욕망과 느낌이 꽉 틀어막히고 억눌러지고 붙잡힌 상태다. 그에 비해 탈억제는 개인에게 이 모든 것이 갑자기 풀려나와서 분출되고 봇물 터지듯 콸콸 넘쳐흐르는 상태를 의미한다. 남성들은 폭발해서 넘쳐흐르는 상황을 막아 보려 하지만 동시에 자기 스스로 폭주하며 인터넷에 넘쳐흐른다. 남성들은 의식적 그리고 무의식적으로 자신을 억제/탈억제한다. 그러면서 종종 억제/탈억제를 여성의 탓으로 돌린다. 자아는 스스로의 일부를 포기하는 대신 집중된 리비도 에너지를 다른 부분으로 돌린다.

이 책이 논하는 억제/탈억제된 남성들은 어떤 의미에서는 이드에 지배당한다. 이들은 충동에 따라 내키는 대로 행동하지만, 한편으로는 자아와 초자아의 역학 관계에 의해 극심한 제한을 받는다. 진짜 무기를 들었든 키보드 배틀을 벌이든 간에 마찬가지다. 금딸 커뮤니티가 좋은 예다. 금딸러는 포르노와 자위행위를 끊음으로써 자신들의 이드를 어느 정도까지는 제한하려고 든다(제7장 참고). 이들은 특정한 탈억제를 금지하고 억제하려고 의식적으로 노력한다. 금딸 유튜버들은 더 엄격한 억제를 주장하면서 동시에 오늘날의 탈억제된 섹슈얼리티를 개탄한다(제3장 참고). 그런데 실상을 보면 자신의 무의식적 억제와 탈억제에 대한 욕망이 비판의 진짜 대상이다. 남성분리주의자들은 자신들의 생활에서 여성을 제거할 필요가 있다고 주장하며 그들의 기본적 사회생활을 억제하려고 한다(제5장 참고). 인셀은 실생활에서 여성과 만날 때에는 그들 자신의 표현 그대로 '억제'되면서도, 온라인 활동만 시작되면 완전히 탈억제되어 폭주하게 된다면서 한탄한다. 총기난사범 역시, 특히 엘리엇 로저의 경우 평소에는 늘 억제된 상태로 괴로워하다가 최종적 탈억제의 상태에서 대량 살상을 저질렀다(제6장 참고). 억제/탈억제의 상이한 육체적 상태는 전적으로 정동적 과정이며, 또렷하게 의식하는 상태에서 경험된다. 탈억제는 궁극적으로는 잠시나마 후련함을 선사한다. 남성의 육체는 모순의 불가능한 악순환에 갇혀 있다. 금딸 커뮤니티를 예로 들어 보면, 이들은 포르노를 향한 자신의 성적 충동을 무척이나 불쾌한 정동적 톤 혹은 프로이트의 표현을 따르자면 '기조'(基調)로 이야기한다. 그래서 이들이 참지 못하고 포르노를 소비하게 될 때에는 오히려 불쾌를 경험한다. 물론 순간적 오르가슴의 쾌감이 지나간 후에 말이다. 인셀 역시도 스테이시를 간절하게 욕망한다. 그러나 어차피 거절당할 게 뻔하므로 원하는 것은 오직 복수의 실천이다. 남성분리주의자도 인셀과 마찬가지로 여성으로부터 도망갈 생각에 집착하고 있다. 그러면서도 정작 여성은 지속적 판타지로 남는다. 총기난사범 역시도 그렇다. 남성의 방탄복은 그래서 언제나 연약하고 구멍이 숭숭 뚫려 있다. 다음 장에서 더 자세히 논한다.


## 결론

이 장에서는 클라우스 테벨라이트와 빌헬름 라이히, 엘리자베스 영-브뤼의 이론을 소개하고 고찰하였다. 이들의 사상은 이 책이 앞으로 전개할 내용에 중요하고 다양한 통찰을 제공한다. 남성 군인들의 판타지에 대한 테벨라이트의 분석은 오늘날 남성들을 이해하는 데에 있어서 특히 중요하다. 테벨라이트, 라이히, 영-브륄의 발상을 단순히 딱 '잘라서' 역사를 건너뛰어 오늘날에 '옮겨 와서' 적용할 수 있다는 말이 아니다. 그저 오늘날 포퓰리스트 문화와 남성성, 섹슈얼리티의 이해에 어느 정도는 도움이 된다는 점을 강조하고 싶다. 라이히와 테벨라이트에 따르면 파시즘과 섹슈얼리티 사이에는 본질적인 연관이 있다. 다시 말해, 섹슈얼리티와 육체를 이해하지 않고서는 파시즘을 알 수 없다. 두 사람은 정신분석학이 오직 섹슈얼리티 분석에만 유용한 것이 아님을 보여 주었다. 왜 어떤 이들이 파시즘에 현혹되는지를 이데올로기적 차원에서 그리고 육체적 차원에서 증명해 보였다.

섹슈얼리티가 억제되면 정동은 틀어막힌다. 쌓인 정동은 다른 곳에서 출구를 찾아야만 한다. 테벨라이트는 남성 군인의 막히고 쌓인 정동이 어떻게 살해 욕구로 치달았는지를 보여 준다. 파편화된 자아의 군인들은 해체의 공포에 맞서고 육체의 평형을 유지하기 위해서 타자를 살해하였다. 이들의 육체는 정동이 과잉 충전되어 있으며, 늘 폭발하기 직전의 상태에 놓여 있다. 내가 다른 저작에서 논하였듯(Johanssen, 2019) 프로이트의 정동 개념은 주관적이면서 육체적인 강렬한 에너지다. **정동은 방출되어서 몸을 떠나야만 한다.** 프로이트는 정동을 "신체의 표면에 퍼져 있는 일종의 충전된 전기와도 같은" 것이라고 묘사하였다(Freud, 1981g, p. 60). 테벨라이트의 저작 속 남성들은 'unter Strom'의 상태로 묘사된다. 독일어로 이 말은 중의적이다. 전기적으로 충전되었다는 뜻이기도 하고 또한 심리적 압박 때문에 긴장하였다는 뜻이기도 하다. 이들은 정동을 방출하여 안도감을 느껴야만 하였다. 정동으로 꽉 막히도록 가득한 남성의 육체라는 **모티브**가 내가 앞으로 수행할 이론화의 핵심이다. 이들의 자아 역시 파편화되었으므로 타자(여자)를 비생명화하고 탈분화해야만 한다. 그러나 그들 역시 여성을 강하게 욕망하고 여성과 함께하기를 무엇보다도 갈망한다. 여기에 라이히와 테벨라이트의 방탄복 개념이 들어선다. 겉에 입은 단단한 방탄복은 남성 육체를 방어해 주고 불순한 것이 침범하지 못하도록 차단해 준다. 이것은 오늘날 극우적 여성혐오적 남성 커뮤니티를 이해하는 데에 중요한 개념이다.

이 장에서는 또한 **억제/탈억제**의 개념쌍을 소개하였다. 이 책을 관통하는 핵심적 개념이다. 섹슈얼리티는 억제/탈억제를 통해서 작동한다. 금지와 방출을 통해서 오르가슴 및 여타 감각의 형태로 육체적 쾌락을 만들어 낸다. 심리적 차원에서 억제/탈억제는 특정한 남성 판타지와 특정 욕망을 이해할 수 있는 분석적 프리즘이 된다. 욕망은 억압과 해방을 앞뒷면으로 가지고 무한하게 반복되는 뫼비우스의 띠와 같다. 영-브릴, 라이히, 테벨라이트, 그리고 내가 분석한 이 남성들은 **억제/탈억제**의 상태에 놓여 있다. 이들은 항상 위기의 벼랑 끝에 놓인 자신들의 육체 탓에 정상적인 사회적 상호작용을 할 수 없다.

## 비판적 지점

이 장을 끝맺기 전에 라이히와 테벨라이트의 저작에 관해서 다양한 비판을 간략하게 소개하고 논의하는 게 좋겠다. 원래 프로이트의 수제자였던 라이히의 삶은 비극적인 우여곡절을 겪었다. 그는 소위 '구름파괴기cloudbuster[9]'를 가지고 UFO를 추적하다가 결국은 미국에서 수감 생활 중에 사망하였다. 성적 억압에 관한 라이히와 프로이트의 이론은 미셸 푸코의 『성의 역사History of Sexuality』 1권(1978)에서 소위 '억압 가설'에 대한 논의로 논파를 당한 것까지는 아니지만 커다란 도전을 받았다. 라이히가 성적 억압에 너무나 큰 비중을 두었다는 비판이다. 헤르베르트 마르쿠제도 비슷한 비판을 하면서 라이히의 이론은 성적 환원주의라고 규정하였다(Marcuse, 1955). 그럼에도 섹슈얼리티가 주체화와 주체성의 본질이라는 생각은 도전받은 적이 없다. 라이히의 섹슈얼리티와 이데올로기에 대한 천착, 그리고 그 두 가지가 사회의 물질적·심리적 영역을 어떻게 만들어 내는가에 대한 탐구는 여전히 중요한 업적이다. 그러나 라이히의 섹슈얼리티 이론, 특히 아동 섹슈얼리티 이론은 오늘날의 관점에서 볼 때 심각한

---

**9** 역자 주-Cloudbuster. 말 그대로 구름파괴기. 오르가슴의 에너지인 소위 '오르곤'을 축적해서 이 흐름을 통제하여 날씨에 영향을 끼친다는 기계. 라이히가 발명해서 특허를 내려고 했으나 불허되었다.

문제를 담고 있으며 절대 수용될 수 없다.

그럼에도 파시즘과 섹슈얼리티의 연관을 밝혀 낸 것은 라이히와 테벨라이트의 중요한 통찰이며 이 책은 그 입장을 이어받는다. 라이히는 권위주의적 가족 구조와 성적 억압을 이야기했지만, 우리는 성적 억압보다는 가부장제에 더 중점을 두어야 할지도 모르겠다. 그럼에도 파시즘은 섹슈얼리티와 매우 **특별하고** 기괴한 관계를 맺고 있다는 것이 사실이다. 테벨라이트, 라이히, 영-브뤼얼의 저작은 오늘날의 권위주의적 자본주의가 섹슈얼리티, 남성성과 맺는 관계를 이데올로기적으로 그리고 실제적으로 잘 분석해 준다. 섹슈얼리티와 파시즘을 연구한 라이히의 초기 저작은 오늘날에까지 중요성을 인정받고 있다. 현재 파시스트 포퓰리즘이 전 세계적으로 복귀하는 상황에서 라이히의 사상은 더 큰 울림을 갖는다. 파시즘을 이해하고 싶다면 섹슈얼리티를 간과해서는 안 된다.

『남성 판타지』 1권과 2권의 출판은 1968년 급진 좌파 지성계와 주류적 학계, 부르주아 미디어에 큰 파문을 일으켰다. 출판 즉시 바로 베스트셀러가 되었다. 우연은 아니었다. 당시 독일에서는 급진적 젊은이들이 원형적 파시스트였던 부모 세대에 맞서서 훈습하고 대항하던 시절이었기 때문에 시대정신에 바로 맞아떨어졌다. 두 권 분량의 저작은 평론가와 독자들로부터 호평 일색의 환영을 받았으나 드물게 비판도 있었다(Niethammer, 1979 참고; Reichardt, 2007 논란 참고). 현재적 시각으로 다시 읽어 보면 테벨라이트가 그려 낸 당시 독일 남성 판타지가 과연 얼마나 일반성과 대표성이 있었는지 의문의 여지가 있다. 루츠 니트함머Lutz Niethammer는 "예를 들면, 파시스트 동조자의 대다수는 테벨라이트가 말하는 파시스트 사회화 과정, 즉 생도 학교, 군사 훈련 등을 겪었을 수가 없다. 세계대전 이전의 교육기관을 경험하기엔 너무 어렸기 때문이다."(Niethammer, 1979, p. 183)라고 지적한다. 테벨라이트는 2권 결론 부분에서 이 문제를 살짝 비껴간다. 파시스트 대중에 합류한 사람들도 어느 정도는 암묵적 혹은 적극적으로 파시즘을 인정했을 것이라고 말하였다. 그럼에도 테벨라이트의 분석은 그 자체로 명백한 자료에 근거하고 있다. 파시즘은 오직 꾐에 빠지거나 호도되어서 따르게 되는 게 아니라, "특정한 형태의 현실을 생산"해 내기 때문이다(Theweleit, 1989, p. 34). 문자로 기록된 내러티브로 어떻게 실재 심리적 조건을 도출해서 결론을 내릴 수 있는지를 문제 삼는 비판도 있었다. 혹시 그들의 내러티브에 현혹되지는 않았을까(Niethammer, 1979)? 예를 들면, 여성의 이름을 기록하지 않는 것은 당시 관행이었을 뿐, 남성 기록자가 여성을 지우려는 의도와는 무관하였다. 그럼에도 나는 이런 비판에 동의하지 않는다. 프로이트가 보여 주었듯, 기록물은 한 사람의 심리적 삶을 표현해 준다.

루츠 니트함머는 또한 테벨라이트의 책에서 여성이 중심적 역할을 하긴 하지만 행위주체성을 지닌 개인으로 다루어지진 않는다고 비판한다. 그러나 테벨라이트가 주목한 것은 남성 군인들이었다. 몇몇 페미니스트 역시 유사하게 비판하였다(예를 들면, Petro, 1988; Marks, 2020). '평범한' 파시스트 자유군단 군인의 일상을 더 자세히 그렸더라면 저작에 깊이가 더해졌을 것이라는 아쉬움도 있었다. 나는 이 의견에도 동의하지 않는다. 왜냐하면 테벨라이트가 집중해서 그려 내고자 한 것은 군인 남성이지 전체적인 남성이 아니며, 또한 남성과 여성의 관계 그 자체가 아니기 때문이다. 이 책의 결론 부분에서 남성 문제를 넘어선 인정과 희망, 앞으로의 전망을 논할 때 이 문제를 다시 논하겠다.

다음 장에서는 페미니즘의 역사와 남성인권운동, 성혁명과 그 문제점, 대안우파와 백인 우월주의, 포스트 페미니즘, 포르노 문화와 여타 주제에 대한 학계의 여러 논의를 알아본다.

# 02
# 성혁명, 남성계 그리고 (포스트) 페미니즘

제2장에서는 1960년대 후반 서유럽에서 벌어진 사회역사적 발전에 대해 개괄하겠다. 그리고 이것이 현재 남성 판타지와 관련해서 어떤 중요성이 있는지 살펴보겠다. 소위 '성혁명'은 1960년대 후반부터 1980년대까지 제2세대 페미니즘 운동과 시기적으로 겹쳤고[1] 소위 '남성해방운동', 혹은 '남성인권운동'이라는 부분적 역풍을 일으켰다. 이 주제에는 역사적 관점이 중요하다. 현재 남성계를 맥락적으로 이해하도록 해 주기 때문이다. 남성계는 나름대로 남성과 여성 정체성, 섹슈얼리티, 여성주의/남성주의를 논하는데, 이 모든 것은 1960년대 후반 이래의 사태 때문이라고 주장한다. 이전 두 개의 장에서 논의한 바와 같이 성차별과 여성혐오는 이미 수백 년의 역사를 지녔고 파시즘하에서는 특정한 성격을 지녔다. 성혁명은 이에 중요한 전환점을 제공하였다. 남성계의 남성들은 성혁명을 남성이 여성 때문에 피해를 보기 시작한 역사적 전환점이라고 주장한다.

이번 장에서는 전통적 남성성이 위기에 처하였다는 인식을 살펴본다. 그리고 광범위한 포스트 페미니즘, 대안우파, 백인 우월주의, 오타쿠 남성성, 비헤게모니적 남성

---

[1] 여기에서 페미니즘의 역사, 페미니즘의 다양한 조류, 혹은 페미니즘 그 자체에 대한 심도 있는 소개를 할 수는 없다(LeGates, 2001 참고, Schrupp, 2017 개관 및 비판적 논의).

성에 대해 고찰해 보도록 한다. 이 장의 말미에 가면 기존의 논란에 대한 내 입장을 밝히려 한다. 우선은 성혁명에 대해 알아본다.

## 1968년 성혁명

1960년대 후반 중요한 변화는 소위 제2세대 페미니즘의 출현이다. 페미니스트들은 성적 자율권과 스스로의 육체에 대한 권리, 즉 낙태나 이혼에 대한 권리 등을 요구하였다. 1968년 프랑스, 서독, 유럽 각지의 학생운동, 미국의 다양한 운동이 동시다발적으로 일어났다. 모두 성 정치 및 섹슈얼리티 정치학이 주된 문제의식이었다. 또한 제국주의, 자본주의적 착취, 환경 파괴 및 인종주의에 대한 반대 시위도 활발하였다. 정치 의제, 민권 운동, 환경 운동과 더불어 섹슈얼리티가 주목받았다. 다양한 이슈는 종종 하나로 묶여서 큰 그림을 만들어 냈다. 다양한 착취와 압제는 근본적으로 자본주의와 다양하게 연결되어 있었다. 페미니스트 운동의 모토 '개인적인 것이 정치적이다', '우리 몸, 우리 자신'은 당시 선진국의 집단적 의식과 무의식에 깊게 각인되었다(Schrupp, 2017). 테벨라이트가 빌헬름 라이히 저서의 **해적판**을 읽고 영향받은 것도 우연은 아니다. 당시 박사과정 학생이었던 테벨라이트는 마르크스주의 독서클럽에서 라이히의 사상을 접하였다. 그 당시 많은 사람은, 1968년의 시대적 분위기 속에서 라이히의 저작을 열렬하게 흡수하였다. 당시는 진보적 섹슈얼리티의 시대였다. 최소한 당시 많은 사람은 그렇게 여겼다. 여성과 페미니스트뿐 아니라 남자들 역시 육체와 체현을 발견하였다. 스벤 라이하르트Sven Reichardt(2007)는 관념사적 논의에서, 1968년 시대적 맥락을 고려하여 테벨라이트의 『남성 판타지』를 다루었다. 1960년대 후반은 육체와 체현에 대해 상당히 개방적이던 시대였다.

> 사람들은 몸의 근접성을 추구하였다. 육체적인 친근성과 나체 문화, 공동 주거, 명상과 섹슈얼리티 등 몸을 통한 자기표현 등은 '본능성'을 도덕률의 중심에 두고자 하였다(Reichardt, 2007, 408, 필자 번역, 강조는 원본 그대로).

미셸 푸코도 유사한 지적을 하였다. 여타 혁명과 달리 더 혁신적이었던 것은 바로 몸에 대한 집중이었다. "몸에 중요성을 둔 것은 본질적은 아닐지라도, 1968년 혁명에 무척이나 중요한 요소였다"(Foucault, 1980, p. 57). 이 점은 푸코가 보기에 성혁명의 존재 그 자체에 엄청난 기여를 하였다.

섹슈얼리티와 몸에 대한 관심은 다른 나라와는 달리 독일에서 더욱 대학생과 기성세대 사이에서 격렬한 논쟁을 불러일으켰다. 대학생의 부모 세대는 제3제국 시절 나치 정권에 적극적 혹은 소극적으로 참여한 사람들이었다. 성해방 운동과 반파시스트 정치 운동의 공동 분모는 바로 섹슈얼리티와 체현의 문제였다. 헤게모니적 남성성 관념에 비판이 집중되었다. '새로운 남성'이 등장하였다. 테벨라이트가 분석했던 남성 군인과는 전혀 다른 유형의 남성성이다. 테벨라이트는 『남성 판타지』의 1권 앞부분에서 아버지와의 관계를 이야기한다. 강압적인 아버지 밑에서 엄격하고 폭력적인 양육을 겪었다. 1960년대에 흔하였던 이런 종류의 원형적 남성상이 불길하게도 요즘 재등장하고 있다. 이들이 완전히 사라진 것이 아니었다(Herzog, 2005). 나치 독일과 바이마르 공화국 시절에만 국한된 존재가 아니었던 모양이다. 테벨라이트는 이렇게 말한다.

> 나는 이 책의 주제로 삼은 유형의 남성들과 다른 남성들을 범주적으로 구분하고 싶지는 않다. 우리의 분석 대상은 가부장제라는 빙산의 일각에 해당하지만, 정작 물을 차갑게 하는 것은 수면 아래에 놓인 거대한 얼음이다(Theweleit, 1987, p. 171).

학생운동은 한편으로는 '나치에 부역한 부모세대의 육체'에 대한 반항이었지만(Theweleit, 1989, p. 57; Reichardt, 2007, p. 412에서 인용, 필자 번역), 다른 한편으로는 새로운 섹슈얼리티의 창조이기도 하였다. 라이히의 경우를 통해 알 수 있듯 양자는 서로 뒤얽혀 있다. 다양한 문화, 다양한 섹슈얼리티 정치, 다양한 형태의 관계, 성과 존재가 함께 나타났다. 퀴어이론은 아직 시기상조였고, 섹스와 젠더가 담론적 생물학적 구성개념이란 이론은 몇십 년 후에야 영향력 있는 어젠다로 등장하였다. 새로운 섹슈얼리티는 철학과 실천을 통해서만 추구된 것이 아니었다. 피임약 및 여러 형태의 피임법이 이를 가능하게 만들었다. 피임약과 피임법은 1950년대 후반 개발되었고, 독일 및 세계 각국에서 광범위하게 대중에게 보급되었다.

1960년대 중반 이후로 섹슈얼리티의 사회적 해방이 일어나면서, 소위 '성의 파도 sex wave'와 성 산업이 등장하였다. 이제는 젊은 여성의 누드 상반신이 잡지 표지에 실렸으며, 섹스 파트너 스와핑 파티가 취재되었고 불륜이 공론화되었다. 젊은이들의 새로운 성 풍속이 나타났고 언론의 호들갑도 등장하였다. 그 탓에 젊은이들이 영향받는다는 주장도 있었다. 젊은 세대는 이전 세대에 비해 3년 내지 4년 더 일찍 첫 성 경험을 하였다. 1971년에는 16세에서 17세 사이의 청소년 중 3분의 1이 성 경험이 있었고, 20세 여성의 3분의 2, 남성의 4분의 3이 성 경험이 있었다. 이러한 경향성은 1970년대에 지속되었다(Reichardt, 2007, p. 416, 필자 번역).

빌헬름 라이히가 쌍수 들어 열렬히 환영했을 법한 풍조였다. 이 시기를 특징지을 수 있는 단어가 하나 있다면 그것은 바로 변신적 **탈억제**일 것이다. 최소한은 부분적으로 혹은 강한 정도로 그렇다. 성적인 그리고 사회적 차원에서 나타난 탈억제다. 성적 억제를 수없이 비판했던 라이히가 봤더라면 아마도 꿈이 이루어졌다고 했을 법하다. 이에 비하자면 오늘날의 문화는 변신 없는 탈억제에 가깝다. 크리스티네 베버 Christine Weder는, 1968년의 문화역사와 섹슈얼리티와 미학의 역학에 대한 연구에서, 1968년은 "섹슈얼리티에 대한 강렬한 주제의식"으로 특징지을 수 있다고 주장하였다 (2016, p. 12, 필자 번역). 이는 나날이 연구 영역을 넓혀 가던 성 과학에서의 학문적 담론을 통해 이루어졌으며, 또한 대중문화와 68운동 그 자체를 통해서도 이루어졌다. 그리고 그 이상이었다. 혁명은 곧 성혁명이었다. 프랑크푸르트학파의 프로이트-마르크스주의자와 라이히는 개인의 육체 해방, 특히 성기의 해방에 혁명의 중심을 두었다. 해방의 프로그램에 따르면 법률과 윤리학의 변화가 필수적이라는 것이 이들이 바라는 바였다. 1960년대 후반 많은 서방 국가에는 오늘날 시각으로 보기에는 구시대적이고 차별적인 제도가 많이 있었다. 낙태, 동성애, 간통에 대한 가혹한 처벌법이 엄존하였고 이는 68운동을 통해서 자유화되었다(Herzog, 2005). 1968년은 진보적 사회변화라는 결과를 낳은 단연 결정적인 시기였다.

섹슈얼리티가 진짜로 억압되었는지 아닌지에 대해서는 앞서 살펴보았듯이 여러 논란이 있었다. 그럼에도 베더는 1968년 운동의 **중심적**인 주장이 섹슈얼리티 억압의 문제였다고 지적한다. 섹슈얼리티는 특히 표현의 영역, 즉 예술, 미디어, 문학 등에서 자주 보였고 논란의 대상이 되었다. 섹슈얼리티에 대한 이론적 작업은 종종 대중문화와 예술에서 자료를 끌고 와서 수행되었다. 바로 이런 이유로 예술과 문학에 대한 당시의 학술적 연구들이 강한 성애화 경향을 보였다(ibid, p. 18). 1968년 전후로 미학과 섹슈얼리티 연구가 서로 강한 연관을 맺었는데, 이는 비단 독일에서뿐 아니라 미국, 프랑스, 여타 국가들에서도 그러하였다. 게다가 라이하르트가 앞서 지적하였듯 여러 형태의 섹슈얼리티가 변형을 겪었다. 1970년대까지 서독에서는 학교에서 성교육이 없었다. 1950년대, 1960년대 그리고 이전 세대들도 부모와 자녀 사이에는 성에 관한 이야기는 금기였다. 1968년 드디어 부분적으로 섹슈얼리티의 다양한 형태와 체현이 공론화되었다.

> 학생운동의 강한 동기는 바로 전후 서독의 순응적 문화에 반발하는 성적 반항이었
> 다. 신좌파 문화비평가 클라우스 테벨라이트는 이렇게 회고한다. "1968년 서독에서는
> 특별한 종류의 성적 긴장이 혁명의 '추동력'이 되었다."(Theweleit, 1990, p. 49; Herzog,
> 2005, p. 154에서 재인용).

젊은 세대는 이전 세대와는 달리 섹스에 대해 말하고 싶어 했고 경험하고 싶어 했으며 당당하게 요구하였다. 미국의 성혁명을 논한 책에서 에릭 쉐퍼Eric Schaefer는 '공공연한' 섹스의 등장에 주목한다(2014, p. 1). 특히 미디어에 섹스가 공공연하게 보였고 언급되었다. 제2세대 페미니즘과 여타 그룹에게 성혁명은 "남성 지배와 여성 복종을 강화하기 위해 설계되고 구성된 규제 메커니즘으로서의 섹스"에 반대하려는 운동이다(Jeffreys, 1990, p. 7). 단지 영화에서뿐 아니라(Mulvey, 1975 참고. 정신분석학적 페미니즘 영화학자가 동참하였다.) 침실과 공공장소에서도 그렇다. 여성 오르가슴과 여성 섹스의 행위주체성 논란이 미국 및 각지에서의 페미니즘 운동에서 중요하게 부각되었다(Gerhard, 2001).

## 성혁명의 문제점들

성적인 육체가 혁명의 상징이 되었다. 1960년대는 서독 등에서 소위 '성의 파도'가 시작되면서 포르노그래피가 광범위하게 유통되었고 성에 대한 영화, 잡지, 책이 범람하였다. 섹스는 **상품화되었고 미디어화되었다.** 이것이 또한 68혁명의 역설적 성과다. 섹슈얼리티가 라이프 스타일과 상품의 일부로 구축된 것이다. 미디어와 성인용품점, 여타 성 관련 상품들이 섹슈얼리티와 포르노그래피를 성에 굶주린 대중에게 무차별적으로 퍼뜨렸다. 섹스는 담론과 표상을 통해서 사방에 넘쳐나게 되었다. 가능한 한 모든 상품을 어떻게든 섹스와 연관시켜서 파는 현상이 1960년대 후반에 나타났다. 흐트러진 매무새 혹은 벌거벗은 몸의 이미지가 광고에 대거 등장하여 어떻게든 모든 상품의 광고에 쓰였다. 성차별적인 광고 관행은 오늘날까지도 계속되고 있다. 섹슈얼리티를 둘러싼 모든 것에 대한 **공공연한** 열광은 1960년대에 생겨났다. 제7장에서 언급하겠지만 이는 현재의 포르노 중독이라는 문제적 결과를 낳았다.

1968년의 명백한 탈억제적 현상이 그 이후의 세대들에게 억제적 혹은 억제/탈억제의 모순을 초래하였다는 식의 논란을 시작하려는 뜻은 없다. 단, 탈억제에 대한 라이히의 생각이 흥미롭다고 생각한다. 라이히는 섹슈얼리티가 좀 더 의식적이고 탈억제적으로 될 때 사회가 더 진보적으로 개선된다고 생각하였다. 68혁명은 확실히 사회적 변화에 기여했으며, 특히 여성 섹슈얼리티의 지위 강화에 기여하였다. 그럼에도 우리가 1968년을 회고할 때 떠올리는 자유로운 사랑과 조화로운 히피 문화에는 판타지적 측면이 있다. 이는 특정한 것을 의미하는 동시에 다른 것을 배제하는 일종의 지표가 되었다. 대중적 상상력에서 특히 더욱 그렇다(Herzog, 2005 참고).

스벤 라이하르트와 여러 연구자가 지적하듯(Grant, 1993; Heidenry, 1997; Allyn, 2001; Bennett, 2016) 68혁명은 우리가 생각하는 것보다 훨씬 더 다양하고 파편화된 운동이었다. 이들의 탈억제에 대한 역풍도 있었다. 또한 그 당시와 이후에 운동권 내부에서 제시된 새로운 남성성과 여성성도 있었다(Yates, Richards, & Sergeant, 2020 참고). 섹슈얼리티가 없는 곳에는 억제도 없다. "자유로운 위반이라는 것은 세상에 없다"(Phillips, 2013, p. 189). 체현이 끝없이 요구되었다. 자신의 내면화된 남성성에 대해 끝없이 의구심을 가져야만 하였다. 남성과 여성 모두 이 점을 비판하였다. 작가 페터 슈나이더Peter Schneider는 1974년에 이렇게 말하였다. "성적 탈억제를 이끌어 내겠다며 온갖 도식적인 시도를 날이면 날마다 난리를 피우며 해대니까, 결국은 지겨워졌다. 그리하여 결국 일종의 감정적 억제가 새로 생겼다"(Schneider, 1974, p. 126; Reichardt, 2007, p. 416에서 재인용, 필자 번역). "성혁명 시절 그 당시에도 탈억제된 관능적 삶이라는 건 실제라기보다는 판타지의 산물에 가까웠다"(Sigusch, 1998, p. 356). 소위 '남성 단체'라는 사람들은(서독의 **Männergruppen**) 자신의 남성성에 대해서 활발하게 토론하고 비판하면서 좀 더 '부드러운' 남성이 될 방법을 모색하였다. 다른 사람들은 이러한 노력을 페미니즘의 강요에 의한 것이라고 여기기도 하였다. 반대 운동도 생겨났다. 페미니즘에 대항해서 한층 강화된 쇼비니즘과 성차별주의도 생겨났다(Messner, 2016). 이는 서독의 68혁명이 대부분 남성 주도로 일어났으며, 성차별적이었다는 일반적 비판과도 들어맞는다. 68혁명의 영웅들은 대부분 남성이었다는 주장이 있다. 셰일라 제프리스Sheila Jeffreys(1990)는 소위 성해방이라는 것이 해방적이지 않았다고 주장한다. 오히려 여성에 대한 지속적인 성적 압제를 은폐하는 이데올로기적 가면으로 기능했을 뿐이라고 말한다. 데이비드 베넷David Bennett은 오스트리아의 프리드리히스호프 코뮌Friedrichshof Commune[2]에 대한 글에서 자유롭고 탈억제된 섹슈얼리티를 격려한다는 명분의 실상을 폭로하였다. 공동체 지도자였던 오토 뮐Otto Muehl의 정체는 컴퓨터에 '떡친 리스트fuck lists'를 작성해서 보관하던 독재자였다. 600명의 공동체 구성

---

**2** 역자 주-Friedrichshof Commune의 공식명칭은 'Aktionsanalytische Organisation'(AAO), 즉 '행동분석기구'다. 행위예술가인 오토 뮐Otto Muehl(1925~2013)에 의해 1970년경 결성되었다가 1991년 해체되었다. 새로운 휴머니즘 원칙에 따른 공동체 생활을 표방했으며, 추종자는 600여 명에 달하였다. 루소, 마르크스, 라이히의 이론에 따라서 자유로운 사랑, 금기 극복, 공동 육아와 생활, 사유재산 철폐 등을 표방했지만, 사실은 성적 착취, 아동 학대 및 방임, 노동 착취, 약물 남용이 유사과학과 예술의 미명하에 자행되었다. 지도자인 오토 뮐은 여러 가지 혐의로 오스트리아에서 7년형을 선고받았다. 2012년에는 공동체에서 어린 시절을 보낸 사람이 만든 다큐멘터리 영화 〈나의 작은 가정Meine keine Familie〉이 개봉되어 국제적 호평을 받기도 하였다.

원 중에서 최대한 많은 사람과 섹스를 하면서 중복을 피하기 위한 방법이었다 (Bennett, 2016, p. 218). 섹스는 강박이 되었다. 비록 소수의 사례였지만 68혁명이 보여 준 어두운 측면도 있었다. 어린이 섹슈얼리티를 부추기는 유해하고 부도덕적인 궤변 을 펼치기까지 하였다(Baader et al., 2017). 결론적으로 성혁명은 애초에 보여 주었던 겉모습에 비해서 훨씬 더 많은 문제를 일으켰다.

## 페미니즘과 남성인권운동의 탄생: 남성성의 변화

성혁명의 핵심은 바로 페미니즘이다. 성혁명은 부분적으로 프로이트 이론에 대한 비판에서 촉발되었다. 쾌락에 대한 프로이트적 원형 개념과 여성 섹슈얼리티 개념은 좀 더 행위주체적이고 덜 성차별적인 여성 욕망 및 섹슈얼리티 개념화 방향으로 개선 될 필요가 있었다. 베티 프리던Betty Friedan, 슐라미스 파이어스톤Shulamith Firestone, 케이트 밀렛Kate Millett은 이런 면에서 대표적인 페미니스트였다. 1960년대 후반과 1970년대를 풍미한 제2세대 페미니즘은 좀 더 광범위한 근본적 사회적 변화에 주의를 기울였다. 페미니스트는 사회적, 경제적, 성적 평등을 이루기 위해 저항하였다 (Schrupp, 2017). 제2세대 페미니스트 운동이 지나치게 백인 중산층에 치우쳐 있다는 비판도 있다. 노동 계급과 유색인종 여성은 이 운동에서 소외되어 있었다(LeGates, 2001).

1960년대 제2세대 페미니즘 운동은 전적으로는 아닐지라도 좀 더 통일된 양상을 보였다. 그에 비해 1980년대 이후로부터는 다른 종류의 페미니즘이 생겨나기 시작하였다. 더 이상 페미니즘이란 말은 단일범주가 되지 못하였다. 페미니즘 진영은 인종과 계급, 성 노동 및 특히 포르노그래피의 문제를 두고 분열하였다(Scott, 1988; Overall, 1992; Liff & Wajcman, 1996; Bhavnani, 2001; Scoular, 2004; Snyder-Hall, 2010). 제2세대 페미니즘은 1980년대 이후 대중운동으로서는 쇠락의 길을 걸었다. 제3세대 페미니즘 은 대중 가시성은 떨어졌지만 좀 더 전문적이고 제도화된 길을 걸었다. 즉, 페미니즘 정치가 가정 폭력 혹은 강간에 관한 법률 제정 등 정책과 법률을 통해서 구현되었다는 뜻이다. 이제 페미니즘은 급진적 사회변화를 추구했던 제2세대에 비해서 좀 더 실용적이고 이슈 중심적인 모습으로 변하였다(Evans, 2016). 2010년 이래 제4세대 페미니즘은 이전에 비해서 좀 더 영역 교차적이다. 또한 SNS나 인터넷을 활동 수단으로 적극 활용한다(Chamberlain, 2017; Blevins, 2018).

68혁명의 섹슈얼리티, 남성성 및 여성성 개념에 대응한 역풍으로 생겨난 것이 남성해방 운동이다. 이후에는 소위 '남성인권운동'으로 알려진다. 원래 남성운동은 페미니즘에 찬성하는 입장이었다. 남성이 페미니즘과 연대하여 공통 목표를 추구하려 했지만, 곧 반감을 느낀 남성들이 대량 이탈하면서 현재의 '남성인권운동 행동가' 및 안티페미니즘 단체가 되었다(Messner, 2016). 다양한 갈래의 페미니즘이 1990년대에서 2010년대 사이 제3세대 페미니즘으로 이행하고, 2010년대에서 현재까지 이르러 제4세대 페미니즘으로 전환되는 과정에서 남성 활동가 역시 진화하였다. '남성인권운동'을 역사적으로 개괄한 마이클 메스너Michael Messner(2016)는 미국 및 여타 지역의 제2세대 페미니즘이 남성 일반과 남성 단체로부터 다양한 반응을 받았다고 지적한다. 일부는 열렬한 지지를 보냈고, 일부는 무관심했고, 일부는 비판적이었다. 1970년대 친페미니즘 남성들은 가부장제와 사회에 남성 우위가 만연하였다고 보고 그로부터의 남성해방을 원하였다. 남성까지도 억압하고 있는 유해한 헤게모니 남성성에서 벗어나고 싶어 하였다[3](Connell, 1987, 1995).

---

**3** '헤게모니 남성성'이라는 용어는 코넬Connell(1995)이 창안한 개념이다. 젠더는 투쟁의 현장이다. 변화하는 문화적 규범, 지배적 남성성을 이루는 고정관념이 들어서는 현장이다. 어떤 특정 사회 안에서는 여러 가지 남성성 관념이 서로 경쟁을 벌인다. 지배적인 위치를 안전하게 확보하는 남성성은 딱 하나다. 나머지의 위치는 불안정하며 언제든 다른 유형에 의해 대체될 수도 있다. 어떤 남성에게 있어서는 파시스트 남성성이 헤게모니를 차지한다. 이들은 헤게모니의 이상을 동경한다. 최근의 남성성 연구도 개괄적으로 소개되어 있다(Gottzén, Mellström, & Shefer, 2019). 어떤 연구자는 헤게모니 남성성을 "남들과 공격적으로 경쟁하고 남을 제압할 필요를 느끼는 유형이다. 남성에게서 보이는 가장 위험한 경향이다."(Kupers, 2005, 713)라고 정리한다. 코넬과 메서슈미트Messerschmidt(2005)는 그럼에도 헤게모니 남성성은 고정된 것이라기보다는 역동적이라고 지적한다. 헤게모니 남성성은 '유해한 남성성'과 같은 뜻은 아

'남성해방운동 진영 내에도 갈등'이 존재하였다. 남성이 여성에 비해서 제도적 권력을 가진다는 것이 한편으로는 '남성성의 대가'를 치른 것이라는 인식이다(Messner, 2016, p. 8). 남성들은 자신들의 젠더가 특권인 동시에 비인간화였다고 주장한다. 메스너는 1970년대 중후반에 남성계가 다양한 이해와 입장을 가지고 균열하기 시작하였다고 주장한다. 일부는 헤게모니 젠더 관념 때문에 남성과 여성이 똑같이 억압된다고 보았다. 이는 일부 여성들로부터 비판을 불러일으켰다. 가부장제에서 여성이 남성보다 더 많이 고통받았다는 것이다. 1970년대 중후반 이래로 남성인권운동 진영은 젠더와 성에 대한 퇴행적 관념을 고수하면서 공개적으로 여성혐오적이고 성차별적인 논리를 표방하기 시작하였다. "남성인권운동은 페미니즘에 대한 즉각적이고 반사적인 반발 수준이 아니었다. 이들은 리버럴 페미니스트의 양성 평등 주장의 언어를 교묘하게 비틀어서 되돌려 준 조직적 운동이었다."(ibid, p. 9) 페미니스트의 개념과 용어를 차용해서 남성을 위해 적용한 것이었다. 이 전략은 오늘날까지도 계속되고 있으며, 남성계에서 자주 표현되는 언어이기도 하다. 남권운동은 남자들의 처지가 여자보다 더 나쁘다고 주장한다. 남자들은 전통적 젠더 역할의 기대에서 리버럴한 여성들처럼 훌훌 벗어나기가 힘들다는 것이다. 또한 강간 누명을 쓰기도 하고, 자녀 양육권 다툼은 여성에게 유리하게 되어 있고, 알코올 및 여타 중독에도 남성들이 더 취약하다고 주장한다.

1970년대 레이건의 미국과 대처의 영국에서 시작된 신자유주의는 전 세계 경제의 헤게모니적 질서가 되었고, 급격한 경제 변화는 남성과 여성 모두에게 영향을 끼쳤다. 서방의 노동 시장은 탈산업화되었으며 그 결과 전통적 '남성' 직장이 쇠퇴하면서 중국, 인도 등으로 옮겨 가거나 혹은 아예 사라졌다. 특히 선진 사회의 백인 및 유색 인종 남성 노동계급에게 영향이 집중되었다. 1980년대부터 호황을 맞이한 서비스직과 정보

---

니다. 헤게모니 남성성은 적극적인 거리두기를 통해서 독성과 자신을 분리할 수 있다(Yates, 2007 참고. 특히 '이 정도면 괜찮은' 남성성이 그렇다.). 그럼에도 여기에서 논의된 대부분의 남성에게 헤게모니 남성성은 강한 유해성을 지닌다. 특히 파시스트 남성성은 일부 남성들에게는 헤게모니적 이상과 욕망이 되었다. 이러한 관념은 대안우파에 의해 많이 유포되고 있다.

업종은 주로 여성 노동자들에게 돌아갔다. 남성들은 이것을 '사회의 여성화'(Mayer, 2013)라고 불렀다. 2000년대 즈음 남성인권운동은 신자유주의 결과 직장과 학교에서 낙오하게 된 소위 소외된 소년과 남성들의 문제를 지적하면서 세력을 얻었다. 게다가 남성인권운동은 아버지들이 이혼소송과 친권분쟁에서 종종 불리한 판결을 받는다고 주장하면서 부성권 및 부성 보호 운동에 주력하였다(Hodapp, 2017). 온라인 남권운동은 성폭력의 신화를 영속화하는 데에 주력하였다. 성폭력은 젠더와 무관하다는 것이다. 강간 문화라는 것은 괜한 도덕주의적 호들갑이고, 페미니스트는 남성에게 가해지는 성적 폭력을 무시한다고 주장한다(Gotell & Dutton, 2016; Hodapp, 2017). 이게 다 사실이 아니라는 것은 말할 필요조차 없다.

이 모든 것은 종종 **남성성의 위기**라는 말로 대표되곤 한다(Horrocks, 1994; MacInnes, 1998; Segal, 1999; Robinson, 2000; Kimmel, 2013; Roberts, 2014; Starck & Luyt, 2019). 남성성의 위기는 종종 남성 권위의 상실, 사회의 여성화 및 감성화라는 말로 표현되곤 한다. 객관적 사실이든 주관적 상상이든 간에 남성들은 정말로 이렇게 느끼고 있다(Neill, 2019; Crociani-Windland & Yates, 2020). 전통적 형태의 남성성, 즉 생계를 책임지는 든든한 가장은 쇠퇴하고 있지만, 한편으로 서방 세계에서 헤게모니적 관념으로는 잔존하고 있다(Gilmore, 1990: Kimmel, 2008, 2013).

남성상의 변화에도 긍정적 발전은 있다. 예를 들면, 예이츠는(2007) 제2세대 페미니즘의 영향으로 남성들도 감정을 강조하고 공적·사적인 삶에서 감정을 드러내는 일이 흔해졌다고 지적한다. 전통적인 남성상과 여성상이 도전을 받으면서, 남성들도 터놓고 자기 내면을 드러내고 자신의 약점을 이야기할 수 있게 되었다(Yates, 2007, pp. 9-10). 예전에도 여러 형태의 남성성이 공존하고는 있었지만, 오늘날에는 감성적이고 세심하고 성찰적인 남성성이 종전의 사나이다운 마초 남성성보다 흔해졌다. 종종 일부 남자들은 이들을 '베타'나 '찐따' 등으로 비하하긴 하지만 말이다. 소위 전통적 남성상의 위기와 관련하여 두 가지 종류의 남성상이 1990년대에 등장하였다. 첫째, 감성적 남성이다. 이들은 심리상담 문화 담론과 자신의 감정에 예민한 남성상이다(Yates, 2007, 2015; Bainbridge & Yates, 2005). 둘째, 소비주의적인 메트로섹슈얼 남성이다. 이들은 피트니스, 메이크업, 패션에 늘 신경을 쓴다(Clarkson, 2005; Hakim, 2019).

거기에 지난 20년간 새로이 추가된 세 번째의 남성상이 바로 **오타쿠** 남성상이며, 이들을 남성계와 연관지어 다음 장에서 자세히 논의하겠다.

전통적인 의미의 남성상의 쇠퇴에 대응하여, 2000년대 초반 이후 픽업아티스트 운동이 등장하였다. 자신감이 부족해서 여성과 사귀지 못하는 남성을 돕겠다는 운동이다. 픽업아티스트는 이성애 남성이 헤게모니 남성처럼 보이는 기술을 연마함으로써 단호하고 카리스마 있고 자신감 넘치게 매뉴얼대로 작업하면 여자를 꾀어 섹스할 수 있다고 주장한다(Kimmel, 2008; Almog & Kaplan, 2017; O'Neill, 2018).

'유해한 남성성'이란 용어는 남성인권운동과 연관하여 자주 등장하는 말이다. 이는 위험하고 유해하고 학대적인 행동을 의미하는데 타인뿐 아니라 종종 남성들 자신들을 향하기도 한다. 이 용어는 원래 남성이 자신의 아버지와 지닌 관계를 설명하느라 창안된 개념이었다(Haider, 2016). "이 분석은 전쟁에 동원되는 사회적 규범 시나리오에 집중되어 있다. 영웅주의를 모델로 이상화된 남성성, 소년을 사나이로 완성시켜 주는 통과의례로서의 전쟁을 그리고 있다"(Jones, Trott, & Wright, 2019, p. 3). 이는 코넬(1987)이 개념화한 '헤게모니 남성성'과도 연관성이 있다. 유해한 남성성을 헤게모니 남성성의 하위 개념으로 보기도 한다(Kupers, 2005; Veissière, 2018; Pearson, 2019). 파괴적 성질의 유해한 남성성은 한편으로는 남성 사회에선 욕망이자 추구의 대상이기도 하다. 유해한 남성성은 여성 지배, 성차별, 여성혐오, 동성애 혐오와 폭력을 동반한다. 유해한 남성성은 구조적으로 가부장제와 남성 권력을 유지하기 위해 기능한다(Manne, 2018). 다시 말해 유해한 남성성은 남성 지배와 압제의 실행을 의미한다. 애쉴리 모건Ashley Morgan(2019)은 최근 미투MeToo 운동의 등장과 대중문화 속 남성성 논의 활성화에 따라서 유해한 남성성이 오히려 더 강해지고 있다고 지적한다. 제임스 메서슈미트는 헤게모니 남성성 개념의 확대가 돌발적 현상이 절대로 아니며(Messerschmidt, 2018), 인터넷의 힘을 빌려 증폭되고 또한 도전받고 있다고 본다. 몇몇 연구자들은 인터넷 남성계가 특정 형태의 유해한 남성성을 이상화하고 욕망하는 플랫폼을 제공하고 있다고 주장한다.

사실 헤게모니 남성성의 정의는 무척 엄밀하기 때문에 완벽한 남자가 되기 위한 조건을 충족시키는 것은 결국 실패할 수밖에 없다. 그렇기 때문에 '베타' 남성들은 유해한 남성성이라는 허구적 정체성을 오히려 더욱 이상화한다(Jones, Trott, & Wright, 2019, 4).

유해한 남성성이 활개 치는 대안우파와 남성계는 말하자면 일종의 입문용 마약과도 같다. 대안우파가 인터넷에서 성장하면서 새로운 형태의 남성성이 많은 남성과 남성 커뮤니티에 제시되어 헤게모니 남성성으로 수용되었다. 바로 파시스트 남성성이다. 이는 전통적인 남성적 속성, 즉 거칠고 여자를 휘어잡으며 육체적으로 강건한 남성형에 여성혐오, 안티 페미니즘, 동성애 혐오, 인종주의/파시즘이 결합된 형태다. 디지털 문화와 인터넷과 깊은 연관을 맺고 있는 새로운 남성성을 분석하는 일에는 정신분석학이 큰 도움이 된다.

## 백인성과 대안우파

2016년 저서에서 메스너는 "노골적인 안티 페미니즘적 역풍보다는 '다정하고 신사적인' 형태의 남성인권운동이 오히려 현재 미국에서 더 큰 호응을 얻고 있다"(ibid, p. 13)라고 결론지었다. 불행하게도 2016년 도널드 트럼프가 미국 대선에서 승리하면서 오히려 그 반대가 현실이 되고 말았다. 남성계는 더욱 강화되었고 남성인권운동과 대안우파는 더 강하게 결속하였다(Nagle, 2017). 이 책을 쓰고 있는 2020년 현재로는, 2016년 대안우파의 대중화 이래 남성인권운동이 구체적으로 어떻게 강화되었는지를 연구한 성과가 아직은 없다. 또한 극우 반동적 남성과 조직들은 늘 반페미니즘적이었으며 여성혐오적이었고 인종차별적이었음을 기억해야 한다(Kimmel, 2013).

인터넷 공간을 떠돌고 있는 소위 '남성성의 위기' 담론은 주로 백인 시스 남성과 깊은 관련이 있다. 비록 이 책에서 논하는 남성 커뮤니티에서는 백인이 아닌 남성들도 꽤 많은 편이긴 하지만 말이다.[4] 남성계는 **인종**과 관련이 있다. 여러 차례 논하겠지만

---

4    남성계는 백인이 압도적이지만, 백인이 아닌 남성들도 인터넷 커뮤니티에는 자주 있

이들 남성들은 인종차별적 반유대주의적 발언과 **계급**에 대해서도 자주 언급한다. 메스너는 이렇게 말한다.

> 남성운동의 레토릭은 암묵적으로 안티 페미니즘적이며, 이는 불안하고 절박한 남성들에게 호소력을 지닌다. 온건한 남성운동 지도자가 개인의 자유와 은근한 안티 페미니즘을 표방한다면 아마도 교육받은 중산층 백인 남성에게 제일 환영받을 것이다. 이들은 퇴행적 여성혐오자로 보이기를 싫어하기 때문이다(Messner, 2016, p. 13).

메스너의 주장에 따르면, 공격적인 안티 페미니스트의 목소리가 인셀, 남성분리주의자 등을 만나서 증폭될 경우 중산층 혹은 상류층 남성보다는 노동계급 남성이 더 크게 환영한다. 남성계 구성원과 대안우파 지지자의 계급적 배경에 대한 의미 있는 데이터는 없다. 그러나 트럼프의 권위주의적 포퓰리즘은 노동계급 유권자들에게 더 큰 환영을 받았다. 이들은 미국의 전통적 제조업 지역에서 산업 쇠퇴로 타격을 받은 사람들이었다(McQuarrie, 2016; Morgan, 2018). 게다가 트럼프는 성차별, 보수주의, 인종주의, 그리고 경제적으로는 보호무역 자국주의를 표방하였다. 이는 대선 슬로건 "미국을 다시 위대하게Make America Great Again"에 잘 드러난다. 이에 환호한 것은 백인 노동계급의 남성 유권자였다(Mutz, 2018). 백인 남성 유권자들은 경제적으로만 박탈감을 느낀 것이 아니라(Morgan, 2018) "인구 중 백인 비율이 줄어들어서" 남성으로서의 지위가 위협받는다고 느꼈다(Mutz, 2018, p. 19). 또한 다이애나 무츠Diana C. Mutz에 따르면 미국이 세계 무대에서 국제정치적 헤게모니를 잃어 가고 있다는 위기의식도 있었다(또한 Reny, Collingwood, & Valenzuela, 2019 참고).

그럼에도 트럼프는 다양한 계급 전반에 걸쳐 광범하게 득표하였고(Fraser, 2017), 심지어는 다양한 인종적 배경의 유권자들에게도 표를 얻었다. 이와 유사하게 남성계의 남성들 역시 아마 다양한 계급적 인종적 배경을 가지고 있을 듯하다. 그러나 확인할 방법은 역시 없다.

---

다. 그러나 남성계 남성의 사회적, 인종적 배경에 대한 정확한 데이터는 없다.

남성이 권력을 빼앗겼다는 착각은 신자유주의가 가져온 변화와 관련이 있다. 더 나아가 백인 우월주의를 주장하는 인종주의적 판타지도 남성계에서는 종종 은근히 혹은 노골적으로 표출된다. 남성계는 대안우파의 용어와 이미지를 적극적으로 동원한다. 이는 신자유주의가 가져온 불안정성과 사회적 변화에 내몰려 위기를 맞이한 남성 개인과 남성성 일반에 큰 호소력을 지닌다. 그리고 위기에 몰린 백인성과 백인 남성성에 호소력을 갖는다. "현재 세력을 넓히고 있는 신우파는 과연 서양문화와 백인성의 지위가 얼마나 더 사회적, 인종적 헤게모니를 지켜 낼 수 있을 것인지에 대한 의구심과 관련이 있다"(Schmitt, 2018, p. 49). 남성계의 인셀 및 여타 남성들의 인구 구성에 대한 데이터는 없지만, 이들 남성들의 대다수는 백인인 것 같다. 인셀 커뮤니티 중에는 자칭 '카레셀'(남아시아 및 인도 인셀) '흑셀blackcels' 등 지역성과 인종성을 드러내는 많은 약어가 있다. 쉽게 예상할 수 있듯 이들은 특유의 자기혐오적 담론을 보여 준다(제4장 참고). 아마도 이들 중 많은 수가 스스로 백인이 아니면서도 인종차별적 언어로 자신을 비하하여 정의하는 듯하다.

전반적으로 대다수의 인셀 커뮤니티와 남성계는 백인이다. 이쯤에서 백인성에 대한 질문을 다시 던져 보는 것이 좋겠다. 인종주의와 백인 우월주의가 인터넷에 등장한 것이 처음은 아니다(Daniels, 2009). 오늘날 남성계에 등장한 방식이 특이할 뿐이다. 서론에서 살펴보았듯 남성계는 대안우파 이데올로기와 공통점이 많다. 남성계 모두가 백인 우월주의자이자 파시스트는 아니고, 대안우파 모두가 여성혐오자는 아니다. 그러나 두 영역은 많은 공통점이 있고 '대안우파'라는 말이 공식적으로 등장하기 훨씬 이전부터 엄연히 존재했던 주변적 현상으로부터 영향을 받았다. 예를 들면, 브레이비크와 로저 등 총기난사범은 둘 다 인종주의자였고 여성혐오자였지만, 대안우파의 일원은 아니었다. 범행 당시 대안우파는 아직 존재하지 않았기 때문이다. 대안우파는 최근 생겨난 백인 국가주의 백인 우월론자 운동이며 북미 대륙에서의 백인 인종 국가를 건설하기를 촉구하는 운동이다(Hawley, 2017). 대안우파 멤버들은 자신의 백인 우월주의 본심을 살짝 축소하는 대신 백인종의 '보호'와 '보전'에 집중하겠다고 말한다(Hartzell, 2018, 10). 차이와 다양성, 정체성 정치에 쓰여야 적합할 용어를 대안우파는 살짝 비틀고 뒤집어서 사용한다. 그리하여 다양성 보장을 위한 행동인 양 포장해서 인종분리주의를 주장한다.

> 백인국가 건설론의 레토릭에서 백인 우월주의의 색깔을 탈색함으로써 백인국가 건
> 설론은 증오와 인종주의의 비난을 피할 수 있게 되었다. 백인 옹호론을 더 넓은 정체
> 성 정치의 일부분인 것처럼 재배치한다. 다른 인종들이 정체성에 기반한 특정 권리와
> 보호를 주장할 수 있다면, 백인들 역시도 유사한 주장을 할 수 있다고 말하려는 것이
> 다(Hartzell, 2018, p. 10).

이런 전략 때문에 대안우파가 위험하다. 낡은 인종주의/파시즘 이데올로기와 백인
우월주의가 정체성 정치의 새로운 가면을 쓰고 있기 때문이다. 하트젤Hartzell에 따르
면 이 전략은 백인국가론과 백인 우월주의로부터 거리를 두면서도 동시에 백인국가
론에 깊이 뿌리내린 주장을 할 수 있게 해 준다. 예를 들면, 이들은 자신들이 '주류적
정치'와 '정치적 올바름'에 대한 대안이라고 자처한다. 정치운동으로서의 대안우파는
심각하게 성차별적이며 종종 여성혐오적이다(Forscher & Kteily, 2020). 게다가 대안우
파는 게이머 그룹 등의 인터넷 하위문화로부터 전술과 비주얼을 충당한다. 짤, 아이러
니하고 우스운 비디오, 혹은 내용 짜깁기 등이 이루어진다. 서론에서 언급하였듯 대안
우파는 응집력 있는 운동으로서는 쇠퇴하였으나 SNS 공간 전체로 존재감이 확대되었
다. 또한 다양한 파생물도 여기저기 등장하였고 몇몇 유명인을 통한 영향력 탈환의 시
도도 있었다.

이 책의 주제는 대안우파가 아니라 남성계이지만, 남성계의 내러티브가 대안우파
에 비하면 훨씬 덜 전략적이고 다층적이라는 점이 흥미롭다. 인셀과 남성분리주의자
및 여타 그룹은 상징이나 암호화된 언어로 일반 남성을 현혹해서 끌어들이지는 않는
다. 일반 남성들은 '고전적인' 파시스트나 백인 우월주의자 레토릭에는 반감을 느끼고
망설인다. 남성계는 대안우파의 언어와 이미지를 사용하기는 하지만, 좀 더 직접적으
로 증오와 유해성을 표현한다. 그들은 또한 대안우파와는 달리 구인활동에 적극적이
지도 않다.

그렇다면 현재의 상황은 현실이든 상상이든 백인 시스 남성성의 위기에 대한 특별

한 대응이라고 볼 수 있다. 이 위기는 넓게 보면 애니 켈리(Annie Kelly, 2017)가 지적하였듯 국제정치적 위기와 연관되어 있다. 국경 위협이나 침범 등의 위기 때문에 국가적 남성성이 약화되었다는 인식이다. 미국의 9·11테러가 그 좋은 사례다. 두 개의 거대한 남근적 상징물 쌍둥이 타워가 무너진 사건을 두고 극우 평론가들은 미국이 남성성을 되찾기를 촉구하였다. 이러한 담론은 또한 최근 유럽 난민 위기에서도 자주 보인다. 난민 수용 반대 선동은 종종 남성 난민을 침략자나 백인 여성 강간범으로 묘사한다. 난민 수용을 주장하는 좌파 및 리버럴 남성, 페미니스트 정치가는 대안우파로부터 '눈꽃송이'라거나 '호구'라는 비하를 당한다. 국가 역시도 약해 빠졌다거나 계집애 같다거나 수동적이라는 비난의 대상이 된다. 이러한 내러티브는 또한 반유대주의에도 반영된다. 이는 파시스트 이데올로기의 핵심이며 대안우파(Hawley, 2017; Kelly, 2017)와 인셀이(제4장 참고) 자주 동원하는 논리다. 대안우파와 남성계는 좌파 및 리버럴 남성, 페미니스트 여성, 유대인과 백인이 아닌 모든 인종을 타자화한다. 이들이 고의로 국가를 약화하며 국가와 국민을 파괴하고 있다며 욕한다. 이런 내러티브는 판타지다. 이 판타지는 대안우파와 남성계에게 독특한 현실을 만들어 준다. 바로 백인 이성애 남성이 탈산업화, 노동시장의 변화, 페미니즘, 여성 **그 자체**, 난민 등 여러 가지 힘 때문에 '피해자'가 되었다고 주장하는 현실이다. 실제로 오늘날 많은 남성이 변화를 감당하지 못하고 사회경제적 변화 속에서 적응하지 못하고 있다(제4장 참고). 그들의 "변화, 경쟁, 실패에 대한 두려움은 상실감과 피해자 의식에 불을 지폈다"(Boehme & Scott, 2020, p. 178). 남성계 커뮤니티에서 자주 보이는 노골적인 반유대주의와 인종차별 문제는 제4장과 제5장에서 다루도록 한다.

인종은 남성계 구성원에게는 복잡한 방식으로 중요성을 갖는다. 비백인 인셀은 인종적 특성론과 이데올로기를 내면화하여 자기혐오에 사용한다. 백인 남성에게는 이데올로기적 범주로 사용된다. 이들은 파시즘, 인종주의, 안티 페미니즘, 여성혐오의 논리로 구성된 백인 남성 우월주의의 특유한 내러티브를 퍼뜨린다. 인종에 대한 묘사는 인종주의 및 파시즘의 역사적 선례와 일치한다. 유대인 남성이나 흑인 남성은 성욕이 과도한 존재이며 '순결'한 백인여성에게 위협이 되는 존재로 묘사되곤 하였다(Theweleit, 1989; Crenshaw, 1992, 1993; Guillaumin, 2002; Collins, 2004). 남성계 백인 우월주의자는 잘 단련된 백인 남성의 육체를 다른 모든 인간 육체에 비해 우월한 것으로 묘사한다(Fuchs, 2018). 이 자체가 몹시 성차별적이며 또한 여성혐오적이다. 남성계의 인종주의, 반유대주의, 여성혐오의 중심에는 근본적으로 남성의 과잉 자격의식이 자리 잡고 있다. 인셀은 특히 자신들이 마땅히 백인 여성과 연애를 할 자격이 있다고 여긴다. 마치 인종주의자가 자신은 백인이기 때문에 마땅히 일자리를 받을 자격이 있다고 여기는 것과 유사하다(Kimmel, 2013; Jardina, 2019).

대안우파의 인종주의와 반유대주의는 비교적 노골적인 데에 비해서, 여성과 인종에 대한 편견은 그나마 이차적인 형태로 내러티브에 스며 있다. 제4장에서 인셀 커뮤니티를 논할 때 자세히 다루겠다. 인셀의 일차적 관심은 스테이시다. 그리고 2차적이지만 여전히 중요한 관심은 채드다. 그들의 내러티브에서 여성혐오와 파시즘은 묘하게 뒤얽혀 있다. 여성들과 유대인들이 놀아나면서 세상 모든 재미는 다 보고 다니면서 자신들만 따돌리고 있다는 묘한 반유대주의 내러티브다. 인종주의적 내러티브도 인셀 및 남성 커뮤니티에 광범하게 퍼져 있다. 흑인 남성의 몸에 대한 인식에서 더더욱 그렇다(제4장과 7장 참고). 제6장에서 다룰 총기난사범도 역시 여성혐오와 인종주의를 보이지만, 그들의 분노는 주로 여성에게 향해 있고 인종은 부차적이다.

남성계를 이루고 있는 또 하나의 남성 유형을 곧이어 논의한다.

## 오타쿠 남성성

오타쿠 남성성Geek[5] masculinity은 남성계의 득세와 많은 연관을 보이지만 대안우파

---

**5** 역자 주-geek은 nerd와 대체적으로 유사한 개념이다. 우리나라 웹용어로 말하자면 공대남, 오타쿠, 찌질남, 찐따, 범생이, 샌님 등이 대체로 이에 해당한다. nerd는 geek에 비해서 공부를 잘하거나 지능이 높다는 이미지가 있다. 엄밀히 뜻을 따지자면 일대일로 정확하게 대입되는 우리말을 찾기는 힘들지만 geek을 오타쿠라고 번역한다. nerd는 학업성취가 높은 '모범생'이라는 말에서 파생된 속어인 '범생이'를 사용해서 '범생남'이라고 번역한다.

와의 연관성은 상대적으로 낮다. 오타쿠는 헤게모니 남성성에 비하여 상대적 약자이자 아웃사이더인 자신의 정체성을 받아들인다(Almog & Kaplan, 2017). 서론에서 이미 논했지만, 게이머게이트의 대대적 괴롭힘은 대안우파와 남성계에게 일종의 전술적 매뉴얼로 굳어졌다. 게이머게이트는 일부 '오타쿠'와 '범생남nerd'이 폭력적인 여성혐오에 동참하는 계기가 되었다. 오타쿠 남성성은 비 헤게모니 남성성이다. 오타쿠와 범생남은 사회성이 부족하고 수줍음을 타며 주류적인 남성 육체, 즉 근육질의 장신이면서 날씬한 몸의 기준에 못 미친다. 이들은 하위문화, 팬덤, 비디오 게임, 만화책 읽기 등의 '찌질한' 취미에 집착한다. 남성과 여성 모두에게 오타쿠 정체성은 대중문화에서 어느 정도 주류로 자리 잡았다(Salter & Blodgett, 2017). 성공한 오타쿠의 이야기는 대중문화에서도 현실에서도 자주 볼 수 있다. 스티브 잡스Steve Jobs, 마크 저커버그Mark Zuckerberg, 빌 게이츠Bill Gates 등이 좋은 사례다.

오타쿠 남성성은 어떤 남성에게는 바람직한 원형을 제공하기도 한다는 주장도 있다. "인기 없고 비주류였던 아웃사이더가 미래의 IT 거물이 된다는 성공 내러티브이다"(ibid, p. 6). 오타쿠 남성성 그 자체는 문제적이거나 유해하지 않다. 민감하고 성찰적인 특성을 남성성의 일부로 포용할 수 있는 잠재성을 지닌 차별적 남성성이 바로 오타쿠 남성성이다(De Visser, 2017). 초기 인터넷을 만들어 낸 것이 바로 오타쿠 남성들이다. 게다가 특정 게임이나 팬덤을 중심으로 커뮤니티를 만들어 냄으로써 관심사를 공유하는 오타쿠 문화의 감성을 만들어 낸 것이 또한 이들이다(Salter & Blodgett, 2017; Salter, 2018). 공동의 목표를 중심으로 소속감과 공동체 의식을 형성한다(Hills, 2002).

오타쿠 남성들이 좋아하는 컴퓨터 콘솔 게임과 많은 만화책 팬덤이 여성성과 남성성을 극도로 성차별적이며 전형적으로 그려 내고 있다는 점이 무척 역설적이다. 근육질의 남성이 주인공이고 여성은 수동적이고 대상화되어 있다(Jenson & De Castell, 2013; Hanna, 2018). 여성 게임개발자와 게임평론가들이 정면으로 도전한 것이 바로 비디오 게임 및 전반적 게임 산업에서의 성차별이었다. 이에 대응한 폭력적인 역풍이 게이머게이트였다. "오타쿠 남성성은 전쟁터가 되었다. 현실적으로 그리고 상징적으로 이들은 영역 싸움을 벌였다"(Salter & Blodgett, 2017, p. 11). 오타쿠 남성이 자신들의 영역이 여성에 의해 침범당하였다고 느꼈던 사건이 게이머게이트였다. 이들은 다음과 같은 동일한 메시지를 반복해서 퍼뜨렸다. "여성들, 특히 쉽게 타자화되는 존재이자 주류를 좌지우지하는 힘을 가진 것으로 오해되는 페미니스트들이 오타쿠 문화를 파괴하려고 나섰고, '참된' 오타쿠들은 그것을 방어할 준비가 되어 있다."(ibid, p. 12). 사실 오타쿠 남성들은 남성들만의 영역이 도전받고 다양화되는 것을 참을 수 없었던 것이다. 혹시 이들은 자신의 오타쿠 남성성을 벗어나기를 스스로 **욕망**하고 있었고 무의식적으로 스스로에게 저항하고 있었던 것은 아닐까? 오타쿠 남성성은 체질상 파시스트나 인종주의자는 아니다. 그들은 스스로를 피해자이자 주변인이며, 아웃사이더로 인식한다(Ging, 2017). 이 점은 대안우파나 남성계와 일치한다. 사라 바넷-바이저는 오타쿠 남성성이 대개는 "대놓고 나약함, 특히 백인적 나약성을 특징으로 삼고 있다"고 지적한다. "오타쿠 남성은 백인의 특권을 거의 누리지 못한다"(Banet-Weiser, 2018, p. 156). 대안우파 역시 그렇다. 단, 대안우파는 자신들의 약자성을 파시스트적인 과잉 남성성을 상정, 혹은 욕망함으로써 보상받으려 한다(제4장 참고).

남성계와 남성인권운동이 인터넷에서 대두된 것은 포스트 페미니즘과 변화하는 섹슈얼리티에 대한 대응이었다고 볼 수 있다.


## 포스트 페미니즘, 포르노, 아이러니

현재 서방 세계는 제4세대 페미니즘을 목도하고 있다. 연구자들은 이데올로기적 포스트 페미니즘적 감성이라는 것이 있다고 지적한다(Gill, 2007). 앤젤라 맥로비Angela McRobbie에 따르면(2004, 2009) 제2세대와 3세대 페미니즘의 성과가 지난 수십 년간 적극적으로 훼손되었다. 이제 페미니즘은 목적을 달성했으니 폐기해야 한다는 담론이 등장한 것이다. 이제 페미니즘은 충분히 성과를 냈으니 더 이상 중요하지도 필요하지도 않다는 의식이다. 포스트 페미니즘은 여성도 이젠 무엇이든 할 수 있다고 본다. 뜻대로 결혼 상대를 고를 수 있으며 섹슈얼리티를 당당하게 즐길 수 있고 스스로 생계를 해결하고 자유로운 삶을 산다(McRobbie, 2004, 2007, 2008). 여성들도 남근적일 수 있고(McRobbie, 2007) 공격성, 대담성, 자신감, 금기 위반을 마음껏 드러낼 수 있다. 남근 적 여성은 일시적으로 남성적 행동양식의 남근적 요소를 흉내 낸다. 여성이 헤게모니 남성성과 가부장제를 중지시켰기 때문에 여성의 남근 소유가 가능하며 남성에게 당당히 맞설 수 있다(McRobbie, 2007; Saitō, 2011; Renold & Ringrose, 2012, 2017). 우리가 분석하는 남성들은 다른 남성들과는 달리 남근적 여성을 향해 맹렬하게 분노한다. 이 여성들이 자신을 거세한다고 생각하기 때문이다. 여성은 남자 같아선 안 된다.

이 유형의 여성성은 대중문화에서, 2000년대 초·중반 〈섹스 앤 더 시티Sex and the City〉(1998~2004, Star), 〈브리짓 존스의 일기Bridget Jones Diary〉(2001, Maguire) 등으로 그려졌고 오늘날까지 흔히 볼 수 있다(Banet-Weiser, 2018). 맥로비는 1990년대에서 2000년까지 시기에 젊은 여성들이 적극적으로 페미니즘과 거리를 두었으며 대중문화 에서는 성공한 여성의 등장이 증가하였다고 지적한다. 그러나 역설적이게도 여성 지위 상승과 아이러니의 가면 아래에는 여전히 성차별, 성적 대상화, 페미니즘 비하가 숨겨져 있었다. 1990년대 톱모델 클라우디아 쉬퍼Claudia Schiffer가 스스로 옷을 벗는 시트로엥Citroen 광고에 대해 맥로비는 이렇게 말한다.

이 스트립쇼에서 성적 착취가 안 보인다고 해서 없다고 생각한다면 순진한 거다. 스스로 선택해서 좋아서 벗는 것처럼 보이긴 한다. 모든 시청자가 클라우디아 쉬퍼가 세계 최고로 비싼 모델이라는 것을 알고 있다는 걸 전제로 하는 장면이다. 또다시 비판의 그림자가 살짝 어른거린다. 스트립쇼는 여성 착취다. 그러다가 곧바로 케케묵은 소리로 치부된다. 예전에 페미니스트가 핏대 올리던 시절 얘기니까. 요즘 그런 소리를 하였다가는 남들이 비웃는다. 반대는 애초에 아이러니로 진압된다(McRobbie, 2004, p. 259).

질Gill(2007)은 아이러니를 포스트 페미니즘 운동의 핵심적 차원으로 지목하였다. 아이러니는 남성들이 그리고 여성들도 안티 페미니즘, 성차별, 여성혐오, 동성애 혐오를 저지를 수 있게 해 주는 변명이 되었다. 그냥 농담 좀 하고 비아냥거린 건데 뭐가 어떠냐는 거다. 1990년대와 2000년대 영국 등지에서 인기를 끈 소위 '남성 잡지lads mags'는 유머와 아이러니의 뒤에 심각한 여성혐오를 많이 숨겨 두고는 하였다. 내 생각에는 이런 형태의 아이러니와 유머가 현재 대안우파와 남성계에 영향을 준 듯하다. 이들은 여성 이야기를 언제나 유머와 아이러니에 섞어서 한다(제4장 참고). 아이러니는 현재 상황에서 무척이나 다른 값어치로 쓰인다. 대안우파와 남성계는 심각해야 할 문제를 가볍고 쿨하게 다루고 비판한다(Greene, 2019). 착취와 성차별을 아이러니한 형태로 뒤집어서 여성의 자존감 강회로 둔갑시키기도 한다. 대안우피가 추켜세우는 여자들은 그게 모욕과 학대인 줄도 모르고 성적인 자존감 강화에 내몰리게 된다.

큰 반향을 불러일으켰던 소논문 「포스트 페미니즘과 미디어 문화: 감성의 요소 Postfeminist media culture: Elements of a sensibility」(2007)에서 로절린드 질은 포스트 페미니스트 미디어 문화에 주목하였다. 미디어가 바로 '포스트 페미니스트 감성'이 표현되는 구체적인 공간이라는 것이다(2007, p. 147). 리얼리티 TV쇼나 대변신 메이크오버쇼 등의 미디어 텍스트와 포맷은 여성의 육체를 '비포-애프터' 비교를 통해서 '미화'시켜 준다. 이걸 자신감 강화로 볼 수도 있겠지만(Thomadaki, 2019), 결국은 헤게모니적 미의 이상을 재강화함으로써 여성을 착취한다. **전반적으로 포스트 페미니즘 미디어 문화는 여성 육체에 집착한다.** 여성잡지, 토크 쇼, 리얼리티/메이크오버 프로그램은 끝없이 여성들에게 몸 관리를 해서 더 건강하고 섹시하고 아름다워지라고 부추긴다(McRobbie, 2009; Ross, 2011 참고). 이런 경향은 온라인 플랫폼인 인스타그램Instagram 등에도 보인다(Gill, 2016; Hakim, 2019).

**여성은 남성의 시선에 대상화된 소극적 객체가 아니라, 적극적으로 성적 욕망을 추구하는 주체여야만 한다는 강박이 포스트 페미니즘의 문화다**(Mulvey, 1975). 남성의 시선이 오히려 내면화되어 뒤집어져서 '자기를 단속하는 나르시시즘적 시선'으로 바뀌었다(Gill, 2007, p. 151). 또한 포르노그래피가 대중문화에 침투하였다. 이젠 대형 패션 체인에도 '포르노 스타'라고 쓰인 티셔츠가 버젓이 팔린다. 게다가 주류 포르노그래피의 육체가 미디어 전반에 확장되어 표상과 담론에 영향을 준다. 예를 들면, '질 성형'이나(Jones, 2017) 섹스 최신 유행 등이 있다. 이 문화에서 갈채받는 '성적 주체성'으로서의 여성상은(Gill, 2007, p. 152) 오직 선천적 이성애자이며 젊고 날씬하고 백인인 여성뿐이다. 이제 성적 대상화는 여성 스스로가 자유롭게 선택하고 구현한 것으로 표상되고 혹은 강요된다. 이는 2000년대 이후 폭증한 인터넷 포르노그래피 접근성과도 관련이 있다(Attwood, 2009; Gill, 2013). 그러면서도 동시에 다수의 다양한 섹스 파트너가 있는 여성은 '헤픈 년'으로 모욕당한다(Ringrose & Renold, 2012).

포스트 페미니즘에 대해서는 다양한 견해가 존재하며(Gill, 2016, 2017; Rivers, 2017), 특히 포르노 문제에 대해선 의견이 많이 갈린다(Ciclitira, 2004 참고; Boyle, 2014 개관 참고). 페미니스트 연구자인 질과 맥로비의 페미니즘 발전사 연구는 단연 독보적인 성과다. 그러나 포스트 페미니즘과 페미니즘 진영 내 포르노그래피 논쟁은 이 책의 범위를 벗어나므로 따로 입장을 밝히지는 않겠다. 그중에서도 내가 관심을 두는 것은 포르노적 이미지와 판타지가 전방위적 가용성을 지니게 됨으로써 남성들에게 환지적, 정동적 차원에서 어떤 영향이 있는가의 문제다(제7장 참고).

포스트 페미니즘과 대중문화의 관계를 질(2007)과 맥로비(2004)가 연구한 이래로 페미니즘은 제4세대 운동으로서 추진력을 얻었고 대중에게 수용되었다. 단순히 대중문화와 인터넷을 통한 증폭 덕분만은 아니었다. 미투운동은 여성과 퀴어를 대상으로 한 성적 괴롭힘이나 성적 폭력이 얼마나 만연해 있었는가를 폭로하였다. 어떤 연구자는 포스트 페미니즘의 관련 개념을 창안하기도 하고 혹은 분석적 중복을 지적하기도 하였다(Keller & Ryan, 2014). 질은 최근 저작에서 포스트 페미니즘의 이데올로기적 성격을 반박해야 한다고 주장하기도 하였다(2016, 2017). 페미니즘은 대중문화와 온라인 행동주의를 통해 널리 드러나지만, 한편 안티 페미니즘과 퇴행적 저항 세력 때문에 적극적인 공세를 겪기도 한다. 반면 켈러와 라이언의 연구는(2014) 오히려 대중문화, 〈걸스Girls〉 등의 시리즈, 비욘세Beyoncé 같은 가수, 혹은 트위터의 해시태그 운동, 인스타그램 등이 페미니즘의 대중화와 인기에 좋은 영향을 끼쳤다고 보았다.

페미니즘은 어디에나 있으면서도 아무 곳에도 없다. 사라 바넷-바이저는 『자존감 강화: 대중적 페미니즘과 대중적 여성혐오Empowered: Popular Feminism and Popular Misogyny』(2018)에서 페미니즘과 여성혐오의 역풍이 어떻게 상상도 못할 정도로 문제적으로 뒤엉켜 있는지를 탐구한다. 다양한 페미니즘 운동이 확산되고 가시성이 높아짐에 따라서 남성인권운동 등의 퇴행적 여성혐오와 역풍도 강해졌다. 이들은 페미니즘의 대중적 슬로건과 정체성 캠페인을 비틀어서 무기화하여 여성들에게 되돌려 준다. 여성의 논리를 변형해서 엉뚱한 곳에 적용하기도 한다. 예를 들면, 남성인권운동가는 페미니즘과 여성 지위 향상 때문에 남성들의 자신감이 하락하고 정신건강이 위협받는다고 주장한다. 대중적 여성혐오는 대중적 페미니즘과 유사하다. 네트워크로 연결되어 있고 다양한 SNS, 즉 유튜브, 블로그, 트위터 등을 자유자재로 이용한다. 모든 페미니스트의 승리나 캠페인에는 어김없이 안티 페미니스트와 역풍이 SNS를 통해서 그림자처럼 따라붙는다.

다양한 페미니즘의 형태를 역사적, 현재적으로 개괄하고 그들이 어떻게 증폭되고 편집되고 도전받고 디지털 세계와 SNS에서 후퇴하는지를 설명하는 것은 이 책의 범위를 벗어난다. 포스트 페미니즘의 전개 과정은 최근 남성인권운동의 증가에 직면하였다. 미디어와 공개적 담론에 주체적 여성 캐릭터가 많이 등장하게 되면서(Messner, 2016) 남성계도 대응적으로 확대되었다. 이러한 역사적 전개를 염두에 두는 것이 중요하다. 다음 장에서 설명하겠지만 이러한 과정으로 남성계가 형성되고 전개되었으며, 남성들의 정동에 영향을 주었기 때문이다. 또한 성혁명의 전개, 다양한 세대의 페미니즘 발전사, 포르노 문화, 혹은 남성성의 위기의식 등은 남성계의 내러티브에 다양한 방식으로 반영된다.[6]

다른 형태의 페미니즘도 역시 존재한다. 바로 게이 인권 운동과 퀴어이론이 특히 오늘날 여성혐오 현상의 이해에 중대한 역할을 하였다. 퀴어이론과 페미니즘 연구는 섹슈얼리티와 젠더 규범 변화에 큰 기여를 하였다. 오늘날의 젠더는 예전 세대에 비해서 훨씬 더 유연해졌다. 훨씬 더 많은 사람이 트랜스젠더 정체성을 공개하고 있으며, 성전환 시술 역시 늘어나고 있다(Bulman, 2019). 1960년대 후반 서방 세계의 성혁명 이래로 섹슈얼리티의 일반적 변화라는 관점에서 섹슈얼리티와 젠더의 경험 및 표현, 수용되는 방식 등은 놀랍도록 크게 변화하였다. 대다수 남성에겐 이 변화가 **실존적 동요**를 일으킬 정도의 충격이었다. 그들은 분해될 위협에 처한 자신들의 남성성을 지키기 위해 퇴행하였다. 이들은 페미니즘, 젠더 유동성, 퀴어 등이 남성성을 없앤다

---

6  페미니즘 연구자들은 여성들이 인터넷에서 여성혐오, 어그로 끌기, 협박 등에 어떻게 맞서 싸웠는지를 연구하기도 하였다(Keller, Mendes & Ringrose, 2016; Lawrence & Ringrose, 2018; Ringrose & Lawrence, 2018; Sundén & Paasonen, 2020).

고 느낀다. 그들의 반응을 이해해 주기 어려운 것은 물론 당연한 일이다. 그럼에도 이들의 상징적 무력감과 거세감을 염두에 두는 것이 중요하다. 이들은 집단적 커뮤니티를 만들어 남성 육체의 방어벽처럼 기능하게 함으로써 위협에 대응하는 연장된 육체성을 획득한다. 파시즘 역시도 유사한 역학을 통해 작동하였다.


## 헤게모니 남성성을 넘어서

대안우파, 남성계, 혹은 할리우드의 대중문화가 그리는 남성성 이외에 다른 남성성을 상상할 수는 없을까? 오타쿠 남성성이 비헤게모니적 남성성의 한 사례지만, 역시 문제를 품고 있으며, 남성계에 부분적으로 연루되어 있다.

제이미 하킴Jamie Hakim은 『몸매를 다듬어라Work that Body』(2019)에서 최근 디지털 미디어에서 남성 육체를 표상하는 방식이 변하였다고 지적한다. 2008년 재정 위기 이래로 "남성 육체의 성적인 묘사가 증가했을 뿐 아니라 남성 육체의 성적 묘사 자체에 여러 새로운 형태가 등장하였다"라고 지적한다(Hakim, 2019, xiv). 유명 남성 스타의 누드 사진이 SNS를 통해 유출되는 일도 있다. 또한 시스 이성애 남성 및 동성애 남성의 성애적, 동성애적 이미지가 인스타그램에서 널리 소비된다. 종종 전형적인 남성성이 이미지화된다. 관리되고 단련되었으며 근육질인 남성의 육체다. 하킴은 이를 신자유주의 자본주의의 강화에 대응하는 현상이라고 이해한다.

2008년 이래 영국 및 세계 곳곳의 긴축 정책은 남성이 자신의 육체를 성애화하는 방식에도 변화를 가져왔다. 자신의 육체를 성애화하여 SNS에 콘텐츠를 공유하거나 혹은 소위 '켐섹스chemsex', 즉 남성 여러 명이 유흥용 마약을 복용한 채 섹스함으로써 교환가치를 올리는 것이다. 아슬아슬함을 적극적으로 경험하고 즐기려는 최근의 경향성을 반영한다. 최근의 남성성이 여성성, 퀴어 및 트랜스 이슈와 어떤 디지털 혹은 소셜 미디어적 연관성을 맺는지에 대한 연구도 많이 있다(Semerene, 2016, 2021; White, 2019). 우리가 분석한 남성성은 남성 내면의 부드럽고 여성스럽고 퀴어적인 측면을 폭력적으로 제거하려고 든다는 점에서 무척 상반된다. 결론 부분에서 이 문제를 다시 논하겠다.

남성 육체가 특별하고 은밀한 방식으로 새롭게 표현된다고 분석한 하킴의 통찰을 일단 염두에 둘 필요가 있다. 현재 신자유주의적 자본주의는 권위주의적 자본주의로 전환되고 있다(서론 참고). 2008년 재정 위기는 경제적 불황과 위기를 가져왔을 뿐만 아니라 트럼프, 존슨 등의 극우 정치인의 당선에 기여하였다(Cox, 2017; Fuchs, 2018). 이에 따른 문화변동은 다층적이다. 한편으로는 극도로 성애화된 다소 섬세한 느낌의 남성 육체가 디지털 미디어에 범람한다. 다른 한편으로는 극우적이고 대안우파적인 강한 남성의 육체가 온라인을 떠돈다. 여기에선 대안우파 남성의 육체에 주목하겠다. 이 남성들이 유통하는 담론과 판타지를 고찰함으로써 이들이 어떻게 자신의 육체와 관련을 맺고 체현하는지를 알아보려는 것이다. 두 종류의 남성 육체와 디지털 미디어 사용 방식은 상이하다. 그럼에도 나는 하킴이 연구한 남성 누드 유출 사진이나 피트니스 사진이 인셀들이 말하는 '채드'에 해당한다고 본다. 근육질, 백인, 알파 메일, 여자들이 욕망하는 스타일. 이것이 바로 남성계 남성들이 바라보는 표상이다. 이들은 강하고 지배적인 남성성을 은밀하게 욕망하고 있다. 디지털 미디어에 남성의 은밀한 이미지가 폭증하고 있는 것은 결코 우연은 아닐 것이다. 특정한 남성 육체를 향한 욕망을 이 책 내내 고찰해 보려고 한다. 제4장에서는 인셀을 현재 신자유주의 국면에 대한 특정 방식의 구체화 대응으로 이해해 보려 한다. 하킴 역시도 "대안우파 남성은 신자유주의가 아니라 여자를 탓한다. 이들이 새로운 상황에서 느끼는 불안은 때로는 살인적 결과를 낳는다"고 지적하였다(Hakim, 2019, p. 17). 엉뚱한 여자 탓과 신자유주의의 관계에 대해선 제3장에서 더 자세히 다룬다. 팔루디(Faludi, 1999)는 남성 잡지에서 시작된 남성 육체 보여 주기가 새로운 국면에 접어들었다고 본다. 하킴도 역시 분석했듯 남성들에겐 새로운 불안과 걱정이 생겼다. "남성을 옥죄기 시작한 그 시선은 바로 여성들이 그토록 벗어나고자 했던 바로 그 시선이었다"(1999, p. 5). 인셀 커뮤니티에는 이 현상이 뚜렷하게 보인다. 이들은 채드를 의식하며 집착한다. 채드는 남성잡지 혹은 피트니스 매거진에서 바로 튀어나온 듯한 근육질의 잘 다듬어진 미남처럼 보인다.

캔디다 예이츠는(2007) 불안과 걱정에 대한 대응방식에 새로운 측면도 있었다고 평가

한다. 1990년대 대중문화에서는 새로운 남성성이 등장하였다. 영화 〈파이트 클럽〉(서론 참고)에서 브래드 피트의 육체에는 '상처 입고 고통받고 있는 영혼이 숨겨져 있음'이 표상되었다(Yates, 2007, p. 13). 이 분석은 오늘날에도 여전히 유효하지만 오늘날 문화 상황은 더욱 복잡하다. 요즘은 섬세하고 성찰적이고 감성적인 남성성에 반대하는 폭력적 역풍이 남성계를 지배하고 있다. 〈파이트 클럽〉과 〈매트릭스〉는, 원래의 1990년대와는 다른 상징적 지위를 가지게 되었다. 이제 남성계는 빨간 알약 파란 알약의 틀로 〈매트릭스〉를 본다. 예민하고 연약한 무명의 서술자/주인공에 감정 이입을 하기보다는 타일러 더든을 동일시의 대상으로 삼는다.

## 결론

이번 장에서는 1960년대 후반부터 현재에 이르기까지의 사회역사적 변화를 살펴보았다. 또한 성혁명, 페미니즘, 남성성의 변화, 대안우파, 남성계, 포스트 페미니즘, 포르노 문화 등에 대한 다양한 논쟁을 정리해 보았다. 현재의 남성계가 현재의 형태를 갖추게 된 전개를 이해하는 데에 꼭 필요한 배경지식이다. 다양한 남성 커뮤니티의 구성원과 제6장에서 논할 총기난사범은 성혁명, 페미니즘, 남성인권운동을 엉성하고 불확실하게 정의하며 자주 언급한다. 관련 주제들을 소개하고 논의하는 것이 이번 장의 목적이었다. 이 책 역시도 학계의 논의와 입장에 몇몇 기여를 하고자 한다. 남성계를 전반적으로 알아보고 구체적 커뮤니티를 자세히 살펴본 연구 성과는 현재까지는 없다. 그리고 정신분석학적 관점에서 온라인 문화를 논한 연구는 극히 드문 편이다(Dean, 2010; Turkle, 2011; Balick, 2014; Krüger & Johanssen, 2014; Johanssen & Krüger, 2016, eds; Clough, 2018a; Johanssen, 2019; Singh, 2019). 이 책은 정신분석학에 기반한 새로운 이론적 틀을 사용하여 구체적 커뮤니티와 남성들을 상세하게 사례 분석한 결과물이다.

제1장과 제2장은 현재적 문제의식을 좀 더 넓은 사회역사적 관점을 도입해서 소개하였다. 그리하여 곧 분석할 파시스트적 정신 상태라는 것이 현재 많은 연구자가 생

각하는 것보다 훨씬 더 역사가 길다는 것을 보여 주고 싶었다. 역사는 최소한 1920년 대, 혹은 훨씬 이전으로까지 거슬러 올라간다. 테벨라이트가 주장하듯 수백 년 역사의 가부장제가 만들어 낸 것이 바로 남성 판타지와 육체다. 테벨라이트가 분석한 남성들과 이 책의 남성들은 서로 연관되어 있다. 하지만 나는 테벨라이트의 이론을 단순 재생하지 않았다. 이 장에서 논하였듯, 68혁명 이후의 변화와 논란은 남성계의 많은 남성에게 일종의 담론 전환점으로 작용하였다. 남성들은 특정 이데올로기를 구성하여 성차별, 여성혐오, 인종주의를 정당화하는 논리로 사용하였다(제3장 참고). 이러한 사회역사적 연관이 내 분석의 시작점이 되었다. 나는 특정 남성들이 오늘날의 인터넷을 통해서 어떻게 여성혐오를 만들어 내는지를 보여 주고 싶었다. 정신분석학은 이 주제에 정교한 관점을 제공한다. 판타지, 정동, 육체, 무의식 등에서 어떻게 모순이 나타나는지에 주목하기 때문이다. 모순이라는 관념은 내가 분석한 판타지에 본질적이다. 방어기제와 더불어 새로운 남성성 유형을 상상해 내는 등의 적극적 측면을 특징으로 갖기 때문이다. 여성을 욕망하면서도 동시에 여성의 상징적 파괴를 꿈꾸는 모순 역시도 내가 분석한 사례에 무척이나 흔하다. 더 나아가 환지적 모순 개념에 내가 창안한 억제/탈억제 개념쌍을 도입하여 남성 육체에 대한 이해를 넓혔다(제1장 참고). 육체의 정동적 차원에서 열리면서도 닫히고, 밀면서도 당기고, 억제하면서도 방출하고, 앞서면서도 뒤처지는 모순이 관념, 정서, 판타지, 행동 전반에 어떻게 나타나는지 설명하였다. 정신분석학적 관점은 오직 텍스트나 이미지를 인류학적 혹은 담론적으로 분석하는 방식을 넘어설 수 있도록 해 준다. 이러한 종류의 연구에서는 흔히 수행되는 방식이지만 말이다. 그리하여 남성의 정신, 육체, 양육환경, 그들의 성격 유형 및 무의식 작동 방식 등을 연구 자료로부터 **추론**할 수 있도록 한다. 그러므로 사회역사적 관점과 텍스트 혹은 이미지 분석을 넘어서는 보다 복잡한 관점이 가능해진다(이미 이 장에서 논의한 바 있다. 또한 제4장 참고). 이 책이 연구하는 주제, 즉 유해한 남성성, 대안우파, 남성계에 대한 연구에는 종종 객관성을 위한 비판적 거리두기가 요구된다. 타당한 말이다. 그러나 나는 좀 더 개인에게 초점을 두는 주관적 몰입이 필요하다고 본다. 그래야 이들을 좀 더 복잡하게 분석할 수 있기 때문이다(서론 참고). 한편, 나의 정신분석학적 관점에는 좀 더 광의의 사회역사적 차원도 포함된다고 믿는다.

이 책은 또한 오타쿠, 대안우파, 남성계 남성들이 자주 동원하는 희생자 의식의 구조를 밝혀서 극복을 시도하려고 하였다.

## 희생자 이데올로기를 넘어서

자신이 오히려 희생자라고 우기는 것은 파시스트에겐 흔한 일이었다(Berbrier, 2000; Ravetto, 2001; Stanley, 2018). 대안우파와 남성계 역시 그렇다(Boehme & Scott, 2020; Brigley Thompson, 2020; Crociani-Windland & Yates, 2020). 희생자 행세가 흔한 일이라고 해서 그들이 '희생자'라는 이미지가 굳어지게 둘 순 없다. 대안우파는 희생자 내러티브를 이용해서 많은 남자와 일부 여자들을 끌어들인다(Boehme & Scott, 2020). 이미 피해의식을 지니고 있던 사람들이 이 내러티브에 반응해서 희생자 지위를 적극 받아들인다. 그들은 오타쿠일 수도 있고 남성인권주의자일 수도 있고 그냥 단순히 남자일 수도 있다. "페미니즘이 혹은 페미니스트가 악당이고 남자들이 희생자라고 미리 설정을 해 버리면 남성계에 자주 발생하는 네트워크화된 괴롭힘이 쉽게 정당화된다"(Marwick & Caplan, 2018, p. 547). 남성계 남성들은 실상은 **허위**인 희생자 판타지를 구현하고 있으며 종종 선을 넘어가 버린다. 희생자 지위는 곧 냉혹함과 방어를 의미한다. 남성계의 논리로 보자면, 남자를 희생자로 만든 사람들을 **적대시**하는 것이 바로 방어기제라는 것이다. 바로 이래서 인셀과 남성분리주의자는 자신들이 여성, 페미니즘, 얄팍한 사회 등에 의해서 희생자가 되었다고 끝없이 주장하는 것이다. 곧 분석할 유튜버들은 성혁명의 희생자 행세를 한다. 그리고 금딸 커뮤니티는 포르노 소비문화의 희생자 행세를 한다. 희생자는 곧 **억제**를 의미한다. 희생자이기 때문에 행위주체성과 상징적 권력을 잠시나마 박탈당하였다. 이들은 주체성을 침해당하였다. 왜냐하면 권력관계에서 어떤 가해자 혹은 무엇인가가 희생자를 약화시켰고 복종시켰기 때문이다(Dean, 2009). 희생자는 현재에도 무력하고 과거에도 무력하였다.

물론 이 모든 것은 사실이 아니다. 남성계의 남성들은 백인 남성이라는 것만으로도 **이미** 특권층이다(Banet-Weiser, 2018). 희생자라는 개념은 또한 제시카 벤저민이 말하는 '능동자와 피동자'라는 이분법적 논리를 전제한다(Benjamin, 1988, 2018). 이는 결론 부분에서 다시 논하겠다. 거짓된 희생자 행세보다 더 모순적이고 복잡한 것은 이들 남성들의 남성성과 육체다. 이들은 희생자 행세로 온라인에서 새로운 현실과 욕망을 창조해 냄으로써 상징적 권력을 차지하였다. 이미 있던 연구 성과를 종합해서 이 점을 지적해 낸 것이 이 책의 성취다. 남성들의 '억울한 자격의식'(Kimmel, 2013)은 피해를 당했으니 극복할 수 있도록 이런저런 일을 마땅히 해 줘야 한다고 뻔뻔하게 요구하는 지경에까지 이른다. 이들이 창조하고 욕망하는 **새로운** 파시스트 대안우파 남성성이 바로 이런 것이다. 이들의 커뮤니케이션 방식은 절대적으로 탈억제화되어 있다(브레이비크와 로저 같은 총기난사범의 경우에는 행동 역시 탈억제화를 보인다. 제6장 참고). **희생자 지위를 차지함으로써 이들은 마치 발판이라도 얻은 듯 권력과 행위주체성의 판타지를 만들어서 유포한다.** 판타지의 내용은 이렇다. 여자들이란 다들 이러저러한 것들이라는 둥, 이상적인 남성의 육체는 이러저러하게 생겼다는 둥(제4장 참고) 혹은 새로 찾은 진정한 남자만의 라이프 스타일은 이러저러하고(제5장 참고) 포르노 중독을 끊는 방법은 이러저러하다는 둥(제7장). 이 모든 사례가 상징적 권력을 되찾고 판타지를 만들어 낼 수 있는 특권적 능력을 갖는 방법들이다.

나의 억제/탈억제 개념쌍은 이러한 판타지 분석에 특히 유용하다. 거짓된 희생자 내러티브 및 방어 메커니즘을 이해하는 한편, **동시에** 대안우파와 남성계가 방어 메커니즘을 빙자해서 동원하는 특정한 힘과 행위주체성의 판타지를 이해해야 하기 때문이다. 이러한 역동성은 또한 육체적 차원에서도 작동하기 때문에 나는 정동과 육체에도 주목하였다. 희생자 행세가 백인 우월주의자와 남성계의 주요 전략이라는 견해에 동의한다. 나는 여기에 한 가지를 더해서 정밀도를 높이려고 한다. 희생자 행세와 행위주체성 담론을 동시에 고려해야 한다. 진짜 희생자는 이들 남성들이 가해자라고 우기는 바로 그 사람들이다. 이성애 여성, LGBTQI+, 난민, 소수인종 **그리고 무엇보다도 남성들 자신**들이다. 남성계의 남성들은 스스로의 남성성과 판타지의 희생자가 되었다. 남성계가 만들어 낸 새로운 형태의 환지적 남성성은 모순, 행위주체성, 방어기제 및 여타 역학으로 특징지을 수 있다는 것이 나의 생각이다. 자세한 논의는 곧 이어진다.

바로 이런 이유로 나는 이 책에서 정신분석학적 개념인 판타지를 사용하였다(서론 참고). 판타지는 무의식적 과정을 통해 만들어진다. 주체는 스스로의 세계에서 무의식의 주인공이 된다. 판타지는 방어적—대응적인 동시에 행위주체적 요소로 이루어지는 것이 가능하다. 예를 들어, 주체가 누군가 혹은 무엇인가에 맞서서 특정한 방어를 구성하려고 한다. 그런데 상대방이 상징적 권력이나 전능성을 갖고 있다고 간주되는 경우를 생각해 보자. 이럴 때 억제/탈억제 개념쌍은 제한과 동시에 방출이라는 차원을 갖는다. 판타지와 억제/탈억제는 긍정적이거나 건강한 의미로 쓰인 말이 아니다. 오히려 나는 이들 남성들 특유의 정동적 육체 상태를 병리학적으로 분석하기 위해서 판타지라는 말을 사용한다.

대안우파와 퇴행적 남성들이 주장하는 성혁명의 탈억제적 측면은 과연 무엇일까? 다음 장에서 이 문제를 다룬다.

# 03
# 성혁명에 대한 역풍-유튜브를 중심으로

이번 장에서는 보수적 성향에서 대안우파 성향에 이르기까지 다양한 성향의 유튜버를 골라서 그들이 성혁명을 어떻게 생각하는지 개괄한다. 그들은 성혁명을 최근 역사 중에서도 핵심적인 국면이라고 본다. 이를 기점으로 소위 도덕적 몰락 및 그들이 미워하는 모든 것, 즉 페미니즘, 소위 '문화적 마르크스주의', 성해방, 포르노그래피, 동성애 등이 다 생겨났다. 성혁명을 미워하는 장광설은 곧 이어질 내용의 중요한 배경을 형성한다. 이는 남성계의 일부이자 인터넷 대안우파의 인식론적 세계관을 이루고 있다. 오늘날 많은 남성이 이 논리에 익숙할 것이라고 본다. 특히 유튜브는 극단론자와 대안우파 인플루언서가 이러한 영상을 유포하는 핵심적인 플랫폼이다(Lewis, 2018).

이 부분에서는 특수한 정신분석학 용어나 이론적 적용이 다소 제한적으로 등장한다. 이 장에서 보여 주려는 것은 인식론적인 배경이다. 이전 장에서 지적하였듯 이 책의 목적은 남성계의 남성 판타지를 분석하는 것이다. 일단은 크게 이론적 틀을 제시하였고(제1장), 특히 억제/탈억제 개념을 도입하였다. 이 부분에서의 논의는 그러므로 대안우파, 보수 유튜버의 성 정치학 표본을 마련하는 작업이다. 이는 곧 이어질 구체적 사례 연구를 예비한다. 즉, 인셀(제4장과 제5장), 남성분리주의자(제5장), 금딸(제7장), 그리고 두 명의 총기난사범들이다(제6장). 이들 부분에 이르러서야 이제까지 마련한 이론적 틀을 다 쓸 수 있게 된다. 처음 세 개의 장에서는 큰 틀을 정하고 중요한 용어와 맥락을 비판적으로 도입한다. 이전 장에서는 페미니즘과 남성인권운동의 역사를 살펴본 후 성혁명과의 관련성을 알아보았다. 신자유주의하의 대안우파와 남성성의 변화도 알아보았다. 이제 신자유주의의 문제를 이 장에서 다루고 또한 제4장에서 인셀의 문제와 연관해 다시 다루겠다.

이 장의 과제는 남성계와 대안우파의 성 정치학의 대략을 그리는 것이다. 세 명의 유튜버를 사례로 그들의 성혁명과 타자성 내러티브를 알아본다.

## 68혁명에 대한 온라인 역풍

최근 68혁명에 대한 역풍은 정당한 비판이나 살짝 반감이 있는 정도를 넘어섰다. 남성계 및 여타 남성 그룹의 내러티브를 이해하려면, 1968년 이후 섹슈얼리티 문화사를 분석하고 퇴행적·수구적 대안우파 평론가들이 68혁명을 어떻게 평가하는지를 살펴보는 것이 중요하다. 유튜브에서 '성혁명'이라는 검색어를 쳐 보면 제일 처음에 뜨는 검색 결과가 바로 그러한 영상들이다. 몇몇을 여기에서 논하겠다. 심각하게 문제적인 알고리즘 때문에 이런 갈라치기적이고 극단적이며 클릭을 유발하는 낚시성 영상이 검색 결과 상위에 뜬다(Lewis, 2018). 다른 한편으로 최근 몇 년간 이런 종류의 영상이 득세하는 것이 우연은 아닐 것이다. 많은 유튜브 영상이 성혁명과 서독이나 미국 등 해당 국가의 운동을 현재 서방 민주정의 '해악', 즉 페미니즘, 높은 10대 임신율, 증가하는 이혼율, 에이즈와 각종 성병, 여성에 비해 남성이 겪는 성적 불리, 마약, 게이 및 퀴어 문화 등에 책임이 있다고 비난하고 있다. 이들 영상의 남성 제작자들은 문란한 성관계와 성혁명, 오늘날의 문제들의 관련성을 끝없이 구성하려고 든다. 이러한 영상들은 오늘날 많은 남성과 여성이 처해 있는 변화하는 신자유주의, 위태로운 경제 상황, 불안정한 노동환경과 연관해서 이해할 필요가 있다(제2장과 제4장 참고). 다른 한편 신자유주의는 개인에게 행위주체적이며 기업가적 주체가 되길 요구한다(Walkerdine, 2020). 이런 남근적 주체성은 변화하는 섹슈얼리티의 현시대에 '정상'으로 간주되는 남성 성적 주체성을 만드는 섹슈얼리티와 판타지를 포함하고 있다

(O'Neill, 2018). 내가 곧이어 분석할 유튜버들은 신자유주의적 위기와 광범위한 사회 변화의 시대 속에서 섹슈얼리티와 남성 개념 변화에 위협을 느낀다. 그들은 백인의 특권과 자격을 잃었다고 생각하고 자신들의 우위를 재확보할 방어적 판타지로 반격하고 있다.

이들 유튜버에게 성혁명은 써먹을 수 있는 많은 의미와 힘이 담겨 있는 강력한 기표다. 이들은 성혁명 그 자체에는 관심이 없다. 실제로 1968년 어떤 일이 있었고 어떤 맥락과 어떤 의미를 가졌는지에 대해서는 거의 시간을 할애하지 않는다. 그들은 68혁명을 도구적으로 호도함으로써 현 상황의 어젠다를 강변하는 일에만 정신이 팔려 있다. 1960년대 후반에서 현재까지의 상황은 이미 자세히 논하였다. 여기에서는 현재 남성 유튜버들이 이 시기를 어떠한 방식으로 논하는지에 주목하며 분석하도록 한다. 내가 분석할 영상은 '성혁명'이라는 검색어를 입력하면 제일 상위에 뜨는 영상들이다. 심층적 분석에 적합한 세 편의 영상물을 선별하였다.

## 섹슈얼리티와 68혁명 이후의 도덕성 붕괴론

첫 영상은 '방데 라디오Vendée Radio'라는 유튜브 채널의 익명 진행자가 A유튜버[1]와 함께, 1968년 성혁명에 대해 심층 인터뷰를 하는 내용이다. 이들은 우선 서독에 주목한다. 1968년을 오직 테러리스트 그룹인 '로테 아르메 프락치온Rote Armee Fraktion(적군파)'[2]과 1960년대와 1970년대 좌파 테러리즘과 연결해서만 이야기한다. 이들은 한술 더 떠서 RAF의 테러 활동에 맞서기 위해서 독일 정부가 포르노를 도입하여 서독 국민

---

1 여기에서는 대안우파 유튜버 두 명을 익명 처리하였다. 그들의 조회 수를 올려 주고 싶지 않아서다. 다른 세 개의 유튜브 영상도 '성혁명' 검색어의 상위권 검색 결과들이다.

2 적군파The Rote Armee FraktionRAF는 좌파 테러리즘 단체로, 1970년에서 1977년 사이 서독에서 활동하였다. 이 기간을 '제1세대'라고 부른다. 이들을 계승한 차세대 단체가 잇달았는데 RAF는 1998년 공식 해체되었다. RAF는 몇몇 총격 사건과 은행 강도, 폭탄 테러를 저질렀다(Aust, 2008).

을 진정시키려 하였다고 말한다.

> 1975년 독일 정부의 첫 대응은 포르노그래피를 독일 문화에 소개, 도입하는 것이지
> 요. 그것도 아주 특정한 종류의 포르노, 인종 포르노였어요. …… 이게 시위 운동이잖
> 아요. 베트남 전쟁에 반대했어요. 전 세계적 운동이고요. 독일에서는 이게 정부의 존
> 립 자체에 위협이 되었어요. 정부 입장에서는 자칫하다가는 자기들이 쓰러지게 생겼
> 는데 어떻게 이걸 없앨 수가 없는 거예요. 그래서 제일 처음에 한 게 포르노 도입이었
> 어요. 사람들을 달래야 하거든요(Vendée Radio, 2018, 9.57-12.25).

일단은 서독 정부가, 1975년에 포르노그래피의 도입을 허용한 것이 성난 극좌파 민
심을 달래기 위해서였다는 주장 자체가 허황되다. 게다가 인용문의 나머지에는 사실
관계가 엉터리다. 이렇게 사실과 판타지를 교묘하게 뒤섞는 것은 대안우파 담론의 특
징이다(Hawley, 2017). 이미 언급하였던 바와 같이, 1960년대 후반에는 포르노그래피
가 이미 많이 유통되고 있었다. 어떠한 정부도 모종의 숨겨진 의도로 개입했던 사실
이 없다. 이런 내러티브에서는 포르노그래피를 국가 프로파간다의 일종인 정치적 수
단이라고 이해하는 일이 흔하다. 정부가 음험한 의도를 숨기고 있다는 피해망상은 오
늘날 수많은 음모론 추종자에게 흔하다. 음모론은 도널드 트럼프가 미국 대통령으로
당선된 후 온라인에서 유통이 부쩍 늘었다(Hellinger, 2019). 트럼프와 그의 지지자들
은 적극적으로 음모론을 유포하였는데, 대표적 사례가 바로 소위 피자게이트Pizzagate
story이며 큐아논 커뮤니티QAnon community[3]이다(Tuters, Jokubauskaitė, & Bach, 2018).

---

**3** '피자게이트Pizzagate'는 거짓으로 판명된 음모론이다. 미국 민주당의 정치인들이 아
동 인신매매 및 성매매에 연루되었다는 거짓 주장이며, 2016년 대선 유세 기간 유포
되었다. 워싱턴 DC 소재의 한 피자 가게가 조직범죄의 중심지로 지목되었다. '큐아논
QAnon'은 거짓된 음모론을 체계화된 형태로 온라인에 적극 유포하는 커뮤니티를 일
컫는다. 이 음모론의 극우 지지자들은 전 지구적 성매매 범죄조직이 비밀스럽게 세계
를 지배하고 있고 도널드 트럼프가 이를 막기 위해 당선되었다고 믿는다. 곧 묵시록적
인 사건들이 일어날 것이고 조직은 최후를 맞이할 것이다. 큐아논은 포챈4chan에서 유

이러한 판타지의 독특한 점은 이들이 섹슈얼리티를 하필 이성애 백인 남성의 지위를 위협하는 특정 세력이나 사건과 연결시켜 생각한다는 점이다. 남성계와 보수적 극우적 커뮤니티에는 이런 생각이 널리 퍼져 있다. 그래서인지 이런 영상에는 반드시 특정한 섹슈얼리티, 성적 지향성, 특정 성적 취향이 걸핏하면 언급된다. 이러한 영상의 제작자 및 구독자들은 본능적으로 자신들의 주체성과 정체성의 실존적 이해가 위협당한다고 느낀다. 섹슈얼리티는 주체성의 핵심적 구성 요소이기 때문이다(Zupančič, 2017). 퇴폐적이고 변태적인 섹슈얼리티가 판을 치는 것은 죄다 성혁명 탓이라는 생각은 대안우파와 보수 유튜버가 지어낸 믿음이다. 이러한 내러티브는 일부 남성 시청자들에게는 정동적 취약성을 초래한다. 자신들의 남성성과 이성애 섹슈얼리티가 위협당한다는 느낌이다. 백인 개인이 지녔던 본질적 특권을 생각해 보면 금방 이해가 간다. 특권에는 전통적으로 남근적 섹슈얼리티와 여성의 성적 지배 판타지가 포함되어 있었다. 이러한 폭력적 남성 성적 특권은(Sanday, 1992) 성혁명의 성과를 통해서 부분적으로 재조정되었다(제2장 참고). 변화된 섹슈얼리티는 이제 상상 속에서 약화된 백인 이성애 남성성을 방어하는 일에 도리어 역이용되고 있다. 앞에서 인용한 종류의 내러티브는 얼핏 그럴 듯해서 더욱 위험하다. 피자게이트나 큐아논 등의 음모이론은 차라리 대놓고 황당하기라도 하다. 교묘한 내러티브는 더 많은 대중에게 호소할 잠재 위험이 있다. 이런 내러티브를 잘 퍼뜨리고 있는 유튜브 영상이 그 사례다.

또 다른 유튜브 영상을 분석해 보자. B유튜버라고 부르겠다. 그는 성혁명의 결과 이혼율이 폭등하였다는 가설을 비슷한 방식으로 주장한다.

> 1890년을 보면 말이죠, 또 20세기 초반을 보면, 이혼율이 아직도 굉장히 낮아요. 이렇게 꾸준하게 조금씩 상승하지요. 제2차 세계대전이 되면 짧은 기간에 갑자기 뛰어오르는데 이건 결혼율이 단기간에 오르는 것과 딱 겹칩니다. 그러다가 다시 예전 수준으로 떨어졌다가 다시 조금씩 꾸준히 상승하지요. 그런데 60, 70, 80년대에 이르면 그냥 폭증을 해 버려요. 엄청나게 높게 계속 유지되다가 요즘에 들어서야 살짝 내려왔

래하였다(Tuters, Jokubauskaitė, & Bach, 2018; Hellinger, 2019).

어요. 아직도 아주아주 높은 편이지만요(The Daily Wire, 2018, 2.00-3.07).

영상의 제목은 이렇다. 〈성혁명이 모든 것을 망쳤다The Sexual Revolution Ruined Everything It Touched〉 유튜브 채널 '데일리 와이어The Daily Wire'(2020년 11월 기준으로 구독자 2.4백만 명)에 업로드된 영상이다. 이 채널에 올라온 영상들의 제목은 다음과 같다. 〈페미니즘이 여자를 해치는 법How Feminism Harms Women〉, 〈이성애를 자랑스러워하면 안 돼?What's Wrong With a Straight Pride Parade?〉, 〈어린이집이 극좌 젠더 이론으로 애들을 세뇌한다Kindergarten Indoctrinating Kids Into Radical Left Wing Gender Theory〉, 〈환경위기는 또 다른 거짓말이다Inventing Another Fake Environmental Crisis〉 등이 있다. 이러한 콘텐츠는 최근 유튜브에 넘쳐나는 보수적 흐름과 궤를 같이 한다. 한편 이들이 팩트에 의존한다는 점이 이채롭다. 요즘은 가짜 뉴스의 시대다. 소위 '대안적 팩트'가 만들어지고 호도되고, 혹은 이미 밝혀진 사실들이 의도적으로 간과되는 방식은 도널드 트럼프가 연루된 많은 공식기록된 사건에서도 볼 수 있다. A 유튜버와 B 유튜버와 같은 사람들이 팩트를 동원한다는 것은 어떤 사람들에겐 권위 있어 보일 수도 있다. 그러나 그들이 결론짓는 인과관계는 받아들이기 어렵다.

이들 남성 평론가들은 **성혁명이 도덕적 타락의 원인**이라고 말한다. 그들의 논리에 따르면, 그 시절 이혼율이 상승한 것은 다들 쾌락주의적 라이프 스타일을 누리며 파트너를 갈아치우고 내키는 대로 아무하고나 섹스를 하였기 때문이다. 아마도 이혼율이 올라간 진짜 이유는 여성들과 남성들이 불만족스러운 관계를 끝낼 용기를 얻었기 때문일 것이다. 미국의 이혼율은 1960년대와 1970년대에 상승하였지만, 한편 1980년대 이래로 다소 하락한 것도 사실이다(Olito, 2019). 앞서 인용한 발언은 전통적 가정의 가치를 극단적으로 신봉하는 입장에서 나왔다. 성혁명 때문에 도덕적 쇠락이 생겨났고 심각해졌으므로 이혼이 늘어났다는 믿음이다(Wetzel, 2020). 이런 내러티브는 인셀, 남성분리주의자 등에게 특히 호소력이 있다. 마치 팩트에 기반을 둔 듯 가장하면서도 분노를 부추기기 때문이다. 이런 영상물에서 팩트는 종종 심하게 왜곡되고 호도되고 때로는 날조된다. 이런 내러티브는 성차별과 여성혐오를 마치 사실 담론인 듯 가장함으로써 추종자에게 권위와 진실의 느낌을 제공한다. 그래서 이들은 과학적 연구, 과학적 이론, 미디어 인용, 유튜브 영상과 기타 권위 있는 출처를 광범위하게 사용한다. 인셀, 금딸, 남성분리주의자 등은 내러티브를 끝없이 수집하고 유포하고 논의하면서 스스로의 이데올로기에 신뢰성을 주려고 노력한다. **팩트와 의견을 비틀고 왜곡해서 아전인수한 결과, 남성계와 보수적 남성들 특유의 세계관이 완성된다. 이는 본질적으로 방어적 세계관이다.** 오늘날 인터넷 공간에서 비백인 비남성인 개인들, 즉 여성, 퀴어, 유색 인종 등에 의해 반박당하고 있는 남성 백인의 권위에 애써 집착한다. 오늘날 SNS와 온라인 문화의 다양성 때문에 퇴행적 백인 남성은 설 자리가 좁다. SNS에서 남에게 악플을 달고 괴롭힌다. 아니면 자기들끼리만 모이는 곳인 남성계로 후퇴하여 남들로부터 자신들을 보호한다. 남성 공간을 만들어 성혁명을 비롯한 관심 가는 이슈를 이야기하고 논의함으로써 전략과 이데올로기를 뒷받침하는 것이다.

앞서 살펴본 포르노, 섹슈얼리티, 이혼율 등은 대안우파의 더 큰 내러티브의 일부다. 이들은 다양성, 다문화주의, 양성평등, 동성애, 진보 좌파적 관점과 정책을 반대하는 사고를 가지고 있다(Hawley, 2017).[4] 서구 사회의 뚜렷한 쇠퇴는 모두 저들의 잘못이다. 대안우파는 "서구의 쇠퇴, 즉 인종 구성의 변화, 성적 문란, 소비주의 등은 각각의 원인이 따로 있는 것이 아니라 상호 연관되어 있다"(Gray, 2018, p. 149)라고 여기며, 사회가 전반적으로 쇠퇴할 징조다. 대안우파는 백인 이성애자를 핍박하고 있는 세력, 정책, 단체가 있다고 믿는다. 이러한 주장은 특히 안티 페미니즘(Hawley, 2017), 인종주의, 반유대주의(Hartzell, 2018), 백인 국가주의, 보호경제주의 및 반세계화주의(Mulloy, 2020)의 형태로 제기된다. 서론에서 언급한 바와 같이 대안우파는 파시스트 운동이 그러하였듯 이 모든 사회적 퇴락과 백인 이성애자의 핍박의 책임을 특정한 적에게 지우려고 한다. 페미니스트, 여성, 좌파, 흑인, 원주민 및 유색인종, 그중에서도 유대인, 장애인과 성소수자 등이다. 철학자 제이슨 스탠리는(2018) 지적한다. 파시즘은 현실을 왜곡하고 현재처럼 성도덕이 타락하지 않았던 신화적 과거의 판타지를 새

---

**4** 대안우파가 보여 주는 여성혐오, 반 성소수자, 안티 페미니즘, 이민자 적대, 반좌파적 견해는 물론 미국의 퇴행적 보수세력과 입장을 함께한다. 또한 가톨릭교회, 공화당 정치인, 그외 극우 보수적 단체와 개인들도 동조한다(Hawley, 2017).

로 창조해 낸다. 앞서 보았듯 이들은, 1960년대 후반만 똑 떼어다가 현재의 쇠퇴를 불러일으킨 원인이라고 주장했고, 과거를 전통적 젠더 질서와 위계가 있었던 시절로 설명하였다(또한 제6장 참고). 과거의 판타지에서 남성은 강인하고 지배적이었다. 파시즘은 육체, 근면 노동, 남성우월, 육체적 단련과 건강을 이상화한다. 극우 파시스트 이데올로기는 대안우파가 그렇듯 이분법적이며, 젠더를 생산의 영역(남성)과 재생산의 영역(여성)으로 나눈다. 이러한 특징들은 대안우파 정체성의 구성 요소다. 이는 유튜브 영상, 트위터, 페이스북 게시물, 레딧 토론방, 웹사이트와 포럼 등 인터넷에서 드러난다. 이들은 정치와 대중문화, 즉 온라인에서 논의되는 영화, TV 프로그램 등에서도 영향을 받는다(서론 참고, 영화 〈매트릭스〉, 〈파이트 클럽〉에 대한 논의 부분). 이렇게 조합된 세계관은 남성계의 여러 남성에게 수용되며 커뮤니티 안에서 자신들끼리 상호 연관된다(인셀과 남성분리주의자 등의 사례).

## 소위 '문화적 마르크스주의'

대안우파, 극우, 수구파 사상가들이 주로 타깃으로 삼는 것은 소위 '문화적 마르크스주의'다. 학자들의 주도로 소위 극단적 좌파, 즉 마르크스주의자의 이론과 실천이 대세를 장악하게 되었고, 68혁명 이후 서구 사회를 휩쓸게 되었다는 주장에 사용되는 용어다(Mirrlees, 2018). 태너 미얼리스Tanner Mirrlees는 이렇게 규정한다.

> 우파들은 자신들에 맞서는 모든 리버럴 진보 좌파 집단을, 진보적 정체성, 가치관, 사상, 관습 등 그 모든 것을 미국을 예전보다 더 쇠락시킨 주범이라고 몰아붙인다 (Mirrlees, 2018, p. 49).

성 도덕 쇠락론과 관련하여 우파 및 수구 집단은, 1960년대를 소위 '문화적 마르크스주의'라고 불리는 프로젝트가 등장한 시점이라고 본다. 이는 미국과 서구 사회를 전반적으로 파괴했으며 백인 이성애 집단이 이룩한 모든 성취를 약화시켰다. '문화적 마르크스주의'라는 개념은 일종의 음모 이론이며 파시스트가 적대하는 모든 이에게 증오와 학대를 퍼붓는 용도로 사용된다.

이는 대안우파 정체성의 퍼즐 한 조각이다. "대안우파에게 사회적 불안은 곧 문명의 붕괴와 직결되고, 그다음은 다문화주의와 직결되며, 그다음은 '문화적 마르크스주의'와 직결되는데 그게 또 규범의 혼란화와 직결된다. 이렇게 해서 모든 것이 죄다 '쇠락'하고 '쇠퇴'하였으며 '타락'하였다(Gray, 2018, p. 144). '문화적 마르크스주의'라는 말은 미국을 '백인 가부장적, 기독교적, 보수적 이념'으로 규정하여 주류화하려는 의도로 쓰인다. 문화적 마르크스주의자의 발흥을 돕는 모든 개인과 단체에게 인종주의적, 성차별적, 전통주의적, 타민족 혐오적, 폭력적인 역풍을 돌려주어야 한다는 것이다(Mirrlees, 2018, p. 50). 퇴행적 파시스트적 대안우파 사상가들은 모두 '문화적 마르크스주의'의 이론과 실천을 도입한 원흉을 제각각 구체적으로 가지고 있다. 이탈리아의 마르크스주의자이자 행동가인 안토니오 그람시Antonio Gramsci, 유대인 마르크스주의 지식층인 프랑크푸르트학파Frankfurt School(아도르노Adorno, 호르크하이머Horkheimer, 마르쿠제Marcuse, 프롬Fromm 등), 그리고 정신분석학자이자 마르크스주의자인 빌헬름 라이히 등의 사상가들이 그들이다(Mirrlees, 2018).

예를 들어, A 유튜버, 좀 더 구체적으로는 유명한 캐나다인 심리학자 조던 피터슨Jordan Peterson 교수는 자신의 유튜버 영상에서 자주 '문화적 마르크스주의'와 대표적 이론가를 향한 증오를 자주 표현하였다(Crociani-Windland & Yates, 2020). A 유튜버가 보기에 가장 악질은 미셸 푸코Michel Foucault다. 푸코는 '미합중국의 공식 철학자'로 '패거리들'에게 추대되었다. 이들은 미국 학계 안팎에 성혁명 정신을 빙자한 도덕적 타락을 제도화한 원죄가 있다. 그는, 푸코가 1980년대 버클리 대학교에 있을 당시의 상황에 대해서 이렇게 주장한다.

푸코는 갑자기 뭐랄까, 계시를 받았대요. 악마와의 계약이라고도 불렀지요. 악마라는 건 타도해야 할 상태인 거죠. 계약이라는 건 그럼 뭘까요. 악마와의 계약이라는 것은 푸코가 좌파에게 부여한 계약이에요. 좌파는 푸코에게 의존을 부여한 거고요. 푸코가 좌파에게 그리고 좌파가 푸코에게 서로 부여하는 거죠. 이건 기본적으로 "네가 우리에게 무제한의 성적 해방을 준다면 우리도 네 경제 시스템을 비판하지 않겠다."라는 뜻이겠지요(Vendée Radio, 2018, 16.38-17.07).

대안우파의 피해망상적이고 단순한 사고를 전형적으로 보여 주는 말이다. 푸코는 좌파에게 뭔가를 부여할 만한 지위에 있었던 적이 없다. 사실 많은 마르크스주의자들은 당시에, 그리고 지금도 푸코에게 비판적이었다. 푸코가 자본주의 비판에 소극적이며 마르크스적 계급 개념을 무시/거부하였다는 이유다. 푸코가 동시대에 가장 중요한 지성인 중 한 사람이였다는 사실은 의심의 여지가 없다. 그의 영향력은 오늘날까지도 계속되고 있다. A 유튜버는 마치 자본주의 시스템이 비판을 안 받으려고 그 대가로 무제한 성적 해방을 허락해 주었다는, 일종의 적극적 협상처럼 설명하고 있다. 이 내러티브에서 푸코는 마치 대중을 달래고 우중화하는 국가 대리인처럼 그려진다. '문화적 마르크스주의'가 미국과 서구에 위협인 양 그리는 것은 이 이데올로기 특유의 증상이다. 푸코는 국가와 은밀히 협상해서 성적 해방을 얻은 대가로 자본주의 비판을 멈춰 주는 막강한 인물이 되었다. 모두 사실이 아니다. 푸코는 현재까지도 비주류인 게이 남성 중의 한 사람이었다. 동성애는 대안우파의 기반인 보수적인 기독교적 가치에 배치된다. 대안우파의 이러한 세계관은 특히 더 본질적으로 섹슈얼리티의 문제 및 주제와 연결되어 있다. 이들은 **성차별적이며 여성혐오적이고 파시스트이자 인종주의적**이다. 대안우파의 삼각 이데올로기, 즉 여성혐오, 인종주의/파시스트, 이성애 규범적 이데올로기를(Gray, 2018; Mirrlees, 2018) 이 책을 읽는 내내 염두에 둘 필요가 있다. 그래서 일부러 여기에서 분량을 할애해서 자세히 설명하였다. 이는 역사적 사례가 있으며 특히 성혁명과도 관련이 깊다.

푸코에 대한 발언에서 성혁명은 대안우파에게 가해지는 일종의 쾌락주의적 압제이며 억압적 관용이다. 국가가 배후에서 사람들을 통제하려는 음모다. 어불성설이라며 무시하기에는 실제로 온라인에서 너무나 널리 유통되고 있는 발상이다. 역사를 왜곡하여 비판 내러티브에 끼워 맞춘 것이다. 이 경우에서 희생양은 성혁명이다. 현재 상황이 얼마나 나쁜지를 강변하기 위해서 동원된 논리다. 기강이 회복되어야만 한다는 것이다. 성혁명이 왜곡되는 방식은 이들 남성들의 방어기제를 보여 준다. 이들은 성혁명이 가져온 성과물, 특히 페미니즘과 여성 지위 상승을 되돌려 놓는 것을 자신을 지키는 길로 여긴다. 모든 남성의 자아가 위협을 당하였다. 여성의 성적 지위 상승, 성적 관습과 섹슈얼리티의 변화, 비이성애적 섹슈얼리티의 인정, 리버럴 좌파에 대한 일반적 인기와 가시성, 1960년대 이후로 미디어와 대중문화에 반영되어 온 진보적 사상 등이 이들을 위협한다. 이어질 부분에서는 이러한 발상을 자세히 살펴보겠다.

## 포르노 중독, 성병, 동성결혼: 이 모든 것이 성혁명 때문이다

대안우파 남성들에게 68혁명은 하나의 기표로 굳어졌다. 모든 '타자'의 총체이자 모든 위협이며 남성들이 자신을 지키기 위해 맞서야 할 대상이다. B 유튜버는 말한다.

현재 시점에서 성혁명이 무엇을 가져다줬는지 목록을 점검해야죠. 성병은 그중 하나에 지나지 않아요. …… 성병이라. 성병 이야기를 좀 해 볼까요? 에이즈부터 살펴봅시다. 에이즈 대유행이 미국을 휩쓴 것은 성혁명의 끝무렵이었어요. 우연이 아니지요. 생각해 봐요. 히피들이 자유로운 사랑 타령을 하면서 설치니까 에이즈가 빵 터지는 거죠. 그래서 어떻게 됐어요? 이젠 임질, 매독, 클라미디아가 나라 전체에 대유행이잖아요(The Daily Wire, 2018, 0.33-1.45).

히피와 자유로운 사랑, 에이즈를 한 번에 엮는 것은 지나치게 단순한 논리이자 사실 관계도 잘못되었다(Engel, 2006). 임질, 매독, 클라미디아는 특히 에이즈나 1960년대 후반과 아무 관련이 없다. 이 내러티브에서 에이즈는 사악한 끝판왕의 상징처럼 쓰인다. 극단적 보수 및 퇴행적 정치 성향의 평론가들이 척결해 버리고 싶은 성적 탈억제, 다중 연애, 혼전 혹은 혼외 성교 등이 해당된다. 유튜브 남성 평론가들은 이 모든 성적 탈억제로부터 존재론적 위협을 느낀다. 이들은 감염성이 높은 동성애, 성병, 동성애자가 되는 것, 포르노 시청 등으로부터 의식적으로 자기를 방어하고자 한다.

포르노 중독이나 편모 가정 등등 문제가 진짜 진짜 많아요. 게다가 대학 시스템도 다 무너졌어요. 대학생들이 창피한 줄도 모르고 술 마시고 떼씹하고 문란하게 굴고요. 이 지경까지 될 줄은 다들 몰랐겠지만 현재 현실이 이렇다고요. 이게 다 성혁명 때문 이에요. 섹스를 결혼에서 분리하니까 이렇게 되죠. 우선은 섹스로 얻는 심오한 기쁨이 사라지는 거예요. 그저 쾌락만 쫓아가게 되는 거예요. 쾌락이 기쁨의 일부여야 정상인 데도요(The Daily Wire, 2018, 6.55~8.13).

성혁명 때문에 정상 섹슈얼리티는 손상되고 불건강한 섹슈얼리티가 판을 치니까, 이혼이 증가하고 포르노 중독이 생겨나고, 대학가에 고삐 풀린 섹슈얼리티가 난무한 다. 이러한 주장은 물론 과장되었으며 성혁명이 초래한 결과물은 전적으로 아니다. 이 주장이 어느 정도는 진실일까? 나는 이 유튜버처럼 결혼 제도를 옹호할 생각이 없다. 1960년대를 살아간 젊은 세대 역시도 끊임없는 성적 해방과 탈억제 추구에 대해 비판 적인 시각을 가지고 있었다(제2장 참고). 여러 방면에서 많은 문제가 뒤따랐다. 성혁명 은 섹스에 대한 판타지를 약속하였다. 섹스를 끝없이 자유롭고 손쉽게 추구하는 것이 좋은 것이다. 그러나 이 판타지 때문에 섹슈얼리티는 신경증적 분열에 빠진다. 끝없 이 쿨하게 쾌락적으로 복잡한 연애관계 속을 헤매지만, 한편 오래 지속될 관계에 소속 되고 정착하고 싶은 욕망도 있다. 섹스는 오늘날 소비재로 전락하여 디지털 기술을 매개로 판매되고 있다. 성혁명을 계몽의 상징으로 찬양하지 않으면서도 대안우파가 하듯 완전히 비하하지 않는 것이 중요하다. 현 상황과 성혁명을 완전히 엮는 것은 지 나친 단순화이자 환원주의적이다. 그러나 어느 정도 관련성은 있을 것이다. 미디어와 대안우파 유튜버는 성적 자유의 개념을 다소 문제적으로 그려 낸다. 〈섹스 앤 더 시티〉, 〈걸스Girls〉(2012~2017, Dunham & Aptow), 〈오티스의 비밀 상담소Sex Education〉(2019, Nunn) 혹은 〈캐주얼Casual〉(2015~2018, Lehmann) 등의 드라마에서는 성적인 자유를 성적 강화로 그리고 있으며, 이는 대중에게 영향을 준다. 한편 보수 유튜버들은 성적 자유를 인류를 위협하고 의미 있는 인간관계를 박탈하는 말세적 현상으로 묘사한다. 남성계가 보이는 이런 사고방식은 그들의 방어와 불안을 증상적으로 표현해 준다. 이 들은 위협을 느낀다. 다른 남성과 여성의 꾐에 빠져 문란해질 수도 있기 때문이다. 이들은 스스로의 섹슈얼리티에 모종의 불안감을 느낄 수 있다. 바로 그래서 동성애와 동성결혼에 특히 더 분노를 폭발시킨다. A 유튜버와 진행자와의 대화를 살펴보자.

> 방데 라디오: 이게 말이나 되나요? 지금 이 나라를 봐요. 보수당 소속 총리인 데이비드 캐머런David Cameron이 동성결혼을 우리에게 강요했어요. 소위 보수라는 사람들이 이상한 논리로 눈 가리고 아웅을 해요. 자, 봐라. 동성애자들은 진짜로 사회적 혼란을 야기하는 사람들인데, 우리가 살살 달래서 결혼이라는 제도 안으로 데리고 오면 길들일 수 있게 되지 않느냐? 이런 논리를 펴요. 근데 실상은 정반대 상황이 됐어요. 이성애자들이 동성애자로 변한다고요.
> A 유튜버: 옳은 말씀을 해 주셨네요. 애초에 동성애자들 중 한 사람이 의도하였다고 봐야 해요. 1980년대에 책이 한 권 나왔어요. 동성애 운동이 미국을 어떻게 변화시킬 것인가에 대한 책인데요. 거기에 명시되어 있어요. 모두가 동성애자가 될 거라고요(Vendée Radio, 2018, 38.51-40.09).

'동성애자'에 대한 피해망상을 엿볼 수 있다. 동성애자들이 국가를 뒤에서 조종해서 '우리', 즉 백인 시스 이성애 남성을 그들처럼 모두 '동성애자'로 만들려고 한다. 혹은 '우리'의 연애를 '동성애적' 성격으로 만들려고 한다. 그 어떤 정치인도 동성애 남성이 사회적 혼란을 일으키니까 적당히 결혼을 허용해서 달래자는 생각을 한 적이 없을 것이다. 아마도 남성에게 유혹을 당한 적이 있는 진행자 자신의 불안일 것이다. 혹은 게이로 '전향'되기를 무의식적으로 욕망하기 때문에 오히려 방어하는 것일 수도 있다. 자신 내부의 판타지로부터 자신을 방어하고, 혹은 더 나아가서 자신에게 내재한 게이 성향을 방어하려는 것일 수도 있다. 우선은 동성애자의 야생적이고 감염적인 성향을 '길들이는' 시도를 하였다며 엉뚱한 다른 사람을 지목한다. 정치인들이 동성애자들을 결혼시키면서 길들이려 하였다는 것이다. 곧이어 이성애자들이 게이로 변할까 봐 두려움을 표시한다. 게이로 변한다는 판타지는 오늘날 남성 자아의 근본을 뒤흔드는 위협이다.

이들은 테벨라이트가 분석한 군인 남성의 모습과 놀라울 정도로 유사점이 많다. 군인 남성들은 생기와 생명력이 있는 존재, 특히 여성에게서 위협을 느꼈다. 그들의 자아는 파편화되어 있었으므로 자칫 산산조각 날 위험이 있었다. 그들은 깨어지지 않기 위해 살해를 해야 하였다. **무언가**를 해야만 하였다. 안 그랬다간 자신들이 먼저 산산조각이 난다. 부서지지 않기 위해서 이들은 파시스트 군중의 일부가 되었다. 그리고 타인을 상징적으로 언어적으로 혹은 실제로 살해하였다. 이 메커니즘은 오늘날의 남성에게도 그대로다. 이들은 인터넷, 유튜브, 레딧, SNS 등에서 끝없이 콘텐츠로 꽉 채우면서 자신들에게 위협이 될 듯한 타자들을 공격한다. 게이와 퀴어, 여성, 페미니스트, 자신들과는 다른 종류의 남성, 이민자 등이다. 사실은 섹스 자체가 없어져야만 한다. 소독하고 죽여야만 한다. 성교는 육체가 주관하여 통제력을 가지며 그 나름의 언어를 가지고 있는 정동적 경험이다. 의식과 이성은 부차적이 된다. 남성들의 내러티브는 성적 욕망의 예측 불가성을 언어를 통해서 살해하려고 한다. 1960년대 후반 성혁명은 성 경험의 그러한 양상을 그려 낼 새로운 언어를 만들고 제공하였다. 단지 약물과 성교육을 통해서만 달성된 것이 아니다. 전혀 다른 성적 의식이 생겨났다. 성혁명의 업적을 비생명화하고 탈분화하여 죽여 버리려는 것이 바로 유튜브에 넘쳐나는 남성들이다. 성혁명과 그 성과들은 이들에게 너무나 생생하다. 특히 게이와 퀴어 섹슈얼리티, 여러 종류의 섹슈얼리티, 결혼 제도를 벗어난 섹슈얼리티, 심지어는 결혼 내의 섹슈얼리티조차도 이들은 견딜 수가 없다. 스스로의 불안과 걱정으로부터 스스로를 지켜야만 한다. 성혁명은 이제 판타지가 되었다. 판타지이기 때문에 유대인과 동성애 남성을 향한 특정한 혐오와 공격성까지도 모아 낼 가능성을 찾아냈다.


## 반유대주의와 동성애 혐오


A 유튜버는 뿌리 깊은 반유대주의 내러티브를 보여 준다. 그의 말을 여기에 옮기진 않겠다.

이는 또한 동성애 혐오 발언과도 연결된다. A 유튜버는 반유대주의의 공식인 '유대인/돈' 프레임을 동원한다(Frosh, 2011, 97). 유대인이라는 것은 곧 더럽고 돈만 밝히고

(Žižek, 1994, p. 48) 성적으로 변태라는 뜻이다. 유대인과 동성애, 성애를 암묵적으로 연관 짓는 것은 반유대주의와 파시즘 담론의 오랜 전통이다(제1장 참고). 이는 나치 독일 시절 흔히 사용된 방식이다(Theweleit, 1989). 프로쉬에 따르면 **인종주의적 판타지의 핵심은 무엇인가를 도둑맞은 듯한 기분이다.** 세상 모두가 너무나 희희낙락한다. 그래서 부럽다. 너무나 많은 자유가 넘친다. 그래서 궁금증이 생긴다. 저들은 가진 것이 저렇게 많은데 우리는 왜 없을까(Frosh, 2016, p. 33)? 이러한 기분은 전통적으로 소외당하고 억압을 받아 오던 동시대인에게 향한다. 바로 페미니스트 여성들이다. 슬라보예 지젝은 이것을 라캉적 용어로 풀어낸다. **도둑맞은 향유**란 애초에 가진 적도 없었던 무엇인가를 도둑질하는 행위다. 바로 남에 대한 비난을 통해서만 극복될 수 있는 트라우마적 환상이다(Žižek, 1994, see also Miller, 1994). 테벨라이트는 살짝 다르게 접근한다. 유대인은 감염성 있는 욕육을 전달하는 존재로 묘사된다. 이들이 '순결한' 독일인을 감염시켜서 타락시킨다는 것이다. 반유대주의를 몇 마디로 요약한다면 지젝, 프로쉬, 테벨라이트가 모두 묘사하듯 다음과 같다.

> 반유대주의자는 스스로 만들어 낸 피해망상의 우주에서 겁에 질려 살아간다. 그러나 이득도 있다. 우주의 모든 것이 깔끔하게 말이 된다. 모든 위험의 근원은 오직 딱 하나, 유대인이다(Frosh, 2016, p. 35).

피해망상의 우주관은 만들어질 뿐 아니라 수시로 말과 행동을 통해서 유지가 되어야 한다는 점은 테벨라이트 역시 지적한다. 프로쉬의 표현을 빌리자면 '부드럽게 반겨 주는'(ibid) 그 모든 것은 제거되거나 반박되어야 한다(제4장과 제5장에서 더 자세히 논하겠다). 이는 아도르노와 공저자들이 『권위주의적 성격Authoritarian Personality』(1950)에서 논증하였듯 피해망상으로 조직된 특이한 세계관이다. 파시즘의 기반은 피해망상이다. 남성계에 피해망상은 뚜렷하게 나타난다. 다음에 살펴볼 진행자와 A 유튜버가 나누는 바이마르 공화국의 최후에 대한 대화를 보면 피해망상이 어떻게 나타나서 강화되는지를 이해할 수 있다.

방데 라디오: 지금의 베를린을 살펴보면 말이에요, 거의 퇴폐풍조의 중심지라니까요. 역
　　　사가 되풀이되는 거죠. 예전 바이마르 공화국 시절, 1930년대 베를린에는 퇴폐풍
　　　조가 극심했어요. 1920년대 1930년대에 '성과학연구소Institut für Sexualwissen
　　　schaft'라는 기관이 있었어요. 온갖 해괴하고 망측한 사회공학이 다 있었는데, 설명
　　　좀 부탁드릴까요?

A 유튜버: 마그누스 히르슈펠트Magnus Hirschfeld라는 사람이 있었죠. 바이마르 공화국
　　　시대의 아주 전형적인 유대인인데 성 과학 연구소를 설립했어요. 성에 대한 연구
　　　를 하는 기관인데, 유럽 전역의 호모섹슈얼을 다 꾀었지요. 그러니까 좀 보세요.
　　　이게 무슨 과학이에요? 호모들 매음굴이지!(Vendée Radio, 2018, 31.00-33.21)

이 대화는 깊은 반유대주의적 파시스트 정신세계의 풍경을 보여 준다. 유대인은 죄
다 색욕적이고 퇴폐적이고 쾌락주의적인 인물들이며, 기존의 사회질서를 파괴하려는
음모를 지녔다. '퇴폐적' 유대인들이 '타락한' 기관을 설립해서 사람들을 조종하려고
음모를 꾸민다. 타락은 나치가 애용한 용어다. 역시 전형적인 파시스트 내러티브다.

대안우파 집단에서는 '타락'이나 '퇴폐' 등의 용어가 재등장하였다. 켈리에 따르면
(2017) 타락(degeneracy)이라는 말은 원래 "19세기 우생학 용어로 우월한 백인종 순수
성의 결여를 구분하는 말이었다. 타락은 독일 나치 정권에서 사회적, 문화적 비판을
위한 용어로 인기를 끌었는데, 부도덕적이거나 비애국적 예술과 미디어를 조롱할 때
쓰였다"(Kelly, 2017, pp. 71-72). 요즘의 '타락'이란 용어는 신화적 과거를 의식한 말이
다. 과거에는 모든 것이 좋았지만 현재의 모든 파괴적 요소들이 나타나서 도덕적 쇠
퇴를 만들어 냈다는 것이다. 신화는 실재하였던 적이 없다. 앞의 내러티브에서 흥미
로운 점은 유대인과 동성애 사이의 관련성을 직접적이면서 장황하게 제시하였다는
것이다. 정신분석학적 관점에서 보면 이 발언들은 게이가 될까 봐, 혹은 남자들 사이
에서 '게이'나 '타락'으로 보일 만한 '이질적' 요소가 있을까 봐 두려워서 방어기제를 작
동한 결과로 보인다. 내면의 '호모들 매음굴'은 제거될 필요가 있다.

미국의 파시즘을 논한 글에서 테오도어 아도르노(1970)는 미국 파시스트의 말을 분
석하였다. 아도르노는 이 '혐오 장사꾼'(Adorno, 1970, p. 119)의 레토릭이 극도로 제한

적이며 똑같은 주제와 똑같은 문체를 계속 반복한다고 지적한다. 한 개만 들으면 나머지는 거의 다 똑같다. 그러므로 다른 주제로 넘어가겠다.

## 신자유주의, 섹슈얼리티 시장성

이제껏 두 편의 유튜브 영상을 살펴보았다. 둘 다 극우 진영에 속한 유명 인사들이다. 세 번째 유튜버를 이쯤에서 소개하려고 한다. '분배주의자The Distributist'라는 유튜버가 제작한 〈성혁명의 거짓말The Lies of the Sexual Revolution〉이다. 길이는 53분 55초다. 참고로, A 유튜버의 영상은 1시간 11분, B 유튜버의 영상은 24분이다. 몇 부분을 자세히 인용하도록 하겠다. 유튜브 프로필에는 이렇게 소개되어 있다. "현대성의 문제, 최근 정치·경제 질서의 이슈, 영성과 진실의 필요성을 탐구합니다." 기독교와 극단 보수 정서에 뿌리를 두고 있지만 최소한 대놓고 반유대주의적이거나 파시스트는 아니며, 대안우파에 속하지도 않는다. 그는 리버럴 좌파 인물들과 토론도 벌이는데 가장 유명하였던 것은 '콘트라포인츠ContraPoints'와의 토론이었고, 언제나 토론에 열려 있다고 강조한다. 이 점이 다소 독특하다. 다른 보수 유튜버에 비해서 그의 토론 스타일은 훨씬 더 미묘한 편이다. 그럼에도 구독자들은 대안우파에 동조적이거나 혹은 대안우파의 공개적 멤버들이다. 비디오 코멘트에 따르면 그렇다. 그는 극단적으로 보수적이며 여성, 페미니즘, 성혁명에 관해 극도로 문제적인 편견를 갖고 있다. 영상 초반부에서 그는 이렇게 말한다. "우리가 살아가는 세계는 가부장제의 유령이 지배하는 곳입니다. 성적 규범과 절제가 완전히 없어진 곳이죠"(2016, 9.21-9.23). 이 비디오는 성혁명과 그 결과를 '포스트 페미니즘' 시대를 살아가는 사람의 입장에서 평가하는 내용이다.

앞서 살펴본 유튜버와 비슷하게 유튜버 '분배주의자' 역시 도덕적 지침이 결여된 쾌락주의적 문화를 개탄한다. 모두 성혁명의 탓이다. 오늘날의 성문화는 거의 아무것도 없다. 젠더도 유동적이고 '가짜 남자'가 '가짜 여자'로 치장하고 다닌다.

특히 흥미로운 점은 그가 시장질서와 신자유주의를 성혁명, 여성성, 남성성과 연관

지어 꾸준히 동원한다는 것이다. 이런 맥락에서 그는 게이 운동가이자 평론가이며, 섹슈얼리티 야만인을 자처하는 댄 새비지Dan Savage에 관해 이렇게 말한다.

> 댄 새비지의 견해는 여러모로 흥미롭습니다. 그는 순수하게 동의와 장점으로만 추동되는 성문화를 주장하지요. ……잘 팔리는 모델이지요. 기업형 버전의 섹슈얼리티는 섹스를 팔고자 하는 사람들에겐 대박이니까요. 여기에서 우린 자문을 해야죠. 이제 됐나요? 성혁명의 문제점을 다 해결했어요? 통일의 황금시대를 우리가 이루었나요? 자유 동의를 가로막는 마지막 장벽들이 다 극복됐어요? 합법화된 매춘, 합법화된 복혼, 합법화된 거의 모든 것…… 페미니즘의 여러 요소와는 달리 일말의 진실이 여기에 있습니다. 바로 자유 시장이죠. 자유 시장이 가치 교환을 결정해요. 섹스 역시 가치 교환이지만 그게 전부는 아닐 겁니다. 자유 시장이란 건 지나치게 단순화된 모델이에요 (The Distributist, 2016, 18.14-19.36).

자유 시장을 말하고 상품으로서의 섹슈얼리티를 주제화한다는 점이 특히 인상적이다. 그가 인정하고 있듯 그의 관점과 페미니즘 사이에는 공통적 기반이 있다. 바로 '기업형 버전의 섹슈얼리티'다. 〈걸스〉, 〈캐주얼〉, 그 외 텔레비전 시리즈 등의 '포스트 페미니즘' 미디어가 섹슈얼리티와 연애를 묘사하는 방식도 그러하다. 양성이 평등화한 사회에서 앱과 테크놀로지를 통해 제공되는 섹스는 여성에겐 평등처럼 느껴진다. 여성의 성적 주체성이 바로 삶의 모든 영역에서의 가설적 평등의 기둥인 듯 그려진다. 이는 성혁명의 성과인 동시에 해악이다.

이와 유사한 '친밀성의 불평등'이라는 개념이 레이첼 오닐의 저서에서(2018) 픽업 아티스트 커뮤니티의 인류학적 상세 연구로 탐구되었다. 오닐이 인터뷰한 많은 남성은 여성과 페미니즘 때문에 일종의 '친밀성의 불평등'(O'Neill, 2018, p. 159)이 생겨났다고 생각한다. 평등을 다시 회복하기 위해서는 픽업아티스트류의 '작업테크닉'을 배우는 등 특별한 노력이 필요하다고 생각하였다. 인터뷰에 응한 남성들은 여성이 실질적인 평등을 얻었으면서도 여전히 남자들이 먼저 연애를 걸어 주고 데이트 비용을 내기를 원한다고 불평하였다(ibid, p. 160). 픽업아티스트 커뮤니티는 교묘한 조작을 통해서 여성을 섹스에 응하게 만드는 법을 논의한다. 이는 실험과 검증을 거친 방법이며 여성에게 적용 가능하다는 것이다. 의미 있는 친밀성과 섹슈얼리티로부터 '상호주체성을 근본적으로 비워 내는'(2018, p. 115) 이데올로기다. **픽업아티스트 이데올로기**에서 섹스는 자유 시장에서의 상품으로 인식된다. 여성을 조종하려면 공급과 수요의 게임을 마스터해야 한다. 오닐에 따르면 섹스는 제공되며 판매된다. 상호주체적이며 관계적인 경험이 아니다. 앞서 인용문에서 '분배주의자'는 픽업아티스트 및 성차별적 이데올로기를 비판하는 입장인 듯 보인다. 그럼에도 그 역시 섹스의 자유 시장에 대한 접근이 불평등하다는 입장을 보인다. 그의 말마따나 "섹스는 가치 교환이다."

> 남성과 여성은 굉장히 다른 시장 가치를 가집니다. 서로 다른 생애주기에 따라 가치가 급등하였다가 급락하기도 하지요. 게다가 두 젠더 모두 굉장히 파괴적인 본능을 지녔어요. 여성은 상향혼 본능을 지녔고 남성은 일부다처적 본능을 지녔는데, 장기적 영속적 관계 발전에 양자 모두 장해로 작용합니다. 여기에 규제를 받지 않는 자유 시장이 시스템 안에 들어오면 재앙이 되는 겁니다(The Distributist, 2016, 21.58-22.14).

이 말은 레이첼 오닐의 연구(2018)에 등장하는 남성들의 입장과 일치한다. 이들은 연애와 섹슈얼리티에서 친밀성 불평등이 있다고 불평한다. 그리고 미디어 상담 코너가 오로지 여성에게만 연애 비법을 가르쳐 주고, 뷰티 산업이 오직 여성만 돌보고, 무엇보다도 페미니즘이 남성들을 적대하도록 도와준다고 생각한다. 한 마디로 "여성은 자기들은 자유를 즐기면서 남성들의 자유는 부정해 버릴 **위치**에 있다"(2018, 168-169, 강조는 원본)라는 것이 남성들의 생각이다. 해당 유튜버는 신자유주의 자본주의 세상에서 섹슈얼리티의 역할을 비판한다. 그리고 섹슈얼리티의 순수성을 박탈하여 자유 시장에 밀어 넣어 버린 천방지축의 시장 질서에 맞서고자 한다. 현재의 섹슈얼리티는 양성 평등과 접근 평등성을 말하면서도 불평등과 성적 자본의 불평등을 은폐하고 있다.

그럼에도 그에게 자유 시장은 젠더와 성적 관계의 핵심이다. 남성과 여성은 섹스의 자유 시장에 상이한 시장 가격을 지닌 채 진입한다. 해당 유튜버가 '시장 가치'를 무엇으로 이해하는지는 불분명하다. 단, "생애주기에 따라 가치가 급등하였다가 급락"한다는 표현을 보면, 생물학적 육체적인 의미인 듯하다. 아마도 매력도, 임신 능력, 성적 능력, 혹은 유전성 등과 연관된 의미인 듯하다(Hakim, 2010). 이는 자유 시장 이외의 다른 측면과 연관된다.

## 진화심리학, 자격의식의 합리화

대안우파와 남성계 남성들이 동원하는 중요한 담론은 바로 진화심리학에서 끌어온 이론과 사상이다. 이들은 유전학적 결정론으로 남성과 여성의 행동 차이점을 설명하려 든다. 이러한 이론의 가장 유명한 지지자는 캐나다인 심리학자 조던 피터슨이다(Crociani-Windland & Yates, 2020). 데비 깅에 따르면 "남성계는 이론을 제한적이며 피상적으로 해석하여 끝없이 재활용함으로써 몇 가지 뻔한 주장의 근거로 반복하여 쓰려고 한다. 즉, 여성은 비이성적이고 상향혼적이며 알파 메일과 짝짓기하도록 구조화되어 있고, 지배를 당해야만 하는 존재다"(Ging, 2017, p. 12). 이 담론은 알파 메일과 베타 메일 논의의 형태로 계속 재생산된다(제2장 참고). 즉, **남성계는 마치 사실성과 객관성에 기반을 둔 듯한 인상을 주기 때문에 더욱 위험하다.** 남성들은 주장을 뒷받침하고 증명하기 위해서 과학 논문과 기사 등을 인용하거나 링크한다. 이 책의 결론 부분에서 다시 언급하겠다.

이러한 담론은 데보라 캐머런(Deborah Cameron, 2015)이 말하는 '진화심리학의 메타 내러티브'인데, 이는 학계의 진화심리학이 다루거나 연구하는 범위를 훨씬 넘어 확장된다. 대중문화와 대중과학 담론에 널리 수용되었고, 또한 남성계와 그 이외의 영역에 널리 퍼졌다. 캐머론이 보기에 진화심리학의 이러한 사용은 사회 변화에 저항하는 무기로 사용될 수도 있다. 남성들은 이러한 논리를 사용해서 페미니즘 및 신자유주의적 경제 변화가 가져온 사회적 변화에 맞선다. 진화심리학과 그 파생 논리는 이렇게 사용된다. "어떤 변화가 있더라도, 아무리 남성과 여성이 비슷해 보일지라도, 심층적 차원에서 남녀는 여전히 다르며 언제나 다를 것이다. 현재 우리가 경험하는 불평등은 불의 때문이 아니며 오직 자연적 차이가 빚어낸 것이다"(Cameron, 2015, p. 357). 이렇게 진화심리학은 페미니즘 이론과 학문을 공략하는 목적으로 쓰인다(Cameron, 2015; O'Neill, 2015; Crociani-Windland & Yates, 2020). 젠더 차이를 생물학적 사실로 구성해 냄으로써 여성혐오와 성차별에 기반을 둔 가부장제를 구조적 시스템으로 확립하고자 한다(Manne, 2018).

진화심리학의 메타 내러티브에 따르면 여성과 남성은 근본적으로 양립 불가능하도록 구성되어 있다는 것이 앞서 인용한 유튜버 '분배주의자'의 입장이다. 둘 다 파괴적인 본능에 휘둘려서 이기적으로 굴기 때문이다. 남성은 최대한 많은 여성과 동침하려 하고, 동시에 여성은 '상향혼' 지향적이다. 이 용어는 인셀 및 남성 커뮤니티에서 자주 반복적으로 쓰이는 핵심 개념이다. 상향혼은 여성들이 소위 '올려쳐서 시집'가는 행태를 가리킨다. 남성계에 따르면 여성은 유전적으로 그러하도록 만들어졌다(Ging, 2017). 여성은 사회적 지위가 자신보다 높은 남자와 결혼하려고 든다. 만약 기회만 있다면 현재의 배우자와 이혼하고 '더 나은' 배우자로 갈아타려고 든다. 이런 관행이 여성의 천성이라는 주장인데, 이는 매우 결정론적이며 억압적이고 실증 극단주의적이다. 게다가 대부분은 사실이 아니다.

해당 유튜버와 이에 동의하는 남성들의 생각은 이렇다. 생물학적으로 결정된 여성 본능이 탈억제화된 섹스의 자유 시장에서 확대되고 강화되었다. 이미 보았듯, 그는 생물학적 결정론을 신자유주의적 논리와 결합한다. 자유 시장은 모두에게 불리하다. 자본은 오직 자본축적에만 관심이 있을 뿐 평등한 관계를 가능하게 하고 이루어 주는 일에는 무심하다. 게다가 신자유주의 자본주의는 개인적, 기업가적 주체를 강조한다. 주체는 스스로의 운명을 만들어 가며 섹스의 영역에서는 **특히** 더 그렇다. "실제로 진화학적 내러티브는 신자유주의적 합리성과 많은 공통점이 있다. 양자 모두 이익 최대화를 추구하는 개인주의 논리를 옹호한다. 재정적 이익이든 자손 번식의 이익이든 간에 말이다"(O'Neill, 2018, p. 148). 레이첼 오닐은 픽업아티스트 커뮤니티가 성적 매력과 섹슈얼리티를 논할 때 진화심리학을 이용하는 양상에 대해 연구하였다. 신자유주의에서는 섹스를 비롯한 모든 것이 자기중심적 경쟁으로 되어 버린다. 오닐이 인터뷰한 남성들과 남성계 남성들은 모두 이러한 감정을 표출하였다. "중요한 것은 이성애자 남성들이 신자유주의적 합리성에 동조하면서 진화심리학적 당위론을 심층적으로 느끼고 진실로 인식하였다는 점이다"(ibid, p. 150). 섹슈얼리티의 진화론적 측면은 신자유주의 시대의 남성들에겐 개인적 지위와 경제적 여유 문제와 밀접하게 연관되어 있다. 다음 장에서 더 자세히 논의하겠지만, 남성들은 자신의 외모, 커리어 개발, 부의 축적 및 지위 상승 측면에서 실패하였다고 느끼고 있으며, 성적으로 실패했고 성적 지위 및 자신감 면에서 실패감을 느끼고 있었다.

여기에서 남근은 분석적 메타포로서 유용하게 쓰인다. 정신분석학적으로 보자면 상징적, 실제적 권력이 성적 및 경제적 형태의 결합으로 표현되기 때문이다. 남근은 남성의 성적 권력을 의미하며, 신자유주의적 정서에서 개인의 권력은 최우선으로 경제적 성공과 번영으로 표현된다. 이를 오닐은 진실의 구체화라고 부른다. 이는 남성들이 자신들이 소속감을 느끼는 커뮤니티에 따라서, 즉 인셀, 남성분리주의, 금딸 커뮤니티 등에 따라서 다양한 의미를 갖는다. 이는 곧이어 논하겠다. 신자유주의는 이런 식으로 판타지를 부추기고 요구한다. 판타지는 본질적으로 남근적이다. 이는 개인적이며 삽입적이고, 남성과 여성 모두에게 일방적으로 경제적이고 성적인 권력과 쾌락의 판타지다. 로절린드 질이 주장하듯, 포스트 페미니즘의 이데올로기는 똑같은 방식으로 작동한다. 여성들도 스스로의 남근적 형태의 섹슈얼리티, 경제적 지위와 자유를 남성과 똑같이 누릴 수 있다는 이데올로기다(Gill, 2007). 그러나 동시에 여성의 '에로틱 자본'은(Hakim, 2010) 자주 간섭당하며 여성혐오의 대상이 된다. 여성들은 자신의 몸을 어떻게 할지 아니면 어떻게 하면 안 되는지 등의 이성애 규범의 제약을 받는다. 라캉주의적으로 보자면, 포스트 페미니즘의 판타지는 향유하라는 일반 자본주의적 명령에 해당한다. 쾌락과 섹슈얼리티의 향유가 명령된 신자본주의 사회에서 이 현상은 더욱 증폭된다(Žižek, 1997; McGowan, 2004). 이미 언급하였듯 향유하라는 명령은 1960년대 후반 성혁명의 결과이자 오늘날 즉석 만남 및 소개팅 앱, "성혁명의 신자유주의적 후손"이 중재하는 섹슈얼리티에 나타난다(Bandinelli & Bandinelli, 2021). 많은 연구자는 소개팅 앱이 신자유주의적 시장 논리를 재생산하여 개인이 자신을 브랜드화하여 제공하게 만든다고 지적한다. 최적의 짝을 고른 후 그들은 일종의 대가를 기대한다(Heino, Ellison, & Gibbs, 2010). 또한 거절을 견뎌 내는 스킬을 단련해야 한다(De Wiele & Campbell, 2019).[5]

신자유주의가 개념 구성하는 주체는 스스로의 성적 향유를 성취하기 위한 온갖 도구를 다 갖추고 구사하는 특정 합리성 및 전략적 섹슈얼리티의 주체다. 이미 지적하였지만, 이러한 이데올로기는 실제 현실과는 무척 다르게 작동한다. 남성과 여성은 경제적, 성적 권력에서 절대로 평등하지가 않다. 남성계 남성들이 주장하듯이 그저 단순히 시장 가치 혹은 생물학적 특성에서만 불평등한 것이 아니다. 제약과 억압에서도 남녀는 불평등하다. 바로 이러한 이유 때문에 남근적 판타지를 그대로 믿는 남성들이 씁쓸한 실망을 겪는 듯하다. 이들은 신자유주의 이데올로기보다는 여자들을 탓하고 만다. 이들의 실망은 유해한 판타지의 형태로 표출된다. 이들 남성들은 정동 방출의 형태로 온갖 막말을 온라인에 쏟아낸다. 이는 곧 이어질 장에서 살펴보도록 한다.

시장 자본주의 안에서 남성과 여성은 성적 자기표현을 원하지만, 표현의 플랫폼은 바로 시장이라는 것이 유튜버 '분배주의자'의 생각이다. 일리가 있는 분석이다. 그럼에도 '분배주의자'가 보는 남성과 여성 개념은 너무나 생물학적이며 본질주의적이다. 그가 보기에 성혁명은 섹슈얼리티와 사회의 탈억제화를 초래하였으며, 통제와 절제를 잃어버리고 말았다. 그 결과는 끔찍한 주장이다.

남자의 바람기가 많아질수록 여자는 남자를 못 믿게 되니까 자꾸만 공개적으로 남자를 적대시하지요. 서로를 적대하는 양성 관계가 현대 성문화에 만연하게 되었습니다. 양성 모두가 연애의 모든 단계에서 서로를 최대한 이용할 생각만 합니다. 남자는 일부다처적 본성을 노골적으로 드러내고 여자는 상향혼적 본성을 절제하지 않으니까,

---

**5**  우연히도 인셀은 소개팅 앱이 주장하는 이데올로기와 짝짓기 및 인연찾기 구현 원리를 그대로 수용하고 있다. 틴더Tinder 이용자를 조롱하는 게시글이 많다. 가짜 프로필로 채드 행세를 해서 여성들을 속이는 소위 '낚시' 경험이 자세히 서술된다. 틴더가 전파하는 신자유주의적 이데올로기의 허상이 폭로되는 비판적 과정인 셈이다. 틴더는 만남의 성공을 늘 보장하지는 못하지만 모든 이용자를 이런 방식으로 현혹한다(Bandinelli & Bandinelli, 2021). 그럼에도 인셀이 틴더의 허상을 폭로하는 방식에는 여성혐오와 유해성이 가득하다는 점에 유의해야 한다. 이들은 한 걸음 더 나아가서 자본주의를 비판하지 않고 그저 여성 틴더 이용자만을 비난한다. 그것도 자신들과는 데이트해 주지 않는다는 이유로.

이혼율이 하늘로 치솟고 가족 간의 신뢰가 모든 면에서 붕괴해 버리지요. 이건 어느 한 젠더가 잘못해서 그런 게 아니라 양성 모두가 잘못한 겁니다. 결혼제도 안에서 상호 협력 원칙이 무너지는 것이 사회적으로 만연하니까 지옥으로 가는 문이 활짝 열리지요. 각각의 개인은 합리적 결정을 하고 있는데 말이죠(The Distributist, 2016, 44.56-45.45).

섹슈얼리티는 이기적이고 본능 추동적인 노력이며 개인 간의 관계를 망쳐 버리는 무엇으로 묘사된다. 얼핏 보기에 이러한 분석은 정신분석학적, 특히 라캉주의적 섹슈얼리티 이해와 궤를 같이 하는 듯 보이기도 한다. 그러나 남성과 여성의 탈억제화 논리, 이혼율 상승, 신뢰 잠식 등의 말 뒤에 숨어 있는 욕망은 백인 인종국가와 권위주의 자본주의, 기독교적 가치다.

이 장에서 인용한 모든 발언의 배후에는 성적 보수주의가 깔려 있다. 이들은 과거의 성적 질서를 재건설하고자 한다. 명확한 젠더 규범, 일부일처제, 안정성 있는 결혼생활, 동성애 부존재 등등. 이러한 발상은 파시스트적 젠더 관념에 일치한다. 이들은 또한 자신들이 고안한 몇몇 원칙에 의해서 빈틈없이 통제되는 새로운 권위주의적 사회를 욕망한다. 인셀 역시도 미래에 대한 독특한 판타지를 펼친다(이를 '인셀덤'이라고 부른다. 제4장 참고). 남성분리주의자도 여성이 없는 세상을 꿈꾼다(제5장 참고). 곧 자세히 살펴보겠지만, 이들 판타지는 겉보기와 달리 명확하지도 일관적이지도 않다.


## 결론

이 장에서는, 1960년대 후반 서방 세계에 있었던 성혁명과 그 결과에 대해 논하였다. 성혁명을 최우선으로 고찰하는 것은 중요하다. 성혁명은 오늘날의 섹슈얼리티에 명백히 큰 영향을 끼쳤다. 또한 제1장에서 소개한, 1960년대 테벨라이트의 『남성 판타지』와 관념사적 관계를 지닌다. 이들 모두가 성혁명의 직접적 산물이다.

제2장에서는 성혁명과 그 결과에 대해 서술하였다. 우연한 기회로 몇몇 유튜브 영상들을 접하게 되었고, 분석 대상으로 삼았다. 이들 남성들이 브이로그에서 성혁명이라는 단어를 일종의 '고정관념idée fixe'적으로 사용하는 것을 보고 충격을 받았다. 이들은 성혁명이란 말을 떠도는 기표처럼 사용하여, 마음대로 의미를 늘리거나 구부려서 거의 모든 걸 뜻할 수 있도록 만들어서 쓴다. 그들에게 성혁명은 만악의 근원이었다. 특히 페미니즘적 측면은 남성들의 입지를 좁혔다. 섹슈얼리티는 완전한 방종으로 그려졌으며, 남성들의 희생만 불러일으키는 그 무엇이다. 남성들이 기가 죽고 불안과 불안정에 시달리게 된 것은 여자들이 성적으로 기가 세어졌기 때문이다. 또한 성적 탈선을 하고 싶은 자기 자신의 욕망, 예를 들면 자신의 동성애적 욕망 등을 억누르는 데에도 쓰인다. 또한 섹슈얼리티의 다양한 형태적 변형인 퀴어 캐릭터를 싸잡는 데에도 쓰인다. 이에 대해서는 제7장에서 더 논하겠다. 라이히가 통찰한 바와 같이 이들의 정신적 구조는 변화하는 세계를 따라잡지 못하고 뒤처졌다. 이들은 사회적 변화에 적응하지 못하고 혐오로 대응할 뿐이다.

이 장에서 분석한 내러티브는 이 책의 다른 부분에 비한다면 여성혐오가 그렇게까지 심한 편은 아니다. 여성이나 여성 섹슈얼리티에 대해서는 상대적으로 언급이 적은 편이기도 하다. 이들은 이성애 섹슈얼리티 그 자체에 관심을 두거나 혹은 성혁명의 결과를 이야기한다. 이 또한 이들이 유튜브 영상이기 때문에 내가 곧 다룰 자료들과는 성격이 다를 수도 있다. 유튜브 영상들은 남성 정체성, 남성 개인의 경험, 생각을 담고 있지는 않다. 그보다는 성혁명에 대한 추상적인 논의, 신자유주의가 오늘날의 섹슈얼리티를 어떻게 결정했는지의 문제, 대안우파 등의 문제는 좀 더 일반론적으로 다루는 편이다. 그들의 세계관은 그럼에도 안티 페미니즘, 여성혐오, 그리고 가끔은 무척 파시스트적이다. 이러한 세계관은 이후 이어질 부분에서 다룰 남성 커뮤니티에 수용되고 반영되고 공유된다. 바로 인셀, 남성분리주의, 아네르스 브레이비크와 엘리엇 로저 같은 총기난사범들이다.

다음 장에서는 인셀 커뮤니티와 그들의 판타지를 다룬다.

# 04[1]
# 인셀, 그리고 타자에 대한 파괴/욕망 판타지

지난 장에서는 성혁명에 대한 역풍을 유튜브 영상을 통해서 분석하였다. 분석 대상이 된 내러티브는 대개 일반론이었으며, 사회역사적 변화에 대한 논의 혹은 반론, 남성과 여성 사이의 관계, 혹은 비이성애 규범적 섹슈얼리티 등에 대해서였다. 이번 장에서는 여성성과 남성성에 대한 좀 더 구체적이고 특별한 판타지를 다루어 보도록 한다. 레딧 인셀[2] 커뮤니티의 데이터를 분석 대상으로

---

1  역자 주-사실 한국 인터넷 공간에도 유사한 현상이 2000년대 초반에 있기는 하였다. 바로 '솔로부대'라는 농담 섞인 자조적 표현이다. 소위 '솔로부대'라는 일련의 짤 시리즈는 디시인사이드 내무반 갤러리에서 한 이용자가 제2차 세계대전 독일군 선전 포스터를 재치 있게 바꾸고 활용하여 포스팅한 것이 폭발적인 반응을 일으켜 유행하였다. '우리는 무적의 솔로부대', '솔로천국 커플지옥', '연애하는 데 돈을 다 쓰면 무엇을 먹고 살 것인가' 등 수많은 짤이 유행하였다. 대개 애인이 없고 연애를 못하는 자신의 처지를 유머러스하게 비하하면서 위로하는 내용이며, 비장한 배경음악과 군대 관련 레퍼런스를 동원하는 경우도 많았다. 단, '솔로부대'는 유머러스한 인터넷 밈에서 그쳤을 뿐 독립된 정체성을 이루거나 공동체화한 적이 없다. 당연히 어떠한 여성혐오적 폭력 행동과 연루된 적도 없다. 단, 주된 정서가 비록 역설적, 농담적이긴 하였으나 전체주의적이고 파시스트적인 레퍼런스를 동원하였다는 점이 흥미롭다.

2  인셀Incel은 자신들을 소문자로 incel이라고 표기한다. 인셀은 비자발적 금욕, 즉 'involuntary celibate'의 합성어이기 때문이다. 나 역시 소문자로 표기하되 문장 처음

삼는다. 많은 여성혐오적 온라인 커뮤니티가 최근 몇 년간 대두하였으며, 오프라인에서도 부쩍 눈에 띄게 연관/혹은 무관한 여성혐오가 증가하고 있다. 나는 남성계 중에서도 비교적 최근의 움직임에 속하는 인셀 커뮤니티에 주목한다(Ging, 2017). 이 남성들은 자신들이 '비자발적 금욕involuntary celibate'(소문자로 incel이라고 표기) 상태임을 자처한다. 연애나 성생활을 오랜 기간, 혹은 한 번도 해 보지 못하였기 때문이다. 인셀 커뮤니티와 연관된 폭력 사태도 몇 건 있었다. 2018년 4월 토론토에서 차량 돌진 사건으로 10명이 사망하고 16명이 부상당한 참사가 있었다. 2018년 미국의 한 요가 스튜디오에서 총격으로 2명이 사망한 일도 있었다. 2014년 엘리엇 로저는 총기난사로 많은 사람을 죽였는데, 범행 전에 장문의 선언문을 인터넷에 게시하였다. 이 글은 인셀 커뮤니티에서 자주 인용되며, 몇몇 인셀은 이러한 폭력 행위를 미화하기도 한다(제6장 참고).

'인셀'이라는 용어는 원래 1993년 한 여성이 창안하여 유행시켰는데, 그 후로 남성들에게 수용되고 자칭의 용도로만 쓰이도록 굳어졌다. 최근 아마도 인셀 총격사건의 미디어 보도에 부분적으로 고무된 결과 인셀 커뮤니티가 성장하였으며, 주로 레딧에서 커뮤니케이션이 이루어지고 있다(Bratich & Banet-Weiser, 2019). 원래의 r/incels 서브 레딧과 유사 커뮤니티는 2017년 폐쇄되었다. 강간과 폭력에 대한 게시물의 양이 너무나 많았기 때문이었다. 내가 2018년 후반에 인셀 게시물에 대한 연구를 시작하였을 때 인셀 콘텐츠의 2세대가 시작되었다. 그런 의미에서 내가 연구한 게시물들은 현재 유통되는 r/incels 게시물보다는 유해성이 덜한 편이다. 그럼에도 문제성이나 혐오성이 덜 하다는 뜻은 아니다. 내가 분석한 대다수의 게시물은 r/Braincels 서브 레딧에서 왔으며, 이들은 2019년에 폐쇄되었다.[3]

---

에 나올 때에는 대문자로 표기한다.

**3** 레딧은 2019년 10월에 Braincels 서브 레딧을 폐쇄하였다. 여기에 인용된 거의 모든 데이터는 이제 접근이 불가능하다. 그럼에도 게시물의 원본 URL을 명시한다. 레딧 최대 규모의 인셀 커뮤니티였던 r/incels에서는 강간 모의에 대한 게시물이 흔하였고, 별 제재를 받지 않았다. 그러나 내가 분석한 인셀 커뮤니티 콘텐츠는 이제 없다. 사이트가 게시물을 삭제하거나 금지하였기 때문이다. 그러므로 이 장에서 강간 모의 주제

인셀은 성생활에 일종의 계급 시스템 혹은 위계질서가 있다고 믿는다. 최상위에 있는 것은 백인 '채드'다. 가장 매력이 넘치는 알파 메일이다.[4] 인셀 커뮤니티에 따르면 대다수의 여자는 채드에게만 관심이 있다. 가장 매력적인 여성은 '스테이시'라고 부른다. 인셀이 보기에 스테이시는 미디어에 자주 등장하는 전형적인 장신 금발 미녀의 외모를 지녔다. 전체 인구의 20%만이 채드인데 여성의 80%는 오직 채드에게만 눈길을 준다. 하위 20%의 여성들만이 대다수의 평범남, 즉 '노미' 혹은 '베타', '호구남'과 섹스를 해 주고 연애를 해 줄 용의가 있다. 이러한 위계의 최하위층인 인셀은 영원히 혼자 살아야 할 운명이다(Ging, 2017). 이러한 생물학적 내러티브는 이전 장에서 살펴보았던 퇴행적, 극우적 유튜브 콘텐츠와도 매우 유사하다. 인셀은 남성과 여성의 본성에 대해 종종 생물학과 진화학을 끌어와서 설명한다. 지금은 사회적 다윈주의의 시대이며, 여성은 남성의 외모와 소득에 따라 짝을 선택함으로써 유전적으로 우수한 자손을 낳으려 한다. 인셀 몫의 여자는 안 남는다. 인셀 자신의 용어인 '비주얼 인셀 looksmatch', 즉 외모가 인셀과 비슷한 사람들도 마찬가지다. 그러므로 어떻게든 법을

---

는 다루지 않겠다. 그럼에도 강간은 인셀 세계관에서 중요한 위치를 차지한다. 또한 이 장에서는 인셀 커뮤니티와 일반적 남성계에서 흔히 볼 수 있는 다양한 시각 데이터를 보여 줄 수는 없지만, 이 역시도 남성계의 판타지가 시각적 표상을 통해 어떻게 유통되는지를 보여 주므로 중요한 자료이기는 하다.

**4** 인종은 남성계에서 중요한 주제다. 백인이 아닌 남성은 주체성과 백인성을 독특한 방식으로 연관 지어 이해한다. 비백인종 인셀은 자신들이 여성과 연애할 기회가 백인 남성에 비해 훨씬 떨어진다고 여긴다. 이는 내면화된 자기 인종차별로 이어진다. 이들은 스스로를 '카레셀', '흑셀', '쌀셀' 등으로 비하해서 부른다(제2장 참고). 이런 점에서 이들의 자기 인종차별은 깊은 자기혐오를 바닥에 깔고 있는 인셀의 일반 세계관과 일치한다. 일부 남성은 흑인 혹은 라틴계 버전의 남성계를 스스로 만들어서 백인 우월주의를 제외한 남성 우월주의를 논의하기도 한다(Fountain, 2019). 이러한 커뮤니티는 레딧의 다른 포럼에 비해서는 규모가 작은 편이다. 인셀 커뮤니티 및 남성계의 백인성과 인종 문제는 더 많은 연구가 필요하다. 여기에서는 인종과 백인성 판타지를 다루기는 하되, 좀 더 구체적으로 인셀 및 남성계의 파시스트와 반유대주의에만 논의를 제한하고, 이들이 어떻게 여성에게 비난을 전이하는지를 논하도록 한다. 남성계에서 여성혐오와 인종주의는 종종 중첩된다.

만들든지 해서 여자들이 외모 수준이 비슷한 인셀과 결혼해 주도록 강제해야만 한다. 인셀은 끊임없이 자신들과 타인의 외모 순위를 정한다. 예를 들면, 하위 30% 여성이라면 분수에 맞게 하위 30% 인셀과 사귀어야지 최상위 채드와 사귀어서는 안 된다.

이 장에서는 인셀 게시물을 폭넓게 인용하여 이들이 여성, 스스로의 정체성, 남성 육체의 표상에 대해 어떤 담론을 가지고 있는지를 분석하도록 한다. 그리하여 해당 커뮤니티에서 어떻게 여성혐오가 전개되는지, 그리고 섹슈얼리티, 육체, 파시즘의 판타지가 이와 어떻게 연결되는지를 알아보고자 한다. 인셀은 내가 앞서 살펴본 대안우파 계열의 유튜브 영상을 시청하고 참여한다. 그들의 세계관은 포챈, 유튜브, 조던 피터슨, 레딧, 대안우파 짤, 포르노, 인스타그램, 트위터, 그 외 SNS에 의해 만들어진다. 또한 자신들이 직접 짤과 시각 데이터를 만들어 내기도 한다.

이 장의 절반은 인셀의 방어 전략과 방어기제[5]를 개관하는 데에 할애한다. 이들은 현실 변화와 비판적 자기 성찰을 회피하기 위해서 방어기제를 활용한다. 이들은 유머와 아이러니, 자기 폄하와 희생자 행세하기로 일관하며 정신건강과 육체적 단점에 대해 푸념한다. 강한 여성혐오와 막말이 난무한다. 이 장의 나머지 절반 분량에서는 인셀의 상징적 여성 파괴를 자세히 살펴보겠다. 인셀은 자신들을 거절하고 몰라주는 여성들에게 '복수'할 방법을 논의한다. 그리고 인셀이 얻고 싶어 하는 남성 파시스트 육체에 대한 욕망을 집중적으로 논하겠다. 또한 이 욕망을 인셀의 인종과 민족에 관한 논의와 관련해서 고찰하려 한다. 유전학과 남성 육체에 대한 게시물도 살펴본다. 이 장의 후반부에선 방어 메커니즘보다는 외부인에 대한 적극적 공격과 가해에 대한 데이터를 살펴본다. 그리고 여기에서 테벨라이트가 이론화한 군인 육체와 원형 파시스트를 인셀과 비교해 보도록 한다. 또한 인셀이 보여 주는 반유대주의적 이미지와 발언이 어떠한 방식으로 여성과 일부 남성들이 모든 재미를 누리는 데 자기들만 박탈당

---

**5** 정신분석학적으로 방어기제는 자아를 보호하려는 기제로 이해된다. 자아는 불안이나 주관적으로 해가 되는 상태를 초래할 수 있는 외부의 위협으로부터 스스로를 보호하기 위해 의식/무의식적 기제를 이용한다. 현실을 왜곡하거나 조작하는 것이다 (Laplanche & Pontalis, 1973, pp. 103-107).

하였다는 정서와 연결되어 사용되는지 살펴보도록 한다. 인셀은 백인 육체의 우월성을 상정함으로써 뚜렷한 인종주의적 판타지를 보여 준다.

**억제/탈억제**의 개념쌍을 활용하여, 일단은 인셀을 억제의 측면에서 방어 행동, 자기 연민, 전반적인 무력감을 고찰해 본다.[6] 그런 다음 탈억제의 측면에서 살펴본다. 이들은 대안우파의 파시스트적인 헤게모니 남성성을 긍정하고 또한 욕망한다. 인셀은 둔감할 뿐만 아니라 변화를 전적으로 거부하고 심지어는 욕망까지도 거부해 버린다는 것이 최근 인셀에 대한 정신분석적 연구의 의견이다(Krüger, 2021). 이들의 콤플렉스와 모순적 심리역학을 제5장에서 더 점검하도록 하겠다. 억제에서 탈억제로 나아가는 움직임은 나약감과 무력감을 느끼던 인셀이 상징적 권력감, 남성 위력감과 피괴력으로 급격히 전환하는 현상과 일치한다. 억제에서 탈억제로 향하는 길이 단선적 과정이라거나 혹은 특정 시간표가 있다는 뜻이 아니다. 다만 두 개념을 이용해서 다양한 데이터와 모순점을 정리하려는 것이다. 제1장에서 이미 설명하였듯, 억제/탈억제는 서로 지저분하게 뒤얽혀 있으며 두 가지 측면이 함께 섞여 있다. 내가 말하는 판타지와 정신 상태는 모두 한꺼번에 나타나서 혼재한다.


## 온라인 여성혐오와 남성계


많은 페미니즘 연구자가 인터넷 안팎의 여성혐오에 대해 연구를 해 왔지만, 남성계와 특정한 하위 그룹에 대한 연구는 그리 많지 않았다(Gotell & Dutton, 2016; Ging,

---

6  인셀이 자신들의 **억제**를 표현하는 많은 게시물이 있다. 이들의 표현대로는 '높high' 혹은 '낮억low inhib'이다. 이들은 현실에서는 너무나 억제되어서 여성과 상호교류를 못한다. 이러한 내러티브는 사회 불안이나 억제 증상이라고도 볼 수 있다. 그러나 한편으로 이들은 온라인에서는 완전히 **탈억제** 행동을 보여 준다. 이는 현실에서의 억제에 상징적 차원에서 맞서는 방법으로 기능한다. 사실 일부 인셀은 인셀 커뮤니티에 소속되어 소속감을 느낌으로써 사회적 상황에서 억제를 덜 느끼게 되었다는 글을 올리기도 한다.

2017; Marwick & Caplan, 2018; Banet-Weiser, 2018; Hunte, 2019; Jane, 2018; Van Walkenburgh, 2018; Bratich & Banet-Weiser, 2019; Farrell et al., 2019; Neumark Hermann, 2019). 이러한 연구성과는 페미니즘 이론과 활동에 중요한 기여라고 할 수 있다(제2장 참고). 사회 일반의 성차별에 대한 비판은 역사가 길다. 특히 미디어가 어떻게 성차별적 여성 묘사를 유통하는지에 대해서 비판이 많다(Humphries, 2009; Jane, 2016; Berns, 2017; Banet-Weiser, 2018; Manne, 2018). 성차별주의는 젠더 차이와 불평등을 생물학적으로 뿌리가 있는 것인 양 정당화하는 이론으로 정의될 수 있다. 케이트 만에 따르면 성차별주의는 가부장제의 규범을 정당화하는 기능을 한다(Manne, 2018, p. 88). 여성혐오는 성차별주의가 연관·확장된 형태다. 여성혐오는 여성에 대한 노골적인 학대, 혐오, 그리고 종종 폭력적인 위협을 담고 있다. 케이트 만은 여성혐오를 연구한 최근 저서에서(2018) 여성혐오라는 용어를 가부장제의 사회규범을 지탱하는 방식이라고 정의하였다. 이는 사회에서 남성의 권력을 유지하는 구조적인 현상이다. 만은 여성혐오를 주관과 관련 짓거나 주관성에 주목해서 프레임 짓고 이론화하는 것에는 비판적이다. 나는 만의 입장에 동의하지 않는다. 여성혐오는 사회심리학적인 문제라고 본다. 이는 구조적이면서도 주관적인 심리학적 문제다(Benjamin, 1988; Young-Bruehl, 1996).

여성혐오와 성차별주의는 수천 년간 지속된 일이다. 그러나 많은 학자가 강조하듯 인터넷이 주류가 된 후로 특별히 더 증폭되었다. 또한 지난 10여 년간 페이스북, 트위터, 레딧, 인스타그램 등 SNS 플랫폼이 널리 쓰이게 되면서 더욱 확대되었다. 온라인 괴롭힘과 여성혐오는 특정 개인, 혹은 여성 단체, 혹은 여성 그 자체를 타깃으로 삼는다. 서론과 제2장에서 이미 언급한 바 있지만, 현재의 온라인 여성혐오와 괴롭힘의 공식은 게이머게이트에서 확립되었다. 게이머게이트는 특정 개인 혹은 여성을 정해서 조직적인 대량 괴롭힘을 자행한 사건이었다. 이를 사라 바넷-바이저와 케이트 밀트너가 명명하였듯 '네트워크된 여성혐오'는(2016) 모욕감을 주고 침묵시키고 상징적으로 여성을 파괴하기 위해 고안되었다(Banet-Weiser, 2018 참고). 온라인 여성혐오는 학대, 모욕, 고의적 괴롭힘, 도발하기, 상처주기, 특정인 욕하기 등의 악플, 살해 위협, 신상털기, 즉 개인 정보를 온라인에 공개하는 일, 스토킹, 강간 위협, 보복성 음란물 공개,

즉 한 개인의 동의하에 혹은 동의 없이 촬영된 음란성 자료를 당사자 의사에 반하여 공개하는 일, 혹은 기타 협박이나 학대 행위 등이다(Phillips, 2015). 괴롭힘은 특히 최근 들어서 SNS에서 흔한 일이 되어 버렸다.

　　괴롭힘을 뭐라고 정의하든 간에 여성들, 그중에서도 유색인종 여성과 퀴어 여성은 온라인 괴롭힘에 더 자주 노출되며, 부정적인 행동을 괴롭힘이라고 인식하는 경우가 더 많다. 요즘의 젊은 여성은 괴롭힘을 온라인 경험의 정상적 일부분이라고 여길 정도다(Marwick & Caplan, 2018, p. 545).

　이 책에서 논하는 자료는 특정한 개인에 관한 좌표찍기 괴롭힘에는 해당되지 않을 수도 있다. 그럼에도 여성에게 집중되는 광의의 증오 중 일부분이라고 할 수 있다(다음 장들에서 논하도록 하겠다). 구조적 성차별주의와 여성혐오는 사회 모든 영역에 영향을 끼치며, 특히 미디어와 인터넷의 영향이 크다(Mantilla, 2013; Banet-Weiser, 2018).

　남성계는 비교적 최근의 현상이다. 이 용어는 2009년 한 포르노 마케터가 만들어 낸 말이다. 온라인에서 남성 그룹이 모이면서 더욱 강화되었다. 데비 킹은(2017) 이것이 거대한 네트워크에 국지적, 지역적, 전 지구적 맥락이 중첩되는 현상이라고 지적한다. 그러나 인터넷의 익명성 때문에 남성계에 대한 실질적이고 경험적인 데이터 획득은 어렵다. 남성들은 아바타, 닉네임, 혹은 가짜 프로필을 만들어서 정체를 숨긴다. 남성계 대부분의 남성이 10대에서 30대 중반 사이의 젊은 나이이며, 백인이고 이성애자다. 그러므로 이미 어느 정도는 기득권자라고 볼 수도 있다(Marwick & Caplan, 2018 참고). 물론 당사자들은 기득권자라는 말에 분개하며 저항하겠지만……

　앨리스 마위크Alice E. Marwick와 로빈 캐플란Robyn Caplan은(2018) 최근의 여성혐오적 괴롭힘과 SNS 게시물의 증가 현상이 남성인권운동(제2장 참고)과 모종의 관련이 있으며 온라인 자체를 바꾸었다고 주장한다. 이들은 남성계를 일종의 관점을 공유하는 단체와 커뮤니티의 느슨한 모임으로 정의한다.

　　남성계는 다양한 그룹을 포괄한다. 남성인권운동, 픽업아티스트, 남성분리주의, 인셀,

부성권 보호 활동가 등으로, 이들의 중심적인 신념은 여성적 가치가 사회를 압도하고 있으며 이 진실을 페미니스트와 '정치적 올바름political correctness'이 억압하고 있다는 것이다. 이들은 모든 남성이 월권적이고 남성혐오적인 문화에 저항해서 자신의 존재를 보호해야만 한다고 주장한다(Marwick & Caplan, 2018, p. 546).

이전 장에서는 유튜버의 세계관을 살펴보고 그들이 성해방, 퀴어 및 호모섹슈얼리티, 여성 지위 강화들에 대해 갖는 반감과 프로파간다에 관해서 살펴보았다. 남성계의 많은 구성원은 대안우파와 모종의 관련성을 가지고 있다(Nicholas & Agius, 2018; Bratich & Banet-Weiser, 2019; Lumsden & Harmer, 2019, Eds.). 지난 장에서 사례를 통해 살펴보았듯 이번 장에서도 인셀이 어떤 방식으로 반유대주의적 언어를 사용하는지, 대안우파 용어와 짤을 이용해서 어떻게 여성을 이야기하는지 살펴보도록 한다. 마위크와 캐플란은 남성계 연구에서(2018) 소위 '남성혐오'라는 말의 용법에 주목하였다. 이는 여성과 페미니스트가 남성을 혐오한다는 신화를 낳았으며, 새로운 남성 정체성을 허구적으로 구성한다. 이 말은 남성인권운동이 인터넷 초기 시절인 1990년대 초반에 이미 만들어진 용어였다. 이미 그 시절부터 이 주제는 이야기되었고 현재 레딧의 남성인권운동 커뮤니티와 유튜브에 이어져 내려오고 있다. 퍼렐Farrell 및 공저자들은 (2019) 방대한 데이터의 언어학적 분석을 통해서 "남성계에 여성혐오, 적대감, 폭력이 꾸준히 증가하고 있다"(ibid, p. 87)라고 지적한다. 남성계는 물론 오프라인 일반 남성들도 이러한 전략을 사용해서 여성의 말문을 막고, 전통적으로 '남성' 영역이라고 여겨지는 온-오프라인 공간에서 여성을 밀어내고 있다. 게이머게이트가 비교적 최근의 좋은 사례다. 게임 저널리즘과 온라인 공간에서 여성이 지배력을 가져가는 바람에 남성의 목소리가 약해졌다고 믿고 남성들이 맞설 '필요'가 있다고 여긴 것이다. 사실 이들은 오직 남성들의 것이어야 할 게임 저널리즘의 영역이 다변화하여 여성, 비백인 남성, 비이성애자가 진입하게 된 것을 참을 수 없었던 것이다.

데비 킹은 남성계 내부의 다양한 남성성을 탐구한 책에서(2017) 이슬람 혐오 경향을 짚어 냈다. 남성계는 강간 문화를 전적으로 비백인 남성, 예를 들면 난민 등의 탓이라고 치환한다. 이는 정치적인 행동이며 종종 인종주의적이고 파시스트적인 담론을 사용하고는 한다. 킹은 남성계의 담론 문화를 지적한다. 이들은 개인적 관계, 정신건강, 혹은 개인적 경험에만 집중할 뿐 '집단적, 정치적 실천'을 간과한다(2017, p. 11). 이러한 담론은 짜깁기 영상, 이모티콘, 짤, 움짤, 비디오클립 등의 시각적 자료에 압도적으로 의지하여 전달된다. 이는 최근 몇 년간 SNS의 유행과 밈 문화 유행에 따른 징후이기도 하다(Denisova, 2019). 그럼에도 남성계의 담론은 몹시도 정치적이며 동시에 개인적이다. 이들은 종종 파시스트적, 여성혐오적 담론을 개인적 내러티브와 직접 경험에 결합해서 이야기한다. 남성계에 유통되고 있는 다양한 여성혐오와 여타 주제에 대한 접근 방식을 개괄할 필요가 있다. 정신분석학은 게시물 이면에 숨어 있는 남성들의 욕망, 판타지, 무의식의 풍경을 추론할 수 있도록 해 준다. 이들의 내러티브를 또한 사회역사적 맥락 안에서 이해하고자 한다(제2장 참고). 정신사회학적 관점으로 남성계를 살펴보아 기존의 연구성과들에 정교성을 더하고자 한다.

잭 브래티치와 사라 바넷-바이저는(2018) 신자유주의적 변화와 인셀과의 관련성을 강조한다. 픽업아티스트, 빨간 알약 이데올로기로부터 인셀까지 최근 몇 년 사이에 남성성 이데올로기에 전환이 생겼다는 주장이다. 2007년은 픽업아티스트 이데올로기가 대중문화에 자주 묘사되면서 최정점을 찍었던 시기다. 신자유주의에도 변동이 생겼다. 특히, 2008년 재정 위기를 기점으로 신자유주의적 권력이 개인을 주체화하는 영향력이 쇠퇴하기 시작하였다. 신자유주의의 최근 버전은 "스스로의 실패를 감당 못"하고(Bratich & Banet-Weiser, 2019, p. 5006) "한 개인의 재기 불능성을 개인 탓"으로 돌려 버린다(ibid.). 그 결과 인셀은 능력주의 등의 신자유주의적 가치를 거부한다. 그리고 여성에게 성적 자신감과 보살핌을 제공해 달라고 떼를 쓰기 시작하였다. 이 장 후반에서 설명하겠지만, 인셀은 신자유주의를 부분적으로 거부하는 선에서 벗어나서 파시즘의 판타지를 창조하고 수용한다.

남성계에 대한 연구성과 검토는 이만 마치고, 인셀을 분석하는 작업을 시작하겠다. 이들의 말은 너무 여성혐오적이고 유해성이 심해서 때로는 참아 주기가 어렵다.[7] 여

---

**7** 이 책에서는 포럼 게시물의 제목은 볼드체로 표시한다. 게시물의 오타와 실수는 원문대로 유지한다.

성은 물건처럼 묘사되거나, 혹은 오직 돈 많고 잘생긴 남자에게만 관심 있는 얄팍한 존재로 그려진다. 인셀의 기본적인 바탕은 바로 여성혐오다.

## 여성혐오와 막말 유머

다양한 인셀 커뮤니티에 나타나는 여성혐오에서 가장 주목되는 특징은 바로 유치함과 유머 의존성이다. 이들은 사춘기 소년들이나 할 듯한 농담을 서로 주고받는다. 포챈chan이나 레딧 등 여타 커뮤니티에서도 이들의 '오타쿠' 혹은 '범생남' 유머는 전폭적으로 짤, 움짤, 웃긴 영상, 편집 뮤비, 리믹스 등에 의지하고 있다. 이른바 '인터넷의 패스트푸드'(Denisova, 2019)인 이러한 요소는 이들 커뮤니티 특유의 분위기를 구성한다. 인종주의, 성차별주의, 이민족 혐오를 핵심으로 삼는 온갖 유머가 넘쳐 나는데 나중에는 대체 뭐가 농담이고 뭐가 진담인지까지 뒤죽박죽이 되어 버린다(Greene, 2019). 막말 농담은 절대로 우습지가 않다. 인셀이 동원하는 유머를 가장한 막말은 그들의 현실 속 운명이 얼마나 치명적이고 절망적인지를 보여 준다. 이는 또한 타자들, 즉 스테이시, 채드, 평범남들을 향한 무기가 되기도 한다. 이러한 논리는 다음 게시물에 잘 드러난다.

> 초능력을 쓸 수 있다면 인구 90%를 싹 죽인 다음에 세상을 재창조해서 일부일처제랑 배우자 할당제를 실시해 버릴 거야. 그러면 우울증도 사라지고 더 나은 세상이 되겠지. 인셀도 없고 채드도 스테이시도 없는 세상(Reddit, 2018a, 게시물).

유머의 역할은 심각한 내용을 가볍고 시시하고 찌질한 것으로 받아들이게 하는 것이다. 유머는 해악성과 유해성이 가득한 세계관을 살짝 가리고 더욱 강화하는 기능을 한다. 크뤼거가 인셀 커뮤니티의 유머 연구에서 논증하였듯(2021), 다양한 종류의 포챈, 범생남 문화, 게이머게이트, 익명의 해커 집단 등의 온라인 하위문화가 인셀 현상을 가져온 핵심적 요소였다(Coleman, 2014; Greene, 2019 참고). 인셀은 유머와 아이러니를 사용하여 자신들을 한없이 무기력하고 둔감한 존재로 만들었다.

여기에서 다루는 많은 게시물은 멍청이의 헛소리이며 파괴적인 장난의 성격을 띤다. 인셀 포럼에는 허언과 악플이 넘쳐 난다. 슈테픈 크뤼거가 주장하듯(2021) 인셀과 남권운동가들은 위악적 행동을 비아냥거리면서 장난치듯 한다. 그러면서도 스스로 자기 낙인찍기로 동일시를 한다. 자기 공격적 성격의 동일시다. 인셀은 스스로를 비하한다. 못생기고 외로운 오타쿠라고 자처함으로써 자신의 정체성을 쌓는다. 이전의 포챈 및 관련 하위문화는 자신들의 차이성과 타자성을 진보적이고 천박하지만 도발적이며 웃긴 방식으로 가지고 놀고는 하였다. 그에 비해 인셀은 부분적으로는 유사한 노선을 걷지만, 결국은 자신의 타자성을 사도마조히즘적 콤플렉스로 변신시켜서 사랑과 증오를 동시에 받는 형태로 만든다. 이들 자신의 못생김, 스테이시와 채드의 외모 등이 그 예다. 인셀은 거세당하고 억압당하고 더럽혀진 이미지로 창조된다(Krüger, 2021).

그러므로 유머는 복잡한 방식으로 기능한다. 이들에게 유머, 희생자 행세, 자기 폄하는 흉기로 둔갑하여 자기중심적 권력을 쥐어 준다. 이들은 흉기를 휘두르며 최소한 인터넷 공간에서만이라도 행위주체성을 느낀다. 동시에 냉소적 유머는 방어기제로 기능한다. 이들은 어떠한 헌신도 하지 않는다. 남성, 여성 혹은 인셀로서의 개인 경험 문제에 대한 어떠한 진지한 접근도 하지 않는다. 대안우파가 그렇듯 유머는 냉소적 거리감을 두고 구사된다. "인종차별이라는 비난과 그에 따른 잠재적 결과를 방지하는 방패"다(May & Feldman, 2019, p. 26). 대안우파를 연구한 롭 메이Rob May와 매튜 펠드먼Matthew Feldman의 지적이다. 인셀도 이 점에선 마찬가지다. 유머는 방패이자 **방탄복**이다. 나약함을 막아 준다. 그리고 남성성/여성성, 이성애 섹슈얼리티를 벗어난 다양한 섹슈얼리티를 자기 성찰하지 않아도 되도록 면제해 준다. 메이와 펠드먼에 따르면, 아이러니와 유머는 대안우파에게 유효한 전략이다. 과거의 파시즘적 이미지를 벗어 버리고 더 넓은 호소력을 지니게 해 주기 때문이다. 인셀은 대안우파가 제공하는 도구와 생각을 잘 받아들여서 유용한 전략으로 쓴다. 유머는 일종의 **찐따의 생각 없음**(Krüger, 2021) 정도로 기능하는데, 심각함을 피해 가면서도 여성 및 타자들을 도발하거나 화나게 하거나 상처 줄 수 있게 만든다. "웃자고 한 말에 죽자고 달려드네?"라고 인셀은 말할지도 모른다. 유머는 인셀 커뮤니티와 남성계 여타 그룹에서 여성 및 다른 남성들과의 교류를 막아 주는 방어기제이자 최대치의 공격력과 분노를 이끌어 내는 도구다. 이는 커뮤니티와 외부 세계 사이에 벽을 만들어 준다. 또한 인셀은 포스트 페미니즘적 광고와 대중문화에 드러난 아이러니를(제2장 참고) 선택적으로 배배 꼬아서 인용함으로써 무기화한다. 그리고 아이러니 텍스트, 예를 들자면 성차별적 메시지가 상당히 직설적인 광고와 미디어 텍스트를 적극 **참고**하여 오늘날 여성의 이른바 본질—남근적이고 자신만만하며 아름답고 그러면서도 지나치게 성적이고 권력을 가진 여성—을 강조한다. 인셀은 그들이 스테이시라고 부르는 그러한 이미지가 결국 미디어가 만들어 낸 문화적 구성물이지 **현실이 아님**을 깨닫지 못한다.

　게다가 이러한 유머 콘텐츠는 빨간 알약, 까만 알약의 개념에 기대어 있다(서론 참고). 인셀은 까만 알약을 추구한다. 자신들은 막장이고 절대 벗어나지 못한다는 것이다. 아이러니와 허무주의적 유머는 오직 한 가지 목적을 향한다. 어떠한 변화의 가능성도 미리 방어적으로 차단하는 것. 변신도, 행위주체성도 없다. 논의의 여지도 없다. 아이러니는 허무주의적 독단론이자 단호함으로 기능한다. 인셀은 남들의 호의적 조언을 거부한다. 아무 소용이 없기 때문이다. 이들 커뮤니티 게시물에는 격려의 말이나 진심 어린 조언이 없다. 다들 모든 것이 최악일 뿐이다. 희생자 행세는 우파 집단과 대안우파의 핵심적인 전략이다(Hawley, 2017). 그들이 그토록 엉망진창인 이유는 죄다 남들 탓을 하기 때문이다. 그저 답이 없다.[8] 희생자 행세하기, 자기 연민 등의 담론은 아이러니와 유머를 만나서 인셀 개인이 경험하는 삶을 보여 준다.

---

**8**　고립으로의 후퇴는 종종 자살 논의로 이어진다. 인셀은 이를 '목매달기roping' 혹은 '자살추천suifuel'이라고 한다. 즉, 자살 생각을 증폭시키는 콘텐츠를 의미한다. 혹은 '나자뒈LDAR'(나가서 자빠져 뒈져라)라고 부른다. 이러한 게시물은 인셀이 외톨이이며 다른 인셀과 온라인에서 함께하는 것에 위안을 얻고 있음을 보여 준다.

# 정신건강, 신자유주의 실패에 대한 대응

한 이용자가 "다 끝장이다."라고 쓰자, 다른 이용자가 "시작한 적이나 있고?"(Krüger, 2021 참고)라고 댓글을 단다. 많은 이용자는 정신건강을 논하고 우울감을 호소한다. 사회 전체로부터 따돌림을 당하고 무시당하는 느낌이라는 것이다. 인셀은 자신들을 이해하지 못하는 남들, 특히 여성들을 탓한다. 아무도 이들을 욕망하지 않고 원하지도 않으며 혼자 내버려 둔다. 그 결과 이들은 여러 가지 정신건강 문제에 시달린다. 이들이 주장하는 비참함은 커뮤니티 안에서 두 가지 방식으로 논의된다. 매력적인 여성이 자신들을 봐 주고 받아 줘야 한다고 공격적으로 **요구**하거나, 혹은 남은 희망이 없으니까 그냥 혼자 있겠다는 것이다.

이러한 내러티브는 문제가 많다. 타자를 향한 분노로 가득하다. 그러면서도 이들은 자신들도 마땅히 여성과 사귀고 섹스를 할 자격이 있다는 복잡한 감성을 드러낸다. 그리고 한편으로는 정신건강의 문제로 고생하고 고통받고 있다. 레이첼 오닐이 인터뷰하였던 픽업아티스트의 경우처럼(2018) 인셀은 여성에게 혹은 남성에게 요구되는 기준이 이중적이라고 생각한다. 그럼에도 이들은 여성성과 남성성의 이데올로기적 구성 개념을 현대 여성과 페미니즘 탓으로 돌린다. 사실은 자본주의와 소비주의 탓인데 말이다. 무엇이 아름다운가에 대한 관념은 명백히 이데올로기적이며 이에 순응하는 사람에게는 응분의 대가가 따른다. 이는 단지 남성 육체뿐 아니라 다양한 육체 모두에게 적용된다. 장애인의 육체가 한 예다. 좀 더 넓고도 세심한 관점은 남성계에 없다. 인셀은 얄팍한 '외모지상주의'와 페미니즘 때문에 자신들이 비참해졌다고 확신한다. 이는 명백히 사실이 아니다. 오닐에 따르면 현재 우리는 "약자를 깔보고 나약함을 벌주는 문화를 가지고 있다. 남성들 사이에선 특히 더 그렇다"(O'Neill, 2018, p. 213). 인셀은 이러한 문화에는 반발하지만 결론을 엉뚱하게 내려 버린다. 신자유주의 이데올로기와 헤게모니가 조장하는 특정 남성성과 여성성은 이런 식으로 무의식적으로 내면화된다. 그러면서도 한편으로는 실패한다. 내면화의 실패는 강렬한 정동적, 심리적 반응을 초래하여 인셀의 경우처럼 학대의 형태로 표출된다.

잭 브래티치와 사라 바넷-바이저는(2019) 현재 신자유주의의 경제 위기와 긴축 조치, 직업 시장의 변화 등으로 요약되는 실패에 대해 지적한다. 신자유주의는 이데올로 기적으로나 실용적으로도 개인을 보호하고 보장하는 데에 실패하였다. 현재 신자유주의는 개인을 자족적이고 생산적이고 성공적인 행동 주체로 만들어 내지 못한다. 남성 주체의 개인적 실패는 경제적이건 연애 문제이건 다른 문제이건 간에 온라인 공간에서 인셀 같은 커뮤니티로 표현된다.

> 여성혐오가 네트워크화되고 혐오에 대한 공감도 다양한 형태로 새롭게 중재됨에 따라, 이제 실패감은 혼자 삭여야 할 개인의 책임이 아니게 되었다. 실패감은 결합되고 가속되었다. 그리하여 위협감을 느끼는 남성 주체가 네트워크화되었다. 그들이 탓을 돌릴 집단을 지목하였다. 바로 여성들이다(Bratich & Banet-Weiser, 2019, p. 5007).

브래티치와 바넷-바이저는 신자유주의 이데올로기의 기동력, 즉 성공하려면 일을 열심히 하고 장해물을 극복해야 한다는 논리의 설득력이 바닥났으며, 특히 2008년 전 세계적 재정 위기 이래로 정체가 탄로났다고 본다. 그 결과 개인은 직장을 잃었으며 정부는 재정을 긴축했고 소비는 얼어붙었다. 전반적인 경제 불안정이 수년간 지속되고 있다(Stanley, 2014; Bhattacharyya, 2015; Walkerdine, 2020). 시장은 자신감을 잃었고 남성들도 마찬가지였다. 정신분석학적 용어로 말하자면, 신자유주의의 남근적 권력이 2008년 이래로 퇴색하기 시작하였다고 표현할 수도 있다. 자신감의 상실은 상징적으로 남근의 상실을 의미한다. 자신감을 잃은 인셀은 이제 요구한다. 이제 여성이 보상을 해 줘야 한다는 것이다. 여자들이 남성을 먹여 살려 주고 자신감을 북돋워 주고 남성을 욕망해 주어야 한다. 브래티치와 바넷-바이저는 신자유주의 이데올로기의 핵심이 바로 자신감이라고 본다. 개인이 자신감을 가지는 법을 배우고, 자신감을 갖고 일해야 하고, 신자유주의적 계급 유동성, 기업주의, 성공에 대해서 자신감을 **꼭** 가지라는 이데올로기다. 신자유주의의 핵심에는 이러한 약속이 숨겨져 있다. 너희가 시스템을 믿고, 긍정적으로 사고하고, 선제적으로 행동하고 일만 열심히 한다면, 너희는 성공할 것이다(Gilbert, 2013; Walkerdine, 2020). 이러한 이데올로기가 인셀에게서는 산산조각 깨진다.

픽업아티스트 세계관에서 '자신감 게임'은 기본이다. 진정한 신자유주의적 세계에서 자신만만하고 성공적이고 여자에게 인기 있는 남성처럼 보이려면 특정한 매뉴얼에 따라 행동하면 된다는 것이 픽업아티스트다. 인셀은 이를 거부한다. 자신감이란 배우거나 연기할 수 있는 것이 아니라는 것이다. 이 부분이 신자유주의가 실패한 지점이다. 신자유주의는 실패한 혹은 실패감을 느끼는 개인의 정서를 체제 안에 담아 주지 못한다. 인셀은 자신들은 절대 안 될 것이라고 믿고 있다. 까만 알약의 세계관이다. 너무나 못생기고 우울증도 심하고 경제적 지위도 없고 등등 이유는 많다. 그렇기 때문에 여성이 이러한 남성들을 '담아 주'[9]어야 한다. 그들의 자아를 위로하고 불안을 없애 주고 보듬어 주어야 한다. 인셀과 남성계는 신자유주의 혹은 픽업아티스트 이데올로기를 탓하기보다는 자기들을 받아 주지 않는 여자들을 탓한다. "오늘날의 인셀은 이렇게 해서 내면 집중적, 상호 확신적, 반사회적 사회성으로 탄생하게 된다"(ibid, p. 5017).

이런 식으로 인셀의 정체성이 창조된다. 욕망의 대상도 못 되고 주변적 존재이며 오타쿠이고 범생남이며 정신적으로 불안정하다(Massanari, 2017; Blodgett & Salter, 2018; Mountford, 2018; Krüger, 2021). 인셀은 무척이나 강경하게 성적 과잉 자격의식을 표현한다. 과잉 자격의식에 방어적 어조의 정신건강 논의가 겹쳐지게 되면, 자신들을 제외한 모든 외부 세상을 다 비난하는 논리가 만들어진다. 이들의 내러티브에는 내면화된 신자유주의가 들어 있다. 한편 자신들을 실패자로 만든 신자유주의에 대한 고뇌도 들어 있다. 자신들은 시스템의 틈새에 낀 신세이며 아무도 원치 않는 존재다. 신자유주의 체제에서의 성공은 곧 섹스와 연애의 성공과 연결된다. 나는 신자유주의가 과연 주체들을 이데올로기적으로 담아낼 수 있을지 확신이 서지 않는다. 브래티치와 바넷-

---

**9** '담아 주기Containment'는 윌프레드 비온Wilfred Bion(1963)이 제안한 정신분석학적 개념이다. 유아 혹은 환자가 고통 혹은 불만족 등을 경험하고 있을 때에 어머니 혹은 상담가를 찾거나 혹은 찾아와 주길 바라는 상호 주관성 모델이다. 어머니/타자는 유아/환자의 고통스러운 감정을 이해할 수 있으며, 달래어 주는 방식으로 반응한다. 이는 '찾기'와 '찾아주기/반응하기'가 동시에 이루어지는 역동적 모델이다(Ogden, 2004, p. 1345).

바이저 역시도 이를 불가능하다고 본다. 이들이 말하는 변화와 경제적 불안은 무척이나 현실적이다. 인셀은 신자유주의의 실패를 거부하고 폭로한다. 그 결과 주체로서 방어적인 태세를 취한다. 이들은 헤게모니적 남성성과 신자유주의적 의미의 생산적, 행위주체적 인간형에 순응하지 않는다. 인셀은 유머, 아이러니, 희생자 행세하기와 자기혐오를 이용한다. 이들은 둔감하고 무기력한 정서 상태로 여성을 향해 막말과 괴롭힘을 퍼붓는다. 이들은 모든 종류의 상담치료를 거부한다. 신자유주의는 치료를 통한 주체의 변신을 약속한다. 특히 빠르고 가성비 좋은 비정신분석학적 심리치료가 추천된다. 브래티치와 바넷-바이저는 여기에서 한 발 더 나아간 인셀은 총기난사 등을 통해서 실제 폭력을 저지르게 된다고 주장한다(총기난사범의 경우는 제6장 참고).

신자유주의 실패론에는 좀 더 심층적 차원이 있다고 생각한다. 포챈과 레딧 등의 공간에서 대안우파가 인기를 끄는 것도 이와 무관하지 않다. 그리고 오늘날 극우 극단주의와 대안우파가 특정 종류의 남성들 사이에서 인기를 끄는 것도 우연은 아닐 것이다. 1920년대 후반 이후의 독일 등 예전 파시즘의 사례에서도 그러하였듯, 이들은 경제 불황과 위기를 맞이하여 과연 누구 탓인지, 혹은 확실한 해결책은 무엇인지 등에 대한 판타지를 만들어 낸다. 신자유주의가 허둥거리는 동안 대안우파와 특정 형태의 권위주의적 자본주의가 기세를 잡았다(서론과 제2장 참고). 인셀은 복잡하면서도 모순적인 정신을 구현한다. 이는 억제/탈억제, 둔감, 상징적 행위주체성 등의 특징을 지닌다. 여성을 모욕하고 학대하는 게시글은 유해한 상징 권력의 특정 형태로 보아야 한다. 현재 신자유주의적 긴축정책과 위기를 비판하고 재검토하는 것이 아니라 전혀 다른 현실을 새로 만들어 버리기 때문이다. 곧이어 상술하겠지만, 허구적인 현실 창조는 더욱 증폭된다. 이들은 채드가 되고 싶은 판타지를 지녔다. 그리고 파시스트 남성성과 아주 유사한 형태의 강인한 남성성을 구현하고 싶어 한다.

여기까지는 인셀을 방어적-억제적 측면에서 고찰하였다. 이들은 특정한 사회문화적 조건에 둔감한 방식으로 대응한다. 또한 신자유주의 이데올로기를 필수불가결한 것으로 긍정/욕망한다. 외모 강박, 외모에 기반을 둔 서열화, 성적으로도 경제적으로도 성공한 남성상 등이 그렇다. 그러면서도 신자유주의의 피상성과 해악을 거부하고 또한 의식적으로 허상을 폭로한다. 그럼에도 결국 모든 것은 여자 탓이다. 신자유주의 이데올로기도 여자 탓이고, 인셀이 지위와 능력을 갖추지 못한 것도 여자 탓이다. 신자유주의와 이데올로기 자체는 간과된다. 그리하여 인셀은 독특한 형태의 권위주의적, 파시스트적 이데올로기를 기꺼이 추종한다. 파시스트 남성성은 행위주체성, 몸매, 육체적 힘과 매력을 보유한다.

앞서 두 단락에서 자세히 보았듯, 인셀에게 억제, 방어기제, 판타지는 곧 방탄복이 되어 준다. 이후 이어질 두 단락에서는 이렇게 만들어진 방탄복이 여성을 적대시하는 탈억제화된 상상적 투쟁에서 인셀 자신의 육체와 함께 어떻게 작동하는지 알아보도록 한다. 이 모든 사례는 정신사회학적이다. 즉, 주관적-심리학적 사건인 동시에 사회-경제-구조적 현상이자 발전이라는 뜻이다. 성혁명과 그 결과, 2008년 재정 위기 이후의 신자유주의의 성격 변화, 대안우파와 백인 우월주의의 대두 등이 그 사례다.

## 여성에 대한 파괴 그리고 욕망

인셀의 내러티브 중에는 폭력 행동의 판타지를 열심히, 그리고 자세히 그려 낸 글이 꽤 많다. 자신들을 무시하고 비웃고 거절한 여성들에게 복수를 하겠다는 것이다. 곧 살펴보겠지만, 그럼에도 이들은 여성을 욕망하고 여성과 함께하고 싶다는 소망을 동시에 가지고 있다. 이 남성들은 스테이시를 사귀는 채드가 되고 싶어 한다. 여성에 대한 보복 판타지, 여성의 실상 판타지, 여성의 사고방식 판타지 등 인셀은 다양한 판타지를 갖고 있다. 인셀의 상징적 권력은 그들의 온라인 커뮤니티를 벗어나기만 하면 아무런 현실성이나 중량감이 없다. 오직 온라인에서만 중요하다. 그들은 나약하고 실패한 남성성을 구현하고 있다. 이는 좀 전에 논한 바와 같이 스스로 초래한 것이기도 하지만 동시에 사회문화적 변화에 기인한 것이다. 그들은 특정한 버전의 판타지 현실관을 온라인에서 논의하고 유통한다. 그러므로 이들은 오직 인터넷에만 존재하는 최소한의 행위주체성을 보유한다. 이러한 정신역학은 온라인에서 탈억제화된 권력으로 모습을 드러낸다. 그들에게 온라인 권력은 현실에선 얻을 수 없는 과대망상의 만족을 준다. 그들은 보복을 결행할 시나리오를 꿈꾸며 설사 성사되지 않더라도 상관없다고 생각한다. 이들은 복수 시나리오를 온라인에 올리는 것으로 최소한 **뭔가**를 해냈다고 느낀다. 사회경제적 변화와 성적 변화가 급격한 시대에 남성들을 위해서 최소한 불변의 무언가를 이루었다고 생각한다.

스스로 만들어 낸 무력감은 신자유주의의 변화와 관련되어 있다. 또한 남성계에 노골적으로 만연한 백인 우월주의 인종주의적 판타지와도 연관되어 있다(서론 및 제2장 참고). 곧이어 설명하겠지만, 인셀은 대안우파의 용어와 이미지를 적극적으로 활용한다. 남성 개인과 남성성 일반의 위기의식은 물론 신자유주의의 불안정성에도 큰 호소력을 지니는 전략이다(제2장 참고). 특히 백인성과 백인 남성성의 위기에 부응하는 전략이다. 인셀과 남성계 대다수는 백인들이며, 인종주의, 반유대주의, 여성혐오 내러티브를 대안우파로부터 수용하고 자신들의 내러티브를 덧붙임으로써 불안감을 극복하고자 한다.

백인 남성성의 위기에 대응하기 위해 파시즘 주변을 선회하며 욕망과 판타지를 만들어 낸다. 대타자를 만들어 내어 공격한다. 인셀과 남성계에게 대타자는 단연 여성이다. 그럼에도 인셀은 여성을 욕망하는 동시에 여성을 거부한다. 이하의 게시물은 욕망과 복수의 복잡성을 잘 보여 준다.

직장에 내가 조금 호감이 가는 여자가 하나 있어. 계획한 건 아닌데 여자가 매력 있는 편이라서 그렇게 됐어. 옆에 스쳐갈 때마다 내가 의식적으로 미소를 지어 줬어. 그런데 그년은 꼭 나를 차단하면서 바닥만 쳐다보고 조용히 지나가. 뻔하지. 속마음이 뻔하지. "아, 싫다. 저 짜증나는 놈 또 왔네. 어휴." 만날 때마다 늘 그래. 우린 대화를 나눈 적은 없어. 그런데 나 빼고 다른 사람들하고는 문제없이 깔깔거리고 떠들더라. 지난밤에 페이스북에서 그년 계정을 검색해 봤더니 내 의심이 딱 맞더라. 채드처럼 생긴 남친이랑 찍은 사진이 수두룩해…… 호감이 싹 사라졌어. 오늘 점심 먹으러 나갔기에 보니까 책상 아래에 신발을 두고 갔더라. 구내식당 소스통을 가져와서 신발 속에 케첩을 잔뜩 짜 넣었어. 다시 와서 신발 갈아 신는 장면은 못 봤는데(범인으로 의심받을까 봐) 분명히 발을 딱 넣는 순간 케첩이 팍 튀었겠지!!(Reddit, 2018b, 게시물).

이 게시물의 인셀은 자기 연민과 희생자 행세에서 벗어나서 소심한 종류의 행위주체성을 실천하였다. 인셀은 대부분은 상징적 차원에서만 이렇게 하겠다, 혹은 이렇게 하고 싶다 정도를 온라인에 자세히 쓰는 것에 그친다. 게시물을 쓴 남성이 진짜로 신발에 케첩을 짜 넣었는지 여부는 알 수가 없다. 어찌 되었든 간에 폭력적인 침해의 행동이다. 이 인셀은 욕망하던 여자를 성적으로 얻을 수 없게 되자 그녀의 신발에 케첩을 짜 넣었다. 성교의 판타지를 치환해서 행동에 옮긴 것이다. 정액이 케첩이다. 이러한 내러티브에서 여성은 환지적 인물로 만들어지며, 특정한 성격을 가졌다고 단정 지어진다. 얄팍하고 인셀을 거절하며 위험하다는 단정이다. 인셀은 스스로 침해당하고 거세당하였다고 느낀다. 그래서 앞의 인용문에서 나온 행동을 충동적으로 하게 된다. 이 게시글은 또한 일종의 변태적 공동체 의식을 보여 준다. 커뮤니티의 다른 남성들에게 자신이 한, 혹은 하였다고 주장하는 행동을 공개함으로써 인정과 격려를 받고자 하는 것이다. 글을 쓰는 것은 중요하다. 그래야 댓글이 달리고 인정을 받고 남들보다 더 존재감을 얻는다. 이것이 일어난 적이 없는 순수한 판타지인지 혹은 진짜로 신발에 케첩을 짜 넣었든 간에, 이 남성에게는 레딧에 글을 유통하는 행동이 인정이자 인증이다. 글로 옮겨지면서 정동적 분출이라는 행동이 발생한 것이기 때문이다 (Johanssen, 2016, 2019). 인셀에게는 이것이 현실이 된다. 실화인지 주작인지는 상관이 없다. 앞의 내러티브에서 인셀은 여성을 비생명화하면서 자신의 정동적 긴장을 방출했고 잠시나마 후련함을 느꼈다(deCook, 2021).

이러한 게시물에서는 여성과 여성 지위 강화에 대한 상당한 증오가 보인다. 아마도 여성들에게 무시당하고 거절당하였기 때문일 것이다. 여성을 거절하면서도 욕망하는 모순은 인셀의 핵심에 해당하며, 아마도 인셀 자신들이 스스로를 느끼는 방식을 반영한 것이다. 너무나 여러 번 거절을 당하고 무시를 당했기 때문에 오히려 선회하여 세상 모든 여자를 거부하려고 한다. 그러므로 여성에 대한 욕망을 제거하려고 시도하지만 욕망은 사라지지 않는다. 거절당한 고통을 느끼면서도, 혹은 아마 **한 번도** 여성과 의미 있는 상호 교류를 해 본 적이 없으면서도, 동시에 여성에 대한 욕망을 느낀다. 여성을 몹시 미워하면서도 간절히 원하는 일은 인셀에게는 고통스럽다. 종종 유치하면서도 충동적인 사춘기 소년의 육체를 지닌 인셀은 이러한 내러티브를 만들어 내곤 한다. 인셀은 억제/탈억제의 육체적 상태에 처해 있고 욕망과 파괴의 모순을 겪으며 억제와 방출 사이에서 괴로워한다. 이러한 모순은 다음 글에서도 볼 수 있다.

아는 애 중에 키가 155cm이고 얼굴 못생긴 놈이 있어. 대학생인데 하도 여자한테 까여서 다 포기했어.

그래서 작정하고 '공부셀studeycel'로 막 파서 자기 스펙보다 더 좋은 직장을 잡았어. 연봉이 백만 달러 중반대 정도 돼.

대학 4학년인데 벌써 연봉이 백만이야. 그래서 암봇들을 엿먹이기로 한 거야. 먼저 좋은 양복을 입고 그 위에 후디를 입은 다음에 자기보다는 키가 작은데 쌔끈한 암봇들한테 작업을 쳤어. 내일 저녁에 시간 있냐고 말이지. 다들 시간 없다고 핑계 대고 거절했대. 그러면 후디를 딱 벗어던지면서 한 마디 해. "정말 이쁘시네요. 내 후디 선물로 드릴게요." 그때 비싼 양복이랑 액세서리를 보면 갑자기 입장을 바꾸면서 내일 저녁에 시간이 생기는 거야. 물론 싸구려 후디 선물이 좋아서 그런 건 아니겠지. 그놈이 최상의 베타벅스라는 걸 다들 아니까 그렇겠지(Reddit, 2018c, 게시물).

이 이용자는 이어진 글에서 여자들이 어떻게 '그놈'을 벗겨 먹으면서 몰래 채드와 바람을 피웠는지에 관한 이야기를 한다. 하지만 '그놈'은 '빨간 알약'을 먹긴 했으면서도(빨간 알약의 세계관 추종자) 여자들을 꾀기 위해서 베타벅스인 척을 한다는 것이다.

'그놈'이라는 인물이 실제로는 게시글을 올리고 있는 이용자 본인은 아닐까? 정체를 드러내는 판타지, 즉 인셀의 못생긴 껍질을 벗고 양복 입은 멋진 모습을 드러내는 대목은 변신의 욕망을 보여 준다. 매우 신자유주의적이면서도 한편 보편적인 인간의 욕망이다. 남들에게 받아들여지고 성적인 욕망의 대상이 되는 것이다. 판타지의 결말도 의미심장하다. 여성을 소유하면서도 거절하고 싶은 모순된 감정이 처리되는 방식을 보여 준다. 설사 여성들은 이 남성과 사귀어 주기는 하더라도 **여전히** 몰래 '채드와 바람'을 피운다. 이 남성은 채드 같은 알파 메일이 아니고 베타 메일이기 때문이다. 이 여성혐오적 복수 판타지는 낡은 패턴의 인셀 담론에 뿌리박고 있다. 여성은 정직하게 열심히 일하고 마음 착한 베타 메일을 기만하는 존재로 그려진다. 그러나 여성에 대한 욕망은 너무 강하다. 그래서 모든 여성은 남자들과 바람이나 피운다고 비하함으로써 이 욕망을 억누른다. 이렇게 인셀 이데올로기와 동료들에게 신의를 지킨다.

그러나 마지막 문장은 인셀에게 탈출의 가능성을 열어 준다. 여성에 대한 욕망과 거절을 동시에 원하는 판타지 세상으로부터 벗어날 수 있는 방법이다. '그놈'은 이 모든 상황을 **안다.** 빨간 알약을 먹었다. 여성과 섹스를 하려고 베타 메일인 척을 하고 있지만 사실 그는 채드인 것이다. 게시글에 등장하는 남성은 '게임'을 이해하고 자기가 좋은 방향으로 이용하고 있다는 것이다. 이 글은 원형적 내러티브의 전형을 보여 준다. 인셀 커뮤니티는 복잡한 욕망과 모순적인 성적 판타지를 이렇게 화해시킨다. 인셀은 변신을 꿈꾼다. 그들은 채드가 되어서 스테이시의 사랑을 받고 싶어 한다. 그러나 현실에서는 까만 알약을 삼키고 여성에 대한 증오만 키워 가고 있다. 이 점은 다음 장에서 다시 다룬다.

채드는 문란한 바람둥이다. 반유대주의자가 유대인을 그리는 방식과 동일하다. 독일 나치 프로파간다에서는 유대인을 문란하고 모든 여성을 다 유혹하는 존재인 양 묘사하였다(Theweleit, 1989). 성적 능력이 좋은 흑인 남성을 말하는 인종주의자의 논리와도 비슷하다(제7장 참고). 앞서 내러티브에는 만능 통제의 판타지도 들어 있다. 이야기의 주인공은 주변 모두를 조종한다. 그런 면에서 픽업아티스트를 연상시킨다. 인셀은 픽업아티스트 이데올로기를 거부한다. 픽업아티스트는 자신들의 워크숍에 참여하면 남들을 조종할 수 있다고 장담한다. 특정 공식을 따라 행동하면 어떤 여자라도 '깨버릴' 수가 있다는 것이다. 레이첼 오닐의(2018) 연구에 잘 드러나 있다. 앞의 게시글은 여성을 조종하고 지배하고 싶은 비슷한 욕망을 보여 준다. 분명 인셀과 남성계는 피해자의 지위와 그에 수반되는 방어기제를 적극적으로 벗어나고 싶어 한다. 그리고 유해한 현실을 적극적으로 만들어 내고 싶어 한다. 이를 더 자세히 살펴보도록 하겠다.

## 남성적 힘에 대한 판타지

인셀은 종종 부적응성, 무능력감, 자기혐오, 자기 파괴욕을 토로한다. 한편 그러한 상태에 맞서 싸우고자 하는 내러티브도 자주 표현한다. 이러한 내러티브는 남성적 강인함과 남성 육체를 미화하는 게시물에서 더욱 증폭된다. 예를 들어, 여성들이 근육남, 범죄자, 갱단 멤버를 좋아한다는 판타지가 그렇다. 여기에는 노골적 인종주의 뉘앙스가 깔려 있다. 인셀은 스테이시가 흑인과 범죄남을 좋아한다고 주장한다. 영화혹은 뮤직비디오 등 대중문화에서 범죄를 묘사할 때 흑인 배우가 범죄자 연기를 하는경우가 많다. 백인 남성들 일부인 인셀이 이를 인종주의적으로 오독하여, 흑인 범죄자가 적극적이고 인기 있다고 생각하는 것이다(Balaji, 2009; Belle, 2014). 인셀은 많은 백인 여성들이 대중문화에 나오는 대로 '터프가이'인 흑인 남성을 좋아한다고 믿는다. 이는 흑인 개인을 낙인찍는 인종차별적인 내러티브다. 흑인 남성은 범죄자이며 위험하지만 백인 여성들의 욕망의 대상이라는 것이다. 이는 과거 미국의 인종차별적 분리정책 시절부터 있었던 논리다. 흑인 남성들의 짐승 같은 육욕으로부터 백인 여성을 '지켜야' 하기 때문에 흑백 분리가 필요하다는 주장도 그러하였다(Fanon, 1967; George, 2014). 위험하고 음란한 흑인 남성이라는 인종차별적 판타지에 대해서는 제7장에서다시 살펴본다.

　　인종 내러티브는 인셀 담론에서 복잡한 방식으로 기능한다. 백인이 아닌 인셀은 많은 경우 인종주의를 내재화한다. 그들은 자신이 인도인 혹은 남아시아 남성이기 때문에 백인 여성을 사귀는 것이 불가능하다며 개탄하고 자신의 인종적 배경을 자학한다. 이들에 따르면 백인 남성은 백인이 아닌 남성에 비하면 어떤 인종의 여성이라도 더 쉽게 사귈 확률이 많다. 더 나아가서 백인이 아닌 남성의 육체가 단점이 많다는 논리까지 편다. 대표적인 우생학자였던 한스 F. K. 귄터Hans F. K. Günther(1933)의 전형적 인종차별 내러티브에 일치한다. 이는 잠시 후 자세히 살펴본다. 백인이 아닌 인셀은 자신들의 몸을 개탄한다. 키 크고 근육질인 이상형의 몸, 즉 백인 채드나 흑인 타이론에게는 상대가 안 된다는 것이다. 남근적 남성성은 종종 근육질 몸매를 이원적으로 백인형과 흑인형으로 나누어 표현한다. 이 용어는 소위 '호구남cuck', 즉 포르노에서 아내가흑인 남성과 섹스하는 모습을 억지로 지켜보는 백인 남편을 일컫는 용어로 인종차별적 사용으로 확대된다. 이는 제7장에서 다시 논하겠다. 결국 인셀이 가장 욕망하는 것은 백인 남성이다. 이는 채드라는 판타지의 구성으로 나타난다.

인셀 커뮤니티에서 남성 우월주의와 백인 우월주의는 자주 중첩된다. 인셀이 구성해 낸 백인 남성성은 근육질 육체가 연애 성공을 보장하는 비결이라는 판타지다. 여기에는 백인 남성 육체에 대한 동성애적 에로티시즘이 잠재해 있다. 이는 제이미 하킴이 지적하듯(Hakim, 2019), 인스타그램 등의 거대 플랫폼에 에로틱한 남성 육체의 이미지가 크게 증가한 것에 어느 정도 원인이 있다. 인셀과 남성계 남성들이 이러한 이미지를 적극 소비한다(제2장의 논의 참고). 남성계의 호모섹슈얼리티 문제는 나중에 다시 고찰하겠다.

인셀은 과잉 남성성을 욕망하며 그래서 자주 채드의 몸매를 언급한다. 인셀은 자주 소위 '업그레이드ascending'를 말한다. 인셀에서 채드로 변신한다는 뜻이다. 강인한 남성인 채드, 알파 메일이 되고 싶은 욕망은 인셀에게 몹시 강하다. 이는 표현하면서도 동시에 억눌러야만 하는 욕망이다. 채드는 미움의 대상이기 때문이다. 현재 파시즘적 온라인 풍토에서 대안우파의 용어는 자주 인용된다. 과거 반유대주의자들이 유대인을 비난했던 것처럼 인셀은 보통의 남성과 여성들을 향유의 도둑으로 비난한다.

**채드와 스테이시가 얼마나 보란 듯 놀아나는지 너희는 상상도 못할 거야**

그냥 섹스 수준이 아니야. 아주 환장한 것들처럼 문란하게 구는데 내가 돌겠어. 우리는 인간으로서 최저만 원하는데도 자격의식 과잉이라고 욕먹는데, 채드와 스테이시는 완전히 타락해서 온갖 더러운 짓을 다하면서 즐겨. 내 말이 틀린 것 같아? 인스타그램만 쭉 훑어봐. 떵떵거리고 자랑하고 시시덕거리면서 '플렉스'이 지랄이야. 어쩌다 운 좋아서 유전자 로또 맞은 건데 마치 **자기들만** 자격이 있고 **자기들이** 잘한 줄 알고 난리야. 유전자 귀족계급을 타도해 버리게 공포 정치 좀 했으면 좋겠다(Reddit, 2018d, 게시글).

세상이 완전 호구됐다고 놀라서 글 올리기 전에 더 생각해 봐. 우리 잘나신 매부리코들이 좋은 집에서 얼마나 떡치고 지랄하고 성공을 누리는지. 우리는 이 꼴로 맨날 종일 힘들게 사는데(Reddit, 2018e, 게시글).

여기에서는 대안우파 파시즘과 인셀의 생각이 얼마나 깊게 서로 얽혀 있는가를 잘 알 수 있다. 여성과 유대인은 지나칠 정도로 즐기면서 살면서 다른 모든 사람을 '호구'로 만들었다. 호구는 대안우파의 용어로, 거세되고 나약하고 정치적으로는 리버럴 좌파인 남성을 비하하는 말이다. 인셀은 포챈, 남성인권운동, 그 외 극우 집단의 위험한 혼종이다. 그리고 그들은 대안우파가 고안한 다양한 무기와 장치를 넘겨받아 적극적으로 사용한다. 이러한 내러티브는 단순한 악플의 수준을 넘어선다. 혹은 온라인 하위문화의 특징인 가벼운 유머를 넘어선다. 이들은 인터넷에서 파시즘 이데올로기의 전파에 적극적으로 참여한다. 인셀이 선망하는 강인한 남성상의 궁극은 바로 파시스트 남성이다. 심각한 수준의 비이성적 판타지다. 이 판타지가 왜 인셀에게 그토록 강력한 매력을 행사하는 것일까? 프로쉬는 나치 독일의 반유대주의자에게 유대인이 얼마나 중요한 존재였는지를 설명한다.

처음에 유대인은 문화적 적합성 때문에 미움의 대상으로 선택받았다. 그러다가 모든 타자성의 보균자로 과도하게 집중을 받았다. 사방에 음모론이 넘쳐 났다. 그리하여 피해망상과 증오의 악순환이 초래되었다. 유대인은 반유대주의자의 투사(投射)된 충동을 담아내면서도 과장하는 관념이 되었다. 정신병이 허공을 떠돌았다. 광기 폭발을 막으려면 끝없이 긴장을 고조하고 반유대주의적 증오를 상승시키는 수밖에 없었다. 유대인은 파괴적 충동의 안전밸브였다. 유대인을 이렇게 이용하는 것은 사회적으로도 개인적으로도 비용이 많이 드는 일이었다(Frosh, 2016, p. 35).

그리하여 유대인은 투사(投射)의 출구로 기능하였다. 그러므로 절대 사라지지 않았다. 나치 독일이 아무리 무자비하게 멸절시키려고 했어도 유대인은 없어지지 않았다. 반유대주의자에게 무게감이 컸던 것은 바로 유대인의 이러한 환지적 차원이었다. 유대인의 세력은 약해지지 않았다. 판타지를 통해서 구성된 관념이기 때문이었다. "실재하지 않고 환지적이며 미움받는 타자는 제거될 수가 없다. 어떤 의미에서 완벽한 적이란 바로 존재하지 않는 적이다"(Frosh, 2016, p. 65). 유사한 의미로 스테이시와 채드는 실재하지 않는다. 그들은 판타지다. 유대인, 스테이시, 채드는 온갖 괴로움의 원인이다. 프로쉬는 말한다.

> 반유대주의자는 '비이성적' 믿음에 매혹된다. 자기 자신과 그리고 세상 전체와 싸우
> 고 있는 정신의 교란 상태에 매혹되는 것이다. 반유대주의자는 구조적 사회적 약자다.
> 내면의 광기로부터 지탱력을 얻어서 제정신을 유지한다(Frosh, 2016, p. 39).

내가 인용한 많은 내러티브에서도 이와 유사한 정신적 교란 상태가 보인다. 어느 정도 정상적으로 기능하기 위해서 미워하는 동시에 욕망할 대상을 필요로 한다. 그 대상이 바로 스테이시와 채드다. 이들을 미워하면서도 미칠 듯이 욕망한다. 이 역설에 대해서는 다음 장에서 다시 설명하겠다. 인셀을 '반란'의 프레임으로 이해하여 모든 채드와 스테이시를 뒤엎어 버리고 인셀의 왕국인 '인셀덤'의 건립을 주장하는 내러티브도 있다. 마치 독일 제국을 건립하기 위해 폭력 투쟁을 벌이던 자유군단과도 같다. 인셀은 극우 테러리즘을 계획한다. 여성혐오적 피해망상과 전능의 판타지가 만들어 낸 발상이다. 이런 유형의 남성성은 테벨라이트가 설명한 **자유군단 남성상**과 무척이나 유사하다. 자유군단도 이들처럼 자신들의 희생자 지위를 강변하였다. 아마도 테벨라이트의 자유군단 남성들과 유사하게 결과적으로 인셀은 여성의 상징적 파괴를 강행한다. 그럼으로써 자신들의 성적 좌절감과 성적 경제적 실패감을 극복할 약간의 행위주체감을 느낀다. 인셀은 온라인 글쓰기의 결과로 상징적 권력을 얻는다. 그래서 자신들의 힘을 실제보다 과장해서 믿게 된다. 자신들은 전혀 다른 종류의 성혁명을 일으킬 '용사'다. 이러한 판타지와 내러티브가 이 시점에서 등장한 것은 결코 우연이 아니다. 이들은 우익 포퓰리즘의 파도에 힘입고 고무되었다. 서방 세계와 온라인 공간을 휩쓸고 있는 대안우파 문화에 용기를 얻었다. 이는 게시물에 쓰이는 용어들, 서브 레딧에서 공유되는 짤, 대안우파가 유행시킨 상징과 이미지에도 잘 드러난다. 또한 **파시스트 육체로 바뀌고 싶다**는 명시적, 암시적 욕망에서도 드러난다. 많은 게시물이 또한 유전학, 집안 내력 등을 이야기하고 특정한 육체적 단점을 말한다. 또한 성형수술이나 피트니스 센터에서의 운동이 얼마나 도움이 되는지를 이야기한다. 이것이 잘 드러난 몇몇 게시물을 이제부터 분석한다. 희생자 행세를 하며 방어적 내러티브를 구

사하던 인셀이 갑자기 태세를 전환하여 어떻게 상징적 권력을 강조하게 되는지 이해를 시도하도록 한다.

## 파시스트의 몸

인셀 세계관에서는 스테이시 이외에 채드 역시 중심적인 위치를 차지한다. 이 장에서 이미 언급했듯 채드는 스테이시의 남성형 정도가 된다. 인셀은 채드를 미워하면서도 욕망한다. 채드는 몇몇 특징을 지니며 원형적인 남성이라고 상상된다. 강하고 근육질이고 잘생겼으며 활발하고 남성 호르몬이 뚝뚝 흐른다. 할리우드 배우와 포르노 스타를 인셀의 마음속에서 섞어 만든 이미지다. 채드는 알파 메일이다. 그는 또한 일러스트레이션, 게시물, 혹은 이미지 등에서 백인으로 그려진다.[10] 인셀위키IncelWiki라는 웹사이트는 채드를 이렇게 묘사한다.

> 채드는 거의 모든 여성에게서 보편적으로 긍정적인 성적 관심을 이끌어 낼 수 있는 사람이다. 채드는 신체적 매력을 측정하는 십분위 척도에서 8에서 10 사이에 해당한다. 또한 매우 고소득자다. 그리고/혹은 강한 사회적 권력을 지니고 있다. 그는 원한다면 거의 모든 여성을 얻을 수 있지만, 베키, 즉 '평균'적 외모를 지닌 여성보다는 스테이시를 추구하는 경향이 있다(IncelWiki, 2020, 게시글).

채드는 인셀에게는 또 다른 욕망의 대상이다. 채드의 모습은 SNS에서 반라의 잘 단련된 남성 육체로 많이 등장한다(Hakim, 2019). 극우 집단이 공유하는 이상적 몸매 유형과 가까운데 최근 몇 년간 인터넷에서 더 폭넓은 존재감을 얻었다. "극우적 육체는

---

**10** 흑인 채드도 있다. 따로 '타이론Tyrone'이라고 부른다. 내가 이 책에서 분석한 데이터에서는 적게 등장한다. 이 책의 내용은 인셀 커뮤니티에서의 백인성에 좀 더 초점을 두기 때문이다.

포르노그래피를 멀리한다. 육체적으로 단련되었으며 정신적으로 건강하다. 그는 자손을 낳고 자연 속에서 시간을 보낸다." 사이먼 스트리크Simon Strick가 설명하는 현대 대안우파 남성 육체의 개념이다. 이러한 육체에 대한 판타지는 또한 유전학, 인종 이론, 그 외 여러 조잡한 유사과학과 연관되어 논의된다.

'과학'으로서, 아니 유사과학으로서의 골상학은 1775년 요한 카스파 라바터Johann Caspar Lavater가 총 4권의 저서를 출간한 후 유럽 전체에 인기를 끌면서 오늘날에 이르렀다. "1933년 이전까지만 해도 골상학은 '인종과학'과 결합하여 반유대주의적 프로파간다로 이용되곤 하였다"(Daub, 2018, 게시글). 역사학자 리처드 T. 그레이Richard T. Gray가 지적하듯, "이러한 발상은 애초부터 인종차별적 **의도를 가지고 아전인수**격으로 해석을 한다"(Gray, 2004, 331, 강조는 원문에서). 나치 인종과학과 우생학은 나중에는 골상학과 조악한 수준의 유전학, 인체계측학까지 끌어들인다. 아리아 인종의 육체에는 구체적 특징이 있다고 강변하였다. 소위 '인종 위생'이라는 것은 히틀러 치하 '새로운 질서의 핵심'이었다(Weiss, 1990, p. 41). 인종법이 곧 만들어져서 아리아 인종과 소위 '가치 없는 목숨'이 구분되어 홀로코스트가 시작되었다. 나치 정권의 정책 중에는 아리안 증명서라는 것이 있었다. 아리아 인종에 속하는 시민이라는 것을 증명하는 문서였다. 이는 아리아인이 아닌 유대인 등의 사람을 배제하는 것이었다. 1929년 한스 F. K. 귄터는『독일 민족의 인종 과학(Kleine Rassenkunde des deustschen Volkes)』이라는 책을 출간하였다. 이는 우생학적 인종 이론으로 북방 인종과 열등한 여타 인종을 분류하였으며, 당시 큰 인기를 끌었다. 히틀러가 시행한 안락사 및 우생학적 정책에 이론적 기반을 제공하였다. 귄터는 북방 인종에 대해서 이렇게 서술한다.

> 얼굴형은 갸름하고 이마는 좁다. 코는 얇고 오똑하고 아래턱뼈는 작지만 무턱은 아니다. 북방인종의 얼굴 윤곽은 남성의 경우 신기하게도 용맹해 보인다. 얼굴 윤곽 라인에 세 번이나 강조선이 있어서 그렇다(Günther, 1933, p. 9).

오늘날에도 이와 유사하게 조악한 이론이 있다. 뚜렷하고 강인한 옆턱 라인과 앞턱이 있어야 '남자다운' 얼굴이 된다는 것이다. 백인 남성 육체의 이상형은 파시스트 이데올로기에서 특히 강조되었다(Theweleit, 1987, 1989). 2016년 트럼프가 미국 대선에서 승리한 후 온라인에서는 이러한 이데올로기가 증가하였다(Wendling, 2018). 다양한 인종의 인셀들은 강인한 남성 육체의 이미지를 열렬하게 받아들여서 인간 유전학과 턱선에 대한 수많은 게시글을 쏟아 낸다. 유전학, 골상학, 체형론을 운운하는 것은 나치 시절의 아리안 인종 육체론과 불길하게도 꼭 닮아 있다. 우스운 일이지만 인셀들은 스스로의 인종적 배경을 불문하고 모두 백인 파시스트 육체를 욕망의 대상으로 삼는다. 백인 육체에 대한 판타지는 대안우파의 영향일 뿐만 아니라, 인스타그램에 넘쳐 나는 단련된 남성 육체 이미지의 유행과도 관련이 있다. 서구 대중문화의 광고, TV쇼, 영화 등에서 보이는 남성 대부분은 여전히 백인이며, 여타 인종 남성들은 충분히 대표되지 못하거나 왜곡되어 대표되고 있다. 지난 20여 년간 미디어 콘텐츠가 더욱 다양화되고 덜 편견적이 되긴 했으나 아직도 문제는 남아 있다(Besana, Katsiaficas, & Loyd, 2019; Stamps, 2020).

인셀은 자신의 몸이 헤게모니 육체미의 표준에 들어맞지 않고 게다가 스테이시가 외모만 밝히기 때문에 자신들이 불행해졌다고 생각한다. 많은 인셀은 끝없이 '외모업글looksmaxxing', '성형업글surgerymaxxing', 혹은 '헬스업글gymmaxxing', 즉 외모를 성형수술로 개선한다, 헬스장에서 운동해서 개선한다 등을 논의하며 육체를 개선할 방법을 모색한다. 인셀이 골상학에 노골적으로 집착하는 것도 우연은 아니다. 이들은 사회에서는 외모가 중요하다고 생각한다. 그리고 남자다운 외모를 가진 사람은 어떤 여자라도 다 '가질' 수 있다고 생각한다. 서브 레딧 r/incelselfies에서는 인셀이 셀카를 찍어서 올리고 공개적으로 조언을 구하거나 외모 평가를 부탁한다. 한 이용자가 자신의 '기형 턱선'을 공개하자 답글이 달린다. "이 정도면 평균 상회야. 잘생긴 편 같은데? 형 턱이 내 거였으면 좋겠다." 두 번째 답글은 이렇다. "턱은 괜찮아. 그런데 눈이 에러야. 너무 처졌잖아. 수술로 수정 가능"(Reddit, 2019a, 게시물). 자신들이 그토록 비판하는 스테이시처럼 인셀은 자신의 외모에 집착한다. 이들은 끝없이 링크를 걸고 과학적 연구성과를 운운하면서 여성이 매력을 느끼는 남성 외모를 궁리한다. 얼굴 좌우대칭, 이목구비 조화, 보편적 미의 기준, 남성 성적 매력의 비결 등등. 많은 인셀은 채드에 가깝도록 외모를 바꾸기 위해 성형수술을 고민한다. 몸이 건강하면 마음도 건강해지고 인생도 나아진다. 그리하여 드디어 연애를 할 수 있고 섹스를 할 수 있게 된다. 이러한 논리적 단계의 판타지를 통해서, 방어 논리나 펼치던 둔감한 인셀은 파시스트 채드로 변신한다.

## 결론

이 장에서는 인셀의 다양한 데이터를 자세하게 분석해 보았다. 그들이 지닌 욕망과 거부의 콤플렉스를 들여다보고, 또한 이들이 여성에 대한 어떠한 판타지를 만들어 내는지 알아보았다. 인셀은 마음속 깊이 여성혐오적이며, 자기혐오와 자기 연민의 늪에 빠져 있다. 인셀에게 여성은 보편적 기표이며, 열렬히 욕망하면서도 미워하는 대상이자, 함께하고 싶으면서도 파괴하고 싶은 판타지의 대상이다. 이러한 내러티브는 단순한 여성혐오를 넘어선다. 이는 대안우파의 레토릭과 파시스트적 관념에 깊이 결합되어 현대화된 여성혐오다. 인셀은 대안우파가 만들어 내어 유행시킨 용어와 이미지를 자주 활용한다. 이 장에서는 우선 인셀의 방어 전략인 희생자 행세의 내러티브를 살펴보았다. 이들은 유머와 아이러니를 무기로 쓰며, 또한 정신건강 내러티브를 내세운다. 잭 브래티취와 사라 바넷-바이저가 지적하듯, 인셀 현상의 대두는 2008년 재정 위기의 결과로 신자유주의 신념을 잃어버린 수많은 남성의 새로운 정체성을 반영하고 있다.

> 신자유주의의 사회 보장 결여는 사회적 지지가 없다는 뜻이다. 오직 반사회적 지지만 있다. 인셀은 변이종 기업가다. 행동하는 남자, 남을 도구화하는 사람, 창조 없는 '창조적 파괴자'. 그들의 교란 기술은 점점 갈수록 순수한 부정의 기술이 되어 가고 있다(Bratich & Banet-Weiser, 2019, 5020).

곧 이어질 내용에서는 이러한 행동에 주목하고자 한다. 인셀이 게시물을 써서 올림으로써 온라인에 유포하는 판타지는 특별한 형태의 유해한 현실을 만들어 낸다. 허상적 현실 속에서 여성은 몇몇 특징을 구현하는 존재다. 인셀은 자신들이 여자들에게 했거나 하고 싶은 일을 마음껏 떠든다. 그리고 **인셀은 결국 파시스트 채드의 육체를 욕망하고 있다.** 브래티취와 바넷-바이저가 지적하였듯 인셀은 신자유주의가 약속하는 자신감과 성공을 믿지 않는다. 내가 지적하려는 것은 그럼에도 여전히 인셀에게는 파시스트적 변신의 판타지가 있다는 것이다. 결국 마음속 깊이 신자유주의를 신봉하고 있었던 것이다. 물론 이들은 까만 알약을 삼켰다면서 믿기를 거부하고 있기는 하다. 더 나아가 기업가적 개인주의를 주장하는 신자유주의적 가치에 뿌리를 둔 파시즘 독재를 욕망하고 있다. 보잘것없던 개인이 남들이 욕망하는 성공을 이룬다는 변신의 판타지에는 신자유주의의 정수가 담겨 있다. 인셀 자신은 인정하기 싫겠지만 생각보다 훨씬 더 신자유주의를 추종하고 있다.


## 의식적 판타지

인셀 커뮤니티의 남성 판타지는 테벨라이트가 이론화한 원형 파시스트 남성 육체와 상당히 유사하다. 여성을 파괴하는 동시에 가지려는 남성 육체. 육체는 남성적 힘의 구현이자 상징이라고 믿고 자신의 몸에 집착하는 남성. 자신만의 현실을 구성하고서 다른 남자들에게도 각성하라고 강요하는 남성의 육체.

이 게시물과 답글에서 무척 흥미로운 점은 바로 이들의 내러티브와 판타지가 뚜렷한 **의식**의 상태에서 명명되고 논의된다는 것이다. 테벨라이트가 묘사했던 자유군단 군인들의 상태와 비슷하다. 인셀과 자유군단은 언어화의 욕망이 강하였다. 이들은 여성에 대한 두려움과 미움, 욕망을 열심히 말로 옮겨 표현하였다. 테벨라이트에 따르면 거세 공포 역시도 의식적이었다.

이 경우에는 무의식적 치환이라든가 무의식적 공포라고 말을 할 수가 없다. 오히려 정반대이다. 고전적인 정신분석학에서라면 우리가 논의하였던 이런 종류의 생각은 은폐되어야만 한다. 그래서 '무의식'이 된다. 군인 남성들은 그럴 생각이 추호도 없다. 이들은 위험을 무릅쓰고라도 신나게 떠든다. '거세 공포'도 의식적 공포였다. 공산주의와 드센 빨갱이년들에 대한 공포 역시 그랬다. 이 남성들은 아무것도 억누르지 않았다. 전혀(Theweleit, 1987, p. 89).

레딧의 내러티브를 보면, 상징적이거나 무의식적이거나 감추어진 의미라는 것 자체가 없다. 모든 것을 그냥 곧이곧대로 톡 까놓고 말해 버린다. 해독할 필요도 없고 무의식의 발로라고 봐줄 여지도 없다. 앞으로 이어질 내용에서 무의식의 지위에 대해서 더 자세히 살펴보려고 한다. 인셀 게시물은 신자유주의 아래에서 자라난 요즘 남성을 보여 준다. 활발한 성생활이 완벽한 성적 주체성의 필수 조건인 것이다(Gill, 2007). 테벨라이트도 이와 비슷한 사례를 과거에서 찾아낸다.

어린 소년은 사춘기 내내 거의 미칠 지경까지 교육을 받는다. 삶을 그 이전과 이후로 양분할 만큼 허구적인 사건을 기대하게 된다. "내가 여자를 사귀게 되면, 내 짝을 만나게 되면!" 그 이후엔 모든 게 다 잘 풀린다. 죄의식, 공포, 불확실성, 열등감은 싹 사라질 것이다. 삶이 시작된다. 나는 강해질 것이다. 나는 아버지를 굴복시킬 것이다. 아버지를 버리고 떠날 것이다. 내 잠재력이 실현된다. 그녀가 내 것이 된다면 끝까지 지켜 줄 것이다(Theweleit, 1987, p. 376, emphases in original).

인셀과 남성계 역시도 마찬가지다. 이러한 욕망은 실망을 겪으면 대번에 과잉 자격 의식으로 표현된다. 인셀은 자기가 마땅히 여자를 차지하고 섹스를 할 자격이 있다고 진심으로 믿는다. 이들은 여자와 사귀고 지켜 주고 싶다는 불타는 충동적 욕망을 가지고 있다. 연애만 하면 다 괜찮아질 것이라 믿는다. 이들이 좌절하게 되면 대안우파적 담론과 유사하게 복수의 판타지를 꿈꾸게 된다.

## 인셀의 정신세계와 레딧

테벨라이트는 군인 남성이 파시즘의 전체성과 혹독한 군사 훈련을 통해서 방탄복을 만들어 온몸을 감쌌다고 말하였다. 이렇게 해서 자아가 형성된다. 그러나 동시에 방탄복은 남성의 자아와 함께 파편화되고 금이 간다. 모든 것은 군대와 파시즘의 '전체성-자아'로 지탱된다(Theweleit, 1989, p. 207). 인셀에게는 물론 총통이 없다. 그들은 지도자 없는 커뮤니티라는 점에서 파시즘 운동이나 자유군단과는 다르다. 그들은 원자화되었지만 레딧을 통한 전체성에 소속감을 느낀다. 레딧이 이들의 전체성-자아이며 대안우파의 담론과 짝을 이루는 것일까? 레딧은 포챈 등의 플랫폼이 그러하듯 반주류 정서와 반 기존 체제 성향을 보인다. 더 나아가서 파시스트 등의 운동의 플랫폼이 되기도 한다. 초기에는 이러한 정서에 고무되어 이용자들이 무법적이고 매니악하고 역겨운 주제를 논하는 커뮤니티를 많이 만들었다. 물론 무해한 커뮤니티도 많이 있긴 하였다. 논쟁적인 콘텐츠에 참여도가 높았고 이용자도 많이 몰렸다. 레딧의 비즈니스 모델은 광고 수익이다. 지난 몇 년간 레딧은 콘텐츠 규제를 강화하였다. 주지하다시피, 2017년에 최초 그리고 최대 인셀 커뮤니티가 폐쇄되었고, 2019년에는 그 외 여러 인종차별적, 여성혐오적 커뮤니티가 폐쇄되었다. 그럼에도 '오타쿠'적이고 손쉬운 인프라 덕분에 레딧은 특정 주제 커뮤니티 설립에 무척이나 유리한 편이다.

서브 레딧에 올라오는 엄청난 양의 게시물은 테벨라이트가 말하는 군인 남성의 전체성과 유사하게 작동한다. 인셀을 판타지 속에서 거세하려고 드는 여성의 몸을 퇴치하기 위해서 증오의 게시물이 홍수를 이룬다. 레딧은 파시즘과 유사하나 약화된 방식으로 파편화된 자아를 통합하여 전체성과 공동체성으로 묶어 낸다. 레딧은 방탄복처럼 작동한다. 인셀의 자아는 항상 혼란 상태이며 늘 분해의 위협에 시달리고 있다. 이에 대항하기 위해서 그들은 게시물을 쓴다. 특정 주제 서브 레딧에서 게시물을 올리고 남들과 상호작용을 하면서 전체성의 느낌을 만들어 낸다. 그래서 결국 죽어 버리는 것은 인셀 개인의 내면에 있는 여성적 측면이다. 부드럽고 정열적이고 성애적이고 여성적인 요소다. 인셀 혁명과 반역에 대한 내러티브 역시도 중요하다. 이들은 개인적 논의 수준을 넘어서 인셀을 일종의 세력으로 보고 변화를 위한 동력으로 쓰고자 하기 때문이다. 마치 유사 파시스트 운동처럼 인셀 운동을 '보통의' 파시즘처럼 만들려고 한다면 세력으로서의 소속감은 기본적 요건이 된다.

2019년 『뉴욕 매거진New York Magazine』에는 턱 성형수술을 받은 인셀의 인터뷰가 실렸다. 그의 말을 인용한다.

> "내 셀프 이미지는 늘 오락가락한다." 대기하는 동안에 그는 게시판에 글을 올렸다. "그냥 성형외과에서 살고 싶다. 이 병원에 아예 침대 들여놓고 살고 싶다. 침대 하나, 작은 부엌, 인터넷만 있으면 된다. 내 몸에서 순수함을 느끼고 싶다. 거울을 봤을 때 결점 없는 두상을 보고 스스로 자신감을 느꼈으면 좋겠다. 약간의 기형이라도 발견되면 바로 옆방에 원장님이 계셔서 조무사와 함께 내 머리통에 칼을 대 주셨으면 좋겠다." …… "수술 결과가 좋을 것이라는 기대에서 삶을 살아갈 힘을 얻는다"(Hines, 2019, 게시물).

이러한 혼란과 불안감은 내가 설명한 인셀의 내면을 적나라하게 보여 준다. 그의 현실감과 자존감은 셀프 이미지에 전적으로 의지하고 있다. 그는 심지어 아예 성형외과에 거주하면서 언제나 자신의 외모를 바꾸면서 살겠다는 판타지를 이야기한다. 그러나 완벽한 만족은 결코 이룰 수 없을 것이다. 다음 수술의 결과를 기다리는 것이 삶의 이유이며 파편화되고 지친 자아를 지탱해 주는 댐 역할을 한다. 소위 '셀프 커플링'으로 자신을 극복하고 새로운 남자가 되겠다는 판타지를 통해서 삶의 에너지를 얻는다.

다음 장에서는 다른 커뮤니티를 살펴보겠다. 인셀과는 어느 정도 다르면서도 한편으로는 유사하다. 바로 남성분리주의Men Going Their Own Way(MGTOW)다. 인셀과 비교하여 양자 간의 유사성에 대해서도 점검한다. 다음 장에서도 이전 장에서처럼 사회경제적 변화(특히, 2008년 이후의 신자유주의)에 따른 구조적, 국면적 분석을 수행한 후, 이들이 남성 커뮤니티의 방어기제와 행위주체성과 어떻게 연관되는지를 논한다. 다음 장에서는 남성계를 정신분석학적으로 분석하여 이들의 성격이 어떤 유형에 해당하는지 주체 심리학적 요소를 따져 본다. 그럼으로써 이들의 무의식과 억제/탈억제에 주의를 기울여 본다.

# 05
# 남성분리주의(MGTOW)-여성이여, (부)존재할지어다

　　　　　이번 장에서는 남성계의 또 다른 커뮤니티에 대해
분석해 본다. 남성분리주의, 스스로의 길을 가는 남성들, 즉 MGTOW다. 남성분리주
의 커뮤니티는 인셀보다는 다양한 연령대로 구성되어 있다. 이들은 종종 자신의 배경
에 대해서 글을 쓰고는 하지만 계급이나 인종적 배경에 대한 정확한 정보는 없다. 분
석 자료는 서브 레딧 r/MGTOW에서 얻었으며 이들의 판타지에 대해서 알아보도록
하겠다. 이들은 인셀 커뮤니티와 많은 점에서 유사하다. 이 장에서는 엘리자베스 영-
브륄의 이론(1996)을 많이 활용하려 한다. 영-브륄의 편견 이론은 더할 나위 없이 중
요하다. 영-브륄은 프로이트의 성격 유형론을 이어받아 발전시켰다.

　　이 이론을 분석 데이터에 적용하여 인셀과 남성분리주의자가 여성에 대한 판타지
에 사로잡힌 강박형 성격 유형임을 밝히려고 한다. 곧이어 이 남성들이 히스테리형
성격 특성을 지녔음을 보인다. 이들은 여성에 대한 욕망을 우선 내향투사를 한 후 외
향투사[1]를 한다. 바로 여성에 대한 욕망이다. 여성에 대한 욕망, 여성에 대한 사랑을

---

1　'투사(投射)'는 정신분석학적 개념이다. 외향투사는 한 개인이 무의식적으로 외부 대
　　상이 특정 속성을 구현한다고 여기는 과정이다. 주관적인 과정이지만, 개인은 객관
　　적인 것이라고 믿는다. 한 개인의 생각, 행동, 내러티브, 혹은 해석을 다른 사람에게
　　귀속시키는 것이다. 개인은 본질적으로 어떤 것을 엉뚱하게 뒤바꾸었으면서도 이것
　　이 객관적이고 외부적인 현상이라고 여긴다. 내향투사는 방향이 거꾸로다. 한 사람이

견뎌 낼 수가 없다. 이는 강박적인 여성 증오와 긴장 관계에 놓이기 때문이다. 이는 억압, 혹은 억압이 시도되어야 한다. 이러한 정신역학은 남성계 남성들이 놓여 있는 억제/탈억제의 상태를 잘 보여 준다. 이 장에서는 이들 남성들이 전형적으로 어떠한 사람이며 어떠한 성격인지 개관하려고 한다.

또 한 가지 논할 문제는 이들 남성이 구현하는 파시스트 남성성이 왜 특정 남성들에게 호소력을 지니냐는 것이다. 이는 파시즘에서 발견되는 동성애적 에로틱 문제와 관련이 있다. 남성계 남성들이 이러한 종류의 남성 공동체를 만드는 것에 매력을 느끼는 이유가 혹시 배경에 깔려 있는 잠재적 호모에로틱 정서 때문은 아닐지 의문이다. 이 장의 마무리 부분에서는 무의식의 문제를 다루는데, 인셀과 남성분리주의자의 부모에 대한 데이터를 살펴본다. 이들은 무의식적으로 자신들의 부모 성충(成蟲, imagos)을 멸절하고 싶어 한다. 자신의 불행을 부모 탓으로 돌리기 때문이다. 다음 장에서는 이 주제에 좀 더 집중하여 남성계 남성들에게 아버지가 차지하는 지위를 탐구해 보려고 한다.

남성분리주의는 여성을 완전히 극복하고자 하는 혹은 이미 극복하였다고 하는 남성들의 커뮤니티다. 이들은 여자 없이 사니까 비로소 삶이 즐겁다고 주장한다. 커뮤니티의 게시글과 사진에는 이들 남성들이 새롭게 발견한 혼자만의 남성적 라이프 스타일이 가득하다. 남부빈곤법률센터Southern Poverty Law Center의 자료에 따르면 남성분리주의자는 인셀 커뮤니티의 외곽 집단이다(2018, 게시물). 이들의 정확한 기원은 불분명하지만 MGTOW라는 약어 자체는 2000년대 초반부터 나타났다. 2015년 무렵 '레드 필Red Pill' 커뮤니티로부터 현재의 형태로 형성되어 독립하였다는 증거가 있다(Zuckerberg, 2018). 남성분리주의자는 남성 우월주의 커뮤니티이며 남성의 분리를 주장한다. 대안우파와 많이 중복된다. 남성분리주의자는 다양한 SNS에서 존재감을 보여 준다. 남성분리주의 웹사이트도 많고 유튜브 활동도 활발하다. 이 커뮤니티에 대해선 비교적 연구가 드문 편이다(Jones, Trott, & Wright, 2019, Lin, 2017). 남성분리주의를 연

---

외부 대상이나 행동, 환상 등을 내면화하여 자신의 것이라고 여기는 것이다(Perron, 2005a, pp. 1334-1336).

구한 린지에량은 지적한다.

> MGTOW는 현대 여성이 페미니즘에 너무나 '세뇌'를 당해서 '자신들은 무조건 옳다'
> 고 믿는다고 생각한다. 여자들은 '이놈 저놈 갈아타면서' 최대한 즐기지만, 남자 대다
> 수는 페미니즘에 물든 그녀의 피해의식을 비난할 것이다. 여자들은 결혼할 남자를 정
> 할 때면 순진한 '베타 타입'을 골라서 마음대로 휘두르고 그의 '효용가치', 즉 경제적 자
> 산과 안정성만을 노린다(Lin, 2017, p. 89).

남성계의 여타 커뮤니티처럼 남성분리주의 커뮤니티 역시 다양한 관점과 정도의
분리주의가 모여 있다. 남성들은 여성들과의 모든 접촉을 끊고 '수도승 모드'로 살아
야 하며 섹스와 자위를 끊어야 한다고 주장하는 사람들도 있다. 어떤 사람은 지나치
다며 반대한다. 린이 지적하듯(2017, 93), 남성분리주의자를 하나로 묶는 것은 그들이
"소외의 경험을 겪었다는 것이다. 그 결과 사회에 존재하는 이중 기준이 자신들에게
불리하다는 것을 깨달았다. 그들은 이제껏 자신들이 불평등한 시스템에 속아서 여성
들에게 인정받기를 원하였다는 것을 깨달았다." 물론 이러한 세계관이 진실이라는 것
은 아니다. 이 남성들이 그렇게 느낀다는 것이다.

남성분리주의 서브 레딧에는 이용자들이 올린 많은 사진이 있다. 다들 남성 혼자의
라이프 스타일이 얼마나 행복하고 미학적인지를 보여 주려는 사진들이다. 예를 들면,
혼자서 다니는 여행 사진, 자신들에게 주는 비싼 선물 등. 남성분리주의 커뮤니티에는
남성 독신생활과 남성 독립을 찬양하는 내러티브가 넘쳐난다. 남성들은 서로의 성취
를 축하해 준다. 어떤 의미에서 남성분리주의는 인셀의 진일보한 형태다. 인셀이 여성
을 파괴하고 싶어 하면서도 원하는 콤플렉스에 갇혀 있는 데에 반해, 남성분리주의자
남성은 갈등 자체를 떠나 있다. 이들은 자유로우며 여성 거부를 자유롭게 표현한다.
적어도 겉으로는 그래 보인다. 남성분리주의 커뮤니티에서 반페미니즘은 몹시 강렬
한 주제이기는 하다. 그럼에도 인셀의 게시물에 비하면 남성분리주의자들은 소소하
고 평범한 게시물을 올린다. 이들은 요리나 취미 이야기 등 좀 더 남성 라이프 스타일
일반에 관한 이야기를 한다. MGTOW의 전반적인 어조나 분위기는 인셀에 비해서는

무해하고 긍정적이다. 이들은 까만 알약론을 받아들이지 않으며 삶에 대해서 긍정적인 편이다. 그러나 여성혐오와 증오가 없다는 뜻은 아니다.

남성분리주의 게시물은 대체로 두 가지로 나뉜다. 첫째는 남성 독립과 남성의 힘을 찬양하는 내용이다. 이런 게시물은 비교적 소수다. 둘째는 여성의 '사악한' 본성을 논하고 남성들이 얼마나 여성에게 억압당하고 학대당하고 기만당했는지를 토로하는 글이다. 서브 레딧 r/MGTOW의 대부분이 여기에 속한다. 다음의 게시물은 남성분리주의자의 세계관을 요약적으로 보여 준다.

### 여자들의 정체를 폭로한다

자꾸만 생각나는 게 뭐냐면, 여자들의 실태와 언론 보도의 격차가 너무 커. 예를 들면, 언론에 보면 맨날 양성 임금 격차, 미투운동, 강간, "보\*를 바로 만져 버려²", 기타 등등. 그런데 『그레이의 50가지 그림자Fifty Shades of Grey』는 1억 2천5백만 부가 팔렸고 52개국 언어로 번역됐어. 그 소설은 BDSM 장르야. 모욕플, 능욕 등 온갖 거 다 해. 그런데 여자들이 좋아하잖아. 최고의 여성취향 소설이라잖아(Reddit, 2019b, 게시물).

---

**2** 역자 주-도널드 트럼프의 실제 발언이다. 미국 대통령 선거를 한 달 앞둔 2016년 10월에 『워싱턴 포스트The Washington Post』가 입수해서 공개한 비디오에 담긴 말이다. 해당 발언이 일어난 시기는 2005년이었다. 당시 TV쇼 진행자이자 부시 전 대통령의 조카인 빌리 부시Billy Bush가 도널드 트럼프와 TV쇼 촬영을 하기 위해 함께 버스를 타고 이동하던 중 나눈 대화다. 몰래 촬영된 영상은 아니고 방송용 카메라였으며 트럼프도 녹화 중이라는 것을 잘 알고 있었다. 두 남성은 시종일관 낄낄거리면서 유부녀에게 노골적으로 성추행에 가까운 성적 접근을 하는 이야기를 나눈다. 특히 문제가 된 대목의 전후 발언은 이러하였다. "난 머뭇거리지도 않아. 스타라면 여자들은 그냥 대 줘. 별짓 다 해도 돼 …… 보\*를 바로 만져 버려. 그래도 돼(I don't even wait. when you're a star, they let you do it. You can do anything……. Grab'em by the pussy. You can do anything.)." 많은 여성의 분노를 샀고 각계의 지탄을 받았던 말이다. 트럼프는 공식적으로 사과하기는 했지만, 빌 클린턴은 골프 치면서 훨씬 더 심한 말을 많이 하였다고 걸고넘어지면서 변명하였다.

이러한 내러티브는 인셀 및 남성계와 매우 유사하다. 자주 반복되는 주제는 바로 여성의 행동이 이중적이라는 것이다. 그러므로 남성이 깨닫고 정신을 차려야만 한다. 내가 앞에서 설명했던 상향혼과 여성들의 얄팍함 등의 테마가 늘 상위권 게시물로 랭크된다. 여성의 지위 강화, 여성의 욕망 및 동의 등은 앞의 내러티브에서는 찾을 수가 없다. 이들은 섹슈얼리티의 다양성과 페미니즘이 양립 가능하다는 것을 상상조차 못한다. 인셀 커뮤니티와 남성분리주의 커뮤니티는 같은 주제를 끝도 없이 되풀이하며 이야기한다. 한 사례를 들어서 과도하게 추상화하여 여성 전체가 그렇다고 일반화한다. 한 남성이 아내가 외도를 해서 너무 고통스러웠다고 토로하면서 이렇게 결론짓는다. "이젠 세상을 보는 시각 자체가 달라졌다." 이러한 사고방식은 미숙하며 즉흥적이다. 상처받아서 혹은 힘든 경험 때문에 나오는 격한 감정일 수도 있다. 그럼에도 이러한 경험이 온라인에 기록되고 여러 가지 형태로 널리 공유되고, 결국은 특정 신념과 이데올로기를 **공고화**하는 데에 기여한다는 것이 문제다. 이러한 내러티브를 유치하다고 치부하면서 멜라니 클라인의 용어로 편집증-분열증으로 이해할 수도 있다. 남성분리주의와 인셀은 남들에게서 미묘한 차이를 분별할 능력이 없다. 여자들은 죄다 똑같다. 이런 세계관을 남자들끼리 서로 주입하고 서로 부추기면서 부정적 정서를 강화한다. 남성계의 여타 커뮤니티처럼 남성분리주의 커뮤니티는 2015년 트럼프 대선 운동과 대안우파의 부상 이후로 더욱 심해진 안티 페미니즘과 여성혐오 콘텐츠 증가에 힘입어 더욱 성장하고 확대되었다(Zuckerberg, 2018).

이러한 남성전용론적 세계관의 결과는 어떨까? 남성분리주의 용어로는 GYOW, 즉 '홀로걷기Go your own way'다. 스스로 찾은 자유와 독립의 내러티브는 커뮤니티에서 자주 논의된다. 다음 부분에서 더 자세히 알아본다.


## 남성분리주의 그리고 여성을 향한 필수 판타지

이 부분에서는 남성분리주의 및 인셀의 여성 판타지를 살펴본다. 이들은 여성을 거부하거나 떠난 것이 아니라 오히려 여성 판타지에 의존하고 있다. 남성분리주의 라이프 스타일은 여성 없는 삶을 추구하는 듯하지만, 사실은 여성을 추상적이고 보편적인 범주로 묶어서 판타지로 만들어 의존하고 있다. 나는 이 판타지를 반유대주의와 편견에 대한 정신분석학적 이론을 이용하여 더 깊이 분석해 본다. 여기에도 유사한 역학이 작동하고 있기 때문이다. 두 명의 이용자가 남성 독립의 새로운 라이프 스타일에 대해서 글을 썼다.

### 형들도 할 수 있어!!

난 시급 16달러 풀타임으로 일하고 1,000달러 월세 아파트에 살아. 싱글로 행복하게 잘 살아. 다들 왜 여친 없냐고 묻는데 난 그냥 싫어서 안 만든다고 대답해. 월세 금액을 들으면 다들 "와, 비싸다." 그러는데 사실은 안 비싸. 낼 거 다 내고도 한 달에 1,200달러는 남아서 내 마음대로 쓰거든. 요리도 내가 좋아하는 걸로 내킬 때 언제든 할 수 있어. 새 레스토랑에도 언제든 가서 남한테 동의 구하지 않고 내 마음대로 주문해. 낚시도 내 마음대로 언제든 가. 새로운 동네로 아니면 아예 새로운 지역으로 이사도 갈 수 있어. TV 때문에 싸울 필요도 없고 게임 그만하라는 소리도 안 들어. 잠깐 소변보고 변기 커버 올린 채로 둬도 잔소리 안 들어. 별거 아닌 거 같아도 자유가 있다는 게 중요하잖아. 돈으로 행복을 살 수 없다지만 나 혼자만 쓸 돈이 있다는 게 여친이랑 나눠 쓰는 것보다 훨씬 더 행복해. 요즘 여자들이란 게 다 그렇잖아(Reddit, 2019c, 게시물).

### 남성분리주의를 실천한 이래로 세 배는 더 행복해

예전 연애들을 돌이켜 보면 완전히 시간 낭비였어. 내가 진짜 바보였지. 그런데 한편으로는 감사해. 그렇게 마음고생을 안 했더라면 지금의 깨달음을 얻지 못했을 테니까. 내가 그렇게 우울했던 이유는 내 존재의 전부를 여자 사귀기에 걸었기 때문이었어. 여자를 완전히 끊어 버리니까 몸무게를 45kg이나 뺐어. 몸도 만들었어. 부자가 됐어. 언어도 세 개나 더 배우고 있고 대학도 졸업했고 마약도 끊었어. 이젠 심심하지도 않아. 하루 24시간을 자기계발에 다 쓰고 있어. 예전엔 진정한 사랑을 찾는답시고 시간을 날렸는데. (ㅋㅋㅋ 미쳤지) 이제는 가만있어도 예전보다 4배는 더 여자가 꼬여.

여자들이 막 따라오는데 난 이제 눈길도 안 주지. 욕구가 들면 혼자 딸치고 그냥 살던 대로 살지. 이제는 여행하고 운동하면서 시간을 쓰는데 정말 행복해(Reddit, 2019d, 게시물).

한 남성이 "요트에서 산다."라고 글을 올리자 답글이 달린다. "꿈같은 삶이네. 세이 렌에게 홀리지 말고 순항해." 남자 혼자서 잘 산다는 내러티브가 여성혐오나 증오와 결합되어 있지 않다면 전혀 비난하고 싶지 않다. 이 남성들은 진심으로 남성분리주의 라이프 스타일을 즐기면서 온라인에 자세히 글을 쓴다. 실제로 실천하는 사람들도 꽤 많은 듯하다. 그럼에도 여전히 강한 환지적 요소가 보여서 여기에서 논해 보고자 한 다. 이들 남성들은 여성이 없는 고독한 즐거움에 대해서 자세히 쓴다. 여성이 완전히 배제된 일종의 유목적인 삶을 누린다는 내러티브다. 그러나 동시에 남성분리주의를 실천한다는 사람이 여전히 남성분리주의에 대한 글과 여성에 대한 글을 온라인에 올 린다. 완전히 변신에 성공하였다면서 글을 올리지만, 그들의 글은 암묵적으로 혹은 명 시적으로 배제 대상, 즉 여성에 대한 것들이다.[3]

린의 연구에서(2017) 인용된 한 이용자는 말한다. "모순으로 들릴 수도 있겠지만, 부처님 말씀이 옳아. 남성분리주의를 깨달으면 남성분리주의가 필요 없어"(Lin, 2017, p. 87). 남성분리주의 세계관은 여성의 환지적 역할을 토대로 구성되어 있다. 남성분리 주의자들은 여성을 끝까지 떠날 수가 없다. 남성의 완벽한 고독이라는 판타지는 오직 이들이 여성이라는 판타지적 구성물에 의존하고 있기 때문에 가능한 것이다. 지난 장 에서 살펴보았듯 유대인/여성은 멸절시키면 시킬수록 더욱 생생하게 되살아나서 반

---

3 남성주의와 분리주의 라이프 스타일은 새롭지는 않다. 스티브 닐Steve Neale(1983)이 지적하였듯 이런 식의 남성성은 영화에서 자주 그려졌다. 남성의 나르시시즘적 자족 판타지다. 닐에 따르면 남성 관객들은 모순적 관점 및 동일시를 경험한다. 남성 주인 공의 주도적 시선에 동일시하여 받아들이면서도 한편으로는 자기 자신으로서의 불편 함과 취약감을 느낀다. 주류 할리우드 영화에서 남근적 무기나 격투 장면을 보여 줄 때 이러한 불안은 강하게 방어된다(Yates 2007 참고). 남성분리주의자의 경우, 남성 들은 결여감과 취약감에 방어하기 위해서 남성 자족성의 판타지를 내세운다.

유대주의자/인셀에게 달려든다. 남성분리주의자에게도 여성은 "완벽한 적, 존재하지 않는 적"(Frosh, 2016, p. 65)이지만 결코 없어지지 않는 존재다(Frosh, 2005 참고). 슬라보예 지젝은 말한다. "독일 나치 시대의 유대인에겐 역설이 있었다. …… 아무리 무자비하게 박멸을 해도 유대인은 살아남아서 점점 더 무시무시해지기만 하였다"(Žižek, 1994, p. 78, Frosh, 2016, p. 65에서 인용).

우리에게는 두 가지의 의문이 남는다. 남성분리주의자가 정말로 자기들 말대로 '속세를 떠나서' 남성의 고독한 삶을 성취한다면 그래도 온라인에 글을 올릴까? 남성분리주의 라이프 스타일에도 나름대로 문제와 근심 걱정이 생길 텐데 그러면 그땐 누굴 탓할까? 프로쉬와 지젝에 따르면 대답은 분명하다. 바로 여성이다. 남성분리주의자와 남성계는 여성이라는 대타자에 의존하고 있다. 모든 여성이 갑자기 사라진다면 이들의 커뮤니티와 자아는 붕괴될 것이다. 그러므로 이런 내러티브에서 여성은 상징적으로 '삭제'되는 동시에 환지적으로 유지된다.

영-브륄의 분석을 통해서도 이러한 역학은 유지된다. 곧 이어질 부분에서는 편견 이론을 소개하려고 한다. 남성분리주의자와 인셀의 성격 유형 분석에 무척 유용한 이론 틀이다.

## 남성분리주의자 및 인셀 캐릭터의 정신분석: 차별성의 긍정과 부정

엘리자베스 영-브륄은 『편견의 해부학』(1996)에서 성차별주의자에 대해 이렇게 설명한다. "자신과 다른 사람들이 있다는 생각 자체를 참아 주지 못하는 사람들이다. 이들의 편견은 나르시시즘에 기반을 두고 있다"(Young-Bruehl, 1996, p. 35). 남성 성차별주의자들은 여성 젠더가 자신에게 도전한다고 느끼며, 거세의 위협을 느낀다. 그렇기 때문에 이들은 경계와 '생식기의 온전함'에 집착한다(ibid, p. 35). 영-브륄이 보기에 성차별이란 남성이 지닌 여성화에 대한 두려움이다. 바로 그렇기 때문에 성차별주의는 여성에 대한, 특히 여성의 섹슈얼리티와 생식을 지배하고 통제하려 한다. 성차별주의는 다층적으로 그리고 동시적으로 젠더 차이를 고집하면서도 부정한다. 영-브륄의 편견 이론은 변증법적이며 그래서 무척 유용하다. 남성계 남성들은 여성에 의존해 있으며 낭만적으로 애착되어 있으면서도 이를 욕망하는 동시에 부정한다. 이러한 모순적 욕망은 억제/탈억제로 특징되며, 이는 또한 무의식/의식적 차원에서도 이루어진다. 이 점을 곧 설명하도록 한다.

영-브륄은 성별 차이에 대한 고집과 부인이라는 발상을 더욱 전개하여 여러 가지 편견을 분석한다(서론 참고). 편견의 저변에는 차이를 **부정**하는 한 층이 깔려 있다. 차이와 타자성을 유지하기보다는 없애 버리고 싶어 하는 것이다. 이는 편견에 대한 상식과는 상반된다. 타자를 희생양으로 유지하고 증오를 투사할 대상으로 삼는 것 등이 일반적인 이해다(ibid, p. 134). 영-브륄은 성차별주의, 인종차별주의, 반유대주의 사이의 미묘한 차이점을 설명한다. 나는 이 개념들이 유사점이 많다고 생각해서 다소 융합해서 사용했지만, 여기에서 잠깐 이들의 차이점을 짚고 넘어가는 것이 좋겠다. 영-브륄은 아마도 슈테폰 프로쉬와 슬라보예 지젝에게 동의하지 않을 듯하다. 이들은 반유대주의가 대타자를 **유지**할 필요를 느낀다고 개념화한다. 영-브륄은 말한다. "반유대주의자는 대타자를 제자리에 두길 원하지 않는다. 그는 대타자를 공격하길 원한다……. 그리하여 세상에서 씻어 내고 싶어 한다"(ibid, p. 134). 나는 영-브륄의 의견에 동의하는 입장이다. 그러나 영-브륄의 견해와 프로쉬/지젝의 견해를 통합해 보려 한다. 예를 들면, 성차별주의는 반유대주의와 마찬가지로 거절과 인정의 이중적인 층을 통해 작동한다는 식으로 말이다. 편견은 대타자의 환상적 유지다. 한편 인종주의, 파시즘, 성차별주의 및 여성혐오는 대타자를 절멸하려는 것이다. 두 가지 상반되는 견해를 통합하는 것은 이론적으로 유용하다. 왜냐하면 두 차원은 모두 내가 분석하는 남성 판타지에 존재하는 본질이기 때문이다. 판타지 속에서 여성 대타자는 부정되면서도 욕망된다.

편견 안에는 거절과 욕망의 이중층이 있다. 남성계 역시도 대타자의 멸절의 욕망과 차이성의 유지 욕망이 중층적으로 핵심에 자리 잡고 있다. 그래서 성차별주의자-여성혐오자는 성별 차이를 무의식적으로 강조하면서 욕망하며 중층성을 영속시킨다. 이미 살펴보았듯 인셀은 여성을 욕망하면서도 거부한다. 남성분리주의자의 경우에는 더욱 그렇다. 표면적으로만 보면 여성을 전적으로 거부하는 듯하지만, 거부의 저변에는 짙은 이성애적 욕망이 깔려 있다. 이런 의미에서 성차별주의와 그 연장선상의 여성혐오가 반유대주의나 인종주의보다 삶에 더 긍정적이라는 점이 놀랄 일은 아니다.

영-브륄은 성차별주의가 다층적이며 두 종류의 성차별주의가 서로 뒤얽힌 형태로 구조화되어 있다고 주장한다. 이는 '동질성 성차별주의'와 '이질성 성차별주의'다(ibid, p. 419). 동질성 성차별주의는 원본적이고 초기적인 형태로, 차이성을 부정하고 동질성을 자기중심적으로 긍정하여 여성이 남성보다 열등하고 나약하다고 주장하는 입장이다. 동질성 성차별주의는 초기 생물학적 이론에서 찾아볼 수 있다. 여성의 몸을 남성의 몸과 유사하지만 열등한 버전으로 이해하는 것이다. 예를 들어, 여성 성기는 남성 성기를 뒤집어 안으로 넣은 것이라는 식이다. 그럼에도 "여성들은 자신들의 분수에 안 맞게 엄연한 성별 차이의 현실을 부정하며 자꾸만 대든다"(ibid, p. 420). 그리하여 점차 이질성 성차별주의가 생겨난다. 여성들이 자신들의 차이성을 주장하면서 스스로의 정체성, 욕망, 삶과 동기를 부각시켰다. 남성들은 이를 '거대한 불확실성'(ibid, p. 402)으로 받아들였다. 여성은 사적 영역으로 밀어 넣어졌으며 남성의 대타자가 되었다. 여성성은 "인간성의 영역 너머 무(無)의 영역으로" 쫓겨났다(ibid, p. 422). 두 종류의 성차별주의는 서로 뒤얽혀 있다. 동질성 성차별은 이질성 성차별의 "아래에 언제나 깔려 있다"(ibid, p. 419). 두 가지는 "서로 분리된 형태로 개인이나 사회적 형태로 나타나지는 않는다"(ibid). 영-브륄은 두 가지 성차별이 차곡차곡 포개져 있는 듯 설명하였지만, 나는 양자가 지저분하게 서로 뒤엉켜 있다고 생각한다. 성차별에 대한 이러한 개념화를 통해서 성차별의 본질적인 긍정적 혹은 부정적 성격을 볼 수 있다. 여성혐오와 성차별주의 사이에는 제4장에서 살펴보았듯 차이가 있다. 그럼에도 영-브륄의 성차별주의 이론은 여성혐오에도 적용 가능하다고 생각한다. 여성혐오는 더 폭력적 형태의 성차별주의로 남성 권력을 강화하고 여성을 해치려는 목적을 지녔다.

과연 성차별주의와 여성혐오가 인셀과 남성분리주의를 분석하기에 충분한 범주일까? 여성혐오는 좀 더 증오가 강한 형태의 성차별주의다. 그에 비해 남성분리주의와 인셀 등은 여성을 두려워하고 젠더 역할 변화에 겁을 낸다. 성차별주의와 여성혐오는 여성을 제자리에 되돌려 놓아서 남성 기득권을 유지하려는 노력이다. 양자 모두 남근적 여성상을 수용/구성하고 파괴/거세하려는 복잡한 변증법으로 작동한다. 성차별주의와 여성혐오는 여성과 남성, 혹은 여타 젠더 정체성 간의 기묘한 무/관계를 통해서 작용한다. 이들의 담론은 여성에게 의존해 있다. 여성들은 담론에 끝도 없이 끌려 나왔다가 버려지고 걸고넘어졌다가 치워진다.[4] 남성분리주의는 그렇다면 일종의 포스트 성차별주의일까? 그렇지 않다. 한편으로 남성분리주의와 인셀은 분명히 여성혐오적이고 성차별적으로 여성을 규정한다. 다른 한편으로 많은 남성분리주의자는 여성을 완전히 끊고 싶어 한다. 이젠 질렸다는 것이다. 이들은 남성들끼리의 형제애와 동지애를 방어적으로 꿈꾸며, 평온하고 홀가분한 남성 고독을 묘사한다. 이들은 겉으로는 여성을 진짜로 필요로 하지 않는 듯하다. 그러나 내면세계는 여성에 대한 거부와 욕망의 변증법으로 구조화되어 있다. 이들은 실제로 일상적 관계가 달라졌다고 말한다. 많은 남성이 이제는 극복하였으며 혼자 잘 살고 있다고 말한다. 그러나 다음 내용을 보면 내 주장이 잘 드러난다.

## 자립/의존

인기 있는 남성분리주의 유튜버 샌드먼Sandman은 다른 이용자가 쓴 경험담을 이야기한다. 일단은 시청자 사연을 읽는다.

---

**4** 이러한 변증법은 라캉적인 프리즘을 통해 잘 설명될 수 있다. 실제로 그런 시도도 많이 있었다. 라캉에게 섹슈얼리티 그 자체는 일종의 부정적 존재론으로 기능한다는 것을 알렌카 주판치치Alenka Zupančič도 설명한 바 있다(2017). 그녀는 유명한 농담, "크림 빼고 커피, 우유 빼고 커피"를 통해서(2017, pp. 47-48) '빼기'라는 것, 즉 결여라는 것의 실제 의미가 "결여를 가진 어떤 것"과 동일하다고 말하였다(ibid, p. 48). 총체적 결여 혹은 완전한 부재라는 것은 라캉적으로는 불가능하다. 남성분리주의자와 인셀은 여자를 **빼고 존재**한다. 이는 진정한 홀로됨이 아니다. 오히려 욕망과 판타지의 변증법을 보여 주고 있을 뿐이다. 부정형을 통해서 이들은 여성 함께-빼고에 매달릴 따름이다.

난 18세 대학생인데 이제 무의미하고 황폐한 연애에는 질렸다. 성장기에는 여자애들이 아무 이유 없이 나를 공격하였다. 누가 그러는데 내가 소아성애 변태처럼 생겼단다. 내가 못생겼고 재수 없다고 중학교 때부터 여자애들한테 욕을 먹었다. 여자애들한테 맨날 기죽는 것도 힘든데 거기다가 늘 거절까지 당하였다. 그래서 결심을 하였다. 좋은 여자 만나겠다고 내 시간을 낭비하지 말자고. 그래서 지금까지 왔는데 이젠 여자 사귈 의욕 자체가 없다. 주변 남자애들을 보면 대학 다니면서 여친이랑 동거도 하더라. 인생에서 제일 좋은 4년을 말이야. 난 순전히 내 자신에게만 집중해. 축구하고 레슬링하고 킥복싱하고 운동선수 경력도 쌓고(Sandman, 2016, 0.18~1.25).

샌드먼은 유튜브에 남성분리주의 관련 영상을 수백 편 가지고 있으며, 접근해 오는 여성 퇴치하는 방법을 남성들에게 조언한다. 그는 젊은 선수들에게 커리어에 집중하고 자리가 잡힐 때까지 여자를 거들떠보지도 말라고 한다. 연애를 오래 하면 "남성 호르몬이 저하"되기 때문에 실력을 유지하는 데에 힘이 더 든다. 그렇기 때문에 여자를 멀리 해야 한다. 샌드먼에 따르면 오늘날 우리 사회는 이렇다.

남자는 결혼 제도에서 법적 권리를 강탈당했고, 여자와 데이트 한번 하려면 애걸복걸을 해야 하고, 어쨌든 여자가 있으면 행운인 줄로 알아야 돼. 진짜 힘을 가지려면 여자를 거부해야 돼. 여자들은 이걸 아니까 싫어하는 거야. 그래서 남자들이 분리주의를 실천하면 정말 싫어하지(Sandman, 2016, 8.29-8.38).

이는 남성분리주의와 일치하는 내러티브다. 또한 대안우파 등장 이전 레딧의 남성인권운동과도 일맥상통하며 오늘날의 남성인권운동과도 유사한 입장이다. 기괴하고 황당한 '논증'은 논외로 하고, 혼자 잘 산다고 장담하는 이들 남성분리주의자에게서 재미있는 점은 이들이 늘 커뮤니티를 맴돌며 여자 문제를 논한다는 것이다. 이들의 판타지 세상은 여자를 중심으로 뱅글뱅글 도는 식으로 구성되어 있다. 이들에게는 **온라인에 여성에 대한 글을 써서 올리는 것이 꼭 필요하다.** 앞에 등장하는 대학생과 샌드먼 모두 여성에게서 해방되었다고 장담하지만, 여전히 여자 얘기를 할 필요를 느낀다.

여성들은 그들의 판타지를 따라다닌다. 이들은 일상생활에서 여자와의 접촉을 피하거나 최소화하려고 안간힘을 쓴다.

여기에서의 성차별주의와 여성혐오는 영-브륄이 개념화한 방식과는 살짝 다르게 작동한다. 영-브륄의 성차별주의는 대타자로서의 여성을 거부하면서도 지배하는 것이었다. 남성분리주의 내러티브의 성차별주의는 매우 복잡한 여성혐오다. 욕망 그 자체가 이미 분열되어 있고 고통스럽게 뒤틀려 있다. 여성을 원하면서도 미워하는 와중에 실질적 차원에서는 가까스로 여성을 끊어 냈다. 그리고 앞에서 묘사된 대로 여성을 무시하고 거절함으로써 상징적으로 여성을 멸절시켰다. 그럼에도 여성들은 마치 귀신처럼 계속해서 뒤를 따라다닌다. 남성분리주의자 남성에게 여성혐오는 마치 반유대주의나 인종주의와도 같다. 대타자는 멸절되어야 함과 동시에 남겨져야 한다. 영-브륄이 말한 것과 같이 제자리에 되돌려 놓고 지배하는 데에 그치는 것은 아니다. 물론 남성분리주의는 여성의 살해를 주장하지는 않는다. 그들은 여성 없는 남성만의 고독하고 친밀한 삶을 살려고 노력한다. 남성분리주의자와 인셀은 여성의 판타지에 의존함으로써 자신의 정체성을 유지한다. 이제 남성분리주의자와 인셀이 어떤 성격 유형을 지녔는지를 분석해 보도록 한다.

## 강박형 성격으로서의 인셀과 MGTOW

인셀과 그들의 정신 상태를 좀 더 상세하게 알아보려 한다. 남성분리주의자와 인셀의 공통점을 성격 유형의 측면에서 논의해 보겠다. 기념비적 저작 『편견의 해부학』(1996)에서 영-브륄은 편견에 특히 취약한 특정 성격 유형을 지목하였다.[5] 오늘날 남

---

**5** 영-브륄은 프로이트의 기본적 세 가지 성격 유형을 발전시켰다. 프로이트는 리비도 유형에 따라 성격을 분류하였다(Freud, 1932). 크게 보아 세 가지 유형의 성격이 있다. 성애적, 자기애적, 그리고 강박적 성격이다. 리비도가 얼마나 집중되었는지에 따라서 분류가 결정된다. 영-브륄은 리비도의 집중이라는 기준에서 벗어나서 정신사회학적 개념화를 시도하였다. 성격 유형 분류의 고려 사항은 바로 주체와 사회적 차원이다.

성계에 직결되는 하나의 유형이 있다. 바로 강박형 성격이다. 인셀과 남성분리주의자 및 대안우파의 기타 여성혐오주의자들은 **강박형** 성격에 해당한다. 지난 장에서 공들여 개관하였듯 원형 파시스트로서의 인셀은 테벨라이트의 군인 남성들과 많은 유사점을 갖는다. 이 시점에 다시 물을 필요가 있다. 과연 어떤 종류의 사람들이 인셀이 되는 걸까? 좀 더 논의를 넓혀서 복잡성을 보강해 줄 질문이나. 이에 앞서 영-브릴의 강박형 성격에 대해 일반적 수준에서 알아볼 필요가 있다. 프로이트의 세 가지 기본적 성격은(Freud, 1932, 1981c) 성애적, 자기애적, 강박적 유형이다. 영-브릴은 **강박형, 자기애형, 히스테리형** 성격 유형으로 분류하고 놀랍도록 상세하게 논하였다. 영-브릴의 정신분석학적 통찰은 무척 섬세하다. 또한 정신분석학적 시각을 사회학적, 철학적 텍스트에 비판적으로 접목시키는 접근은 대단히 귀중한 성과라고 하지 않을 수가 없다. 그녀는 성격 유형별 발달심리학 이론을 완성하였다. 특히 편견과 사회성의 문제에 주목하여 사회가 특정 성격을 어떤 방향으로 빚어내고 부추기는지를 이론화하였다. 그녀의 성격학은 이상적 유형의 성격을 우선 제시하고 그의 파생 및 변형 형태를 상세화한다. 예를 들자면, 강박형 성격과 그에 속하는 개인적 변형 형태를 설명하는 식이다.

강박형 성격 혹은 강박적 성격 성향의 개인은 고지식하고 정돈되어 있고 단정하며 "더러움을 혐오"한다(ibid, p. 210). 그러나 지저분하게 살면서도 나름대로는 정리 정돈되어 있다고 생각할 수도 있다. 이들은 "정신을 똑바로 차리고 있으며"(ibid), 지적 능력이 높은 경우도 많다. 이들은 정리와 관련된 어떤 행동이나 정신적 활동에 집착하는 경우가 많다. 예를 들자면, 목록을 만들거나, 어떤 동작을 마음속으로 점검하거나, 혹은 끝없이 머릿속으로 시나리오를 작성한다. 또한 강박장애와 유사한 행동도 보일 수 있다. 예를 들어, 손을 씻는 등의 똑같은 동작을 여러 번 반복하는 것 등이다. "강박형 성격은 고정관념에 의지해서 자신을 정돈한다"(ibid, p. 211). 이들은 종종 신화적 과거를 이상화하고 그리워하며, 그 시절을 순수하고 '순결'하였다고 회상한다(ibid, p. 211).

강박형 사람들은 일을 할 때에 꼼꼼하게 주의를 기울인다. 노력이 많이 드는 일이어야 일할 만한 가치가 있다. 가끔은 노력이 지나쳐서 자기 처벌처럼 되어 버릴 때도 있다. 강박형은 실수가 있거나 시간 낭비를 하면 자기 자신을 나무란다. 이들은 "패배를 인정하는 것이 힘들다"(ibid, p. 212). 강박형은 범주화와 역할을 잘 받아들이며, 제복을 입는 직업을 가진 경우도 많다.

이들은 자신의 역할, 작업, 대의명분과 동일시를 잘하는 편이다. 강박형은 또한 특정한 역할이나 사회적 범주와의 동일시도 잦은 편이다. 이들은 자신을 'X'(종교 단체, 직업, 민족성, 젠더 등)로 내세우기를 즐긴다. 자신의 역할이 고정된 후에야 안심하고 과업을 수행할 수 있게 된다(Young-Bruehl, 1996, p. 212).

절차에 대한 병적인 집착은 강박형의 정신에 안정감을 준다. 더 나아가 자기 가치 감과 자기애를 보장해 준다. 왜냐하면 이를 통해서 남들보다 더 낫고 깔끔하고 더 효율적이고 우월하다는 확신을 느끼기 때문이다. 프로이트는 강박형 성격은 어린 시절, 특히 항문기와 관련이 있다고 설명한다. 강박형은 수집가이거나 저장 강박인 경우도 있다. 강박형 성격은 "유아기 항문의 참기와 내보내기와 관련되어 있다. 항문 기능의 조작으로 타자를 통제하며, 위협적인 상황을 제어하는 위치에 있고자 함이다"(ibid, p. 213). 테벨라이트(1987) 역시도 남성 군인이 자신의 육체에 대해 독특한 관계성을 보였다고 지적한다. 이들은 모든 신체 분비물과 배설물에 대해서 부정적 인식을 보였다. 타자의 육체 역시 마찬가지였다. 이들은 역겨움과 매혹을 동시에 느꼈다. 남들을 만지고 교류하는 것은 남자답지 못한 일로 받아들여졌다. 이는 아이들을 씻기고 집을 청소하는 일을 연상시켰다. 군인들은 이를 두려워하면서도 매료되었다. 테벨라이트 는 이를 아기의 성장과 연관시켰다. 아기에게 액체와 기타 물질의 분비, 즉 울기, 쉬야 하기, 응가 하기, 침 흘리기, 토하기 등은 정동적 긴장의 방출이다. 이러한 행동에 대해서 보호자가 역겨움과 부정으로 대응하면, 아기는 이를 나쁜 것으로 인식하게 된다. 빌헬름 치세기의 소년과 젊은 남성들은 생리적 현상을 엄격히 금지당하면서 자라났 다. 이러한 현상은 오직 특정한 위생적 공간에서만 발생해야 한다. 청결 훈련은 섹슈얼리티의 부정을 낳았고 성적인 모든 것에 대한 공포가 만연하였다. 육체를 성적 목적에 쓰는 것은 금지되었다.
강박형은 종종 대규모의 관료주의적 조직에서 일한다. 이들은 거대한 조직의 수레

바퀴 아래에서 작은 하나의 부품으로만 기능하며 살고 싶어 한다. 강박형 개인이 권력, 혹은 권력의 착각을 가질 수 있는 조직이어야 한다. 병원, 정신병동, 요양원, 감옥 등은 이들이 마음 놓고 남들을 '지저분하고 더러운 것들'이라고 부를 수 있는 곳이다(ibid, p. 214). 강박형은 이런 방식으로 자기 자신의 더럽고 지저분한 욕망에 맞서 방어한다. 이는 보통은 "항문이나 사도마조히즘과 관련된"(ibid) 욕망이며, 이성이 되고 싶어 하는 욕망이다. "이들에게 '타자'는 더럽고 고약하고 독단적이고 공격적이다"(ibid). 이성이 되고 싶은 욕망은 수동성과 관련되어 있다. 그들은 수동적인 남성이나 여성이 되고 싶어 한다. 공격적이고 더럽고 추악한 것은 언제나 타자다. 강박형의 이상적 자아는 "모든 불순함, 모든 유혹에도 굴하지 않는 굳건한 자아, 절대 흔들리지 않는 성인군자 같은 자아(ibid)"다. 이들의 삶은 엄격하게 정돈되어 있어서 어떠한 유혹도 침범할 수가 없다. "긴장을 푼다거나 즉흥적으로 행동한다면 이들은 휩쓸려 버리고 압도되어 버리고, 과잉자극될까 봐 두렵기라도 한듯 말이다"(ibid). 바로 이런 이유로 강박형은 내성적 성찰을 못한다. 모든 것은 바깥을 향해 있고 타자를 향해 뻗어 있다. 타자는 언제나 "공격적으로 활동하고 음모를 꾸미며 공작을 하기 때문에 늘 조심하고 있어야만 한다"(ibid, p. 215). 강박형 성격은 자신의 욕망과 자기 성찰을 뿌리 뽑기 위해서 방어기제가 작동한다. 그리하여 강박형 인간은 죄의식이나 책임에서 해방된다. 모든 문제와 불행의 책임은 언제나 타자에게 있다.

동시에 강박형 성격은 가혹하고 통제적이고 징벌적인 초자아를 갖고 있다. 자기의 감정을 완전히 타자에게 쏟아내어 비우지 못하면 그들은 도리어 자신을 탓한다.

그들은 언제나 자신이 못마땅하다. 이걸 이렇게 해야 돼. 저렇게 해야 돼. 더 질서 있게 해야지. 절제를 할 줄 알아야지. 낭비를 줄이고 생산성을 늘려야 돼. 관계를 증진해야지. 더 배려해야지. 더 자기희생을 해야지 등등. 더 잘했어야지! 그들은 후회한다. 책임을 남 탓으로 돌리지 못하면 패배주의에 빠져 버린다. 평생 행복해질 수 없을 거야, 나는 나쁜 사람이야, 아무도 사랑해 주지 않고 사랑받을 가치도 없어(Young-Bruehl, 1996, p. 215).

강박형 인간은 초자아의 처벌에서 벗어나기 위해서라도 자신의 정동적 신체 상태를 타자에게 쏟아부어야 한다. 타자는 더럽고 추악하며 가공할 지적 능력으로 무장하였다. "그들은 세계를 지배할 정도의 위력이 있으며 국제적인 음모를 꾸민다. 워낙 교활해서 엄청난 부를 축적하였다"(ibid, p. 215). 반유대주의자들과 인종주의자들이 바로 강박형 성격이다. 이들이 유대인과 타인종을 어떻게 볼지는 명확하다. 이들은 타자를 증오하면서도 선망한다.

강박형은 타자를 침범자로 생각한다. 타자는 상징적으로 제거되어야 하며 만약 조건이 충족된다면 실제로도 박멸되어야 한다. 타자에 대한 두려움은 항문적이며 침범적으로 표현된다. 타자는 뒤에서 덮칠 것이다. 뒤에서 몰래 접근해서 등에 칼을 꽂을 것이다. 타자에 대한 상징적, 물리적 멸절의 내러티브는 자유군단의 경우와 매우 유사하다. 타자, 즉 여성, 유대인, 빨갱이에 대한 멸절은 테벨라이트의 저작에서 자세하고 생생하게 기록되어 있다. 테벨라이트의 군인 남성은 여성을 특히 증오하였던 강박형 성격이었다. 여성은 침범적이며 남근적 존재이며 군인에게 거세 위협을 가하는 존재로 인식되었다. 군인 남성은 강박적 인셀 및 남성분리주의자들과는 달리 여성을 욕망하지 않았다. 그러나 양자의 기본적인 공통분모는 있다. 양자 모두 "여성에게 압도당해서 무능하고 힘없고 수동적인 존재로 취급당할 것이라는 불안을 핵심적"으로 갖고 있다(ibid, p. 219). 양자는 모두 심한 강박형 성격이며 히스테리형 성격의 몇몇 요소를 갖고 있음을 논증해 보이려 한다.

강박형 성격에 대한 영-브릴의 연구는 영락없이 인셀과 남성분리주의자의 정신분석학처럼 읽힌다. 다른 강박형이 그렇듯 인셀 역시도 더러움을 혐오하며 여성에 대해서 더럽고 불결하다는 어휘를 써서 묘사한다. 테벨라이트의 군인 남성들도 여성에 대해서 남자를 거세하고 정복하려고 드는 더러운 물결이라고 생각하였다. 앞서 말했듯 강박형은 고정관념에 의지해서 세계관을 조직한다. 인셀과 남성분리주의자에게 고정관념은 바로 여성이다. 그보다 덜하지만 역시 중요한 것이 채드다. 제3장과 제4장에서 상세하게 논했듯 오늘날의 대안우파와 여성혐오자들은 신화적 과거를 말한다. 1968년 이전에는 요즘과는 다른 젠더 질서가 존재하였다는 주장이다. 신화적 과거에는 질서가 있었고 순수했고 불결하지 않았다는 것이다. 인셀과 남성분리주의자들이 과연 꼼꼼하게 심혈을 기울여 일을 하는지는 모르겠다. 그러나 그들의 여성혐오 이데 올로기만큼은 무척 공들여서 세심하게 만들어졌다. 이들은 꼼꼼하고 열정적이며 끝없이 습관적으로 반복되는 담론, 발상, 판타지와 이미지를 유포한다. 인셀과 남성분리주의자는 자신들이 부분적으로나마 틀릴 수도 있다거나 패배할 수도 있다는 생각을 추호도 하지 않는다. 일단 '인셀' 혹은 '남성분리주의자'라고 집단적 정체성과 역할을 확립한 후에야 이들은 안정감과 소속감을 느낀다. 앞서 설명하였듯, 이는 암시적, 명시적 파시즘으로 더욱 강화된다. 영-브륄에 따르면 동일시와 역할 떠맡기는 일종의 "자기 풍자의 수준으로까지" 심화된다(ibid, p. 212). 남성계의 남성들 역시 그런 듯 보인다.

인셀과 남성분리주의자들을 전형적인 강박형 성격과 완전히 일치한다고 볼 수는 없다. 모든 더러운 것을 다 배제하자는 태도는 아니기 때문이다. 크뤼거의 주장에 따르면(2021) 인셀은 오히려 반항적인 자기 더럽히기를 보여 주기도 한다. 동시에 이들은 강박형 성격처럼 모든 즉흥성, 열정에 맞서 방어한다. 자신들의 파편화된 자아가 압도당할까 봐 두려운 것이다. 테벨라이트의 자유군단 남성도 이와 유사하였다.

인셀, 남성분리주의자, 자유군단 남성들은 자기 성찰과 자기비판 능력이 없다. 인셀의 파괴적인 자해에는 어떤 미묘한 내면 성찰도 보이지 않는다. 모든 잘못은 타자에게 있다. 아예 속세를 떠나 버린 남성분리주의자와 달리 인셀은 아직도 머뭇대면서 자신들의 어색함에 대해서 불평한다. 물론 잘못은 죄다 남들이 하였다.

영-브륄이 지적하듯, 그러면서도 타자는 부러움의 대상이다. 타자는 엄청난 권력을 지녔고 세계 전체를 장악하고 있으며 온갖 특혜와 편법도 누린다. 인셀과 남성분리주의자들에게 여자가 바로 이런 존재다. 여자는 문자 그대로 새로운 유대인이다(이 장과 전 장의 논의 참고). 추가적으로 인셀과 남성분리주의자에게는 히스테리형 성격 특징이 있다.

# 히스테리형 성격

영-브릴은 또한 히스테리형 성격도 규정하였다.[6] 히스테리형 성격은 강박형보다는 성애적 성격에 좀 더 명시적으로 연관된다. 이들은 매력적이고 조종적이다. 허영심이 많고 외양을 중시한다. 유혹을 즐기고 언제나 연애를 한다. 현실에서든 판타지를 통해서든. 오늘날의 활발한 남녀 섹슈얼리티의 본질적 이미지는 아무래도 히스테리에 가깝다고 할 수 있다. 쾌락주의적이고 외모 지향적이며 이기적이다. 우리 시대의 히스테리형 인물은 채드와 스테이시, 극강 남성과 극강 여성이다. 이들에게 삶은 흥미진진하면서도 위험하며 때로는 불법 행위도 저지른다. 인셀은 원형적 히스테리형 성격은 전혀 아니다. 그럼에도 이들의 성격에는 어느 정도의 히스테리형 성격의 특성이 보인다. 특히 욕망과 관련해서 그러하다. 힘, 섹스, 외모에 대한 집착이 그것이다. 영-브릴은 히스테리형 성격을 이렇게 규정한다.

> 남성과 여성 히스테리형 성격 모두 자신의 성적 충동과 폭력 충동으로부터 자신을 보호하기 위한 방법으로 투사에 많이 의존한다. 이들은 무의식적으로 자신의 충동을

---

**6** 히스테리Hysteria는 정신분석학의 역사에서 핵심이 된 개념이다. 프로이트와 브로이어는 초기 저작에서 히스테리를 여성적 병리 현상으로 규정하였다. 당연하게도 이는 정신분석학계를 넘어서 광범한 논란과 비판을 불러일으켰다. 1960년대 이래로 페미니즘은 프로이트의 성차별주의와 여성 섹슈얼리티에 대한 문제적 이해를 비판하였다(제1장 참고). '히스테리'라는 개념 자체에 성 정치학이 개입되어 있으며, 이는 사회역사적 구성개념이다(Veith, 1965; Gilman et al., 1993). 줄리엣 미첼은 남성 히스테리가 정신분석학에서 역사적으로 억압되었다고 지적한다. 지난 50년간 히스테리는 임상 진단에서 꾸준히 감소하였다. 그러나 미첼은 히스테리를 임상적으로 좀 더 중요시해야 한다고 주장한다. 섭식장애나 경계선 혹은 다중인격장애는 히스테리라는 범주 아래에 포섭된다는 것이다. 미첼은 히스테리가 형제자매 간 갈등 관계와 연관되어 있다고 본다(Mitchell, 2000). 미첼과 영-브릴 모두 히스테리가 성적 근원을 갖고 있다고 본다. 주체가 느끼는 강렬한 섹슈얼리티를 파괴에 대한 공포와 결합한 것이 히스테리다. 영-브릴이 용어를 이렇게 정의하여 이용하고 있음을 염두에 두면 도움이 된다.

타자에게 투사한다. 그들은 편견을 가질 때면 자신들의 욕망을 자기가 편견을 가진 객체에게 투사해 버린다. 이들에게 타자는 곧 자신들의 금지당하거나 좌절된 욕망의 이미지가 된다. 타자는 금지당한 존재인 동시에 또한 매혹의 대상이기도 하다. 이들이 품고 있는 충동이 여전히 유혹적이기 때문이다. 강박형 성격이 치환을 통해 만들어 낸 타자와는 이 점에서 다르다. 강박형에게 타자는 역겹고 혐오스럽다. 히스테리형 유형은 자신의 투사를 체화한 대상에게 보호적으로 동일시한다. 이들은 대상들이 자신의 정체를 폭로할까 봐 두려워하면서도 대상들의 대리자라도 된 듯 집착한다(Young-Bruehl, 1996, p. 229).

자유군단의 군인 남성들은 히스테리형 성격 요소가 전혀 없었으며 오히려 그 반대였다. 그러나 인셀에게는 다소 히스테리형 요소가 발견된다. 그들은 일차적으로는 강박형이고 이차적으로 히스테리형이다. 이들은 자신의 성적 충동을 스테이시와 채드에게 투사한다. 스테이시와 채드는 인셀 자신의 좌절된 욕망을 형상화한다. 힘과 아름다움에 대한 욕망, 넘쳐흐르는 섹슈얼리티와 언제든지 즐기는 쾌락을 상징한다. 이러한 이미지는 주류 포르노그래피의 확산에 영향을 받았다. 포르노 스타는 본질적으로 히스테리형 인물들이다. 극강 남성이자 극강 여성이며 극도로 피상적이고 문란하며 과잉 성애화된 사람들이다. 인스타그램과 여타 플랫폼을 통한 완벽한 몸매 이미지의 대량 유통과 소비가 또한 히스테리형 성격을 더 많이 만들어 냈다. 이제 일반 이용자들도 이런 식으로 자신을 포장하며 남성계 역시도 타자를 이에 맞추어 인식한다(제2장과 제7장 참고).

히스테리형 인물이 보기에 타자는 너무나 많은 재미를 보고 너무나 많은 성적 쾌락을 누리고 있다. 타자가 야만적이고 천박하며 문란하다고 말하면서, 히스테리형 인물은 타자를 비하하고 폄하한다. 이들이 제 분수에 맞게 살도록 행실을 단속해야 한다. 스테이시와 채드는 무척 매력적이며 성적 능력이 좋다. 그러면서도 동시에 금지되어야 한다. 히스테리형 투사에 강박형 방어기제를 작동해서 보자면 이들은 역겨우며 불결하고 얄팍한 것들이다. 인셀은 자신들의 기준으로 보자면 절대로 히스테리형 성격이 될 수가 없다. 인셀은 유혹적이지도, 매력적이지도, 조종적이지도 못하다.

그렇다면 이들이 어떻게 히스테리형 성격의 요소를 지니게 되었을까? 내 의견으로는 투사 **이전에** 잠정적 단계가 인셀에게 일어난다고 본다. 히스테리형 투사는 영-브릴이 자세히 다룬 바 있다. 강박형으로서의 인셀은 스테이시와 채드에게 우선 내향형 투사를 한다. 이러한 심리적 기제는 인셀에게는 너무나 큰 갈등과 긴장을 불러일으킨다. 그러므로 다시 한번 외향투사를 거쳐 대타자가 만들어진다. 이들이 맞서 싸워야 하는 것은 바로 자신들이 스테이시/채드에게 투사해 버린 스스로의 성적 욕망과 피상성이다. 인셀은 스테이시/채드를 욕망하며 사귀고 싶어 한다. 그러면서도 인셀은 이들을 거부한다. 인셀 그 자신이 히스테리형 성격이 되도록 허락한다면 그것은 자신의 강박형 성격에 대한 배반을 의미하기 때문이다. 바로 억제/탈억제의 역학이다. 그래서 불결하고 문란하고 얄팍한 채드와 스테이시를 거부해야만 하고 파괴해야만 한다. 인셀은 이렇게 해서 갈등과 모순으로 가득한 이중구속 상태에 놓인다. 지난 장에서 설명하였듯 인셀은 사랑과 미움, 무력감과 행위주체감, 희생자 행세하기와 유해한 권력 사이에서 갈팡질팡한다.

"강박형 인간에게 여성은 불순하고 불결하고 문란하며 공격적이고 남을 타락시키는 존재다. 히스테리형 성격과 강박형 성격 둘 다 성차별이나 여성혐오를 표현할 때에 자기애적 작동을 보인다. 그러나 자기애형 성격의 경우는 좀 더 일반적이고 중심적 입장에서 성별 차이를 말하는 편이다"(Young-Bruehl, 1996, p. 239). 남성분리주의자는 인셀과 비슷한 정신역학을 보여 주지만, 한편 모순에 대처하는 법이 다르다. 인셀은 자신들의 욕망이 좌절되었지만, 아직도 지속된다고 한탄하는 편이다. 남성분리주의자들은 자신들이 여성으로부터 독립하였음을 더 강조한다.

인셀과 남성분리주의자는 강박형 성격의 특성을 온라인에 많이 표출한다. 이들은 또한 남성인권운동과 대안우파에게서 계승한 이데올로기적 건축 자재를 사용함으로써 이러한 성격 유형을 적극 양성하고 있기도 하다. 인셀과 남성분리주의자를 이상적 유형으로 양성하는 일은 집단 정체성을 통해 의식적으로 이루어진다. 이들은 인셀 남성이 무엇을 해야 하는지, 어떤 사람이어야 하는지, 어떤 감정을 느껴야 하는지, 여자들에게 어떻게 행동해야 하는지 등을 알려 줌으로써 집단 정체성과의 동일시를 이끌어 낸다. 이러한 성격 유형은 자기 영속적이 된다. 그리고 인셀 혹은 남성분리주의자가 된다는 것이 어떤 의미인지 혹은 어떤 의미여야 하는지를 강변하는 수천 개의 온라인 게시물을 통해서 증폭된다.

이 장에서는 영-브륄의 강박형 성격 이론을 확장 적용해 보았다. 강박형 성격은 끊임없이 집착하고 타자에게 고착한다. 이런 성격 유형의 남성은 원래도 존재한다. 다만, 남성계에 합류하면서 그들의 성격 유형이 상징적 정체성을 획득함으로써 재창조되고 적합화된 것이다. 이러한 성격 유형은 또한 특정한 사회문화적 조건하에서 동력을 얻었다(제2, 3, 4장 참고).

이제까지 남성계 남성들이 파시스트적 정신 상태를 보여 준다는 것을 설명하였다. 이들이 반드시 파시스트라는 뜻은 아니다. 또한 현재 서방 세계에 노골적으로 파시즘적인 사회는 없다. 여기에서 의문이 든다. 오늘날의 많은 남성이 파시즘적 세계관을 왜 이렇게 유혹적이고 매력적으로 받아들일까?


## 파시즘의 에로틱?

나는 대안우파와 남성계가 파시즘적 욕망을 지니고 있다고 주장한다. 다소 긴장이 잠재된 주장이다. 우리가 살아가는 오늘날은 명시적 파시즘 시대가 아니다. 그럼에도 일부 유럽, 미국, 브라질 등은 파시즘에 위태롭게 가까운 모습을 보이고 있다. 극우 포퓰리스트를 통한 권위주의적 자본주의가 위세를 넓혀 가고 있다(Fuchs, 2018). 오늘날 세계 각지에서 파시즘이 다시 위협적으로 재등장하게 된 데에는 특정한 경제문화적 조건이 한몫을 하였다. 실업률 증가, 긴축적이고 불안정한 노동 조건, 난민의 증가, 전 지구적 경제 갈등 등이 그 예다(서론 및 제2장 참고). 테벨라이트의 원형적 파시스트 자유군단 군인들은 적극적으로 학살을 자행하면서 제3제국의 건국에 기여하였다. 그 반면 오늘날의 남성들은 암시적 혹은 명시적으로 파시즘을 욕망하는 데에 그친다. 이들은 파시즘을 궁리하고 실현하고 싶어 하지만, 어디까지나 판타지일 뿐 구체적 현실은 아니다. 겉으로만 보기에 이들 남성들은 파시즘에 명백히 매혹되었다. 테벨라이트가 자세히 논하였듯(제1장 참고) 파시즘은 방탄복을 제공하여 남성들의 파편화된 자아를 하나로 묶어 놓는다. 파시즘은 잡다한 이미지와 신념을 모아 놓은 시스템이다. 남자란 모름지기 어때야 하며, 어떻게 여자를 꽉 잡아야 하는지를 가르쳐 준다. 파시스트가 지녔던 유대인과 여타 그룹에 대한 편견은 대안우파와 남성계에 의해 계승되어 여성에 대한 편견으로 탈바꿈하였다는 점을 지금껏 설명하였다.

남성 커뮤니티가 파시즘의 이미지와 담론 활용에 끌리는 심층적이고 무의식적인 이유가 과연 무엇일까? 영-브릴을 비롯한 많은 저술가가 파시즘의 에로티시즘에 대해 논하였다. 클라우스 테벨라이트는, 1920년대 군인 남성들이 섹슈얼리티와 성욕을 가능한 한 최대로 제거하길 소망하였다고 지적하였다. 이들은 군인이 됨으로써 여성과 섹슈얼리티를 뒤로 하고 떠날 수 있었다. 이들 남성에게 살인 행위는 곧 비성애화를 의미하였다. 빌헬름 라이히에게 파시즘은 성적 억압이 특징이었다. 파시즘은 섹슈얼리티를 소멸시키려고 하였다. 수전 손택Susan Sontag 역시 파시즘이 섹슈얼리티를 다른 곳으로 돌려서 에너지로 모아 냈다고 묘사하였다. "파시스트의 이상은 성적 에너지를 '겨레얼'의 에너지로 승화시켜서 공동체의 선을 위해 쓰는 것이다. 에로틱, 즉 여성은 언제나 유혹의 형태로 존재한다. 영웅이라면 마땅히 숭고하게도 성적인 충동을 억눌러야 한다"(Sontag, 1981, p. 93). 손택은 『파시즘의 매혹Fascinating Fascism』이라는 에세이에서 파시즘을 이렇게 특징짓는다.

> 파시스트 연출극의 핵심은 강력한 지도자와 그를 따르는 무리의 난잡한 거래에 있다. 죄다 똑같이 차려입은 끝도 없이 수가 늘어나는 군중. 이들은 지치지 않는 움직임과 딱 각이 잡힌 용맹한 부동자세 사이를 오가며 놀아난다(Sontag, 1981, p. 91).

억제와 탈억제의 역학이 파시스트적 움직임에서도 작동한다. 몸의 자세와 군중의 상태에서도 억제와 방출이 번갈아 일어난다. "동작은 절도 있게 딱 힘주어서 유지한다"(ibid, p. 93). 손택이 보기에 파시즘의 시각적 측면, 특히 예로 제시된 독일 국가사회주의는 특유의 매력이 있었다. 파시스트와는 거리가 멀었던 많은 예술가조차도 파시즘의 상징과 이미지에 중요한 기여를 하였다. 이는 포르노그래피와 야설에서 BDSM(구속bondage, 훈육discipline, 지배dominance, 굴복submission, 가학sadism, 피학

masochism) 장르에 계승되었다. 손택은 BDSM의 취향 자체가 파시즘적이라고 보았다. "사도마조히즘은 성적 경험 중에서도 가장 멀리 나간 분야다. 섹스가 가장 순수하게 섹슈얼할 때, 즉 인간성을 제거하고 관계성을 제거하고 사랑을 제거했을 때의 모습이다"(ibid, p. 105). 손택은 말한다. "사도마조히즘이 최근에 나치 심볼리즘에 밀착된 것은 놀랄 일도 못된다. 주인과 노예의 관계가 이토록 의식적으로 미학화된 적은 일찍이 없었다"(ibid). 파시즘 자체에 에로틱한 차원이 있다. 더 나아가 문화적 관행을 통해 특별하게 성애화되기까지 하였다. 이 점이 로라 프로스트Laura Frost의 『성적 충동: 모더니즘 문학사조에서 발견되는 파시즘의 판타지Sex Drives: Fantasies of Fascism in Literary Modernism』(2001)에 섬세하게 잘 탐구되어 있다. 프로스트는 파시즘에 본질적으로 에로틱하고 매혹적인 차원이 있다는 의견에는 반대한다. 그 대신 서구 파시즘은 1945년 반파시즘 문화를 겪으며 성애화되었다고 본다. 정신분석학 이론 역시도 파시즘의 성애화에 기여를 하였다. 프로스트는 당시 평론가들이 성적으로 변태적이거나 소위 BDSM 등의 비정상적인 성행위를 파시스트적이라고 규정하여 불법적이고 비정상적인 것으로 폄하하곤 하였다는 사실을 지적한다. 손택과는 반대되는 입장이다. 파시즘이 원래부터 에로틱하였던 것이 아니라, 작가, 영화감독, 화가 등에 의해서 성애화되었고 스타일적 도구로 활용되었다는 것이다. 미셸 푸코도 나치즘에 에로스가 완전히 결여되어 있었다고 지적한다(Frost, 2001). "파시즘 메커니즘을 유지한 것은 승인된 폭력의 분출이었다. 그럼에도 오르가슴적 분출은 파시즘의 단결을 해체시킬 위험이 있었다"(Frost, 2001, p. 111). 파시즘은 우선 특정한 성적 역학으로 규정되었고, 의도를 지닌 사람들에 의해서 사도마조히즘적, 동성애적 혹은 특정 형태의 성적 함의로 부풀려진 것이다.

그럼에도 파시즘, 특히 독일 나치즘이 본질적으로 무성애적이었으며 탈성애적이었다는 주장을 완전히 반박하지 못하는 듯하다. 독일 나치즘은 섹슈얼리티에서 성적 에너지를 탈색하였으며 섹슈얼리티로부터 탈출을 강조하였다. 그들의 프로파간다가 그러하였고, 그들의 동성애자 살해가 그러하였고, 테벨라이트가 설명하였듯 자유군단과 이후 돌격대의 탈성애성이 그러하였다. 그럼에도 파시즘은 섹슈얼리티와 모종의 관계없음의 관계를 형성하였다. 부존재성으로서의 섹슈얼리티다. 파시즘은 프로파간다 기계이자 권위주의적 시스템이다. 섹슈얼리티를 제거하겠다고 약속하지만 물론 불가능하다. 섹슈얼리티는 박멸되지 않으며, 순수하고 순결한 비성애적 문화로 승화될 수 없다. 테벨라이트에 따르면 파시즘은 일종의 남성연대다. 그러나 동성애와 반드시 연관되는 것은 아니며 무의식적으로 금지된 동성애적 욕망과도 반드시 연결되는 것은 아니다. 인셀과 남성분리주의자는 남성 전용성 및 여성 이용자 추방을 특징으로 지닌다. 그럼에도 이들의 가상 연대에는 동성애적 성질을 찾기 힘들다. 사실 커뮤니티 안에서 호모섹슈얼리티는 거의 없다. 그럼에도 오늘날 인셀과 남성계에게 파시즘의 **남근**적 본성이 무척 매력을 지닌다는 점을 지적하고 싶다. 파시즘의 매력은 최소한 모종의 성적이고 에로틱한 함의를 무의식적 차원에서 갖고 있다. 이들은 파시즘이 보여 주는 남성적 강인함의 판타지에 끌린다. 잠재되어 있는 동성애적 에로틱을 자극하며 또한 자기애적인 성적 흥분을 일으킨다. 겉으로 보기에 파시즘은 인셀에게는 매력적이다. 남성적 강인함을 약속해 줄 뿐 아니라 여성 섹슈얼리티로부터 방어해 주기 때문이다.

파시스트의 여성관은 과대망상적 남성 이상형의 이미지를 강화해 준다. 예를 들면, 강인하고 용맹하고 자기 절제와 결단력이 강하다 등등. 이는 남성 지배권과 활력 넘치는 우월성의 이미지를 옹호한다. 이에 반대되는 것이 여성성이다(Vadolas, 2009, p. 72).

파시스트의 "남성성은 여성성에 대한 공포와 혐오로 이루어진다. 여성은 남성을 유령처럼 따라다니고 파괴적 충동을 부추기는 존재다"(ibid, p. 71). 인터넷 공간의 인셀과 남성들은 매우 의식적으로 파시즘을 수용하였다. 그렇다면 그들을 애초에 파시즘으로 이끈 무의식은 없었을까? 제1장에서 이미 언급하였지만 테벨라이트의 군인 남성들은 전혀 무의식적이지 않았다. 그들은 공포를 또렷하게 의식하였고 거기에 맞서서 행동하였다. 그러나 인셀과 남성분리주의자들의 담론에는 분명 무의식적 측면이 있다.

# 과연 무의식은 어디에?

이제 장의 막바지에 이르러 인셀이 자신의 가족과 양육환경을 이야기하고 유전과 외모에 대하여 이야기하는 방식을 살펴보고자 한다. 이들은 자신의 못생긴 외모나 결함을 부모 탓으로 돌린다. 인셀은 종종 어머니와 아버지 이야기를 하곤 한다. 두 명의 이용자를 인용한다.

### 형들은 핵인싸인데 난 찐따

우리 형들과 비교해 보면 난 진짜 캐병신이라서 내 자신이 진짜 좆같다. 난 죽었다 깨나도 형들처럼 잘나갈 수가 없다. 어릴 때 가끔 날 안아 주긴 했지만 대개는 그냥 귀찮아했던 기억이 자꾸만 난다. 우리 엄마가 서른두 살에 노산으로 나를 열등하게 낳아 버렸기 때문에 난 정신적으로도 육체적으로도 완전 열등하다. 그런 주제에 날 키우면서는 맨날 실망하였다고 언어폭력을 막 해서 1도 도움이 안 됐다. 난 열세 살 때부터 벌써 우울증이었는데 엄마라는 게 눈치도 못 깐다(Reddit, 2018f, 게시물).

### 내가 살고 싶었던 인생에 대해 썰 푼다

가끔 상상한다……. 단란한 무결손 가정에서 태어나서 내 성장과정을 아빠가 옆에서 봐 줬더라면, 아빠의 인생 경험도 알려 주고 인생의 실수도 미리미리 알려 줘서 피하게 만들었다면. 믿음이 가고 함께할 수 있는 사람들이 부모였더라면. 그런데 우리 엄빠는 더럽게 빡세서 내가 눈치 보고 설설 기느라 죽을 뻔…… 어쩔 수가 없다, 쩝.(Reddit, 2018g, 게시물)

두 명의 이용자가 가정환경을 묻는 다른 이용자에게 이렇게 답글을 단다.

뻑하면 학대하던 미혼모 우리 엄마가 그러는데 나는 실수로 생겼대. 내가 태어나자 곧바로 이혼을 했고. 비주얼 인셀은 아닌데[외모 수준이 걸맞는 잠재적 여성 파트너가 없다는 뜻] 아빠 닮아 버려서 베타벅스[베타 메일] 신세야(Reddit, 2018h, 게시물).

내 부모는 나쁜 사람들은 아닌데 가정환경이 개판이야. 아빠는 젊었을 적에 여러 번 우울증 걸려서 혼자만의 세상에서 살았어. 세상에서 자기 생각만 하고 자기만 중요했 거든. 엄마는 몇 년 전에 심장 발작 겪은 후로 불안증 문제가 생겼어. 그런데다가 엄마 가 어릴 때 정서적 문제가 있던 게 겹쳐 가지고 완전히 정서 불안정이야. 그래서 내가 감정의 쓰레기통이 됐어. 그래서 어떻게 됐냐고? 난 불안하고 어정쩡한 찐따야. 게다 가 엄마 아빠가 계속 싸워 대서 나는 완전히 멘붕 상태야(Reddit, 2018h, 게시물).

이 게시글에 나타나는 개성화의 역학은 테벨라이트의 군인 남성들을 연상시킨다. 군인 남성들은 자신들의 부모 성충을 극복하고 파괴하고 싶은 욕망을 지녔다. 인셀과 남성분리주의자는 자신의 어머니와 아버지를 없애 버리기를 소망한다. 자신들의 불 행, 자신들의 외모, 행동, 성격 등이 모두 부모 탓이기 때문이다. 이들은 부모를 죽이 려는 무의식적 소망을 품고 있다. 부모는 자신들을 거세했거나 혹은 자신들에게 남근 을 물려주지 못하였다. 인셀이 보기에 자신들은 여성에 의해서 없던 남근마저도 또 거세당하였다. 부모가 사라져야만 인셀이 말하는 '업글'이 가능해지고 파시스트 채드 로 다시 태어날 수 있다. 테벨라이트가 분석한 군인 남성들이 그랬듯, 오늘날 남성들 도 자신을 초월해서 새로운 남자가 되고 싶어 한다. 그러나 대부분의 인셀은 아무것 도 못하고 만다. 그들은 가족도 타자도 못 죽인다. 그들은 가족에 대한 미움을 의식적 으로 알고 있지만, 파괴 욕구와 소망은 아직 무의식 속에 남아 있다. 매우 소수의 남성 들이 폭력적 범죄를 저지른다. 이를 다음 장에서 다루겠다.

## 결론

이번 장에서는 남성분리주의 커뮤니티를 살펴보았다. 그들의 욕망은 여성의 부재 하는 현전을 둘러싸고 모순적으로 구조화되어 있다. 남성분리주의자는 인셀에 비한다 면 그다지 노골적으로 파괴적이고 인종차별적이고 정치적이지는 않다. 그저 커뮤니티 에서 여성혐오적이고 성차별적 견해의 게시물을 쓰는 사람들이다. 이 점을 유명한 남성분리주의 유튜버 샌드먼의 영상을 통해서 알아보았다. 이어서 인셀과 남성분리주의자가 강박형 성격임을 주장하였고, 또 인셀의 경우에는 약간의 히스테리형 특징도 추가로 갖고 있음을 보였다.

강박형 성격은 물론 부분적으로는 아동·청소년기에 형성된다. 아직 온라인 인셀 혹은 남성분리주의 포럼에 가입하기 전이다. 그럼에도 성격에는 타고나는 성향이라는 것이 잠재되어 있다. 먼저 성향이 있고 거기에 조작이 가해져서 인셀/남성분리주의자로 길러지는 것이다. 커뮤니티의 남성들은 온라인에서 자신들의 정체성에 대해서 끝없이 갑론을박한다. 영-브륄은 특정 성격 유형의 형성이 개인의 양육과 주체화 과정과 연관되어 있음을 설명한다(제1장 참고). 인셀은 남성분리주의자와는 달리 다양한 연령대로 구성되어 있다. 물론 확언할 수는 없다. 대부분은 15세에서 30세 사이의 젊은 남성이고 백인으로 구성된다. 게시판에서 자체적으로 수행한 설문에서도 비슷한 결론이 나왔다. 사춘기 남성은 특정한 인물형에 속한다. 인셀의 미숙함이나 젊은 치기를 변명으로 삼아서 그들의 여성혐오를 합리화하거나 변호하고 싶지는 않다. 그럼에도 잠재적 요소 하나는 언급하는 것이 좋겠다. 영-브륄은 사춘기에 대해 이렇게 말한다.

가장 불길한 일은, 어느 대상관계에서 불안을 느끼는 사춘기 청소년이 불안에서 벗어나기 위해서 스스로의 인격 전부를 동원해서 맹렬하게 퇴행할 때 벌어진다. 자아의 경계가 침투 가능해지고 대상물이 자아 속으로 빨려 들어간다. 즉, 동일시의 과정이다. 혹은 자아가 투사되어서 내면과 외부 세계의 경계가 흐릿해져 버린다. 대상에서 리비도를 탈색하는 이러한 노력은 불안을 줄일 수 있을지는 몰라도 다른 불안을 만들어 낸다. 바로 안나 프로이트Anna Freud가 개념화한 "정체성 상실의 두려움이 빚어 낸 감정적 항복"의 가능성이다(Young-Bruehl, 1996, p. 314).

이러한 상황에서 편견은 정체성을 제공해 주고 경계와 안정성을 만들어 낸다. "나는 미워한다, 고로 존재한다"(ibid, p. 315). 인셀은 대상관계에 대해 유사한 불안을 느끼고 있으며 투사와 동일시를 뒤섞어서 반응한다. 마치 어린아이들처럼 인셀과 남성분리주의자는 나이와 상관없이 세상을 좋고 나쁜 것으로 양분하여 받아들인다. 일반적 대안우파의 기본적 조증 성격이기도 하다. 자유군단 군인, 인셀, 남성분리주의자들은 남근적 여성에게 위협감을 느낀다. 영-브륄이 말하듯 "자기애적 판타지가 만들어낸 남근적 여성이라는 이미지는 성차별주의의 각종 유형과 중층성의 동기적 핵심이다"(ibid, p. 297). 여성에게 침범당하였다고 느끼는 남성들은 성차별주의와 여성혐오로 후퇴한다. "온갖 종류의 편견 중에서도 가장 강박적인 편견이야말로 가장 모호하다"(ibid, p. 348). 인셀과 남성분리주의자에게 "자신을 타락시키고 파괴할까 봐 가장 두려운 집단은 가장 매혹적인 집단이기도 하다. 이들은 인정하지 않을 테고 의식도 못하겠지만 말이다"(ibid, p. 348).

영-브륄은 이러한 양가감정이 낳은 의심과 우유부단 때문에 이들이 강한 지도자를 맹종하게 된다고 보았다. 남성분리주의자와 인셀에게 지도자는 없다. 그러나 커뮤니티가 일종의 집단적 기능을 하며 정기적으로 일깨움을 제공한다. 인셀들의 용어로는 '오늘도 정신 똑바로daily reminder'라고 부른다. 바로 "절대로 흔들리지 말고 절대로 되돌아가지 말고 절대 생각 바꾸지 말고 절대로 최고로 단단하게 강철처럼 어두움 속의 횃불처럼" 되자는 다짐이다(ibid, p. 348). 후자의 측면, 즉 단단하고 강철처럼 횃불처럼은 이미 살펴본 바와 같이 인셀의 욕망을 반영한다. 이들은 단단해지고 싶다. 강철 육체를 지닌 파시스트처럼.

영-브륄은 강박형 인물의 지도자를 묘사한다. "지도자는 단체의 외부 사람에게는 그저 광신자로 보인다. 그러나 추종자들에게 지도자의 군건함은 정신분석학적 은유 그대로 자신들의 등뼈이자 괄약근 통제로 느껴진다"(ibid, p. 348). 억제하였다가 방출하는 역학은 문자 그대로 똥의 역학이며(Krüger, 2021), 인셀이 자신을 돌보는 방식이다. 이들에게는 지도자가 필요 없다. 특히 인셀은 억제/탈억제의 역학을 통해서 스스로의 욕망을 통제하려 시도하고, 물론 실패하지만 대타자가 탈억제되었고 위압적이라고 인식한다. 이러한 역학은 남성분리주의자에게는 훨씬 더 약하게 나타난다.

대타자에게는 억제/탈억제로 대응한다. 여성과 우정을 나누고 사랑을 나누는 것을 자제하는 것은 억제다. 여성에 대한 미움을 온라인에 쏟아 내는 것은 탈억제다. 자신의 모순 역시 억제되고 부정된다. 이들 자신의 부드럽고 여성적 측면, 남들에게 사랑받고 싶은 욕망은 억제된다. 그러나 완전히 없어지지는 않는다. 이러한 문제는 이미 제2장에서 언급하였듯 오늘날 신자유주의 소비자 자본주의의 일반적 딜레마와 관련되어 있다. 인셀과 남성분리주의자는 〈걸스〉나 〈캐주얼〉 등에 등장하는 진보적이며 리버럴한 캐릭터와는 동떨어진 인물들이다. 양자 모두 성적 욕망의 판타지 때문에 갈등한다. 이는 이데올로기가 만들어 내고 디지털 미디어가 유포한 허상이기 때문이다. 양자 모두 선택과 성적 적극성 문제에 대한 신자유주의적 문화 변화에 따른 징후라고 볼 수 있다. 이는 부분적으로 성혁명의 결과다. 또한 부분적으로는 포스트 페미니즘의 이데올로기와 즉석 만남 앱을 통해 전파되고 있는 특정 형태의 섹슈얼리티 탓이다.

오늘날 자본주의는 섹스에 대해서라면 최대한 누리라고 제안한다. 그러나 인간은 남들과 관련을 맺는 일에 대해서는 본질적으로 신경증적이다. 그러므로 판타지는 반드시 실망을 가져온다. 퇴행적 세력과 대안우파 유튜버들은 말세라면서 호들갑을 떨며 페미니즘과 역사적 변화가 원인이라고 말한다. 남성계 남성들, 특히 인셀과 남성분리주의는 여성으로부터 도망치면서도 본질적으로는 여성에 대한 이성애적 욕망을 갖고 있는 억제/탈억제를 보여 준다. 억제/탈억제의 이면에는 불안이 있다. 매력에 대한 불안, 내가 욕망의 대상이 되고 남을 욕망하는 것에 대한 불안이다. 섹스의 시장 가치라는 뒤틀린 관념과 주류 문화 속에서 인셀은 매력을 논한다. 틴더와 즉석 만남 앱, 부담 없는 가벼운 섹스. 이는 모두 제2장에서 언급하였던 남성성의 위기, 제1장에서 언급한 신자유주의의 위기와 연관된다.

빌헬름 라이히는 진보적이며 교육된 섹슈얼리티가 파시즘을 깨부술 것이라고 예언하였지만(Reich, 1997) 틀린 생각이었다. 섹슈얼리티는 자본에 의해서 발췌, 인용된다. 오늘날 어떤 남성들에게는 섹슈얼리티의 문화 자체가 파시즘을 향한 욕망을 이끌어 냈다. 이들은 파시즘의 신화적 과거가 약속하였던 전혀 다른 섹슈얼리티를 육체적으로 규범적으로 욕망한다. 그리고 그중 어떤 남성들에게 온라인 게시물만으로는 부족하다. 그들은 살해를 원한다. 다음 장은 두 명의 총기난사범과 그들의 여성혐오를 다룬다.

# 06
# 총기난사범의 선언문 그리고
# 부재하는 아버지

이전 장에서도 지적하였지만, 남성계는 총기난사 및 폭력과 연루된 적이 몇 차례 있었다. 최근 남성에 의해 저질러진 총기난사는 대중적이고 학술적인 담론에서 여성에 대한 증오와 특히 연관되어 있었다. 예를 들면, 뉴스 웹 사이트 〈복스Vox〉, 〈데일리 비스트Daily Beast〉, 〈뉴욕 타임스〉의 필자들은 이렇게 말한다.

성적 불안과 극우 자국민주의 사이의 연관성이 이렇게까지 명백하였던 적은 드물다. 브레이비크가 지녔던 여성혐오와 이슬람 혐오는 서로 밀접하게 연관되어 있다. 몇몇 보도에 따르면 그는 우퇴위아섬에서 학살을 벌일 때 제일 예쁜 여성을 먼저 겨냥하였다고 한다. 중요하였던 것은 종교가 아니라 섹스였다(Goldberg, 2017, 게시물).

2014년 스스로 인셀이라고 밝힌 남성이 캘리포니아 이슬라 비스타에서 총기난사를 저질렀다. …… 이 사건은 인셀 커뮤니티의 전환점이 되었다. 범인은 PUAHate라는 인기 온라인 포럼에 글을 올렸는데, 이는 픽업아티스트 비법이 효험이 없다면서 좌절하는 인셀들의 커뮤니티였다. 이 사건을 계기로 '인셀'이라는 말은 유해성의 오명이 되었다. …… 로저는 '인셀'이라는 용어를 재정의하였을 뿐 아니라 더 나아가서 인셀 커뮤니티가 힘을 합쳐서 분노의 목소리를 내고 허무주의적 충동을 실천에 옮기도록 촉구하기까지 하였다(Beauchamp, 2019, 게시물).

[2018년] 알렉 미나시안Alek Minassian은 토론토에서 트럭을 몰고 인파가 밀집한 인도로 돌진하였다. 미나시안은 테러를 감행하기 직전 페이스북에 글을 올려서 임박한 '인셀 대반란'을 예고하였다. …… 이는 마치 이슬람 이데올로기를 뺀 IS 테러리즘과도 같았다(Cottee, 2018, 게시물).

이 장에서 나는 최근 대량 살상 총기난사범 두 명의 선언문을 분석하려고 한다.[1] 아네르스 베링 브레이비크Anders Behring Breivik와 엘리엇 로저Elliot Rodger다. 브레이비크는 2011년에 오슬로에서 폭탄 테러를 저질렀고 뒤이어 근방의 우퇴위아섬에서 69명의 젊은이들을 사살하였다. 엘리엇 로저는 2014년 캘리포니아 대학교 산타바바라에서 6명을 죽이고 14명을 다치게 하였다. 로저는 인셀 커뮤니티에서 자주 언급된다. 일부는 로저를 영웅시한다. 로저에 관한 짤도 많이 유통된다(Witt, 2020). 두 사람이 작성한 선언문은 구글 검색으로 온라인에서 찾아볼 수 있다. 나는 이들이 선언문에서 표현한 혐오와 광기를 세상에 퍼뜨리려는 것이 아니다. 다만 이들을 분석함으로써 오늘날 인터넷과 SNS에서 찾아볼 수 있는 극단화 경향을 알아보려는 것이다.[2] 약간의 계기만 주어져도 인셀에서 총기난사범으로 변해 버릴 수 있는 일부 남성들이 있다. 2019년 8월 미국 데이턴의 총기난사범은 자신의 SNS 계정에 자신이 인셀이라고 썼다고 한다. 희생자 중 한 명은 범인의 트랜스젠더 여동생이었다. 2019년 독일 할레에서는 반유대주의자의 총기난사가 벌어졌는데 범인은 자신을 인셀이라고 밝혔다(Ware, 2020).

---

**1** '총기난사범'이라는 말은 총기를 이용한 폭력으로 다수의 희생자를 낸 범인을 의미한다(Myketiak, 2016).

**2** 브레이비크와 로저는 그들 자신이 온라인 남성계에 속한 사람들은 아니었다. 그럼에도 이들은 남성계의 여러 커뮤니티에서 자주 언급된다. 특히 로저의 경우에는 남성계에 큰 영향을 끼쳤다. 그런 이유에서 이들을 책에 포함하였다.

정신분석학자 루스 스타인이 쓴 이슬람 테러리스트에 대한 연구서(2010)를 보면, 총기난사범의 심리에는 부재하는 아버지의 역할이 중요하다. 프로이트가 『토템과 타부Totem and Taboo』[1912~1913](1960)에서 문명과 윤리학의 기원에 대한 유명한 이야기, 즉 원초적 아버지가 아들들에게 살해를 당하는 이야기를 한 이래로, 정신분석학에서 아버지의 역할은 주목을 받았다. 프로이트 이외에도 라캉, 코헛Kohut, 볼라스Bollas, 벤저민, 스타인 등 많은 학자가 아버지의 개념에 주목하였다(Jones, 2008 개관 참고).

물론 어머니의 역할도 동등하게 중요하다. 내가 분석할 남성들에게는 간혹 아버지보다 훨씬 더 중요하기도 하다. 종종 이들의 어머니는 아들을 거세하는 남근적 어머니였기 때문이다. 그러나 일단은 아버지에 집중한다. 브레이비크나 로저와 같은 총기난사범을 다룰 때에는 특히 아버지의 역할이 중요하다. 오늘날의 남성성과 그 의미를 이해하는 데에도 아버지가 중요하다. 아들에게 아버지는 남성성을 체현하고 살아내는 존재다. 이 책의 결론 부분에서 다시 언급하겠지만, 제시카 벤저민은(1988) 아버지와 아들의 관계성을 통해서 젠더 분리와 동일시가 발생한다고 보았다. 아버지와 아들의 특별한 관계를 통해서 인식과 (무의식적) 동일시가 이루어진다. 다시 말하면 아버지는 아들의 이상이다. 이러한 과정을 통해서 소년은 자아감과 남성 정체성을 획득하고, 자신을 욕망하는 주체이자 욕망되는 주체로 인식하게 된다. 남성계에 따르면 아버지는 필수적 역할 모델이다. 아들에게 마땅히 강인한 남성상을 보여 주어야만 하는 인물인 것이다. 아들에게 남성 호르몬을 잔뜩 물려주어서 알파 메일이 되도록 해 주어야 한다. 많은 인셀이 통탄하듯이 만약 남성성 유전이 실패로 끝난다면 아버지는 인셀 용어로 소위 '베타벅스', 즉 베타 메일이다. 이렇게 되면 아버지에 대한 적개심이 불타오른다(이전 장 참고). 제4장에서 보았듯 인셀은 유전학에 대해 집착하고 자신에게 못생긴 몸매와 특징을 물려준 부모를 원망한다. 이 장에서 논할 내용은 두 명의 총기난사범에게 부재하는 아버지라는 것이 어떤 중요성을 지녔는지의 문제다.[3]

---

**3** 클라우스 테벨라이트는 자유군단 남성들에게 아버지가 대부분 부재했음을 지적하였다. 아마도 아버지가 필요 없었기 때문일 것이다. 자유군단 군인들은 오이디푸스적 아버지에게 반항하거나 혹은 동일시하려고 하지 않았다. 그들은 무의식적으로 자신의 부모를 죽

# 아버지의 실재적이자 환지적인 역할

스타인은 말한다. "문화적 수준에서 아버지는 입법자로 인식되었다. …… 또한 해방자다. 그리고 욕망과 야망의 격려자다"(Stein, 2010, p. 75). 정신분석학 용어로 아버지는 제3자로서 어머니-아기의 양자적 관계를 깨고 끼어드는 존재다. 그리고 어머니와 함께 아기가 바깥세상으로, 현실과 언어 속으로 들어오는 것을 가능하게 만든다. 이런 맥락에서 아버지는 어머니와 마찬가지로 실재적이면서도 상상적이다. 실재에 기반을 두고 있으면서도 동시에 환지적 경험인 내면적 대상이다. 스타인은 지적한다. 정신분석학에서 아버지는 "권력 있고 우상화되었으며 불통의 실체다. 보호를 약속하면서도 처벌을 내리는 주체다"(ibid, p. 77). 이것이 바로 현재 전 세계 개인의 정신과 문화적 담론에 음험한 존재감을 과시하고 있는 원형적 아버지이며, 권위주의와 파시즘의 근원이다. 이런 맥락에서 판타지의 아버지는 마치 신처럼 전지전능하고 남근적인 존재다. 자신은 법 위에 존재하면서 남들에게는 법을 지키라고 부과한다. 이러한 존재는 종교적 테러리즘을 이해하는 데에 필수적으로 중요하다. 또한 오늘날 남성계에서 벌어지는 상징적 그리고 때로는 현실적 테러리즘의 이해에 필수적이다.[4] 오늘날 권세 있는 아버지의 판타지는 점점 득세하고 있다. 사회적 영역의 위기가 그 배경이다(제2장과 4장 참고). 사회경제적 위기는 안정과 보호, 그리고 대타자의 처벌에 대한 무의식적 욕망을 낳았다.

---

이기를 소망하였다. 그래야 전쟁터에서 새롭게 태어날 수 있기 때문이었다. 아버지는 거의 중요하지 않았다. 『남성 판타지』의 맥락에서 '아버지 없는 사회'는 그럼에도 중요하다. 자유군단의 남성들은 제1차 세계대전 당시 아버지를 잃었거나 혹은 그 자신들이 참전용사였다(Bessel, 1993; Donson, 2010). 테벨라이트는 아버지의 역할에는 거의 주목하지 않았고 그 대신 군인들의 삶에 여성이 어떤 역할을 하였는지를 주로 주목하였다. 아버지 없는 사회라는 현상은 제2차 세계대전 이후에도 계속 영향을 끼쳤다. 전몰장병의 수가 많았기 때문이다(Seegers, 2015).

**4** 남성계의 많은 남성에게 조던 피터슨은 아버지와 같은 존재로 받아들여진다(Crociani-Windland & Yates, 2020 참고).

스타인이 보기에 이슬람 테러리스트는 범행을 통해서 커뮤니케이션을 시도한다. 우리가 살펴볼 총기난사범과 마찬가지로 이들은 말뜻 그대로의 형이상학을 실천하려고 한다. "영원히 확장되는 폭력 행위를 통해서 시간과 역사에 궁극적 의미를 부여하고, 종국에는 선과 악의 최종적 결투에 이르고자 한다"(ibid, p. 20).

스타인의 설명에 따르면, 신을 사랑하는 아버지로 인식하는 핵심 과정은 자기 증오의 감정을 신에 대한 사랑으로 승화시키는 것으로부터 시작한다. 9·11테러의 범인 중 한 명인 모하메드 아타Mohammed Atta는 "간섭 심하고 완고한 아버지"를 두었다(ibid, p. 26). 아타는 여자들 앞에서는 극도로 수줍음을 탔고 섹슈얼리티와 관련된 모든 것을 "불결하게 여겨서 멀리하려고 들었다"(ibid). 아타의 마음가짐과 행동은 부분적으로는 여성혐오에서 비롯되었다. 그는 어머니와 가까운 편이었는데 아버지는 아들이 그래서 나약해졌다고 여겼다(ibid, p. 38). 아타는 여성을 멸시하였고 모든 유약하고 여성적인 것을 깔봤다. 미디어를 통해서 잘 알려졌듯 이슬람 테러리스트는 이런 의미에서 브레이비크와 유사한 세계관을 지녔다. 브레이비크 역시 섹슈얼리티를 멀리하였고, 여성을 싫어하고, 성적인 모든 것을 싫어하였다. 사이먼 코티Simon Cottee는 인셀과 지하디스트의 공통점은 수치심이라고 주장한다. 2018년 트럭 돌진으로 많은 사람을 살해한 알렉 미나시안에 대해서 코티는 『뉴욕 타임스』에 이렇게 썼다.

> 문화가 권장하는 성 역할을 제대로 못 하고 있다는 수치심이 그의 살인적 분노를 이해하는 핵심이다. 그를 다른 폭력범과 이어 주는 다른 연결고리가 있을 수도 있겠다. 그들의 이데올로기는 다르지만 결국 범행은 유사하다. 지하디즘 세계관과의 병렬관계는 손쉽게 발견된다. 이들은 여성과 섹스에 대해서 극심할 정도로 집착한다. …… 지하디스트도 인셀처럼 섹스를 열망한다. 그러나 성을 누리는 관행은 종교적인 규범으로 엄격하게 규제된다. 혼외 섹스나 동성 간 결합은 금지된다(Cottee, 2018, online).

루스 스타인은 아마도 이 의견에 동의할 것이다. 이슬람 테러리스트의 섹스 관념에 대해 내가 논평할 수는 없다. 단, 내 분석에서는 신적인 아버지 관념이 더 중요하다. 이슬람 테러리스트와 자살 폭탄 테러범들은 종종 남성 유대 집단에서 생겨난다. 이들은 강한 현대적 여성과 섹슈얼리티에 위협을 느끼곤 한다. 아버지 신은…….

> …… (하늘나라에서) 기다리고 계신다. 고뇌에 빠진 아들의 영혼을 받아들여 주시고 현생의 의구심을 말끔히 씻어 내 주실 것이다. 마치 프로이트가 말했던 원시부족의 원형적 아버지가 부활한 듯, 아니 늘 살아 있었던 듯, 아들을 감싸 주시려고 한다. 아버지와 아들이 힘을 합쳐서 '여자'에게 맞선다. 바로 여성적이고 부드러운 쾌락 원칙이다. 이슬람 여성과 서구 사회는 여성화되어 타락하였다(Stein, 2010, p. 27).

아버지에게 향하는 사랑은 이렇게 해서 완벽한 복종으로 표현한다. 전부 혹은 전무. 테러리스트는 아버지 신과의 동일시를 통해서 힘을 얻는다. 그들은 신의 도구가 되는 동시에 신에 의해 죽는다. 그들은 퇴행적으로 신에게로 돌아가서 자신의 일부를 죽여 달라고 기도한다. 그들은 스스로의 판단을 포기하고 무엇이 참이고 거짓인지 아시는 아버지 신에게 의탁한다. '자아 말살의 황홀경'을 사랑으로 인식한다. 이들은 "아버지를 죽이지 말라."라는 계명을 어겼을 뿐만 아니라, 더 나아가서 다른 사람들과 자기 자신을 죽이는 범죄를 저질렀다는 자각 자체를 하지 못한다. 이들은 "아버지께서 그들을 죽이시도록" 만들어 드린다(ibid, p. 41). 이 장의 뒷부분에서 두 총기난사범의 아버지상을 더 자세히 다룬다.

브레이비크를 심리 분석하였던 임상전문가의 몇몇 출판물이 있다(Tietze, 2014 논의 참고). 로저의 분석 결과도 있다(Langman, 2014; Vito, Admire, & Hughes, 2018). 이 장에서 몇 부분을 인용하도록 하겠다. 이 책의 연구 목적에 맞도록 여성과 남녀관계가 선언문에서 다루어진 방식에 특히 주의를 기울이도록 한다. 무엇보다도 브레이비크의 선언문에는 특히 인종주의적 주장이 가득하다. 그는 서구 문화의 다문화주의와 이슬람화에 대해서 강한 주장을 펼친다. 그러나 이 책의 범위를 넘어서기 때문에 너무 상세히 소개하지는 않으려고 한다. 로저와 브레이비크의 공통점은 현대 여성과 좌파 페미니즘에 대한 미움이다. 몇몇 평론가들은 브레이비크의 선언문이 일차적으로 반페미니즘적이고 부차적으로 인종차별주의적이라고 주장하였다(Jones, 2011; Goldberg, 2017). 브레이비크는 인종차별주의와 반이슬람 정서를 앞으로 내세워서 여성혐오를 가렸다. 아마도 그 편이 동료 인종주의자와 백인 우월주의자에게 좀 더 '남자답게' 보였기 때문일 것이다. 이민 문제, 국민 정체성, '문화적 마르크스주의' 운운을 먼저 한 후에 이차적으로 페미니스트에 의한 요즘 남성과 서구 문화의 여성화를 말하는 것이다. 로저의 선언문 역시도 여성혐오를 골자로 삼으면서 인종차별주의를 가미하였다.

학교 총기난사 사건에 대한 연구들이 지적하듯 총기난사범은 거의 모두가 배타적으로 남성이며 폭력적이고 여성혐오적인 판타지를 품고 있다. 판타지는 이 남성들에게 살인으로 이어지는 폭력을 부른다(Myketiak, 2016; Murray, 2017a, 2017b; Wilson, 2017; Vito, Admire, & Hughes, 2018). 지난 몇 년간 총기난사 사건은 범인들이 SNS와 인터넷을 통해 범행과 선언문을 중계하고 홍보하는 일이 잦았다는 점에서 주목할 만하다. 두 선언문에 대해 논해 보겠다.


## 아네르스 베링 브레이비크

아네르스 베링 브레이비크의 선언문 『2083: 유럽 독립 선언문2083: A European Declaration of Independence』(2011)은 1,515페이지 분량이다. "선언문에 붙인 2083이라는 숫자는, 1683년 비엔나 전투에서 따왔다. 유럽 기독교 세계가 오토만 제국을 격파한 전투다"(Richards, 2014, p. 43). 브레이비크는 2083년에 유럽의 이슬람교도들이 역사상 두 번째로 패배를 맞이할 것이라 믿었다. 그의 글에는 인종차별주의와 이슬람 혐오론이 가득하다. 그는 자신이 '서구 유럽 저항군'의 선봉에 있다고 생각하였다(Breivik, 2011, p. 12). 유럽과 유럽 문화 정체성은 위협받고 있으며, 이대로 가면 "20년에서 70년 사이"에(ibid) 다문화주의와 이민 정책 때문에 무너질 것이라고 예측하였다. 브레이비크는 파시즘 및 인종주의 이데올로기 추종자들이 그러하듯 소위 '정치적 올바름'을 문제 삼아 현실을 억압하기 위한 좌파의 선동이라고 규정한다. 브레이비크는 다양한 출처의 글을 많이 복사해서 짜깁기해서 선언문에 넣었다(Richards, 2014, p. 45). 그는 인종주의자들이 흔히 하듯 모든 것이 질서정연하고 사회가 안전하였던 신화적 과거의 향수를 불러일으킨다. 옛날의 남자들은 신사다웠고 이혼도 없었다. 그는 조던 피터슨처럼 '정치적 올바름'을 '문화적 마르크스주의'의 동의어처럼 사용하며 프랑크푸르트학파가 발전시켰다고 주장한다(제3장 참고). '정치적 올바름'은 학교, 대학, 미디어와 사회 전반을 장악해 버렸다.

그는 곧이어 페미니스트와 정신분석학자, 마르크스주의 사상가를 비판한다. 처음부터 브레이비크는 반페미니스트이며 많은 분량을 '논의'에 할애하여 자신이 이해한 래디컬 페미니즘을 비난한다. 사실 논의라고 볼 수조차 없는 수준이지만, 그에 따르면 래디컬 페미니즘 때문에 미디어는 여성을 우월하게 남성을 열등하게 묘사한다. 여성은 학교에서, 대학교에서, 직장에서 지원을 받지만, 남성들은 뒤처진 채 버려진다. 1968년 성혁명은 여기에서도 역시 강력한 기표로 사용되어 현대 만악의 근원처럼 그려진다.

> 오늘날 유럽 문화의 여성화는 1960년대 이래로 급속하게 심화되고 있다. 실제로 오늘날 래디컬 페미니스트는 무슬림 인구의 대량 이민을 지지함으로써 반식민주의적 노력과는 정치적인 평형선을 이룬다. 현재의 공격은 부분적으로는 전통적 유럽, 즉 유럽 문화의 근본적인 구조를 파괴하려는 한 세기 동안의 노력이었다(Breivik, 2011, p. 36).

브레이비크는 자주 〈섹스 앤 더 시티〉 및 여타 문화 텍스트를 언급하며 이들이 사회의 여성화를 부추겼다고 비난한다. 남성들은 자신들을 거세하려고 드는 래디컬 페미니즘 앞에 머리를 조아려야 한다. '유럽 남성을 적대하는 지적 전쟁'이 벌어지고 있으며 남성들은 더 이상 '전통적 신념과 가치를 방어'할 수 없게 되어 가고 있다(ibid, p. 36).

브레이비크의 정신건강 상태는 임상전문가들 사이에 논쟁을 불러일으켰다. 재판 과정 중 제출된 정신 진단 보고서에 따르면 평가 과정에서 그에게 이상 소견은 없었다. 어떤 임상가는 그가 정신증적이라고 보았고 다른 전문가는 동의하지 않았다(Tietze, 2014 논의 참고). 처음 정신감정은 편집형 조현병이라고 결론 내렸고, 두 번째는 반사회적 성격장애라고 진단을 내렸다.

배리 리처즈Barry Richards(2014)는 브레이비크의 세계관이 이슬람 혐오적인 데다가 두 가지 중대한 특징을 더 가진다고 주장하였다. 바로 취약한 남성성과 과대망상이다. 리처즈에 따르면 브레이비크에게는 "보다 심층적으로 작동하는 동기가 있다. 모욕감을 무마하고 분노를 표현하려는 욕망이다. 그는 폭력 행위를 통해서 자신이 속한 문화를 나름대로 부흥시키면서 스스로의 사나이다움을 회복하려고 하였다"(Richards, 2014, p. 43). 리처즈는 브레이비크의 선언문이 망상으로 가득하다고 평가한다. 한 예로 브레이비크는 유럽을 무슬림으로부터 구하기 위해서 자신이 성단기사단 군 조직을 재건립하였다고 주장한다. 선언문은 특유의 '냉혹한 전능성'으로(ibid, p. 43) 폭력 무장 봉기가 어떻게 일어나야 하는지 상술하기도 한다. 리처즈는 심층에 깊게 깔려 있는 공포가 브레이비크의 동기와 행동을 이해하는 열쇠라고 주장한다. 바로 취약한 남성성이다. 이슬람 혐오는 그러한 공포를 감추려는 가면이다. "그는 자신의 연약하고 무력한 남성성이 섹슈얼리티와 젠더가 예측불가하게 흐릿해진 세상에서 집어삼켜질까 봐 겁에 질려 있다"(ibid, p. 45). 사회적 변화와 '문화적 마르크스주의'가 범람하는 가운데, 그는 "남성성과 여성성의 구별이 사라질 것이라는 공포에 사로잡혔다"(ibid, p. 37). 브레이비크도 자유군단 군인들처럼 분해의 위협을 느꼈다. 막강한 타자 때문에 자아가 녹아 버릴 수도 있다는 공포였다. 브레이비크가 우퇴위아의 사회민주당 청년 캠프를 테러 대상으로 삼은 이유는 이런 맥락에서 이해할 수 있다. 성적으로 자유로운 젊은이들을 죽임으로써 이러한 이데올로기의 재생산을 막으려고 하였던 것이다.

시리 에리카 구레스타드Siri Erika Gullestad(2017)는 브레이비크의 내면적, 무의식적 동기가 범행을 이끌어 냈다고 주장한다. 이슬람 혹은 소위 '문화적 마르크스주의'를 담론적, 이데올로기적으로 동원하는 것은 내면적 판타지와 경험을 전위하려는 것이며 외향투사일 뿐이다. 브레이비크가 보기에 전쟁은 이미 진행 중이다.

아마도 거절당하였거나 상처를 받았기에 그랬는지는 몰라도 그는 여자에 대해 무의식적 혐오감 내지 공포를 가지고 있었다. 그는 이를 외향투사하여 일반화하였다. 이것이 소위 '사회의 여성화'다. 사회는 약해졌으며 외부의 공격을 방어할 수 없게 되어 버렸다. 가족과 친구들도 그에게 환멸만을 가져다주었다. 그의 가족들, 특히 의붓누이와 어머니는 도저히 참아 줄 수가 없는 성생활을 누렸다. 예를 들면, 평생 여러 명과 성관계를 하는 등의 행동이다. 자신의 가족마저도 그가 그토록 반대하는 쾌락주의적이고 '문화적 마르크스주의적' 삶으로 그에게 수치심을 안겨 주었다. 그의 이데올로기에는 개인적인 상처가 곳곳에 묻어 있다.

브레이비크는 어머니와의 원형적 근친상간적 관계 때문에(아래 내용 참고) 경계가 모호한 다공성의 자아를 지녔다. 그는 의붓누이와 어머니로 대표되는 강한 현대 여성으로부터 위협을 느꼈다. 그가 느낀 감정은 테벨라이트가 지적하듯 즉각적인 육체적 위협이었다(Theweleit, 2015, p. 107). 이에 맞서기 위해 브레이비크는 몸을 훈련하고 다듬었으며, 근육을 키워서 방탄복처럼 몸을 감쌌다. 선언문에서 그는 많은 분량을 할애하여 다른 '전사'들에게 스테로이드를 사용하고 식이조절을 통해서 전투에 적합한 육체를 갖추라고 조언하였다.

브레이비크는 남성성에 대해 이렇게 생각하였다. "남자라면 무엇인가를 증명해 보여야 한다. 무엇인가를 성취해야 한다. 여자보다는 큰일을 해야 한다"(ibid, p. 356.) 이런 말은 계속된다. "남자라면 무엇보다도 우선 배짱이 있어야 하고 뭔가 보란 듯이 해내야 한다"(ibid, p. 359). 그는 결국 뭔가를 해내긴 하였다. 바로 테러리즘 범행이다. 제 딴에는 결국 남자답게 해낸 것이다. "역시 상남자다"(ibid, p. 359).

이 정도면 브레이비크의 이데올로기에 대한 설명은 충분하였으니 더 이상의 자세한 설명은 생략한다. 그의 노골적인 안티 페미니즘과 조잡한 성 정치학은 이 책에서 이제껏 분석하였던 유튜버나 레딧 이용자들과 무척 유사하다. 테벨라이트는 군인 남성들이 판타지와 살해 행위를 통해서 자신들의 정신 붕괴를 막고 있었다고 설명하였다(제1장 참고). 리처즈는 브레이비크가 정신증적으로 보이긴 하였지만, 전반적으로 용케도 일관성 있는 주장을 펼쳤다고 말하였다. 브레이비크는 다양한 주제에 대한 지적 논의를 할 줄 알았다. 비이성적 주장을 매우 이성적으로 펼쳤으며, 치밀한 구조와 논리적인 근거를 댔다. 그는 괴물이었지만, 한편 유머와 건조한 역설을 갖추었다.

인셀과(제4장 참고) 유튜버 분배주의자와(제3장 참고) 그 외 평론가들처럼 브레이비크는 생물학과 진화심리학의 언어를 이용하여 소위 그가 말하는 여성의 '에로틱 자본'을 이야기한다. "여자는 남자에 비하면 상당히 비율적으로 높은 에로틱 자본을 소유하고 있다. 생물학적 차이 때문이다. 남자는 여자보다 성적 욕구가 월등하게 높기 때문에 더 쉽게 조종당한다"(ibid, p. 1179). 유사 과학적 담론이 여기에서도 동원되었다(제 3장 참고). 많은 백인 시스 남성들처럼 브레이비크도 여성 때문에 자신의 남성성이 위협받고 불안정해졌다고 느낀다. 여성들은 에로틱하고 유혹적이라서 남성을 조종하고 유혹한다. 그에게는 공포스러운 상황이다. 자유군단 군인들도 역시 그랬다. 배리 리처즈는 브레이비크의 방어기제를 멋지게 요약하여 설명해 준다.

브레이비크가 지녔던 이슬람 경멸은 남성성이 위협에 처해 있다는 무의식적인 판타지의 표현이었다. 대개의 무의식적 판타지가 그러하듯 내면적 공포는 실제 외부 세계의 과거나 현재의 현실과는 거의 상관이 없다. 우리 시대의 성적 자유에 대해 그가 느꼈던 혐오감을 보여 줄 뿐이다. 브레이비크는 성적 자유가 가부장적 남성의 존엄성을 위협한다고 느꼈고, 이를 방치하는 자유주의 정권에게 걷잡을 수 없는 증오를 느꼈다. 그는 내면의 무력감과 나약함을 방어하기 위해 과대망상과 전능성이 가득한 정신상태를 고안해 냈으며, 세계사적 사명을 떠안고 명예롭게 이를 완성하였다. 브레이비크는 처절하도록 소심하고 겁에 질린 남성성을 하늘을 찌르는 과대망상과 전능성에 결합해 냈다(Richards, 2014, pp. 47-48).

브레이비크는 선언문에서 자신을 능력 있고 남근적인 전사로 그렸으며 실재하지도 않는 조직의 일원이라고 서술하였다. 그는 선언문에서 심지어 자기 자신을 인터뷰하기도 한다. "그가 범행을 저지른 방식과 생각을 맥락화하는 방식은 정치적 테러리즘이라기보다는 역할극과 닮아 있다"(Knausgård, 2015, 게시물). 카를 우베 크나우스고르Karl Ove Knausgård의 지적이다. 브레이비크는 눈길을 끌고 싶었고 세상의 관심을 받고 싶었다. 많은 총기난사범이 그랬듯이 그도 진짜 사나이로 인정받고 싶었다. 그래야만 자신의 존재를 확신할 수 있고 분해를 겪지 않을 것이기 때문이다. 브레이비크의 어머니는 아동 학대의 피해자였다. 어머니는 타인과 정상적 교감을 못하였다. "어머니의 자기애적 성향은 아들에게 반영되었다"(ibid). 브레이비크의 부모는 그가 18개월 아기였을 때 이혼하였다.

이혼 후 소년 시절 아네르스는 밤에 엄마 침대에서 잤다. 엄마는 버릇을 고쳐 주려고 성의 없이 좀 시도하다가 말았고, 엄마와 아들 사이의 흐릿한 경계 문제는 내내 지속되었다. 경찰 심문 중 발언에 따르면, 브레이비크는 2004년 엄마가 애인과 헤어졌을 때 '농담 삼아서' 바이브레이터를 선물하였다고 한다. 추가 해명이 필요한 기괴한 상황이다(Gullestad, 2017, p. 209).

테러를 저지르기 몇 달 전에 브레이비크는 새엄마를 방문하였다. 그리고 머지않아 아버지가 자랑스러워할 일을 해낼 계획이라고 말하였다. 그럼에도 크나우스고르는 "브레이비크의 어린 시절도 성격도 정치적 견해도 결정적 설명이 될 수 없다"라고 인정한다(ibid). 대량 학살범이 되기 전까지는 그냥 평범한 사람이었다. 구레스타드는 (2017) 브레이비크의 양육환경과 어린 시절을 자세히 설명한다. 그는 학교에서 친구들과 잘 어울리지 못하였고 늘 외톨이였다. "거의 확실한 것은 아마도 무의식적인 차원에서 그에게 어머니는 공생적 집어삼킴으로 경험되었을 수도 있다. 그의 남성적 정체성의 핵심을 위협하는 위력적인 존재 말이다"(ibid, p. 210). 그는 또한 아버지도 잃었다. 엄마와 아들 사이의 불분명한 경계로 발생한 내면적 혼란에서 자신을 보호하기 위해서 판타지 세상이 창조되었다. "정의로운 기사로서의 영웅 판타지는 또한 브레이비크의 여성적 측면과 연약한(게이?) 일면을 부정하는 역할을 하였다"(ibid, p. 211).

크나우스고르는(2015) 브레이비크가 눈에 띄지 않는 인물이었다고 주장한다. 그는 남들로부터 숨겨진 사람이었고 스스로를 숨겼다. 특히 여자들에게 더욱 그랬다. 그래서 그는 살인자가 되었다. "브레이비크는 안 보이는 사람이었다. 그것이 그를 파괴하였다. 그는 아래만 쳐다봤다. 자신의 시선과 얼굴을 숨겼다. 그럼으로써 내면의 타자가 파괴되었다. 7월 22일 사태가 있기 5년 전, 브레이비크는 스스로를 고립시킨 채 자신만의 세상을 만들기 시작했고, 이것이 결국 선언문의 기초가 되었다. 인셀처럼 그리고 어느 정도는 남성분리주의자처럼 스스로 자초한 고립이었으며 결과는 치명적이었다. 자초한 고립 상황에서 판타지 세계가 창조되었으며 새로운 남성, 새로운 자아인 전사가 탄생하였다. 구레스타드는 브레이비크가 "전능한 아버지의 권위를 상상해 내어 동일시하였을 것"이라고 주장한다. "그래서 학살을 저지를 때 경찰관을 사칭한 것이다"(ibid, p. 212). 브레이비크는 드디어 자신을 법 위에 올려놓은 것이다. 허구적 조직을 지어내고 또한 경찰관을 사칭하였다. 그 때문에 더 많은 사람을 죽일 수 있었다. 그는 영-브륄이 강박형 성격을 논할 때 설명했던 그대로 자신을 X라고 행세할 필요가 있었던 듯하다. 그는 더 큰 공동체에 속하고 싶었다. 바로 성단기사단과 경찰이었다.

2015년 클라우스 테벨라이트는 『살인자의 웃음: 브레이비크 등The Laughter of the Perpetrators: Breivik et al.』을 출간하였다. 아직 영어 번역본은 없다. 이 책은 살인과 학살을 저지른 남성들을 분석한다. 특히 이들이 살해를 저지르면서 보여 준 웃음과 즐거움에 주안점을 둔다. 테벨라이트는 브레이비크가 개인 자격으로 선언문을 쓴 것이 아니라 특정한 조직의 '멤버'를 자처하며 썼다는 점에 주목한다(Theweleit, 2015, p. 23). 브레이비크는 과대망상증 환자답게 자신의 행동이 유럽의 대의를 위한 것이자 유럽 전체의 수복에 도움이 된다고 확신하였다. 자유군단 군인들이 그랬듯이 브레이비크에게는 유사한 다른 남성들과 마찬가지로 전체성이 필요하였다. 이들은 집단성을 창조하고 집단적 규칙을 만들어서 완벽하게 새로 태어나고자 하였다. 브레이비크의 선언문과 범행, 인셀 및 남성분리주의자들의 온라인 교류, 대안우파의 유튜브 비디오 등은 모두 제각각의 특정한 세계질서를 창조하려고 시도한다. 이 남성들은 이러한 형식의 집단성이 있어야만 일종의 '육체적 균형감' 혹은 평형감을 성취할 수가 있다(ibid, p. 27). 타자와 대타자는 비슷한 상태로 유지될 필요가 있다. 그래야 세계관에 들어맞고 또한 보장되며 유지될 수 있기 때문이다. 최후의 수단은 역시 대타자의 멸절이다. 개종이나 강제가 끝내 불가능하다면 말이다. 스테이시가 인셀과 사귀도록 법률로 강제할 수가 없다면 그녀는 사라져야 한다는 것이 인셀의 생각이다. 인셀은 인셀덤을 건국해서 이러한 사회를 만드는 것이 꿈이다. 이러한 과정은 개별 육체를 초월하는 육체적 과정이다. 그러므로 항상성이 반드시 구축되어야 한다. 비록 인터넷에서 상징적인 방식일 뿐이지만. 이러한 주제의 게시물을 작성하면서 남성들은 잠시나마 정동적 균형 혹은 방출을 얻는다. 그러나 이는 타자로서의 여성에 의존한 임시적인 방편일 뿐이다.

브레이비크는 냉혹하게 최악의 가학성을 실행하였다. 구레스타드는 브레이비크의 살해가 몹시 사디스틱하였다고 지적한다. 자유군단 남성들이 그랬듯이 그는 폭력과 욕정을 결합해서 경험하였다. 그는 남성 군인으로 보이고 싶어 하였다고 한다. 그러나 평화와 평등을 믿는 우리들로서는 그렇게 보아 줄 수가 없다. "그의 악행에 직면하여 온 세상이 목격한 것은 그가 보여 주고 싶었던 이미지가 아니었다. 우리가 본 것은 명명백백한 사악함이었다"(Gullestad, 2017, p. 215). 브레이비크는 남성계와 이데올로기를 함께한다고 볼 수도 있지만, 온라인 커뮤니티로부터 관용어와 발상을 직접 가져와서 인용한 것은 아니었다. 곧이어 엘리엇 로저의 선언문을 분석하도록 한다. 그는 인셀을 자처하였으며 인셀 커뮤니티의 게시물에서 자주 언급되는 인물이다.

## 엘리엇 로저

엘리엇 로저는 22세의 나이로 미국 산타바바라 이슬라 비스타에서 총기난사를 저질렀다. 다른 총기난사범과 마찬가지로 그도 인셀 게시판에서 자주 언급된다. 로저 역시도 선언문을 썼다. 일부 인셀이 왜 폭력을 저지르는지를 이해하려면 그를 이해하는 것이 필수적이다. 로저는 다양한 온라인 포럼에서 활발하게 활동하였으며 PUAHate.com이라는 게시판을 자주 이용하였다. 이는 픽업아티스트의 이데올로기를 비판하는 커뮤니티다. 남부빈곤법률센터의 자료에 따르면 로저는 '인셀'이라는 용어를 게시물에 자주 사용하였다. 그는 말한다. "언젠가 인셀은 스스로의 진정한 힘과 다수성을 깨닫고 억압적인 페미니즘 체제를 타도하고야 말 것이다"(2014, 게시물). 많은 인셀은 농담 반 진담 반 섞어서 로저가 자신들 중 한 명이라고 말한다. 일부는 그를 순교자 혹은 영웅이라고 말한다. 남들이 게시글이나 올리고 있을 때 그는 행동으로 옮겼기 때문이다. 그는 아무에게도 주목받지 못하는 초라한 삶을 살다가 어느 날 갑자기 우월감과 과대망상으로 날뛰면서 자신의 존재를 증명하였다. 브레이비크도 그랬다. 브레이비크처럼 로저도 SNS에 흔적을 남겼고 유튜브에 영상을 올렸다. 그의 선언문은 가족과 친구들, 상담가에게 이메일로 전달되었다.

학교 총기난사를 전문으로 연구하는 상담심리학자인 피터 랭먼Peter Langman은 로저를 '정신증적'이며 '정신병질적' 특징을 가졌다고 진단하였다. "엘리엇 로저는 뚜렷하게 정신증적이거나 노골적으로 정신병질적이진 않았다. 그러나 정신증적, 정신병질적 특징을 보였다"(Langman, 2014, p. 2). 랭먼의 분석은 로저의 선언문에 근거한 것이므로 주의해서 읽을 필요가 있다. 로저는 총기난사 이후 자살하였기 때문에 면담 평가를 할 수가 없었다. 랭먼의 진단에 반박하려는 것은 아니며 나는 임상학적 전문지식도 없다. 그럼에도 어떤 사람의 정신건강을 글로만 평가하는 것은 어려울 것이라고 본다.

랭먼은 로저가 분열형 인격장애를 가지고 있었다고 주장한다.[5] 로저는 자신의 수줍음과 사회불안을 여러 번 묘사하였으며 남들 앞에 서면 신경이 너무 쓰인다고 말하였다. 그는 극도로 억제되어 있었으며, 반 아이들 앞에 서면 말조차 못할 정도였다. 랭먼은 로저에 대한 상세 분석을 이렇게 요약한다.

> 엘리엇 로저는 복잡한 인간형이었다. 정신증적이며 정신병질적 총기난사범이었다. 그는 마조히스트였으며, 또한 불공평 수집가였다. 또래를 부러워하면서도 미워하였으며 그들에 대한 열등감과 우월감을 번갈아 느꼈다. 남성성에 대한 손상감도 갖고 있었다. 키가 작고 힘이 약하며 운동을 못하며 여자들에게 인기가 없었기 때문이다. 혼혈이라는 사실을 힘들어하였다. 동생들이 자기보다 잘났다는 생각에 화를 냈다. 이 모든 것이 누적되어 결국 폭력으로 나아갔다(Langman, 2014, p. 7).

또한 랭먼은(2014) 로저가 정신증적이며 정신병질적이라는 두 가지 진단 이외에도 마조히즘적이며 '불공평 수집가', 즉 남들이 자기에게 가한 모든 불공평한 일을 죄다 적어 놓고 기억하는 사람이었다고 진단하였다.

로저가 쓴 141쪽 분량의 선언서를 분석하면서 특히 여성에 대한 판타지에 주의를

---

**5** 분열형 인격장애Schizotypal personality disorder: SPD가 있는 개인은 인간관계 형성이 불가능하다. 이들은 공감이 결여되어 있고 타인을 불신한다. 그들의 행동은 종종 괴팍하고 기괴하다. 망상, 사고장애 혹은 강박적인 과거 집착 등으로 고통받는다(Jakobsen et al., 2017).

기울였다. 그의 선언문은 사실 자신의 성장 배경을 쓴 자서전에 가깝다.

　로저에게 가장 중요하였던 것은 기본적으로 섹스를 누릴 일종의 과잉 자격의식이다. 인셀 커뮤니티와 남성계 일부에서도 보이는 현상이다. 로저는 선언문에서 자신을 "장엄하고 영광스럽고 탁월하고 저명하신 …… 신!"(Rodger, 2014, p. 135) 혹은 "우월한" 존재라고 반복해서 말하였다(ibid, pp. 1, 89, 90, 99, 102, 111, 132, 135). 그러나 현실에서 그는 존재감 없고 눈에 안 띄고 관심도 못 끄는 인물이었다. 그가 제일 욕망하고 함께하고 싶었던 존재들은 바로 여성들이었다.

　로저는 복합 인종적 배경을 지녔다. 아버지는 백인 영국인이었고 어머니는 어렸을 때 영국으로 이민한 말레이 화교였다. 그는 런던에서 태어났지만 나중에 가족 전체가 미국으로 이사를 하였다. 본인 주장에 따르면 친가 쪽은 '유복'하였다(ibid, p. 1). 선언문은 연령별 연대기로 구성되어 있는데, 0세부터 5세까지는 '행복과 축복'의 시기였다고 규정하였다(ibid, p. 2). 그의 어휘에는 이상화되고 억지로 지어낸 향수병이 가득한데, 이는 훗날 그가 겪은 잔인하고 비참하였던 십 대 시절과 대조시키려는 전략인 듯하다. 그의 문체에는 과대망상, 생생함, 가변성이 있다. 그는 자신이 만들어 내는 특정 내러티브를 독자들이 믿게 만들고 싶어 하였다. 소위 축복의 시기도 그렇게 서술된다. 그의 문체는 신파스럽고 뻔하고 청승맞으며 억지스럽다.

　브레이비크에 비한다면 로저의 선언문은 선언문이 아니다. 자신의 동기를 합리화하고 설명하는 일은 거의 없고 오히려 자신의 실패한 인생에 대한 중언부언이 대부분이다. 그는 정치적, 사회적 측면에는 거의 관심이 없다. 로저는 자신이 원래 큰일을 할 운명이었으며 훌륭한 사람이 될 것이고 그럴 자격이 있었던 사람이었다는 투로 어린 시절을 묘사하였다. 그가 지어낸 이상적 아동기의 이미지는 후일 그의 인생의 '암흑기'와 극적으로 대조되도록 의도된 것이다. 그가 서면으로 선언문을 생산하였다는 자체가 중요하다.

　그의 판타지 세상은 문자화를 통해서 더욱 고정된다. 글로 써서 존재를 만들어 내어 남들이 목격할 수 있도록 만드는 것이다. 일곱 살 생일이 지난 후 부모님이 이혼하였다. 로저에게는 인생이 바뀌는 순간이었다.

아버지가 곧 새 여자 친구를 취득했기 때문에, 나는 어린 마음에 우리 아빠가 여자들에게 매력이 있는 모양이라는 인상을 받았다. 우리 엄마와 이혼한 후 금방 새 여자 친구를 구할 능력이 있었으니까 말이다. 바로 이런 이유로 나는 아빠를 기저의식적으로 존경하게 됐다. 무척이나 흥미로운 현상이다. …… 짝짓기할 여자를 쉽게 구하는 남자는 동료 남자들로부터 존경을 받는다. 심지어 어린이로부터도(Rodger, 2014, p. 11).

딴에는 '기저의식'을 논하면서 여성을 비인간화하려는 고의로 아버지의 새 애인 '취득'이라는 용어를 써서 칭찬하고 있지만, 현실은 그렇지 않아 보인다. 이 글은 가족을 배반한 아버지에 대한 미움이 표현되어 있다고 해석할 여지도 많다.

그는 학교에서 '인싸'가 아니었다. 그래서 자존감이 더욱 낮아졌다고 한다. 10세부터 20세까지 10년간에 관해서 그는 이렇게 서술한다. "나는 섹스와 사랑의 기쁨을 거부당하였다. 다른 남자애들은 다 경험하는데 나만 못하였다. 그 대신 나는 비참함, 거절, 외로움, 고통만을 경험하였다"(ibid, p. 21). 그의 의견으로는 "섹스를 불법화해야 한다"(ibid). "그래야만 세상이 공정하고 정의로운 곳이 된다. 내가 가질 수 없다면 차라리 파괴해 버릴 테다"(ibid). 그의 열등감은 때때로 치솟는 우월감으로 극복되었다. 그는 자신이 "세상을 바꿀 운명을 타고 태어났다. 나에게 어울리는 모양으로 세상을 빚어낼 것이다!"라고 말했다(ibid).

로저의 선언문에는 판타지가 가득하다. 그는 꼭 부자가 되어서 자신이 바라는 삶을 결국 성취해 내고 말겠다고 다짐한다. 많은 인셀이 그렇듯이 그는 돈의 힘을 믿는다. 비싼 옷을 입고 고급 자동차를 몰면 자동적으로 여자 친구가 생긴다고 생각한다. 그는 산타바바라 근처에 있는 이슬라 비스타로 이사하여 대학을 다녔다. 이사 후 그는 전형적인 인셀 내러티브를 구사하였다.

내가 다니는 대학 타운 이슬라 비스타를 돌아보면 볼수록 어이 털려서 환장하겠다. 섹시하고 이쁜 여자들은 죄다 꼴도 보기 싫은 잘 빠진 인싸남이랑 맨날 파티만 하면서 잘도 놀아난다. 차라리 나처럼 똑똑한 사람을 사귈 것이지. 여자들이란 잘못된 타입의 남자에게만 성적으로 이끌린다. 이게 바로 인간성의 기저에 있는 가장 큰 오류다. 이러한 진실이 절실하게 느껴질 때마다 나는 깊은 절망을 느낀다. 깊은 절망감, 모멸감, 그리고 트라우마(Rodger, 2014, p. 84).

여기에서도 인셀을 비롯한 많은 남성이 그렇듯 자기 연민과 희생자 행세하기 논리를 동원하여 자신의 냉소와 유해성을 정당화하는 데에 쓰는 것을 볼 수 있다. 자신 같은 인물을 몰라보다니 남들 잘못이다. 남들은 모두 재미를 보는데 로저만 따돌리고 있다. 로저의 선언문에서 묘사된 남성성은 방어적인 취약성을 지녔으며 정서적, 자기 반성적이다. 로저는 정신증적 증상을 보였지만, 자신의 단점은 모두 남 탓 때문에 생겼다고 말한다. 남들이 로저에게 트라우마를 일으켰다. 로저가 동원하는 희생자 행세하기 담론은 이 책이 살펴본 남성들과 똑같은 전략이다. 그가 지녔던 억제는 자신의 것이 아니라 남들이 책임져야 할 잘못이다. 현실적이지 않은 논리다. 그러나 동시에 로저는 탈억제적이었다. 자신이 행위주체성을 지닌 파괴적 판타지를 키우고 있었다.

## 파시즘의 판타지

로저는 폭력적인 판타지를 발전시켰다. 그는 자기를 작정하고 무시하였던 여성들과 자기에게서 여자를 빼앗아 간 남자들을 죽여 버릴 판타지를 꿈꾸었다. 자기는 영원히 여자 친구를 못 가질 테니까 더 살아갈 이유가 없다. 그는 욕구와 호르몬이 자기를 지배한다고 생각하였다. 예쁜 여자를 상상하면서 정기적으로 자위행위를 하였다. 그를 둘러싼 "이슬라 비스타 전체가 문란하게 놀아나며 미쳐 돌아갔다"(ibid, p. 110). 테벨라이트의 군인 남성들처럼 로저 역시 정동적 취약성에 휘둘리며 지배를 받았다. 그 때문에 자아 경계와 자아감은 잠식을 당하였다. 그래서 나타난 것이 선망이다.

20대 나이에도 그는 자신을 여전히 유치하고 미숙한 소년처럼 묘사하였다. 그는 충동에 휘둘렸으며 과대망상과 열등감 사이에서 오락가락하였다. 그의 문체는 때때로 정교하고 명확하지만, 동시에 유치하고 징징거리고 미숙하다. 남성계 일부 남성들이 그렇듯 그는 어린애 같은 과잉 자격의식이 있었다. 총을 들고 있으면 군인이 된 기분이 들었다. 이 모든 것에 여성혐오와 왜곡된 여성관이 더해졌다. 인셀도 로저와 같은 세계관을 지닌 사람들이 많다. 로저의 범행 이후 커뮤니티의 방향이 좀 더 폭력적으로 변한 것인지, 혹은 원래부터 늘 그랬던 것인지에 대해서는 다소 논쟁의 여지가 있다. 인셀과 로저에 따르면 여성은 섹스 상대 선택권을 가져서는 안 된다. 그런 결정은 남자가 해야 한다. 남자는 이성적이니까.

이상 사회를 이룩하려면 섹슈얼리티가 없어야 한다. 법으로 금지해야 한다. 섹스가 없는 세상이라면 인간들은 순수하고 문명화될 것이다. 남자들은 그러한 야만적인 행동을 걱정하지 않고 건강하게 자라날 것이다. 모든 남자가 공정하고 평등하게 자라날 것이다. 성적인 쾌락을 누구는 누리고 누구는 못 누리는 일이 없을 테니까. 인류는 전혀 새로운 수준의 문명기로 도약할 것이며 오늘날과 같은 문란과 퇴보는 사라질 것이다(Rodger, 2014, p. 136).

로저는 여성이 '집중 수용소'에 '격리'되는 권위주의적 파시스트 사회를 꿈꾸었다(ibid, p. 136). 그의 상상력과 삶 전반은 남근적 판타지에서 벗어날 수가 없었다. 그가 남근만 가질 수 있다면 모든 것이 달라질 것이다. 로저는 선언문에서 약간의 인종주의적 성향을 보이긴 하였다. 간혹 유색 인종을 비하하곤 하였다. 그러나 과연 그가 파시즘에 동조하였는지는 명확하지 않다. 경찰 보고서에는 로저의 인터넷 검색 기록이 언급되어 있다(Brown, 2015, pp. 40–41). 다음과 같다.

아돌프 히틀러에게 여친이 있었나
아돌프 히틀러의 어린 시절
나는 여사친이 한 번도 없었다
아돌프 히틀러 자기애적 성격
아돌프 히틀러와 매력의 법칙
만약 히틀러가 오늘날 태어났다면

검색어의 내용도 그렇고, 로저가 선언문에서 그린 유사 파시스트 사회를 생각해 보면, 아마도 로저는 히틀러 같은 인물이 되고 싶었던 듯하다. 세상을 마음대로 휘두를 강력한 독재자. 로저가 부분적으로나마 파시즘을 원용하였고 공감하였다는 사실은 선언문 끝부분 몇 페이지와 경찰 보고서의 검색어 목록에서 드러났듯 무척 의미심장하다. 지난 장에서 언급한 현재 남성계 이데올로기와 파시즘의 관련성을 다시 한번 입증하기 때문이다.

## 재분배에서 복수까지: 부재하는 아버지

브레이비크와 로저의 선언문은 이전에 언급하였던 많은 남성의 내러티브와 마찬가지로 성과 권력의 재분배를 이야기한다. 남근의 취약성에 대항하기 위해서 성적 권력과 권리를 남성에게 재분배하자고 요구하는 것이다. 특히 그동안 성을 박탈당하였던 남성들에게 말이다. 브레이비크와 로저는 소외되고 외로운 남성이었다. 판타지의 세계로 후퇴해서 게임만 하며 살았다. 브레이비크는 로저와는 달리 여성에게 당한 거절과 상처를 자서전적으로 서술하지는 않았다. 아마도 그런 내러티브를 선언문에서 의식적으로 배제한 듯하다. 알파 메일로 보이고 싶어 하던 사람이었기 때문에 아마도 약해 보이기 싫었을 것이다. 두 사람은 자신들의 남성 정체성이 여성들 때문에 위협받는다고 생각하였다. 이들은 뻔뻔한 과잉 자격의식을 지녔기 때문에 인셀 및 여타 그룹처럼 섹스의 재분배와 어느 정도의 남성 권리를 요구하였다. 자기들은 성적 접촉과 관계를 부정당한 사람들이다. 실생활과 화면에서 보는 섹시한 여자들과 섹스를 하는 것은 기본적인 인권 문제다.

브레이비크는 이런 요구와는 적극적으로 거리를 두고 자발적인 금욕 생활로 후퇴하였다. 그럼에도 그가 보인 여성혐오는 아마도 그가 지녔던 이성애적 욕망의 징후일 것이다. 그는 선언문에서 조금 다른 성격의 재분배를 이야기한다. '새로운 문화적 보수 정권'이 들어서면 '반역자들'의 물건과 재산이 재분배되어야 한다는 판타지를 언급한다(Breivik, 2011, p. 1121). 한편 로저의 재분배 개념은 인셀덤을 꿈꾸는(제4장 참고) 많은 인셀에게 받아들여졌다. 모두 알다시피 그러한 형태의 재분배는 일어나지 않았다. 인셀덤은 없다. 2011년 브레이비크는 사회를 바꾸겠다고 나섰지만 유럽은 다행스럽게도 여전히 다양성과 다문화주의가 넘치는 곳이다.

지난 장에서 살펴보았듯이 오늘날 많은 남성은 부모와 복잡한 관계를 맺고 있다. 이들은 자신들이 욕망하는 능력을 부모가 물려주지 않았다고 불평한다. 특히 **아버지**가 문제다. 브레이비크는 아버지와 연이 끊겼으며 어머니의 새 애인과는 사이가 좋지 못하였다(Berardi, 2015, p. 60). 선언문에 담긴 자신과의 '인터뷰'에서 그는 아버지에게 연락했었다고 언급한다. 그러나 또한 "아직은 재회할 마음의 준비가 되어 있지 않다"라고 말한다(Breivik, 2011, p. 1387). 엘리엇 로저는 가족 이야기를 자세히 쓴 부분에서 아버지를 여러 번 언급한다. 그중 몇 번은 여자를 비판하지 않고 아버지를 비판하기도 한다.

> 당시 몇 달 동안 아버지는 내겐 없는 사람이었다. 내 곁에 남겨진 사람은 온 세상에 엄마 하나뿐이었다(Rodger, 2014, p. 67).

> 내 인생에서 가장 결정적인 순간에 아버지는 날 버린 셈이었다. 사실 나를 버려 놓고 내 인생에 제대로 있어 준 적이 없었다. 이제 와서 생각해 보면 내 인생에 아버지는 늘 없었다. 사춘기에 들어선 후 내 인생은 줄곧 내리막이었는데 날 도와주려는 시도조차 하지 않았다. 그냥 관심도 없었다(Rodger, 2014, p. 73).

두 총기난사범과 인셀 및 남성분리주의자에게 아버지는 본질적 중요성을 가진 듯하다. 로저는 이혼 후 재빨리 여자 친구를 사귀었다는 이유로 아버지를 미워하였다. 그가 보기에 아버지는 매력이 있는 남성이었다. 그래서 선망을 느꼈다. 아버지는 전혀 역할을 하지 않았고 로저는 버림받았다는 느낌을 받았다. 실제로 그랬는지는 물론 논란의 여지가 있다. 앞서 언급하였듯 로저는 극도로 억제되어 있었다. 성공한 영화

제작자였던 아버지로부터 건강한 탈억제의 비결을 전수받아서 활발하고 자신감 있게 살고 싶었던 것이다.

신화와 전설에서 흔히 보이듯, 아들을 통과의례로 이끌어 사나이의 길과 뜻을 보여주어야 하는 존재는 **아버지다**(Benjamin, 1988). 오늘날 남성들은 남근적 남성성을 재분배받지 못하였다. 과연 그런 것이 있기는 한 것일까? 아니면 그냥 판타지일 뿐일까? 남성계 남성들은 아버지보다는 여성을 탓한다. 왜냐하면 아버지들은 이미 진작부터 '베타'였으며 그건 여자들 탓이기 때문이다. 만약 아버지들이 '알파'였더라면 유전법칙에 따라서 아들의 외모도 영향을 받았을 테니까.6

아들은 아버지의 권력을 재분배받지 못하였다. 그리고 권력에 마법적으로 따라붙어 있던 속성의 기표도 거세당하고 말았다. 그러므로 재분배는 이제 복수from redistritution to retribution가 되어 버렸다. 로저는 복수라는 말을 사용하였다. 그는 범행을 저지른 날을 '복수의 날'이라고 불렀다. 많은 인셀도 같은 말을 쓴다(제4장 참고). 브레이비크의 선언문은 자신이 저지른 폭력적 복수에 대한 합리화와 변명이라고 볼 수 있다.

베라르디F. B. Berardi는 저서 『영웅들Heroes』에서 브레이비크와 같은 남성 살인범들을 다루면서, 68혁명 시대의 아버지 역할을 논한다. 1968년의 혁명은 상징적이고 실재적인 아버지에 대한 반항이었다.

---

**6** 아버지와의 동일시, 혹은 반항은 어머니와의 거리두기로 볼 수도 있다. 이 남성들이 분노하는 대상은 사실 어머니이기 때문이다. 이는 오이디푸스적 갈등론과 입장을 함께하는 분석이다. 남성이 근친상간 타부를 내면화하면서 아버지에게 적대감을 돌린다는 입장이다. 그렇다면 남성들의 여성혐오는 사실 어머니에 대한 혐오다. 그러나 나는 오이디푸스적 정신역학으로 남성을 이해하지 않는다(제1장 참고, 더 확장된 논의는 결론 참고). 남성은 부모 모두를 향해, 특히 아버지를 향해 적대감을 갖는다. 오이디푸스적 역학 때문이 아니라 남근과의 동일시 및 남성성과의 갈등 때문이다. 나는 제시카 벤저민의 입장을 따라(1988) 오이디푸스 콤플렉스를 비판한다. 오이디푸스 콤플렉스는 성 차이를 통해서 여성과 남성을 대립시키는 구조로 되어 있다(제1장과 결론 참고). 벤저민은 아버지-아들 갈등관계가 지배의 청사진이라고 본다. 이는 이미 언급하였듯이 내 분석에 유용한 틀을 제공한다.

68년 혁명의 주된 의미는 무엇이었을까? 두 번의 세계대전과 히로시마, 나가사키 원폭이 있었다. 젊은이, 대학생, 노동자, 지성인과 여성들은 무엇보다도 정신적 노예 상태로부터의 해방을 주장하였다. 정신적 노예제는 기본적으로 아버지에 대한 종속이었다. 권위적 아버지는 가부장적 억압의 핵심이었을 뿐만 아니라 제국주의적 폭력과 자본주의 착취이기도 하였다. 68년 혁명의 시각에서 아버지의 권위에 대한 거부와 해체, 억압적인 법률과 전통에 대한 복종을 거부하는 것은 사회적, 성적인 노예 해방의 첫 걸음이었다. 그 후 20년 동안, 사회는 형제적 연대의 고리를 만들고 가부장적 예속에서 벗어나려는 노력을 성공적으로 진행시켰다(Berardi, 2015, p. 59).

물론 해방의 순간 이후, 역풍이 있었던 것도 사실이다. 강한 아버지에 대한 열망이 복귀하였다. 68년의 성적 탈억제가 지나치자 억제와 권위에 대한 욕망이 복귀하였다(제2장 참고). 오늘날 남성들은 예전의 자격을 잃고 불안과 거세감을 느끼고 있다. 또한 여성과 여성적 타자들의 당당한 표현에 어떻게 대응할지 당혹감을 느낀다. 그러므로 어떤 남성들은, 특히 이 장에서 분석한 남성 부류는 더더욱 어느 때보다도 더 간절하게 엄격하게 단속해 주는 아버지의 복귀를 갈망한다.

종교적 테러리즘에 관한 연구에서 루스 스타인은 테러리스트의 마음을 이해하려면 원형적 아버지상을 집중 분석하는 것이 중요하다고 지적한다. 테러리스트는 신에 대한 절대적 사랑에 복종한다. 아버지와도 같은 신은 테러리스트를 하늘나라에서 기다리고 계신다. 누가 가치 있고 없는지는 오로지 신의 눈으로만 판단할 수 있다. 가치가 없는 자들은 '믿음이 없는 자들'이며 짐승과도 같다. 테러리스트에게 살해는 고귀한 일이며 좋은 일이다(Stein, 2010, p. 33). 브레이비크는 자신의 행동을 이와 똑같은 방식으로 보았다. 유럽을 구하기 위해서 꼭 필요하고 좋은 일이라고 말이다. 로저는 범행 동기를 명시적으로 주장하지는 않았다. 그러나 로저와 인셀은 여성을 짐승과도 같으며 인간 이하인 죽어 마땅한 존재로 본다. 스타인은 테러리즘을 "자신들이 반대하는 바로 그 입장과 싸우고 더 나아가 이해하는 것을 목표로 한다"고 설명한다(ibid, p. 37). 내가 분석한 선언문이 바로 이러한 사례에 해당한다. 이들은 자신들이 만들어 낸 세계관을 거대한 유리판 아래에 넣고 압착한다. **꿰뚫는 것은 불가능하지만 너무나**

**잘 보인다.** 똑같은 메커니즘이 인셀과 남성분리주의자 포럼에도 작동한다. 이들은 타자를 학대한 후에 바로 강퇴시킨다. 주로 좋은 의도를 가진 여성으로 남성을 이해해 보려 시도하고 조언과 비판을 제공하는 사람을 말이다. 테러리즘은 "스스로를 통해서 테러를 유포한다"(ibid, p. 37).

강력한 아버지를 욕망하는 퇴행은 어떤 의미에서 근본주의 테러리스트 및 내가 논의한 남성 그룹과 매우 유사하다. 물론 목적과 결과는 완전히 다르긴 하지만 말이다. 스타인은 9·11테러범의 한 명이었던 모하메드 아타가 '간섭이 심한' 아버지를 두었다고 지적하였다. 아타의 아버지는 그가 어머니만 좋아하는 나약한 놈이라고 여겼다. 브레이비크의 아버지도 부재하였다. 부모의 이혼 후 엄마의 새 애인과도 사이가 좋지 않았다. 로저의 부모도 이혼을 하였다. 로저는 아버지에게 버림받았다고 느꼈다. 아버지는 자신에게 '죽은 사람'이었다고 표현하였다. 그들의 범행은 부분적으로는 강한 아버지에 대한 갈망이었다. 그들에게 아버지는 내향투사되어 이상화되었다. 법을 만들어 자기 수하의 모든 사람을 지배하는 아버지. 자신의 절대적 욕망대로 쾌락을 성취하는 사람. 이것이 인셀과 남성계가 현재 꿈꾸는 **성충**으로서의 아버지다. 신과 같은 아버지. 남성들은 아버지를 바라면서도 또한 분노한다. 자신들에게 마법적이고 전능한 권한을 물려줄 아버지를 가지지 못하였기 때문이다. 무제한의 쾌락, 카리스마, 부와 매력을 보유한 아버지. 모든 여성을 지배하고 모든 남성에게 여자를 나누어 줄 아버지.

실제 아버지는 성충으로서는 부재하거나 혹은 실패하였다. "한 번은 엄마가 아빠한테 날 성교육시키고 콘돔도 사 주라고 했는데 아빠가 안 했어. 난 어차피 여자랑 못한다는 걸 알았나 봐." 어느 인셀이 쓴 글이다(Reddit, 2018k, 게시물). "근데 너네 아빠는 어떻게 여자랑 해서 인셀을 낳은 거야?" 어느 게시글이 묻는다. 이용자가 답글을 단다. "우리 아빠는 165cm 캐호빗인데 나한테 키 물려준 거 빼고 해 준 게 없다." 두 번째 이용자가 쓴다. "우리 누나는 스테이시 스타일이고 우리 형은 채드 스타일이야. 근데 나만 이래." 다른 사람이 덧붙인다. "185cm 키의 몸매 좋은 고전적 미남 채드. 예일에서 공학을 전공하였고 하버드 MBA를 땄다. 소프트웨어 회사를 창립해서 소유하고 있고 지금은 부동산 개발업자다. 그가 내 인생 전체를 지배하였다. 남자였으면 인셀이었을 여성다운 외모를 지닌 혼혈 여자랑 결혼하였다. 최악의 유전자 조합을 가진 내가 태어났다." 또 다른 이용자의 답글이다(Reddit, 2018l, 게시물).

그러므로 복수와 보복의 행위는 여성에 대한 테러리즘이면서 더 나아가서 자신들의 아버지를 겨냥한 행동이기도 하다. 실재 아버지는 최소한 무의식적 판타지의 수준에서 살해당하고 새로운 남근적 아버지가 그려지고 욕망된다. 브레이비크와 로저는 살인 행위를 통해서 알파 메일이 되었다고 생각하였다. 그들은 무의식적으로 아버지를 되찾아서 재회한다. 스타인이 말하는 테러리스트처럼 남성 총기난사범은 신과도 같은 아버지와 융합되기를 원한다. 마침내 아버지가 살인을 하고 있는 아들을 봐 주고 인정해 주길 원한다. 이는 이상화된 아버지에 대한 무의식적, 동일시적 사랑이다. 이들은 이런 아버지를 실재로 둔 적은 없다. 이 사랑이 살인의 동력이었다. 이러한 행동은 아버지의 인정과 승인을 갈망하는 증상의 발현이다. 이 남성들이 경험한 적이 없거나 혹은 부족하였다고 느낀 아버지다. 루스 스타인은 이슬람 테러리스트들이 "자신들의 아버지를 무의식적으로 **처벌자에서 이상화된 사랑의 대상**으로 바꾸고 싶어 하며, 분노와 불만을 그리고 고통과 고뇌를 영광과 자기애적 강화로 반전시키려고 한다"(100, 강조는 원본에서). 비슷한 정신역학이 여기에도 작동한다.

브레이비크와 같은 테러리스트는 아버지를 바꾸고 싶어 한다. 그는 테러리즘 범행 몇 달 전에 새어머니를 방문해서 곧 아버지가 자기를 자랑스러워할 만한 일을 할 것이라고 예고하였다(Gullestad, 2017). 스타인이 말하는 테러리스트와는 달리 남성계 남성들은 살인 행위를 통해 아버지에게 인정받고 싶을 뿐만 아니라 아버지 자체를 죽이고 싶어 한다. 자신들의 힘과 남근적 전능성의 궁극적 증거로 말이다. 자신을 마침내 인정해 주는 아버지에게 복수의 살인을 감행함으로써만 이들은 아버지를 능가할 수 있게 된다. 이는 프로이트의 이론과는 다르다. 원시적 아버지 살해는 공동체와 윤리의식 발생의 근원이었다.

브레이비크, 인셀, 그 외 남성들에게 아버지를 죽이고자 하는 무의식적 소망은 사랑이자 보복의 행동이다. 과연 아들이 완전한 개인화를 달성하였는지를 증명할 수 있는 궁극적 용기의 실험인 셈이다(Benjamin, 1988). 판타지 속에서 총기난사범은 아버지를 파괴함으로써 아버지로부터 남근을 인정받고 강화받는다. 아들은 아버지가 된다. 아니, 신이 된다. 브레이비크, 로저 그리고 남성 총기난사범들은 신의 역할을 즐긴다. 그들은 정신증적 과대망상으로 생사를 결정하는 신과 같은 지위를 스스로에게 부여한다. 이는 무엇이 좋은지 무엇이 도덕적으로 필요한지를 결정할 권위가 있는 남근적 아버지의 역할이다. 브레이비크는 선언문과 법정에서 반복해서 자신이 저지른 범행이 왜 필요하였고 왜 불가피하였는지 끝없이 '논리'를 펼쳤다. 우리가 보기에는 차마 못할 짓, 즉 다른 인간을 죽이는 일을 저지름으로써 이 남성들은 궁극적인 권력을 획득한다고 여겼으며, 또한 알파 메일로서 평가받는다고 여겼다. 제시카 벤저민은 (1988)은 아버지-아들 투쟁은 절대 지위를 놓고 벌이는 두 주체의 투쟁이라고 보았다. "아들은 끊임없이 자기 내면의 아버지와 대결하여 아버지가 되려고 한다"(Benjamin, 1988, p. 220). 이는 지배 도식의 기반이며, 남성계가 여성과의 관계로 재생산하고자 하는 공식이다. 그래서 이 남성들은 자신 이외의 다른 사람들을 인식하지 못한다. 이러한 유형의 관계에서 "자신과 타자는 오직 대립될 뿐이다. 하나가 상위이면 다른 하나는 하위가 된다"(ibid). 그 결과 아버지뿐 아니라 어머니까지도 환지적 대상이 된다는 것이 벤저민의 주장이다. 둘 다 지배의 대상으로 격하되어 버린다. 이 남성들의 삶에는 오직 지배의 역학밖에는 없다.

이들에게 아버지는 그저 지도자가 아니라 사실은 총통 같은 존재다. 이 책에서 제시한 내러티브에서는 그런 정서가 적은 편이다. 그러나 인셀들은 스타인이 묘사하는 보수적 이슬람 문화와 유사한 자신들만의 문화를 만들어 낸다. 이들은 대개 실제로 그런 문화에서 성장하지는 않았다. 이 문화에서는 아들에게 "어머니, 누이, 아내를 무시하고 혹은 멸시하도록 가르친다"(Stein, 2010, p. 84). "어머니와 동일시가 결여된 아들은 자신의 수치심을 남들에게 투사하고 멸시를 퍼부으며 심지어는 폭력까지 행사하게 된다"(ibid). 아버지의 인정을 얻기 위한 아들의 노력은 여러 형태로 계속되어 때로는 "수치와 자기혐오로 가득하기까지 하다"(ibid). 극단적 이슬람주의자와는 달리 대부분 백인 남성인 이들은 신에게 귀의하지는 않는다. 그러나 이상화된 아버지에 대한 욕망과 실재 아버지, 혹은 환지적으로 구성된 아버지에 대한 분노는 이들의 육체를 움직이는 정동적 힘이 된다. 이들은 분해되기 직전에 놓여 있다. 이러한 욕망은 대개 무의식으로 남겨져 있다. 아버지 대체물 격인 지도자상에 대한 논리화가 드물거나 전무하기 때문이다. 인셀, 남성분리주의자, 그리고 남성계에는 지도자가 없다. 이들은 트럼프나 그 외 지도자들을 이상화하지는 않는다. 남근적 아버지로부터 동아줄을 내려받아 끌어 올려지고 싶은 욕망은 오직 상상 속의 아버지만을 원할 뿐 그 외 다른 인물에게 대체되거나 투사되지 않는다.


## 결론

이 장에서는 여성혐오적 총기난사범 두 명의 선언문을 검토하였다. 두 남성 모두 자신 나름대로의 파시스트였다. 이들은 파시즘적이며 전체주의적인 사회를 꿈꾸었고 여성이 남성에 의해 통제되는 사회를 추구하였다. 브레이비크와 로저의 광기와 만행은 오늘날 온라인을 떠돌고 있는 소위 '키보드 워리어'의 막말과 궤를 함께한다. 이는 상징-디지털적이든 실제적이든 간에 근본적으로 **테러리즘**이다. 루스 스타인이 간파하였듯 테러리즘은 스스로를 통해 테러를 유포한다. 누가 봐도 번듯하면서 유혹적인 난공불락의 세계관과 판타지 구조를 날조해 낸다. 앞서 논하였듯이 이러한 세계관이 의존하고 있는 것은 여성이라는 이미지와 관념이다. 여성은 파괴의 대상인 동시에 욕망의 대상이다.

이 장에서 나는 아버지의 역할에 주목하였다. 그리고 파시스트적 육체와 알파 남성성이 아들에게 강한 육체를 물려주지 못한 아버지에 대한 복수 욕구와 강하게 연관되어 있음을 설명하였다. 또한 살인을 저지름으로써 아버지를 능가하는 자신의 모습을 아버지가 보아 주고 인정해 주길 원하는 뒤틀린 사랑도 있다. 살인을 하고 아버지가 되고 싶은 무의식적인 소망은 오이디푸스적 요소와는 거리가 있다. 또한 어머니와의 무의식적 애증과도 상관이 없다. 물론 브레이비크의 경우 어머니와의 문제적 관계가 어느 정도 영향이 있기는 하였다. 대신 이는 전(前) 오이디푸스적이며 출생 이전 상태로의 퇴행, 그리고 강한 사나이로 다시 태어나고 싶은 소망과 연관이 있다(제1장 참고). 다시 태어나고 싶은 소망은 총기난사범의 주요 동기와 궁극적으로 연결된다. 바로 여성을 죽이는 것이다. 여성에게 복수하는 이유는 새로운 남자가 될 수 없기 때문이다. 욕망의 대상이 될 수 없기 때문이다. 총기난사를 저지르면서 이들은 분명 자신도 죽을 수 있다는 것을 알고 있었을 것이다. 로저는 심지어 자살하였다. 죽어 가면서 다시 태어나려는 무의식적 희망을 느꼈을 것이다. 극단적 행동 속에는 모든 경계가 초월된다. 자신의 경계마저도.

이떤 남성들은 자신만의 판타지 세계를 만들어서 타자로서의 여성을 상징적, 실제적으로 증오와 폭력의 목표물로 삼았다. 이들은 자신과 자신의 경계를 파편화되고 쪼개진 상태로 경험하였으며 분해의 위협을 느꼈다. 이들의 정신적 평형상태는 혼란에 빠져 있었다. 이들은 스스로 '전사', '인셀', '남성분리주의자', '성단기사단' 등을 자처하면서 위안을 삼았다. 이들은 이러한 실재적, 상상적 기표를 중심으로 남성 연대를 만들어 내어 피신한다. 이들 커뮤니티 중 대다수는 파시즘과 대안우파의 발상, 상징, 이미지와 담론에 깊이 물들어 있다. 권위주의적 남성성이 널리 퍼진 시대의 심리사회학적 증상이라고 볼 수 있다. 그리고 특정한 강박성 남성들은 인종주의, 성차별주의, 여성혐오에 이끌린다. 이미 지적하였듯 이러한 사회적 측면은 육체적 차원에서 이해될 수 있으며, 남성들은 심리적 평형상태를 구조화하면서도 위협하는 억제/탈억제에 사로잡혀 있다. 이들의 육체는 항시적 긴장에 놓여 있어서 감정을 폭발하고 터뜨리고 안절부절못한다. 이러한 정동적 육체 상태는 또한 광의의 포르노적인 시각 문화, 인스타그램 등의 SNS, 틴더 등의 즉석 만남 앱, 무소부재의 섹슈얼리티 와중에 놓여 있다. 남성들, 특히 인셀들은 주류 포르노 문화에 동조한다. 포르노는 여성을 영혼 없이 예쁘기만 하고 떡이나 치고 싶어 하는 존재로 묘사한다. 브레이비크 같은 남성분리주의자는 여성을 끊어 버림으로써 감각 과부하에서 벗어나려고 한다. 로저 같은 인셀은 포르노 스타 같은 여성성을 날조하고 욕망함으로써 대응한다.

억제/탈억제로 본질적 구조화된 욕망은 다른 형태의 자기 탈억제를 통해서 대응될 수밖에 없다. 정동을 다른 방식으로 방출하는 것이다. 바로 자위행위다. 총기난사가 일종의 치환된 정액 방출이었을까? 무기가 남근이었을까? 로저는 선언문에서 자위행위를 언급하였다. 인셀과 남성분리주의자가 할 수 있는 것이라고는 오직 자위행위일 뿐이다. 자위는 판타지에 동력을 제공한다. 요구되지만 성취될 수 없는 향유가 승화되어 대상 향유 jouissance à un로 변할 수 있을까? 아마도 아닐 것이다. 오늘날 많은 남성의 성적 판타지를 빚어 낸 것은 부분적으로는 포르노와 자위행위이기 때문이다. 어떤 남성들은 포르노와 자위행위를 완전히 끊어내기를 원한다. 다음 장에서 이들을 다뤄 본다. 이들의 이야기는 테크노섹슈얼한 남성 육체가 극우 포퓰리즘, 남성계, 성적 신자유주의 이데올로기의 세상 속에 자리 잡고 있을 때 어떤 일이 벌어지는지를 이해할 수 있게 해 준다.

# 07
# 금딸–자위행위, 포르노, 남근의 취약성

　　지난 장에서 우리는 막다른 골목을 만났다. 다른 인간을 죽이는 최악의 끔찍한 살인 행위에 대해서 살펴본 후에도 더 분석할 것이 남아 있을까? 지난 장의 마지막에서 언급한 자위행위와 연결되는 주제가 금딸[1]NoFap이다. 자위행위와 포르노라는 주제는 오늘날 권위주의적 자본주의와 온라인 대안우파의 득세 와중에 특별한 중요성을 얻었다. 대안우파의 일부 남성들은 자위행위를 동성애와 연결시켜서, 자위행위를 하는 남성들은 게이라고 주장한다. 이번 장은 금딸 커뮤니티의 데이터를 분석하고 NoFap.com의 포럼을 살펴본다. 금딸은 레딧에서 시작된 온라인 커뮤니티이며 포르노그래피 소비를 끊으려는 남성과 여성의 모임이다. 수많은 등

---

**1**　역자 주–NoFap에서 Fap은 남성 자위행위를 뜻하는 의성어이면서도 동사처럼 쓰이는 인터넷 은어다. 한국어로는 '딸'에 해당한다. '딸'은 '딸딸이'라는 명사를 줄인 말이며, 역시 남성 자위행위를 표현하는 의성어에서 유래한 명사다. 동사형으로 쓰려면 '딸 치다', '딸 잡다' 등으로 쓰인다. 여기에 금지한다는 말에서 온 금(禁)을 접두어로 붙인 말이 바로 '금딸'이다. 또한 음란물을 끊는다, 포르노 소비를 끊는다는 뜻으로 '금란물'이라는 말을 함께 쓰기도 한다. 그리하여 '금딸/금란물'로 함께 묶어 쓰이는 경우도 있다. 금딸을 실천하는 사람을 지칭할 때는 '-er'를 뒤에 붙여서 '금딸러'라고 부른다. 禁딸er인 셈이다. 여러 언어가 한꺼번에 섞이고 축약되는 하이브리드 용어인데 여러모로 흥미롭다.

록 이용자들은 자신들이 포르노와 자위에 중독되었다고 주장한다. 금딸 선교사들은 자위행위와 포르노를 최대한 오래 끊으면 중독을 극복할 수 있다고 주장한다. 이들은 중독을 벗어날 팁, 전략, 방법론을 서로 주고받는다. 이 책에서 다룬 모든 커뮤니티 중에서 가장 진보적 성향을 지닌 그룹이다. 다른 그룹에 비하면 어조도 차분하고 노골적인 자기파괴적 내러티브는 거의 없는 편이다. 또한 한 주제에 대해서 다양한 의견이 공존하는 분위기이며 이용자들끼리 실제 논의가 이루어진다. 논의는 몇 페이지에 달하도록 길기도 하다. 과연 이들이 남성계에 속하는지 논란의 여지도 있다. 대개 인종차별주의나 반유대주의는 없는 편이다. 그럼에도 여전히 높은 수준의 여성혐오와 유해성이 발견된다.

페미니즘 및 여러 분야 연구자들 사이에서 포르노그래피가 개인에게 해로운지 여부에 대해서 커다란 논쟁이 있었다(Shrage, 2005; Long, 2012; Smith & Attwood, 2014 개관 참고). 나는 포르노그래피에 대한 찬반 입장 중 하나를 취하는 것에 관심이 없으므로 여기에서는 상세하게 다루지는 않으려 한다. 남성 금딸러의 병적인 포르노 소비가 과연 중독이라고 부를 만한 지경에 달했는지에 대해서는 논의하지 않겠다. 포르노그래피는 교육 효과가 있으며 때로는 개인의 성 정체성을 변화시킬 수 있다는 의견도 있지만(Albury, 2014), 금딸 남성들은 이에 격렬하게 반대한다.

때때로 주류 포르노는 폭력적, 성차별적, 여성혐오적, 인종주의적, 장애인 차별적이며, 또한 여성에 대해서 학대적이라는 점을 강조할 필요가 있다(McKee, 2005; Fritz & Paul, 2017; Shor & Seida, 2019). 이 때문에 소비자가 더 폭력적으로 행동하게 되는지(Donnerstein, 1984; Boyle, 2005; DeKeseredy, 2015), 중독되는지(de Alarcón et al., 2019), 소비자의 두뇌에 변화를 일으키는지(Kühn & Gallinat, 2014), 혹시 아닌지(Voros, 2009)에 대한 다양한 입장이 있다. 나는 포르노의 중독성이나 두뇌 변성 능력에 대해서 찬반 입장 중 하나를 고르고 싶지는 않다. 2019년 공저에서 루벤 데 알라르콘 등Rubén de Alarcón et al.은 포르노 중독에 대한 연구를 이렇게 결론짓는다. "많은 노력에도 불구하고 포르노 소비 행동이 병리적이 될 수 있는지를 확실히 결론지을 수는 없었다"(de Alarcón et al., 2019, p. 1). 만약 그렇다면 포르노 중독이 과연 존재하는지 학계에서 논의되어야 한다(Voros, 2009; Klein, 2016).

학계에서 포르노그래피 연구는 틈새시장이며 지난 30년간 새로운 영역으로 떠올랐다(Williams, 1989, 2004). 포르노그래피에서의 표상 문제(Attwood, 2002; Schauer, 2005; Boyle, 2010; Paasonen, 2011; Longstaff, 2019), 수용 문제(Attwood, 2005; McKee, 2018; Attwood, Smith, & Barker, 2019), 더 넓은 문화로의 확산(Attwood, 2017) 등에 대해 점점 더 많은 연구자가 다양한 방식으로 연구를 수행하고 있다. 최근에는 이성애 섹슈얼리티 안에서의 남성성 묘사 분석(Hirdman, 2007; Garlick, 2010), 게이 포르노그래피(Burke, 2016; Mercer, 2017; Florêncio, 2020; Rehberg, 2019) 등에 대한 연구도 있었다. 또한 남성 포르노 소비자들이 인터넷에서 공동체감을 형성하는 방식에 대한 연구도 있었다(Lindgren, 2010; Taylor & Jackson, 2018). 어떤 연구는 정신분석학적 방법론을 취한다(Cowie, 1992; Marks, 1996; Butler, 2004; Longstaff, 2019; Varghese, 2019). 이 장에서 중요한 것은 많은 남성이, 그리고 소수이긴 하지만 여성들도 병적이며 건강하지 못한 포르노 중독을 앓고 있다고 스스로 말한다는 사실이다. 이들은 금딸 프로그램에 따라 자위행위와 포르노 소비를 끊고 중독에서 벗어나고 싶어 한다. 이들의 내러티브에는 포르노 산업이 이들의 욕망 자체를 모양 짓기 때문에(2장 참고) 그 결과 성생활에 어려움을 겪고 실제 파트너에게 자극을 못 느낀다는 고백이 많이 담겨 있다.

금딸 커뮤니티에 대한 본격적 연구는 거의 이루어지지 않았다. 현재까지 두 건의 중요한 질적 연구가 이루어졌다. 바로 크리스 테일러와 수 잭슨Kris Taylor and Sue Jackson의 공동 연구, 그리고 마를레네 하트만Marlene Hartmann의 연구다(Taylor & Jackson, 2018; Hartmann, 2020). 이들은 담론 분석을 통해서 금딸 커뮤니티에서 남성성이 어떻게 구성되고 있는지를 점검한다(Taylor & Gavey, 2019, 금딸 이외 다른 분야에 대한 연구는 이 저서를 참고). 테일러와 잭슨은(2018) 금딸 이용자들이 "규범적 남성성의 특정한 기대를 포르노와 화해시키기 위해서 역설적으로 포르노를 거부한다"라고 지적한다(ibid, p. 621). 금딸 커뮤니티 안에서 "남성성의 정의를 둘러싼 투쟁"이 있으며(ibid, p. 632), 헤게모니 남성성과 어떤 관련이 있는지 논란이 있다는 것이다. 이 논란은 구체적으로 '진짜' 성관계의 필요성에 대한 강조로 나타난다. 자위와 포르노 시청은 가짜 성관계다. 남성들은 더 남자다워져야 하며 알파 메일 형태의 남성성을 받아들여야 한다. 이성애 섹슈얼리티는 곧 지배를 뜻하며, 본유적이며 생물학적인 성별 차이에 기반하고 있어야만 한다는 주장이다(Hartmann, 2020 참고). 내가 분석한 주장과도 일치하는 논리다.

　나의 주장도 이들 분석과 유사하다. 금딸러들은 남성성이 매우 독특한 위협을 당하고 있다고 주장한다. 극단적 형태의 포르노가 불러일으키는 동성애적인 감정의 위험 때문이다. 이는 곧 무의식과 무의식의 공포감에 연관된다. 그리하여 방어기제가 작동된다. 이들 남성들은 유사 과학적인 담론을 동원하여 자신들의 중독을 방어한다. 남성들은 자신들이 신경학적, 생물학적 과정에 무력하게 휘둘리는 희생자라고 강변한다. 내가 이전에 언급하였던 희생자 행세하기 전략과 동일한 방식이다. 희생자 지위는 특정 형태 포르노에 대한 논의에까지 연장된다. 바로 게이 포르노, 'NTR[2] 호구남' 포르노, 그리고 소위 '계집애 최면물' 포르노다. 이들 내러티브를 잘 설명할 수 있는 것은

---

**2**　역자 주–'cuckold'는 바람난 아내를 둔 남편을 모욕하여 일컫는 말이다. 포르노그래피에서는 하나의 굳어진 장르다. 아내가 다른 남성과 성관계를 가지는 것을 남편이 지켜보는 상황을 기본적인 배경으로 한다.

　남편, 아내, 제3자 간의 강제성 여부, 모욕감 여부, 주도성 분배 여부, 심지어는 인종적 구성까지 고려하면 여러 가지 상황이 가능하다. 성관계가 남편의 남성성을 모욕하는 의미를 지닐 수도 있다. 혹은 남편이 선심 쓰듯 아내를 친구와 나눠 갖는다는 뉘앙스로 여성 학대적일 수도 있다. 혹은 인종적 선입관이 개입되어 아내가 초대받은 흑인 남성을 남편보다 더 즐기기 때문에 남편의 남성성 및 백인 우월성이 모욕을 당한다는 뉘앙스 역시 가능하다. 아예 여성은 도구처럼 사용되고 오히려 두 남성 간의 성욕적 연대가 강조됨으로써 남성 동성애적 의미를 가지기도 한다.

　이 장르는 그대로 음역하여 '커컬드'라고 부르기도 하지만, 그보다 국내에 더 많이 알려진 것은 일본 성인물 해당 장르다. 네토라레(寝取られ/netorare), 약어로 NTR이라고 부른다. 자신이 좋아하는 여자를 다른 남자에게 빼앗기는 상황에서 쾌감을 느끼는 성적 취향을 뜻한다.

　엄밀하게 말하자면 cuckold 장르가 NTR 장르보다는 좀 더 범위가 넓다. Cuckold 중에서도 남편이 삼자 간 역학 관계에서 수동적이며 피학적인 위치에 있는 것만을 NTR이라고 말할 수 있다. 단, 이 책에서 언급된 경우는 cuckold 중에서도 NTR에 가까운 사례가 많이 제시되었으므로 번역어로 NTR을 택하였다. 그리고 남편의 주관적 입장에서 느끼는 소외감이나 모욕감을 좀 더 부연하는 의미에서 '호구남'이라는 말을 뒤에 붙였다. 장르 자체를 말할 때는 'NTR물', 남성을 지칭할 때는 'NTR 호구남'이라고 한다.

엘리자베스 코위(Cowie, 1997)가 제안한 판타지 개념, 즉 영화 감상 경험 중에 그리고 그 이후에도 이리저리 이동하는 판타지다. 코위는 관람 경험 중에도 관객은 여러 가지 시점을 한꺼번에 취할 수 있다고 주장한다. 이 개념을 사용하여 금딸러들이 포르노 장르물을 소비하면서 남성 및 여성 육체를 오가고 억제/탈억제를 오가는 과정을 설명하려고 한다.

이들의 내러티브는 또한 상징 권력과 행위주체성 판타지를 날조해 낸다. 바로 계집애 최면물을 만들어 낸 것이 여성과 페미니즘의 탓이라는 것이다. 물론 증거는 없는 주장이다. 이 장에서는 데이터에 기반하여 세 가지 주제에 주목하려 한다. 남성들이 포르노그래피와 욕망 일반을 어떻게 인식하는가의 문제, 이성애 및 게이 포르노물을 시청하면 게이가 될지 모른다는 두려움, '계집애 최면물'과 'NTR' 포르노 장르에 대해 남성들이 갖는 생각. 이전 장에서와 마찬가지로 정신분석학적 관점으로 데이터를 분석하여 이들이 체화하고 유포하는 모순되고 복잡한 판타지를 보이도록 한다. 금딸러들은 판타지 자체를 바꾸려고 시도한다. 이를 억제/탈억제의 개념으로 설명하도록 한다.

곧 이어서 자위행위의 문화적 역사와 정신분석학과의 관계를 간략하게 살펴본다. 이 장의 자료는 NoFap.com에서 인용하였다.


## 자위행위 죄악시의 역사

데이비드 베넷은(2016) 『욕망의 화폐: 리비도의 경제학, 정신분석학과 성혁명In The Currency of Desire: Libidinal Economy, Psychoanalysis and Sexual Revolution』에서 리비도 경제학과 섹슈얼리티의 관계를 논한다. 그가 보기에 섹스 그 자체는 과거에도 현재에도 종종 언어학적으로 돈과 등치된다. 성기는 역사적으로 '보물', '은행' 등으로 은유되었고 성교는 '사업' 등으로 표현되는 일이 많았다. 18세기 내과의사 사무엘 어거스트 티소Samuel-Auguste Tissot는 『오나니즘L'Onanisme』을 저술하여 섹슈얼리티를 의학적으로 설명하였다. 베넷이 이해하기에 티소는 정액이나 성기 분비물을 보유해야 하는 화폐처럼 생각하였다. 특히 자위행위는 남성의 육체를 빈약하고 나약하게 만든다. "자신의 정액을 버린다는 것은 마치 창밖으로 돈을 버리는 것과도 같이 어리석은 짓이다"(Tissot, 2015, p. 57, Bennett, 2016, p. 16에서 재인용). 티소와 같은 의사들은 정액이 돈처럼 소중하므로 주의해서 사용해야 하며 '시장'에 '유통'되지 않도록 보유되어야 한다고 주장하였다. 많은 전문가와 사회 평론가들은 섹슈얼리티와 남성 사정을 프로이트적인 용어로 표현하였다. 마땅히 몸 안에 모아 두거나 혹은 멀리 해야만 하는 정동을 방출하는 행위라는 설명이다. 성 과학자들은 리비도를 육체의 에너지를 보존하기 위해 절제하면서 사용해야 하는 것이라고 보았다. 프로이트는 리비도와 정동적 육체경제학 이론을 초기부터 개념화하였다. 정신 그 자체는 정동 보유 및 방출이라는 에너지 시스템으로 이루어져 있다(Johanssen, 2019). 프로이트 역시도 리비도를 보편 교환의 일반 등가물이자 매개물로서의 돈처럼 여겼다는 것이 베넷의 의견이다. 리비도적 에너지는 섹슈얼리티와 반드시 직접 연결되지 않는 다양한 사물 및 사건에 사용, 치환, 승화될 수 있다는 것이다.

섹스와 자위행위의 경제학은 그러므로 주의와 절약의 경제학이다. 자위행위의 대립항은 생산적 노동이다. 그러므로 종종 '질병'에 '치료제'가 처방되듯 자위 문제에는 생산적 노동이 권유되곤 하였다. 자위행위는 판타지로의 탈주이며 현실 도피다. 17, 18세기에 이는 위험하고 치명적인 것으로 간주되었다(Foucault, 1978, 2003 참고). 당연한 말이겠지만 결국 옳지 않으며 쓸데없는 짓이었다. 그럼에도 자위행위 반대 담론은 우리 시대에 새로운 형태로 돌아와 다시 유행을 맞이하였다. 금딸 금란물 커뮤니티 유행이 지난 몇 년간 나타난 것은 우연이 아니다. 금딸 커뮤니티는 2011년 창립되었다. 그리고 이들은 대안우파와 여성혐오, 인종주의 등의 특징을 공유하며, 이 책에서 언급된 남성계와 사고방식을 함께한다. 금딸 그 자체는 인셀과 남성분리주의와 자주 함께 언급된다. 금딸 데이터를 본격적으로 분석하기에 앞서 몇 가지 이론을 선행적으로 점검하도록 한다.

# 정신분석, 욕망, 자위행위 그리고 포르노그래피

프로이트는 위험하거나 해롭다는 편견을 갖지 않고 유아 성욕을 탐구한 역사상 최초의 인물이다. 그는 『성욕에 관한 세 편의 에세이Three Essays on the Theory of Sexuality』(Freud, 1981b)에서 자위행위를 유아의 성적 행동으로 규정하였다. 이는 유아 섹슈얼리티의 '조작성행위주체성'을 의미한다(ibid, p. 189). 성욕의 에너지가 성기 주변에 집중되는 시기이므로 아이는 그 전단계 성감대에 대한 관심을 잃는다(Freud, 1981d 참고). 초기의 자기 성애화autoeroticism(이는 정식의 자위행위와는 다른 개념이다)는 대상에 의존하지 않는다. 만족감은 대상, 예를 들면 성기에 대한 의존 없이도 얻을 수 있다. 프로이트는 첫 번째 형태의 자기 성애화는 엄마의 젖을 빠는 행동이라고 주장한다(Freud, 1981b). 대상은 분열되며 자기 성애화 본능은 비(非)성적 기능, 즉 영양 공급에서 분리된다. 젖가슴은 욕망의 대상이 되는데, 이것이 '부재함으로써만 욕망하게 되는' 대상이기 때문이다(Cowie, 1992, p. 135). 유아는 첫 대상물, 즉 젖가슴에 대한 의존에서 벗어나서 "유아 '자신'을 스스로의 만족을 위한 '대상'으로 보기 시작"한다(Perron, 2005b, p. 141). 자기 성애화는 더 이상 순수한 만족 추구가 아니라 대상과 추구가 융합된 형태로 나타난다. 즉, 자아는 대상이면서 또한 대상을 추구하는 주체도 되는 것이다. "이러한 통합 행동은 초기의 '대상 선택' 과정에서 다른 사람에게 영향을 미치며, 이는 이후의 모든 성생활을 지배하게 된다"(ibid). 라플랑슈Laplanche와 퐁탈리스Pontalis는 "자기 성애화는 특정 본능적 행동, 즉 구강, 항문, 성기 등의 특성이 아니다."라고 지적한다. "인생 초기가 되었든 이후의 발달기가 되었든 간에 오히려 각각의 행동에 **신체기관-쾌락**의 구성 요소로 존재한다"라고 주장한다(Laplanche & Pontalis, 1973, p. 47, 강조는 원문에서).

프로이트는 유아의 자위가 본능적인 섹슈얼리티의 장악과 연관되어 있다고 본다. "특정 분량 이상의 촉각 자극이 적어도 사람들 사이에서는 충족되어야지만 정상적인 성적 발달이 획득될 수 있다"(Freud, 1981d, p. 156). 프로이트는 또한 장악의 본능을 시선 욕구와 연관 짓는다. 보고 보이는 것에서 느껴지는 즐거움이다. 이는 로라 멀베이Laura Mulvey와 같은 영화 이론가에게 계승된다. 시선 욕구는 영화적 표상화로 나타나는데 스크린을 지배하는 것은 남성의 시선이다. 영화는 전통적으로 남성의 시선에서 남성의 관객을 향해 만들어졌다(Mulvey, 1975). 이 문제에 대해서는 정신분석학적 영화 이론가인 엘리자베스 코위를 언급하면서 다시 살펴보도록 한다.

과도한 포르노 소비를 동반한 자위행위는 주체가 남근적 성적 행위주체성을 차지하려는 시도라고도 이해할 수 있다. 혹자는 자위행위가 사기 신성을 위한 일이며 정동 방출의 기능을 한다고 본다. 자기 통제를 재탈환하려는 공격적 자기애적 행동이며 수동성을 능동성으로 바꾸는 행위다(Dodes, 1990).

자위행위의 또 다른 측면은 정동과 관련될 가능성이 있는데, 프로이트의 저서에서는 거의 언급이 없다. 프로이트 초기의 '정동 방출 모델'을 적용하면(Johanssen, 2019) 자위행위는 결국에는 오르가슴에 다다르는 쾌락적 정동 방출이라고 볼 수 있다. 빌헬름 라이히는(1997) 이 점에 착안하여 주체의 자위행위와 오르가슴의 역할을 탐구하였다. 오스트리아 프리드리히스호프 코뮌 지도자였던 오토 뮐에 대한 연구에서 베넷은 이렇게 지적한다.

> 라이히와 뮐은 오르가슴에 대해 견해가 같았다. 오르가슴은 몸 안에 가둬서 쌓아 둘 수 있는 방어의 에너지를 써 버리는 것이다. 쓰지 않고 쌓아 둔 에너지는 '방탄복'을 형성하여 주체가 강렬한 감정을 느끼지 못하게 막아 준다. 자연스러운 쾌락의 충동은 방출되지 못하고 막혀서 몸 안에 리비도의 형태로 축적된다. 가부장적 핵가족 전통과 터부 아래에서 이처럼 방탄복을 입은 인물형은 파시스트 국가의 기본이 된다(Bennett, 2016, p. 213).

내가 본 글 중에서 라이히의 사상을, 그리고 연장선상의 테벨라이트 사상까지 최고로 잘 요약해 낸 글이다. 라이히의 경우, 오르가슴은 그리고 자위행위는 성 정치학의 최극단이다(제1장 참고). 라이히의 오르가슴론은 이 책의 주제와도 넓은 의미에서 연관되며, 이 책에서 이미 설명하였듯 방탄복 형성과 방어기제와도 연결된다. 금딸 남성들 역시 이런 면에서 다르지 않다. 이들은 자위행위와 포르노를 차단함으로써 방탄복을 만들어 입고자 한다. 이들의 방탄복이 방어하고 싶은 것은 비이성애적 욕망과 자신들의 무의식이다.

포르노그래피와 자위행위는 프로이트를 통해 설명되듯 주체에게 그 자체로 반드시 나쁜 행위가 아니다. 정신분석학자인 조르지오 트리카리코Giorgio Tricarico는 말한다 (2018).

> 포르노가 그토록 순수한 기쁨을 준다면, 자위행위 역시도 스스로의 몸과 맺는 건강하고 활력을 주는 관계이자 스스로를 보살피는 행위로 경험될 수 있다. 성교의 대용물인 슬프고 고독한 경험이 아니라, 불안과 우울, 강박적 필요를 잠재우는 위안 같은 경험이다. 자위행위 내내 기분 좋은 감각이 동반되어, 자신을 좀 더 안정적이고 매력적으로 느끼며 자신감을 느낄 수 있고 가능성으로 가득한 세상을 살아갈 수 있게 된다 (Tricarico, 2018, p. 39).

포르노가 건강성을 잃는 것은 과도하게 소비되거나 혹은 갈등, 정신건강 문제를 은폐하기 위한 대체물로 악용될 때다.

정신분석학과 포르노그래피에서 가장 핵심적 중요성을 가지는 것은 바로 판타지다. 그래서 많은 정신분석학자가 이 주제를 탐구하였다(서론 참고). 엘리자베스 코위는 자신의 고전적 저작에서(1992) 포르노가 그토록 유혹적인 이유는 욕망에 대한 욕망으로 시청자를 끌어들이기 때문이라고 주장하였다. "정신분석학에서의 섹슈얼리티는 본능이 들끓어 오르는 프로그램된 반응이 아니라, 판타지의 출현 속에서 부상된다. 그 결과 섹슈얼리티는 쾌락에 대한 욕망이라는 특징을 갖게 된다. 생물학적 성교가 주는 단순한 만족감이 아니다"(Cowie, 1992, p. 136). 이런 의미에서 판타지는 욕망을 추동하고 영속화한다. 판타지는 욕망의 장이자 욕망을 위해 기능한다. 판타지와 욕망은 모두 시선 욕구와 밀접하게 연관되어 있다. 그래서 많은 페미니즘 영화학자와 미디어 연구자들은 영화 속 욕망이 시선과의 동일시를 통해서 구조화된다고 주장한다(Mulvey, 1975; Neale, 1983; Doane, 1987; Cowie, 1997 등 다수 참고).

포르노그래피의 목적은 성적 흥분의 소망이다. 성적 활동의 시나리오를 판타지로 그리고자 하는 소망이다. 그러므로 절정은 오히려 방해다. 그러면서도 시스템을 유지한다. 성적 판타지와 포르노그래피의 쾌락은 육체적인 성적 만족감의 단순한 수단이 아니라 재귀적 욕망이다(Cowie, 1992, p. 136).

정신분석학적으로 보기에 포르노그래피 소비는 절대로 목적지향적 과정이 아니며 단순한 성적 만족의 문제가 아니다. 포르노그래피는 **욕망을 욕망**할 수 있도록 해 준다(Doane, 1987 참고). 들뢰즈와 가타리가 전개한 이론에서도 욕망을 욕망하는 것이 가장 근원적이고 생산적인 욕망이라고 설명한다. 우리가 '근친상간 욕망'이나 '가부장적 욕망' 혹은 '성적 욕망'을 이야기할 때 욕망은 이미 사회적으로 코드화되어 있다. 그리고 생산적 형태로서는 억압되어 있다(Deleuze & Guattari, 1983a, 1983b). 프로이트/라캉 이론과 들뢰즈/가타리 이론 모두가 이에 대해 동의한다. 원시적 무의식과 욕망이 완전히 억압되는 것은 아니다. 정신분석학 이론에서는 욕망이 특정한 신화나 범주로 치환되어 계속 존재한다고 본다. 내가 판타지와 욕망을 상세하게 논하는 이유는 섹슈얼리티와 포르노그래피에서 중심적인 개념들이기 때문이다. 들뢰즈와 가타리가 보기에 프로이트적 무의식은 너무나 질서 있고 표상적이다. 프로이트는 표상적 인공물, 즉 신화, 이야기 등을 동원하며 무의식을 해석한다. 그래서 무의식의 근본적 가능성이 실천적 그리고 이론적으로 금지되어 버린다. 나는 욕망을 주로 프로이트 라캉적 맥락에서 논할 것인데, 이 점을 염두에 두는 것이 도움이 될 것이다(서론 참고).

정신분석학은 중독 문제, 특히 포르노 중독 문제의 연구에도 유용하다(Savelle-Rocklin & Akhtar, 2019). 포르노 중독은 여러 가지 측면에서 이론화되고 논의된다. 친밀성을 회피하고 관리하는 수단, 불안정 애착, 회피, 자기애, 교란된 대상관계, 반복강박, 스스로에 대한 장악감, 판타지 등 포르노 소비는 여러 형태로 나타난다. 중독은 불안, 우울, 외로움, 갈등에서의 일시적 해방으로 기능하기도 한다. 빠른 쾌락과 도피를 제공하는 것이다. 이 장에서는 중독에 대한 여러 이론을 더 자세히 소개하지는 않겠다. 다음 부분에서는 금딸 커뮤니티를 소개하고 이용자들이 호소하는 포르노 중독 내러티브의 사례를 알아본다.

# 금딸: 약속된 남근

금딸 커뮤니티에는 인셀이나 남성분리주의 커뮤니티에 비하면 정말로 커뮤니티다운 분위기가 있다. NoFap.com 포럼에서는 이용자 간 의견 교환이나 경험 공유가 활발하다. 금딸 포럼은 2011년에 웹 개발자인 알렉산더 로즈Alexander Rhodes가 만들었다. 로즈는 원래 레딧에서 NoFap 서브 레딧을 운영했었는데 나중에 독립된 웹 사이트를 차렸다. 공식 웹 사이트에서 무엇보다 돋보이는 것은 바로 사업가적 감각과 기업적인 디자인이다. 금딸이 내세우는 로고는 강한 남근 파워를 보여 준다. 빨간 로켓이 하늘을 향해 발사되고 있다. 바로 아래에 슬로건이 붙어 있다.

"인생을 새롭게 장악하라Get a new grip on life."[3]

'NoFap'은 저작권 보호를 받는 용어이며 웹 사이트에서는 마켓도 있어서 자체 제작상품과 티셔츠도 판매한다. 또한 이용자가 누를 수 있는 '비상' 버튼도 있다. 클릭하면 페이지가 열리고 격려해 주는 유튜브 영상, 짤, 경구, 레딧 게시물 등을 랜덤하게 보여 주는 링크가 뜬다.

포럼과 서브포럼이 웹 사이트를 이루고 있다. 이용자들은 이제껏 며칠이나 자위행위와 포르노를 끊었는지를 보여 주는 수치를 프로필로 표시할 수 있다. 대다수는 자위행위와 포르노를 완전히 끊을 것을 주장한다. 다음 게시물은 금딸 커뮤니티의 전형적 입장이다.

자위행위는 아무런 보상도 없이 그저 힘만 엄청나게 빼는 일이다. 고통을 조금 없애 주고 쾌락도 약간 주지만 여전히 쓸데없는 짓이다. 게다가 최악은 다시 포르노를 보게 된다는 것이다. 그러면 삶을 완전히 빼앗기는 거다. 그냥 도전하는 셈치고 자제력을

---

**3** 역자 주-한국 인터넷에도 금딸 커뮤니티가 있다. 재미있게도 명칭은 '금딸검찰청'이며 실제 검찰청의 로고를 가져다가 다섯 개의 푸른 막대 위에 '금딸검찰청' 다섯 글자를 새긴 모양을 하고 있다. 자위행위를 끊은 기간에 따라서 계급이 부여되는데 이는 군대 계급을 따르고 있다. 여러모로 흥미로운 한국적 변용이다.

시험해 보자. 이깟 중독도 극복하지 못한다면 험한 인생을 어떻게 살아갈 수 있을까 (NoFap, 2017a, 게시물).

커뮤니티의 게시물에서 발견할 수 있는 놀라운 점은 자위행위를 끊을 것을 종용하는 논리의 교조성이다. 이들 내러티브는 베넷이 설명한 바 있는(2016) 인체 경제 논리와 매우 유사하다. 인간의 몸은 균형을 유지해야만 하는 경제적 기계이며 신체적 에너지와 자원을 돈 쓰듯 신중하게 써야 한다는 논리다. 물론 자위행위가 병적으로 되어 특정 갈등을 무의식적으로 해결하려는 반복 강박의 형태로 발전한다면 건강한 일이 못 된다는 것은 당연하다. 자위행위가 삶의 중심이 되어 버리고 포르노 소비까지 겹쳐진다면 집중력이 떨어지고 에너지가 저하할 수밖에 없을 것이다. 자위행위와 포르노가 병적이고 전면적인 경우를 논하자는 것은 아니다. 그럼에도 눈에 뜨이는 것은 이용자들이 나쁜 습관에 대해서 은연중에 경제주의에 의거하여 논의한다는 특징이다. 정신건강 문제와는 별개로 자위는 나태함과 비생산성을 야기하고 에너지를 저하시킨다. 금딸러는 스스로 **경제적 인간**homo economicus을 자처하며 남근적, 신자유주의적 생산성 논리와 자기절제론을 설파한다. 비판은 아니다. 다만, 이들이 신자유주의적 가치인 자립성, 의지력, 실용적인 자기계발론을 얼마나 잘 내면화하였는지를 볼 수 있다(Walkerdine, 2020). 이러한 담론은 신자유주의를 인용하는 인셀에게도 유사하게 나타난다(제4장 참고). 그러나 인셀은 신자유주의에 대한 모든 믿음을 거부하거나 잃은 데에 비해, 금딸러들은 신자유주의 이데올로기를 우러러본다. 금딸 포럼은 다양한 주제의 서브포럼에 따라서 구성되어 있다. 포르노 중독의 직접 경험에 대한 포럼, '리부팅', 즉 포르노 중독 극복 이야기에 대한 포럼, '성공 스토리'에 대한 포럼 등. 금딸은 기본적으로 자기계발 커뮤니티이며, 실용적 자기계발 철학의 전형적 문제점을 가지고 있다. 바로 문제에만 집중하여 최고의 해결책만을 찾으려 든다는 것이다 (Johanssen, 2012, 2013, 2017). 정신건강 문제나 기타 고민 상담 글을 보면 이들이 종종 포르노를 대처 메커니즘으로 사용해 왔다는 것이 드러난다. 금딸 포럼의 전반적인 분위기와 어조는 훈훈하고 긍정적이다. 이용자들은 누가 가장 오랫동안 '딸 치지 않고', 즉 자위행위 없이 '기록'을 세우는지 서로 경쟁을 한다. 한 이용자는 '내일부터 새로 스케줄 세워서 다시 생산적 인간이 되고 싶다.'고 썼다. 27일째 되던 날 이렇게 쓴다. "뿔딸싸를 끊었더니 에너지가 남아 돈다. 실제 삶의 문제에 집중할 수가 있다"(NoFap, 2019a, 게시물).

많은 이용자가 유사 과학적이고 생물학적이며 매우 이성적인 언어를 동원해서 고민을 이야기한다(Hartmann, 2020 참고). 여타 남성계와 마찬가지로 이들은 종종 진화심리학과 과학 논문을 인용하여 자신들의 입장을 뒷받침한다(제3장의 논의 참고). 그들에 따르면 포르노 중독은 자극-반응 역학을 깨야만 해결된다. 포르노를 보면 자위나 섹스가 연상되지 않도록 말이다. 포르노 중독을 신체적인 마약 중독과 연관 짓는 사람도 많다. 이들 내러티브에서 특이할 만한 것은 바로 이들이 자신의 문제를 이야기할 때 보여 주는 도구성과 차가운 이성이다. 간단한 몇 단계를 따르기만 하면 모든 것이 해결될 것이다. 금딸은 전형적인 신자유주의적 자기계발 전략을 따른다. 몇 가지 공식만 따라서 실천하면 개인의 행동은 교정될 것이다(Johanssen, 2012). 무의식이 들어설 여지는 없다. 포르노 소비가 인간관계 문제, 혹은 정신건강 문제 등 다른 무언가에서 비롯된 증상일 가능성은 없다.

커뮤니티에 미묘한 어조의 게시물도 간혹 존재하지만, 대개의 분위기와 어조는 열광적이며 군대와도 같은 절도가 가득하고, '도 아니면 모'라는 식의 극단적 관점을 취한다. 중독 극복은 종종 '전투'로 표현되고 금딸러 자신들은 '군인', '전우'로서 싸우고 있다고 표현된다. 포르노 시청과 자위를 끊는 것은 '생존'이라고 명명된다.


## 딴 놈: 게이가 되는 것에 대한 공포

금딸 데이터의 담론 분석에서 테일러와 잭슨은 지적한다. "이들이 끊기로 한 포르노 종류에 무언의 합의가 있는 듯 보인다는 점이 흥미롭다. 장르, 젠더 표상, 성행위는 모호하며 흐릿하게 정의된다"(Taylor & Jackson, 2018, p. 625). 곧이어 더 설명하겠지만 금딸 이용자들은 매우 특정한 포르노 장르를 논하고 종종 여러 장르에 걸친 매우 자세한 내용을 논한다(Hartmann, 2020). 이성애 포르노 및 동성애 포르노 소비 이야기도 많이 논의된다. 기독교 근본주의자와(Dodson, 2015) 일부 대안우파의 논리와 마찬가지로 자위행위는 동성애와 마찬가지이므로 끊어야 한다는 논리를 펴는 사람도 있다(NoFap, 2019b). 한 이용자는 말한다. "섹스를 상상하는 것도 완전히 끊어야 한다. 성적 흥분은 진짜 섹스를 할 기회와 연결이 되어야 정상이지, 그냥 상상은 안 된다는 걸 두뇌에 가르쳐야 한다"(NoFap, 2019b, 게시물). 판타지는 완전히 비활성화되어 불능 상태가 되어야 한다. 쾌락이 자위행위와 성행위 **둘 다**를 통해 얻어지면 안 될까? 표면적으로 보면 자위행위와 동성애 반대는 어떤 특정 남성성을 전제로 하는 듯하다. 혼자 자위를 하는 것은 **남자답지 못하다**는 것이다. 진짜 남자라면 여자와 충분히 할 테니까. 자기 성애화의 필요가 없어야 한다. 게이는 분명히 남자답지 못하다는 것이 이들의 주장이다. 이런 내러티브는 명백하게 이성애 남성성을 전제로 하고 있다(Taylor & Jackson, 2018; Hartmann, 2020).

그럼에도 표면 아래에는 두 가지 역학이 작동하고 있다. 하나는 게이가 되거나 혹은 이미 게이가 되어 있다는 무의식적 두려움이다. 금딸러들은 행위주체성을 이미 너무 많이 잃어서 포르노 소비만으로도 변해 버릴 수 있다는 것이다. 다른 하나는 남성들이 스스로 내면에 갖고 있는 부드럽고 동성애적이며 여성적인 측면에 대한 방어심리다. 몰아내야만 하는 측면이다. 자칫하면 게이라고 소문나거나 혼자 자위나 하는 한심한 놈이 된다. 진정한 성적 즐거움과 흥분은 여자랑 하는 섹스에서 얻는 것이다.

이런 맥락에서 '중독'이라는 용어도 의미심장하다. 과학적이고 생물학적 방식의 중독이라는 프레임으로 접근함으로써 자신들은 희생자일 뿐이라고 말하는 방어적 담론인 것이다. 이 책에서 이미 언급하였던 한 예로 인셀 등의 방어 전략과도 같이 금딸러들은 스스로를 무력하게 당해 버린 희생자인 양 묘사하고 있다. 가해자는 포르노그래피이고 여성이고 페미니즘이다. 중독 때문에 남성의 헤게모니적 지위를 위협받았다. 자위행위가 남자답지 못하며 '진짜'가 아니라는 논리가 여기에 연결된다(Taylor & Jackson, 2018 참고). 소위 '진짜' '강한' 사나이라면 자위행위가 필요 없다. 정말로 자위행위가 필요하고 극복을 못 하겠다면 인생에서 아무것도 성공할 수가 없을 것이다. 중독이란 말을 과학적 담론으로 사용하는 것에 주의할 필요가 있다. 이는 제3장에서 설명하였던 진화심리학의 논리 동원과 비슷하게 기능한다. 바로 젠더와 성별 차이의 이데올로기를 공고히함으로써 남성 지배와 가부장제를 정당화하는 것이다. 중독이라는 것은 일종의 기표로 작동한다. 과도한 포르노 소비가 남성들에게 들이닥친 외부적이며 생물학적이고 여성적인 것이라는 합리화이자 방어논리인 것이다. 통제할 수 없는 자극이 물밀 듯 덮치기 때문에 자신들은 희생자일 뿐이다. 테벨라이트의 군인들이 여성의 '물결'에 대항해서 절멸을 꾀했던 것과 유사하다. 여성은 거친 강물과 홍수처럼 인식되었고 군인들은 이를 삶에서 추방하려 하였다. 그러면서도 군인들은 파괴와 진압의 과정에서 피의 물결에 대한 갈망에 휘둘렸다(Theweleit, 1989). 금딸 남성들에 따르면 중독은 그들을 덮쳐 왔다. 두뇌 회로가 성적 자극에 반응하도록 설계되어 있으므로 전혀 저항할 수가 없다. 동시에 그들은 중독을 극복하고 싶다. 중독 탓에 여성화되고 나약해지고 게이가 되기 때문이다. 이들은 '진짜' 남자가 될 수가 없었다(Bratich & Banet-Weiser, 2019). 금딸 커뮤니티는 이들에게 남근 권력을 돌려주어 '진짜' 남성성을 주겠다고 약속하였다. 이상이 이 커뮤니티가 동원하는 방어기제다.

이러한 담론은 들뢰즈와 가타리가(1983a, 1983b) 개념화한 원래적 무의식의 사후능동적 억제에 해당한다고 볼 수 있다. 금딸러는 특정 기표('게이', '극단적', '중독' 등)를 사용하여 스스로 욕망의 생산성을 제한하고자 한다. 다형적-변태적 형태의 욕망은 곧 게이로 변할지 모른다고 자가 진단한 두려움이다. 이들은 특정 장르 포르노에 대한 자신들의 반응을 무의식의 정동적 표현이라고 여기는 것이 아니라 이해하고 명명할 대상으로 여긴다. 포르노 소비의 병리적 증상이라고 생각하기 때문이다. 이들에게 포르노에 이끌린다는 사실을 고백하는 것은 여전히 터부다. 비록 포르노를 보고 자위를 하긴 하지만, 포르노에는 복잡하면서도 다양한 섹슈얼리티가 포함되어 있으며 때로는 동성애도 있기 때문이다. 이들의 방어기제에는 다른 측면이 더 숨어 있다.

게이가 될 수 있다는 공포가 이성애 포르노를 멀리해야 할 이유가 되기도 한다. 왜냐하면 남성 포르노 시청자 입장에서는 자신이 아닌 다른 남자가 여성과 섹스하는 것을 보게 되기 때문이다. 어떤 시청자는 남성 포르노 배우와 동일시하여 자신을 대입하며 본다. 그런데 어떤 남성들은 게이가 될까 봐 공포를 느끼면서 이에 맞서고자 한다. 감염의 공포, 혹은 남성을 좋아하게 될까 봐 느끼는 공포가 없다고 말하려는 것은 아니다. 포르노 소비자 수동성을 부정하는 입장과 공존하는 공포다. 남근을 지닌 다른 남자를 보는 경험이다. 다른 남자가 여성과 섹스하는 모습을 보면서 자위를 한다는 사실을 참을 수가 없다. 그 대신 내가 했어야만 한다. 딴 놈은 사라져야만 한다. 포르노에 중독되기 전부터 이성애 성교를 규범으로 삼는 이러한 판타지가 있었는지, 아니면 중독을 통해 증폭되었는지는 알 수가 없다. 인셀, 남성분리주의자, 남성계는 섹슈얼리티에 관해서만은 변화하는 문화적 규범에 도저히 적응할 수가 없다. 변화하는 문화적 규범의 하나는 지난 십여 년간 대중문화와 포르노에서 퀴어 및 비이성애적 섹슈얼리티의 가시성이 증가하였다는 사실이다. 또한 서양 인구 중에서 LGBTQI+ 성정체성을 떳떳하게 드러내는 경우가 증가하였다(Bulman, 2019). 트랜스젠더와 퀴어 이슈가 미디어에서 논의되고 성전환 수술받기를 희망하는 젊은이들도 많아졌다(Fielding & Bass, 2018). 이 모든 문화적 규범 변화가 섹슈얼리티를 이전 시대에 비해서 더욱 유동적이며 역동적으로 만들었다(Hines, 2018). 어떤 남성들은 시대 변화를 위협으로 받아들인다. 파편화된 자아를 위협하기 때문이다.

과연 포르노 소비가 남성의 성적 판타지를 증폭시켜서, 혹은 더 나은 말로 표현하자면 활성화해서 동성애적 감정을 포함하게 만들고 덜 경직된 성적 정체성을 주었는지, 혹은 늘 잠재되어 있던 감정이 포르노에 의하여 **발굴**된 것인지는 '닭이 먼저냐 달걀이 먼저냐' 식의 질문이므로 답하는 것이 불가능하다. 프로이트는 이성애 섹슈얼리티는 신화일 뿐 언제나 다른 파트너에게 달려 있다고 생각하였다. 그가 보기에 만인은 양성애자다(Freud, 1981b; Lemma & Lynch, 2015). 이 시점에서 정신분석학적 영화이론을 점검하는 것이 내러티브 분석에 도움이 될 듯하다.


## 타자의 시선을 피하며

게이 섹슈얼리티와 영화 속 다른 남성의 관계는 엘리자베스 코위가 그의 저서 『판타지아Fantasia』(Cowie, 1997)에서 자세히 탐구하였다. 코위는 프로이트, 라캉의 이론과 라 플랑슈, 퐁탈리스의 이론을 원용하여 판타지가 다양하고도 복잡하게 발현된다고 설명한다. 그중 하나는 특정한 판타지 안에 자리 잡은 방어기제다. 우리가 다루는 사례에선 이성애 포르노나 게이 포르노에 등장하는 남자를 보고 성적으로 흥분하는 판타지다. 이는 "가장 원시적인 방어 과정을 초래한다. 방향을 한 바퀴 돌려서 주체 스스로의 자아를 향해서 완전히 반대로 투사하고 부정하는 것이다"(Cowie, 1997, p. 135). 금딸 이용자들이 동성애적 판타지를 발달시켜서 포르노를 통해 탐구해 본 것이 과연 포르노 과잉 소비 이전인지 이후인지를 논쟁하는 것은 소용이 없는 일이다. 하지만 이들은 포르노와 자위행위를 끊음으로써 욕망과 판타지를 억눌러야 한다고 스스로 의식적으로 주장한다는 점이 중요하다. 이들은 인터넷에서 판타지와 욕망을 자세히 논하고 이를 끊을 필요가 있다고 주장한다. 동성애 판타지와 행동에 대한 방어 전략이다. 판타지는 종종 이성애적 남성 포르노 배우에 대한 말로 드러난다.

> 왜 아무도 관점 얘기를 안 하지? 포르노나 야설을 볼 때 제일 짜증나는 게 바로 관점이잖아. 같은 방에서 남들이 떡치고 있는 바로 옆에 있는 거야. 포르노에서 보면 삽입 장면을 클로즈업해서 보여 주는데 그게 남자 일인칭 시점이 될 수가 없지. 각도가 안 나오니까. 남자 놈이 신나게 박는데 바로 60센티도 안 떨어진 옆에 내가 있는 거야. 가끔 여자가 카메라(내 쪽)에 눈길을 주는데, 그건 딴 놈이랑 떡치는 도중에 날 쳐다보는 상황이야. 다들 의식도 못하겠지만 이건 남자새끼에겐 진짜 치욕 아니야? 내가 성적으로 관심이 있는 여자가 있는데, 그 여자가 다른 남자랑 하는 걸 보고 내가 흥분하는 거야. 진화적 관점에서 보면 난 졌고 딴 놈이 이긴 거지. 딴 놈은 하는데 난 못 했어. 딴 놈에겐 여자가 있는데 난 없어(NoFap, 2019c, 게시물).

게시물이 진화심리학을 인용하고 있고 조건화와 진화의 내러티브를 보여 준다는 점을 유념해야 한다. 이 게시물에서 지적하고 있는 삼각관계의 관점은 더 분석해 볼 가치가 있다.

코위는 판타지와 영화적 표상은 남성 관객이 남성 주인공과 그의 시선에만 동일시하는 식이 아니라 여러 형태의 동일시를 동원한다고 말한다(Mulvey, 1975). 시선은 이동적이며 유동적이다(Neale, 1983도 참고). 이용자가 수천 편의 선택에 직면해 있는 오늘날에는 더욱 이동적이고 유동적이며 찰나적이다. 시선의 유동성은 또한 젠더와 섹슈얼리티의 유동성을 뜻한다(Minsky, 1996; Maguire, 2015). 코위에 따르면 관객은 다양한 주체 위치를 오간다. 여성도 되었다가 남성도 되고, 대상도 되었다가 주체도 되고, 능동적이 되었다가 수동적이 될 수도 있다. 코위는 라 플랑슈와 퐁탈리스의 이론을(1968) 끌어와서 영화 관람이 원초적 판타지, 즉 유혹의 판타지, 섹슈얼리티와 성별 차이의 기원, 거세의 판타지 등[4]과 모종의 관련성을 맺고 있다고 주장하였다. "코위의 판타지 개념을 통해서 관객의 영화 관람은 주체성의 기원과 성별 차이의 판타지가 무대에 오르고 훈습되는 과정으로 가능하게 되었다"(Yates, 2007, p. 53). 예이츠는 남성 질투의 영화적 표현을 분석한다. 앞의 게시물에서는 이성애적 스크린 커플과 관객이 삼각관계를 맺고 있고, 마치 부모의 성교를 보게 된 아이처럼 원형적 장면에 대한 판타지도 펼쳐진다. 내가 생각하기에 이러한 분석은 너무 앞서 나간 듯하다. 금딸 남성들이 이렇다고까지 해석할 수는 없다. 나는 이러한 포르노 장면이 남성 시청자에게 중대한 훈습을 실행하도록 한다고 주장하지는 않을 것이다.

그럼에도 코위가 말하는 관객의 판타지 및 동일시의 유동성 이론은 무척이나 유용하다. 코위는 이를 관람 과정의 이론화를 위해 쓴다. 나는 판타지의 유동성은 관람 과정 이전과 도중, 이후에도 적용될 수 있다고 본다. 판타지와 동일시 행동은 무척 다층적이며 시간이 흐르며 변동한다. 첫째, 남성들은 여성과 남성 모두의 육체를 보면서 성적 흥분을 느꼈다고 썼다. 이성애 포르노다. 그 후에는 남성 육체에 흥분하였다고 썼다. 게이 포르노다. 이들은 자신이 중독되었다고 생각한 후 이러한 동일시로부터 탈정체화를 시도한다. 둘째, 그들의 판타지는 수동적인 관찰자의 위치에서 커플과 같은 방에 있으면서도 행위에는 참여 못 하는 사람으로 나아간다. 그리하여 남성 포르노 소비자가 취약한 위치에서 자기가 욕망하는 대상인 여성이 다른 남자와 성교하는 장면을 억지로 보아야만 하는 판타지에서 벗어나려는 욕망이 생겨난다. 섹슈얼리티와 판타지의 좀 더 유동적 형태는 그리하여 단속을 당하고 다시 잡혀 와서 엄격한 이성애 규범에 맞도록 조정된다. 그 결과 게이 섹슈얼리티가 퇴치되고 심지어 이성애

---

**4** 이 용어는 어린 유아가 거세 장면, 부모의 성교, 유혹 등과 관련하여 '상속'받은 판타지 형성을 의미한다(Laplanche & Pontalis, 1973, pp. 331–333).

포르노의 소비까지도 억제된다. 이 과정이 나약성에 대한 유사 과학적 내러티브를 통해서 알파 메일인 포르노 남배우에게 '졌다'라거나 거세당하였다는 식으로 설명된다.

이러한 게시물에는 영상에 등장하는 딴 놈에 대한 은밀한 질투가 숨어 있다. 이들은 금딸러와는 달리 여자와 '진짜' 섹스를 하기 때문이다. 판타지는 '욕망의 미장센'이다(Cowie, 1997, p. 143). 앞서 분석한 게시물에서도 보였듯 판타지는 역동적이며 유동적이다. 그리고 시간의 흐름에 따라 의미 변화를 겪기도 한다. 이는 욕망과 무의식의 생산성에 대한 방어로 부역한다. 판타지는 유동적이며 시간이 흐르며 변화할 수 있다. 다양한 형태를 점유한다고 표현할 수도 있다. 많은 금딸러는 포르노 중독 때문에 수치심을 느끼는 동시에 한편으로는 남성으로서의 치욕감을 느낀다. 남들의 성행위를 본다는 사실 때문에 남성 정체성이 약화되었다고 느낀다. 포르노 때문에 이성애적 남성성을 빼앗겼다는 것이다. 중독을 극복하는 첫 단계는 인정하는 것이다. 금딸 커뮤니티는 남성들에게 손가락질당하지 않으면서도 속을 털어놓을 수 있는 중요한 플랫폼이 되어 준다. 동료 회원들로부터 이해와 지지를 받을 수 있다.

그럼에도 동일시라는 관념이 문제다. 동일시는 애초에 남성들을 포르노 소비로 이끄는 강력한 수단이다. 그러나 이들 내러티브에서는 결국 범주적으로 부정되어 있다. 라캉의 용어로 설명하자면, 이들이 두려워하는 것은 대타자의 시선이다. 이들은 내가 설명한 모든 측면으로부터 자신을 방어해야만 한다. 포르노를 보면서도 게이가 되거나 약한 놈이 될까 봐 두렵다. 게다가 더 나아가서 포르노를 보면서 자위하는 자신의 모습을 대타자가 볼 가능성에 대해서도 방어해야만 한다. 남성 포르노 배우와 동일시하여 단시간의 정동 방출의 쾌감을 누릴 수도 있다. 여성 포르노 배우에게 숨넘어가는 오르가슴을 안겨 주는 주체가 바로 자기 자신이라고 **상상**하고 그 기분이 어떨지 느껴 볼 수도 있다. 그러나 포르노를 보는 행위를 들키는 것이 이들에게는 공포스럽다. 로라 멀베이는 남성의 시선에 대한 에세이에서(1975) 시선은 영화적 표현을 구조화하고 무의식적 동일시를 이끌어 낸다고 하였다. 이상하게도 이러한 관객성은 금딸러에게는 적용되지 않는 듯하다. 이들은 탈정체화한다. 이들은 자신이 소유하지 못한 남근을 다른 남자가 소유하였다는 것을 차마 봐 줄 수가 없다. 포르노를 보는 것이 한심한 일이며 현실 도피라는 생각을 포르노를 보는 와중에 한다. 남근은 욕망의 대상이 된다. 또한 동성애적 욕망의 대상이 되지만 이는 곧 억제된다. 그리고 선망된다. 자신들에게 결여되었다고 느끼기 때문이다. 제5장에서 파시즘이 지닌 남성 동성애적 연대의 은밀한 호소력을 이미 설명한 바 있다. 대타자의 남근에 대한 욕망과 방어는 NTR 포르노 장르에서 더욱 치열해지는데, 이 문제를 이 장에서 나중에 논하겠다.

　게다가 이전에 인용한 게시물은(267페이지 참고) 남성계의 광범위한 정신역학을 보여 준다는 점에서도 무척 중요하다. 금딸러는 자기 자신뿐 아니라 동료 이용자에게도 일종의 초자아 역할을 수행한다. 이들은 모두에게 특정 형태의 포르노 소비가 옳지 않고 거세적이며 비정상이라고 끊임없이 상기시킨다. 이들은 다른 이용자를 직접 2인칭으로 '너'라고 부른다. 자신들의 변화하는 판타지에 대해 글을 쓰고 설명하는 것은 기본적으로 욕망과 무의식의 생산성에 맞서는 방어책으로 작동한다. 이렇게 해서 남성들은 방어적 내러티브를 **초월**하여 권력과 상징적 행위주체성을 회복한다. 여기에서도 제2장, 제3장의 유튜버, 제4장의 인셀, 제5장의 남성분리주의자, 그리고 제6장의 총기난사범과 유사한 패턴이 보인다. 애초의 방어기제와 수동성이 완전히 뒤집어져서 상징 권력과 행위주체성의 판타지로 전환된다. 판타지는 이들 남성들에게는 방탄복이 되어 준다. 물론 그렇다고 해서 판타지가 멈추지는 않는다. 방어기제는 남아 있고 방탄복에는 늘 구멍이 숭숭 뚫려 있다. 이들은 자신들이 희생자라고 의식하고 주장하면서도 언제나 다양한 방식으로 극복을 시도한다. 앞서 인용한 두 편의 게시물에서도 남성들은 남들, 즉 '너희'에게 무엇이 정상인지를 제시하고 금딸 이용자의 정체성이 무엇인지를 주입하려고 노력한다. 인셀과 남성분리주의 커뮤니티에도 동일한 메커니즘이 작동한다. 특정한 정체성이 구성되고 유포되고 단속되고 인증된다. 정체성의 본질은 현실의 특정 버전을 판타지를 통해서 창조하는 것이다. 그 현실에서 여성은 배제되고 혐오당하고 학대당한다. 다른 내러티브에서도 이 점은 명백하게 드러난다. 특별히 극단적이며 페티시적인 포르노의 내러티브에서 더욱 그러하다.

# 계집애 최면물 음모로 남성들이 약해진다:
# 사물(事物) 자체와 이용자 무의식

많은 금딸러가 반복해서 언급하는 틈새 장르가 있다. 바로 소위 '계집애 최면물' 포르노다. 여성의 이미지/동영상이 나오다가 주기적으로 끊기면서 남성의 나체, 성기, 사정 장면이 나오는 포르노 장르다. 남성을 최면 상태로 몰아넣어서 여성화시킨다고 간주되는 장르다. 해당 장르를 소비했던 남성이 다음과 같이 말한다.

> 계집애 최면물 때문에 내가 여기에 왔어. 진짜로 잠깐 봤는데도 머리가 아주 씹창났어. 내 젠더까지도 헷갈려서 여자처럼 굴고 시시덕거리고 그랬다니까. 내 생각에는 완전 사악해. 내가 봤던 품번은 사실 아마추어 삘이 많이 나긴 했지만 프레젠테이션도 그만하면 프로 같았어. 빠른 비트 음악을 입혔고 이미지 오버레이도 잘 빠지게 겁나 신기하도록 잘 노려서 조합했더라. 도파민이 펑펑 나와서 바로 중독됐어. 제발 부탁이니까 이런 거 보지 마. 직빵으로 멘붕이야(NoFap, 2017c, 게시물).

금딸러들은 해당 포르노 장르가 극단적이며 비도덕적이고 비정상적이라고 생각한다. 반박할 필요가 전혀 없는 주장이다. 그뿐 아니라 배후에는 더 큰 무엇인가가 숨어 있다. 모든 남성을 약화시키려는 시도라는 것이다.

> 모를까 봐 말해 주는데, 계집애 최면물은 포르노의 하위 장르로 시청자의 내면적인 수치감과 어색함을 강화 조작함으로써 해를 끼치려고 제작된다. 시청자로 하여금 자신의 섹슈얼리티와 젠더에 의문을 갖도록 디자인되었으며, 시청자의 자존감을 파괴시켜 수치와 중독의 세계로 더 깊이 끌고 들어간다. 대부분은 저화질이지만, 일부는 음향 기술, 최면술 모두에 조예가 있는 인력이 제작한 것이 누가 봐도 분명하다. 내 추측으로는 전문적 자격이 있는 임상 최면술사가 자신의 페티시 성향을 미느라고 만든 것 같다. 이들은 잠재의식적인 대사, 음성 다중 보이스 트랙, 바이노럴 비트, 그 밖에 각종 기술을 활용하여 강력하고 중독적이며 파괴적인 경험을 창조해 낸다. 이 영상들은 극

도로 위험하다(NoFap, 2018, 게시물).

계집애 최면물 포르노의 배후에 숨어 있다는 음모를 자세히 분석하기 전에, 금딸 커뮤니티의 심리-기술적 현상을 고찰해 보고자 한다.

포르노 소비의 주요 증상은 바로 끝없는 검색이다. 많은 이용자는 비디오 검색에 엄청난 시간을 쓰게 된다고 호소한다. 내가 원하는 것을 도무지 찾을 수가 없다. 특정한 섹스 시나리오에 대한 욕망과 포르노가 실제로 제공하는 영상 사이에는 엄청난 괴리가 존재한다. 판타지와 욕망은 절대로 이상화적(표상적) 영역에서 작동하지 않는다. 거기에는 언제나 표상화를 벗어나 버리는 뚜렷한 정동적 요소가 있다. 그러므로 포르노는 근원적으로 절대 충족될 수 없는 이데올로기적 약속을 통해서 작동한다. 당신, 즉 이용자의 가장 내밀한 에로틱 판타지는 반드시 실현될 것이다. 라캉적으로 이해하자면, 상징계를 주관하는 주체가 결여되고 상상계와의 관계 맺음이 결여된다는 뜻이다. 포르노는 욕망에 대한 욕망을 끝없이 영속시킨다. 성적 흥분의 가능성에는 끝이 없기 때문이다. 다음 비디오는 이번보다는 나을 것이다. 검색이라는 관념은 현대 기술 문화의 일반적 특성이자 **증상**이다. 패트리샤 티치네토 클로우는 이를 『이용자 무의식 The User Unconscious』(2018a)에서 이론화하였다.

그러므로 나는 이용자 무의식이란 개념을 제안한다. 이용자 무의식은 정신분석학적 용어로 말하자면 정동의 문제다. 잃어버린 유아기의 대상을 찾으려는 힘이다. 이용자 무의식은 대상물의 네트워크화한 환경 안에서 작동한다. 잃어버린 대상물과 잃어버리지는 않았지만 생생하게 살아 움직여서 장악할 수 없는 대상물이 병렬 존재한다. 이들은 모두 데이터화를 통해서 인간의 의식과 육체 기반의 감각을 벗어나 존재하게 된다. 바로 무한 검색 가능성의 환경이다. 이것이 대상물 자체를 찾는 일을 대체해 버린다. 데이터화로 뒷받침되는 무한 검색 가능성은 대상물의 생동성, 혹은 인간과는 다른 생동성을 보여 주는 또 다른 방법이다. 나와 무의식의 구현물은 인간인 동시에 인간과 다르고, 그러면서도 주체성과 사회성을 펼칠 가능성을 완벽하게 갖추고 있다(Clough, 2018b, 게시물).

우리는 검색할 필요 자체를 박멸하려고 기를 쓰는 기술문화 시대를 살아가고 있다. 자동화된 프로세스, 예를 들면 알고리즘, 인공지능, 이용자 데이터 분석 등은 우리가 검색어를 입력하기도 **전에** 벌써부터 추천 영상과 해결책을 들이민다. 이 발전의 핵심 동력이 포르노다. 포르노그래피 플랫폼인 폰허브PornHub는 이용자가 어떤 종류의 포르노를 보고 싶어 할지 추천해 줄 복잡한 추천 시스템을 가동할 목적으로 이용자 데이터를 수집한다. 이용자의 포르노 소비는 배타적이지는 않겠지만 근본적으로는 알고리즘으로 빚어진다.[5] **기계가** 이용자의 욕망을 만들어 낸다. 클로우가 말하는 이른바 '이용자 무의식'이 바로 이것이다. 전통적인 정신분석학의 무의식을 넘어서는 무의식이다. 우리 인간이 근본적으로 테크놀로지와 융합되어 버린 현시대에 인간과 비인간의 차원으로 구성된 무의식인 것이다. 클로우의 개념화는 전통적 정신분석학의 "내적 대상이라는 개념을 뒤흔들었다"(Clough, 2020, p. 125). 이용자 무의식은 단순히 잃어버린 대상물과 대상물 탐색에만 관련되는 것이 아니다. 더 나아가서 새로운 대상물을 탐색하는 것까지를 포함한다. 탐색은 유혹적이며 은밀하며 매력적이다. 기술과 인간 육체 모두에 의해 존재로 끌어 올려진다. 디지털 기술은 무의식 자체를 바꾸어 놓으면서도 그 자체로 무의식적 특성을 지닌다. 그러므로 주체는 기술 사용을 통해서 이성을 확보한다. 이는 그 자체로는 부정적인 것이 아니다. 그러나 그에 부착된 디지털 기술이 병리적이거나 개인에게 해로울 경우에는 문제가 된다. 금딸 커뮤니티 남성들에게 기술 부착은 독특한 방식으로 나타난다.

금딸러는 빌헬름 라이히가 말했던 파시즘 '기계-인간'의 좋은 예다(Reich, 1997, xix). 이들 남성들에게는 자위행위 자체가 오직 포르노 안에서 혹은 포르노를 통해서

---

**5** 포르노와 빅 데이터의 결합에 힘입어 최근 몇 년간 소수 취향이나 극단적 취향의 포르노가 증가하였다. 예를 들어, 2018년 「에스콰이어Esquire」 기사에 따르면 '근친상간물'의 인기는 상승하였다. 검색어 순위 상승이 감지되자 더 많은 광고가 따라붙었고, 그 결과 포르노 제작사가 더 많은 근친상간물을 제작했으며 시청자가 늘었다. 누구도 벗어날 수 없는 순환의 고리다(O'Neill, 2018). '빅 데이터', '데이터 분석', '알고리즘' 등은 SNS와 온라인 플랫폼에서 디지털 이용자 데이터가 분석되는 자동화된 과정을 의미한다(Johanssen, 2019: 더 자세한 논의와 정의는 제6장 참고).

가능한 테크노 섹슈얼한 행동이다. 그러므로 계집애 최면물의 소비 및 그로 촉발된 자위행위는 부분적으로는 이용자 무의식의 유혹에 의해서 일어난 일이다. 쾌락을 추구하는 이드의 특성이 여기에서 적나라하게 드러난다. 게다가 이들의 주장에 따르면 계집애 최면물은 이용자 무의식 자체에 아예 자리를 잡고 직접적으로 무의식을 조작한다는 것이다. 남성들이 최면에 걸리고 무의식적으로 조작된다는 것이다. "잠재의식적이고 무의식일 뿐 아니라 직접적이고 노골적인 프로그래밍 및 최면을 통해 보다 극단적이고 신기원적인 도파민 공격이 들어온다. 이들은 플래시 이미지와 영상을 이용하고 음악과 리듬을 동원하여 두뇌를 즉각적 혹은 절반 정도의 최면 상태로 몰아넣는다."(NoFap, 2019d). 어느 이용자의 말이다. 이러한 피해망상적 판타지와 불안은 자신의 무의식 자체에 대한 이용자의 불안 증상이다. 그는 포르노에 중독되었다. 포르노를 보는 정동 경험, 중독과 함께하는 삶을 정신분석학적 용어로 표현하자면, 육체의 소유 박탈과 행위주체성 상실의 경험이다(Johanssen, 2019). 그가 두려워하는 것은 무의식 자체다. 미지와 불가항력의 힘이 지배하기 때문이다. 무의식은 기술과 결합해 있다. 그리고 부분적으로는 비인간적 요소, 즉 알고리즘, 빅 데이터, 포르노 비디오 등에 의해서 형성되고 제어된다.

알 수 없음이라는 문제가 바로 정신분석학의 근본적 측면이다. 우리는 자신의 모든 것을 아는 것이 아니다. 이들 남성들은 이 점을 못 견딘다. 이들은 꼭 알아야만 한다. 누군가는 알아야 한다! 이런 일이 왜 일어나는 걸까? 누가 알지? 누군가는 알아야지! "과연 구체적으로 무엇이 그러는 걸까? 이전 게시물에서도 물은 적 있는데, …… 뭔가 '영혼적'인 게 있다거나 심리학적으로 어떻다든가 아니면 다른 무언가 진짜로 없어?" 어느 이용자가 묻는다. 무의식은 진공 상태다. 어느 누구도 완전히 알 수 없는 부존재 공간이다. 인간 주체의 이상화된 표상으로 완전히 알 수는 없다. "나도 모르겠다." '무엇'인가를 의심하던 이용자가 고백한다. '영혼적'인 무엇이나 '심리학적', 혹은 '다른 무언가'는 정말로 없을까. 해당 이용자가 최면물 포르노의 배후로 인간을 의심하는 것이 아니라 어떤 분야나 힘 등을 지목하는 것이 흥미롭다. **그 무언가!**

이를 프로이트와 라캉적 사물(事物)das Ding로 이해해 볼 수 있다. 사물 자체는 욕망의 은밀한 중심이다. 주체가 접근할 수 없는 곳이 욕망의 중심이다. 비유하자면 은밀한 중심은 곧 기계의 극비 작동과도 유사하다. 우리는 엔진에 접근할 수가 없지만 엔진은 기계 전체를 작동시킬 수가 있다. 마치 보통의 이용자들은 근본적으로 접근할 수 없는 오늘날 알고리즘과도 같다. 라캉적 사물은 다형적 변태성을 지닌 무의식의 근원적이고 리비도적인 기반이다. 사물은 의미와 상상을 넘어선 그 무엇이다. 주체가 잃어버린 대상물이지만 그럼에도 계속 찾아 헤매며 다시 찾기를 원하는 그 무엇이다. 가까이 있으면서도 멀리 있다. 앨리슨 호버리Allison Horbury가 말하듯 사물은 움직이는 욕망이다. 라캉이 더욱 정교화한 개념에 대상a(objet petit a)라는 것이 있다. 사물과 대상a의 차이는 라캉의 『불안에 관한 세미나Seminar on Anxiety』에 나와 있다. 대상a는 "사물에 대한 접근 욕망의 막다른 길을 구현하고 있다"(Lacan, 2014, p. 271). 그로 향하는 길은 반드시 막혀 있는데 사물은 접근 불가능하기 때문이다. 바로 사물의 접근 불가능성이 대상a에 생동을 부여하여 활동성을 준다. 그러므로 포르노를 끝도 없이 검색하게 되는 것은 바로 대상a를 찾으려는 희망 때문이며 결국은 사물에 도달하려는 희망 때문이다.

호버리에 따르면, 포르노는 "구강, 항문, 성기, 언어적, 특히 시각적인 부분적 욕구들의 다형적 변태성을 따라 작동하며, 이들 욕구들을 미리 이상적 플롯이나 시나리오로 채우지는 않으면서도 대체적 쾌락을 찾기 위해 매개체나 미적 양식을 활용한다"(Horbury, 2019, p. 91). 포르노는 신체 일부 대상물, 즉 입, 젖가슴, 남근, 항문과 특정 욕구의 충족, 즉 구강, 항문, 성기, 시각을 연결 짓는다. 이 두 가지 레지스터를 통해서 의미화의 체계가 작동하는데, 언제나 그 무언가가 사물로부터 흘러나오고 사물 주변을 선회하며 생산된다. 사물은 이상화와 표상화를 넘어서 잉여 형태로 존재한다. 라캉 용어로는 실재계에 해당한다. 호버리는 말한다.

포르노그래피 미학은 필연적으로 사물을 환유하고 있는 실재계 신체 일부 대상물, 욕구, 성감대적 인체 구멍을 통해 표상된다. 이들의 특정한 존재감은 동시에 상징계의 간극을 맴돌고 있으며, 그럼에도 시청자에게 '제3의 의미'를 만들어 낸다(Horbury, 2019, p. 94).

그러므로 포르노 소비는 본질적으로 무의식에 관련되어 있다. 그리고 "내 딴에는 찾고 있었다고 생각했던 포르노, 그리고 남들에겐 안 통하지만 나에겐 야한 포르노"를 무의식적으로 찾아 헤매는 과정이다"(ibid, p. 94). 호버리는 라캉의 이론을 원용하여 포르노그래피에는 주체의 욕망을 스스로에게 폭로하는 윤리학이 있다고 말한다.

> 포르노그래피의 까다로운 미학에는 일종의 윤리학적 중요성이 있다. 주체에게 자신의 욕망과 대상의 진실을 가르쳐 주는 것이다. 이는 '좋은' 표상의 사회−상징적 가치 혹은 정치적으로 '나쁜' 포르노그래피 등의 판단을 초월한다. …… 그리하여 하나의 질문이 떠오른다. 주체가 사물과 맺는 관계와 욕망의 관리에 대한 정신분석학적 윤리학의 핵심 질문이다. 초자아가 주체에게 내리는 향유라는 명령이 과연 스스로의 진짜 욕망에 대한 헌신보다 더 강할까?
> 포르노그래피가 실제 다형적 변태성의 욕구를 추진할 때 거리감의 부족을 관리할 어떤 방어책이 가능할까(Horbury, 2019, pp. 94−95).

포르노그래피는 이미 지적하였듯 주체의 욕망을 빚어내지만 꼭 필연적으로 폭로하지는 않는다. 그럼에도 포르노는 사물에 강한 연관을 맺고 있으며 무의식과 욕구에 근본적인 변태적 핵심에 관련되어 있다. 포르노의 이러한 측면을 마주한 금딸러들은 자신들의 소비/중독에 대항하는 매우 특별한 방어 논리를 만들어 낸다. 누가 배후에 있느냐고 묻는 것이다. 이런 포르노를 보게 되는 자신들의 무의식적 의도를 도저히 이해하거나 알 수가 없기 때문이다. 자신들이 왜 이렇게도 중독된 듯 끝도 없이 포르노를 검색하는지 이해할 수가 없다. 이에 대한 통찰을 라캉에게서 얻을 수 있다. 라캉이 사물에 대해 명시적으로 논의한 유일한 예는 (『세미나 7 Seminar VII』을 제외하고는) 『세미나 10Seminar X』에서 불안을 설명했을 때였다. "불안은 대상이 없는 것이 아닐 뿐만 아니라, 아마도 가장 심오하고 궁극적인 대상물, 즉 사물을 가리킬 가능성이 크다"(2014, p. 311). 이런 의미에서 불안과 사물 사이에는 핵심적 관계가 있다. 내가 앞에서 언급했던 금딸러들이 표현하는 불안이다. 사물로의 접근을 갖지 못하였기 때문에, 혹은 사물에 대한 접근은 가능하지만 사물 자체는 그래도 접근이 불가능하기 때문에 이들에게는 불안이 초래된다. 자신의 욕망의 핵심을 알고 싶지만 불가능한 것이다. 그래서 누군가 포르노의 배후에 있다고 추론하게 되는 것이다.

금딸 이용자들에게 계집애 최면물 포르노의 배후에는 정동의 힘, 사물 자체, 인간의 이해를 뛰어넘는 무언가가 도사리고 있다. 이런 생각을 표현하는 이용자는 많다.

> 진짜 지옥에 떨어질 인간들이다. 다른 사람을 하나님의 길에서 몰아내다니. 너희가 불가지론자인지 무신론자인지 모르겠지만, 저들이 하는 짓은 영혼에 저지르는 죄악이야. 포르노 산업의 배후를 보면 알 수 있는데, 대부분은 사탄을 숭배하는 자들이야 (NoFap, 2019e, 게시물).

> 미친 말인지 모르겠는데, 포르노는 본질적으로 악마적이라는 것이 증명된 거야. 많은 남자가 포르노와의 전쟁에서 지는 이유는 포르노가 정신과 육체를 공격할 뿐 아니라 영혼을 공격하기 때문이야. 악마는 추악한 이미지를 통해서 우리 몸에 들어와. 폭력, 성적인 변태, 종교적 이단 등등…… 전우들이여, 우린 전쟁 중이야. 경계를 늦추지 마! 단 1초라도!(NoFap, 2019f, 게시물).

악마가 언급되는 것이 흥미롭다. 프로이트는 악마적 권능을 "거부당하고 억압당한 본능적 충동의 파생물들"이라고 규정하였다(Freud, 1981f, p. 72). 이들은 "사악하고 비난받을 소망들"이다(ibid). 금딸러가 말하는 특정 포르노 비디오는 '악마적'이라고 묘사되곤 한다. 그들이 말하는 악마가 혹시 스스로의 무의식에 의해 풀려난 자신의 악마들이 아닐까? 프로이트에 따르면 악마는 아버지를 상징한다. 신 역시도 그렇다. 아버지는 신과 악마 모두의 원형이다. 프로이트와 라캉의 초자아 역시도 아버지와 관련이 있다. 핵가족 사회에서 아버지는 규칙을 정하는 존재다. 오늘날에는 물론 반드시 그렇지는 않겠지만. 금딸러의 초자아를 지배하는 것은 그러므로 악마적인 아버지다. 악마와도 같은 초자아는 그런 포르노를 보는 것이 얼마나 나쁜 짓인지를 잘 알면서도 똑같이 악마 같은 이드의 탐닉을 막으려는 노력을 하나도 안 한다. 초자아와 이드의 역학 가운데서 자아 혼자 전전긍긍하며 영상의 배후에 숨어 있는 것이 남성들 자신이 아니라 악마적 권능이라고 주장하면서 해결책을 찾아야만 하는 것이다. 금딸의 전사들은 '전쟁 중'이다. 혹시 자신과의 전쟁은 아닌 것일까?

## 누군가를 이름 지을 필요

이들 남성들은 이 포르노 장르의 배후로 사물의 영역적, 악마적, 정동적 힘을 지목하지 않는다. 오히려 권능이 있고 남들을 통제할 수 있을 듯한 개인을 탓하는 데에 그친다. 행위주체성을 잃어버렸다는 그릇된 성찰 때문에 이들은 마인드 컨트롤과 남성 지배 강화를 통해서 계집애 최면물 제작자를 이기려고 한다. 모든 사태의 배후에는 극도로 음험한 의도를 품고 있는 대타자가 있음이 분명하다. 이들은 스스로의 포르노 중독에 대한 피해망상, 스스로의 무의식에 대한 두려움을 대타자에게 투사하여 뒤집어씌운다. 책임감을 자기가 아닌 남에게 돌리는 방어기제가 이렇게 작동된다. 남의 책임이기 때문에 이들 남성들은 자책하거나 수치심을 느끼지 않아도 된다.

**계집애 최면물의 배후는 누구이고 최종 목적은 무엇일까**
아무래도 계집애 최면물 콘텐츠는 조직적인 프로파간다 공작이야. 찌질한 아마추어가 괴상한 페티시 소수 취향 때문에 그냥 만들어 본 게 절대로 아니야. 그렇다면 묻지 않을 수가 없지. 과연 누가 돈을 대지? 그리고 왜? 이런 괴상한 온라인 사회적 실험을 전 세계적으로 해서 대체 뭘 이루겠다는 거야?
처음 딱 봤을 때에 의심이 가는 건 극좌파를 지원하기 위한 일부 서방세계 거물들이야. LGBT 어젠다를 지원하고 젠더 역할을 해체하겠다는 세력 말이야. 그런데 더 자세히 들여다보면, 콘텐츠가 아무래도 좌파 내러티브랑은 여러 모로 모순이 되거든?(NoFap, 2019g, 게시물)

유대인, 여성, 타자를 탓하는 파시즘적 경향이 이 게시물에서도 명확하게 보이며, 이는 남성계 전반의 특징이다(이전 장들 참고). 전 지구적 세계 혁명이 벌어지고 있다. 은밀한 권력자가 재정 지원하는 전 지구적 사회 실험이 숨겨진 어젠다를 위해 벌어지고 있다는 주장이다. 영-브륄에 따르면(1996) 이는 강박적 성격을 보여 주는 내러티브다(제5장 참고). 이 이용자에 따르면 '조직적 프로파간다 공작'이 진행 중이다. LGBT 그룹이거나 혹은 서구 거물이 배후에서 극좌파를 지원하고 있다. 그런데 이 이용자는 자신의 이론에 모순이 있음을 느낀다. 다른 이용자들은 단순히 돈이 목적일 것이라고 추론한다. 혹은 시간은 많은데 화가 많은 사람일 것이라고 추론한다. 곧 한 이용자가 원글이 제시한 문제를 확인해 준다. "정부 위에 존재하는 엘리트가 자신들의 이익을 위해서우릴 지배한다." 엘리트가 미디어, 정부, 사회를 지배하여 시민의 대다수를 억압한다. "내가 생각하기에 이들은 구체적 포르노, 테크놀로지, SNS를 바꾸거나 지원하지는 않는 것 같아. 이들은 두뇌가 어떻게 작동하는지를 이미 잘 알고 우리에게 영향을 끼치거든." 계집애 최면물은 큰 계획의 일부다. "배후가 누가 있느냐고? 그냥 돈을 따라가 보라고 말할 수도 있겠지…… 훨씬 더 사악한 세력이 배후라고 해도 놀랄 일은 못 돼. 난솔직히 모르겠어. 어쨌든 확실히 우려스러운 경향이긴 해." 또 다른 댓글이다.

또 다른 이용자는 이렇게 주장한다. "분명 뒷돈 대 주는 사람이 있는 거야. 이 정도로 흘러넘치는 콘텐츠를 제작해 내려면 한두 명, 아니 열 명 가지고도 안 되거든. 하루꼬박 밤새서 만들어도 불가능해." 계집애 최면물은 홍수, 강, 폭격 등으로 비유되며 인터넷, 남성의 육체, 금딸러들을 덮쳐 온다고 묘사된다. 마치 테벨라이트의 군인 남성들이 여성의 붉은 홍수를 말했듯 말이다. 남성들은 이러한 힘을 자아에 대한 공격으로 여겨서 위협을 느꼈다. 다음 게시글이 좋은 예다.

주로 LGBTQ와 섹스를 젠더로부터 분리하려는 세력의 짓이다. 이런 장르를 밀어줘서 남자를 '여자'로 만든다면 그들의 이데올로기가 옳은 게 되고 이기는 거니까…… 남자는 절대 결코 여자가 될 수 없고 여자도 절대 남자가 될 수 없다…… 계집애 최면물의 궁극적 목적은 남자를 비남성화하고 여성을 남성화하는 것이다. 그들은 섹스/젠더를 '사회적 구성물'로 만들고 '출생 시에 임의로 할당된다.'고 믿거든. 제3세대 페미니즘이 말하는 '여성 지위 강화'를 밀어주려는 거야(NoFap, 2019h, 게시물, 강조는 원문에서).

이 사람의 주장은 이렇다. 해당 포르노 영상이 지닌 나약화와 비남성화 효과는 여성, 페미니스트, 성소수자들이 적극 원하는 것이라는 뜻이다. 이러한 내러티브는 남성들이 사용하는 적극적 판타지다. 모든 남성을 약화하려는 거대한 음모를 꾸민 누군가가 있다는 것이다. 물론 전혀 사실이 아니다. 이 이용자의 주장에 동의하지 않는 일부도 있었지만 대부분은 동의하였다. "남자를 파괴하려는 페미니스트의 공작이야." 단언한다. "과연 누구 탓일까? LGBT 운동가, 3세대 페미니즘, 젠더 이론 등이 범인이다." 여기에 답글이 달린다. "백인 남성에 대한 공격도 분명히 있어. 언제나 영화나 광고 등을 보면 항문 농담이 들어가거든. 게이들이 자기 비하 농담을 하는 거야"(NoFap, 2019h).

이러한 음모론은 처벌적인 초자아의 증상이며, 이로 인해 남성들이 '계집애'이며 '호구남'이라는 것이 '들통'나서 처벌되는 것이라고 이해할 수도 있다. 이들은 포르노 소비의 배후가 사실은 **자신들**이라는 사실을 받아들일 수가 없다. 스스로의 무의식에 행위주체성이 있다는 것을 인정할 수 없으니, 이들은 다른 권력이나 세력이 어딘가에 존재해서 남자들을 나약화하고 통제하려고 든다고 우긴다. 그런 의미에서 많은 금딸러는 인셀, 남성분리주의, 남성계 남성들, 오늘날 대안우파와도 유사하다. 모든 잘못의 책임은 죄다 대타자에게 있다. 이러한 판타지는 방어적이다. 또한 새로운 현실을 날조하여 특정 단체를 특정 콘텐츠의 배후라고 지목한다. 방어기제가 어떻게 상징 권력과 뒤엉키는지 보여 주는 대표적인 사례다. 은밀한 파시즘과 인종주의를 곧 이어질 부분에서 논하도록 한다.

## NTR 호구남: 포르노에서 남성계에 이르는 인종주의적 판타지

웹 사이트 NoFap.com 이용자의 인종적 배경을 확인할 데이터는 현재 없지만, 대부분은 "남성이고 이성애자이며 …… 미국과 서구 유럽 거주자"인 듯하다(Hartmann, 2020, p. 2). 2012년 금딸 이용자들이 사회인구학적 조사를 자체 시행했는데, 72% 이용자가 자신을 백인이라고 대답하였다(https://nofap.com/about/community/ 참고).

이용자의 배경을 고려하는 것이 중요한 이유는 이들의 내러티브가 때로는 인셀이 자신의 육체와 남성성을 이해하는 방식에서의 인종주의와 많이 중복되기 때문이다.

계집애 최면물은 시청자에게 모욕감을 준다. 이와 유사하게 모욕감과 수치감을 주제로 삼는 장르가 있다. 바로 NTR 장르다. 백인 남성, 즉 '호구' 혹은 '호구남'이 자신의 아내 혹은 여자친구인 백인 여성과 다른 남성, 흔히는 흑인 남성이 섹스하는 것을 강제로 본다는 설정이다. 이런 콘텐츠에서 흔히 '남편'은 치욕을 당하고 언어적 모욕을 겪는다.

주류 포르노에서는 비교적 틈새 장르에 속하는 NTR 장르의 테마에는(Lokke, 2019) 인종차별적이며 인종주의적 뉘앙스가 섞여 있어서 논의가 필요하다. 이 장르는 2009년 미국 대선에서 버락 오바마가 당선되면서 급격히 인기가 올랐다(Lokke, 2019, p. 218). 사회적 환경 변화에 대한 무의식/의식적 반응이라고도 해석된다. 아프리카계 미국인 대통령하에서 백인종이 쇠퇴를 겪게 되었다고 생각하는 백인 우월주의와 인종주의의 판타지가 표현된 것이다(제2장 참고). NTR 포르노는 이러한 불안을 해결하려는 무의식적인 방법으로도 볼 수 있다. 흑인 남근이 백인 남근을 정복하거나 대체하려 한다는 인종주의적 피해망상 판타지가 확장된 현상이다[6](Pegues, 1998; Doane, 1999; Crawford, 2008; Stephens, 2014).

NTR 호구남은 백인 남근적 남성의 성적 실패를 상징하는 문화적 인물이다. 아내가 바람을 피우는 것도 모자라 심지어 다른 남자와 섹스하는 장면을 '강제로' 보아야 하는 처지다. 그는 완전한 실패자이며 다른 남성이 수동적인 그를 본다는 사실 자체로 실패는 증폭된다(Sinclair, 1993). "기본적으로 NTR 장르는 상처 입은 가부장제의 불안을 탐구한다. 성적 실패에 대한 이들의 두려움은 조롱을 통해서 좀 더 순화된다"(Lokke, 2019, p. 213).

---

**6** 이러한 인종주의적 판타지는, 19세기 후반 미국의 인종 분리 정책 시절까지 거슬러 올라가는 깊은 역사가 있다. 인종 분리는 아직까지도 많은 지역에서 주거 영역, 학군 등의 형태로 잔존해 있다(Rothstein, 2017).

이러한 형태의 조롱은 오바마 시대와의 폭력적 단절을 꾀했던 포스트 트럼프 시대에 독특한 정치적 함의를 지니고 돌발적으로 등장하였다. 2015년 이래의 온라인 댓글 전쟁에서 트럼프 지지자들과 대안우파는 '호구cuck'라는 용어를 인종차별적 뉘앙스를 담아서 리버럴 좌파 남성에게 사용하였다. 나중에는 트럼프를 지지하지 않는 보수층을 지칭하는 말로 변용되어 '좆보수(cuckservative)'라고도 쓰였다(Nagle, 2017).

트럼프는 집권 이후 오바마 행정부의 성과를 모두 취소하는 일에만 주력했고(Marsden, 2019), 여성혐오적이고 인종차별적 백인 남성 지지층들은 새롭게 얻은 권력감에 도취되었다. 2020년 여름부터 가을까지 진행되었던 미국의 '흑인들의 목숨도 소중하다Black Lives Matter' 시위에 대하여 트럼프는 냉담하게 반응하였고, 경찰의 가혹행위를 의도적으로 부인하였다. 그 결과 무장한 백인 우월주의자들이 거리로 쏟아져 나와 흡사 내전 같은 상황이 연출되었다.

제4장에서 나는 인셀이 궁극적으로 욕망하는 이상형은 백인 파시스트 채드형 남성이라고 주장하였다. 이들은 스스로의 자아가 나약하고 취약하다면서 종종 '호구'를 자학적으로 자처한다. 남성분리주의자 등 남성계의 여타 남성 그룹 역시도 나약한 남성을 가리켜서 여자들에게 '호구' 잡혀서 굴복하였다고 표현하곤 한다. 금딸러들은 이 용어를 은유적으로도 쓰지만 축자적으로도 사용한다. 이들은 은유적으로 자신을 '호구남'이라고 부른다. 즉, 포르노 중독 때문에 남근적 남성성을 잃어버린 나약한 놈이라는 뜻이다. 그리고 축자적으로는 NTR 호구물 장르의 소비자라는 뜻이다.

남성계의 여타 남성 그룹이 그렇듯 금딸 커뮤니티가 우러러보는 이상적인 남성형은 백인이고 남근적이다. 자신이 속한 남성성이 어느 유형인지를 명명하기 위해 사용되는 자가서술적 용어가 바로 호구남인 것이다. 명명 행위는 인종주의에 의해 뒷받침된다. 그리고 백인 육체는 환지적으로 날조된 극강의 남근적 흑인 남성의 육체와 대비된다. 이는 또한 인종 간 포르노그래피에서 보이는 인종주의적 역학과 관련지어 이해해야 한다. 인종 간 포르노에서는 종종 억압적 노예-주인 관계가 재현되곤 한다.[7]

---

**7** 더 자세히 논의하는 것은 이 책의 범위를 벗어난다(인종주의적 혹은 인종 간 포르노에 대한 비판적 논의는 Capino, 2006; Dines, 2006; Williams, 2009; Miller-Young,

그럼에도 NTR 장르 영상에 등장하는 능동적 남성이 흑인이라는 사실은 "백인 남성에게는 어느 정도 위안을 준다"(Lokke, 2019, p. 216). 시청자는 비록 약화되긴 하였지만 여전히 백인인 남성성을 환지적으로 보유할 수 있기 때문이다. 시청자들은 흑인 남성 육체를 인종주의적이고 전형적 편견에 가득한 언어로 묘사하고 인식한다. 특히 금딸 남성들은 비록 약화되었지만 백인 남성이라는 지위에서 일종의 인종차별적 상징 권력을 차지한다. 백인 남성은 비록 지금은 잠시 호구남이 되어 굴욕을 겪지만 그래도 결국은 비백인종에 비해서 '우월한' 백인종에 속한다는 것이 이들의 생각이다.

이전에 논했듯 금딸 남성들은 모호하고 양가적인 동성애적 판타지도 보여 주며, 간혹 영상에서 이질적으로 묘사된 흑인 남성 육체를 동일시하거나 혹은 욕망하기도 한다. 장르 속 흑인 육체에 매력을 느끼면서도 동시에 동성애적 감정에 맞서 방어하는 것이다. 로크G. Lokke의 연구에 따르면 시청자는 NTR물의 등장인물 셋 중 어느 누구와도 동일시가 가능하다(또한 Ward, 2015 참고). 금딸 커뮤니티에서 남성의 대부분은 마조히즘적 자기 처벌의 일환으로 호구남과 동일시한다. 그럼에도 이들은 어느 정도의 행위주체성을 지켜 낼 수 있다. 왜냐하면 그들의 포르노 소비는 백인 남성이 흑인 남성에 의해 '배반'당하는 것이기 때문이다. 모든 잘못은 여성과 흑인 남성의 탓이라는 판타지다. 아내는 남편을 배반하는데 남편은 무력하게 보고만 있다. 금딸러에 따르면 NTR물이 계집애 최면물보다는 낫다. 최면물은 완전히 모욕적이고 거세적이기 때문이다.

대안우파와 남성계는 NTR 호구물의 섹스 장면이 서방 문화와 남성성 전체를 표상한다고 받아들인다. 백인 남성은 페미니스트 여성, 좌파와 리버럴 정부, 비백인 남성 등에 의해 '호구' 잡혔다는 것이다. NTR 호구물의 시나리오는 전통적 백인 남성성을 옹호하기 위해 위협적인 모든 것에 맞서려는 방어적 판타지다. 이와 동일한 전이가 포르노로부터 사회생활 전반으로 확대되는 것이 금딸 커뮤니티에서 확인된다. 이들 남성은 축자적 호구남, 즉 포르노 소비자에서 은유적 호구남으로 논의를 넓히곤 한다.

2010 등 참고).

여자들은 겉으로는 인정 안 해도 사실은 강한 남자랑 살고 싶어 해. 문제를 해결하고 결단을 내리고 아무리 남들이 상처받는다고 해도 할 말은 하는 남자여야 진짜지. 남자들이 호구니까 페미니즘이 설치는 거야(NoFap, 2019j, 게시물).

몇십 년째 서방 세계에서는 평화가 계속되다 보니까 남자들이 다 물러 터졌어. 그런데 제3세계 남자들이 오니까 유럽 여자들이 다 홀랑 넘어가지. 유럽 남자들은 죄다 개호구라서 월드클래스 상남자에겐 상대가 안 돼(NoFap, 2019k, 게시물).

아네르스 브레이비크는 서구 문명의 쇠퇴론을 펼치면서 비슷한 주장을 하였다(이전 장 참고). 현대 백인 남성은 다양한 타자에 의해 쇠약해져서 호구가 되었거나 혹은 계집애가 되었다. "수백만 남자들이 호구남으로 길들여졌다"(NoFap, 2019i, 게시물). 원인은 계집애 최면물, NTR 호구물 및 기타 소수 취향 포르노 때문이라고 한 이용자가 진단한다. 금딸 커뮤니티, 인셀, 남성분리주의, 남성계 여타 남성 그룹이 '호구'라는 용어를 쓸 때에는 자신들의 부적응적 남성성을 한탄할 때 쓰는 다른 속어와 유사한 뜻이 된다. 즉, 인셀, 베타 메일 등의 뜻이다. 그럼에도 호구라는 말의 용법에는 특별히 인종차별적, 인종주의적 판타지가 섞여 들어간다. 그리하여 남성계에서도 인종차별적, 파시스트적 성향을 지닌 온라인 커뮤니티와의 중복이 무척 명백하게 드러난다. 페미니스트 여성, 유대인, 난민, 유색인종, 좌파 등의 강한 연대에 밀려나서 백인 남성들이 약화되었다는 인종주의적 판타지의 구성물이 바로 호구남 인물 유형이다. 이들은 노골적인 성적 무력감을 토로하며, 또한 변화하는 세상에 대한 저항감을 표현한다. 많은 금딸 이용자는 계집애 최면물이 그렇듯 NTR 호구 장르 역시도 남성들을 조종하고 세뇌하여 약화시킬 음모라고 생각한다.

이는 마조히즘에서 사디즘 판타지로의 환지적 전환이다. '나는 호구다. 내가 중독을 극복하게 도와줘.'에서 '남들이 나를 호구로 만들었다.'로 논리가 전환되는 것이다. 바로 억제에서 탈억제로 전환되는 지점이다. 행위주체성이 재탈환되고 잘못은 남들 탓으로 돌려진다.

# 마조히즘에 대한 단상

앞에서 언급한 바 있지만, 계집애 최면물 음모의 배후를 집요하게 캐내려는 추측, 그리고 남성들이 페미니스트에 의해 '호구 잡혔다'는 주장 등은 사실 금딸 커뮤니티 남성들이 스스로의 포르노 소비의 배후를 알고자 하는 욕망이 표현된 것이다. 이들은 스스로의 무의식과 욕망을 알고자 하며 또한 대항하고 싶어 한다. 이들은 자문한다. 왜 내가 애초에 이런 종류의 콘텐츠에 이끌리게 되었을까? 이들은 '바닐라' 포르노에서 과격한 포르노로 옮겨 가는 것은 당연한 과정이라고 변명하지만, 아무래도 너무 피상적 설명이다. 계집애 최면물은 본질적으로 사디스틱하다. 남성을 가장 가혹하게 모욕하기 때문이다. 호구 장르는 덜 가혹하긴 하지만 역시 모욕 및 수치와 밀접한 내용이다. 이러한 포르노, 혹은 이러한 성적 행동이 어떤 남성, 여성, 양성애적 개인, 커플 등에게 진짜 성적 흥분을 주는지 논쟁하고 싶은 생각은 없다. 문제의 핵심은 금딸 이용자 본인들이 보기에 자신들의 정신건강에 해롭다고 느낀다는 사실 자체다. 이러한 사디즘에는 반드시 대응하는 마조히즘이 있다. 이러한 콘텐츠를 소비하는 바로 그 순간이 바로 극도의 마조히즘적 순간이다. 이들은 모욕당하고 능욕당하는 일에 자위를 하면서 쾌락을 느꼈다. 앞에서 논한 NTR 호구물 역시 마찬가지다. 계집애 최면물은 정신분석학적 용어로 말하자면 본질적으로 변태적이다(Stein, 2005). 프로이트는『매맞는 아이A Child is Being Beaten』에서 자위행위를 마조히즘과 관련지어 논하였다. 마조히스트 자위행위자는, 프로이트의 표현대로 말하자면 '변태'는 자신 앞에 '참을 수 없을 정도의 강렬함'이 펼쳐지길 원한다(Freud, 1981e, p. 197). 그래서 여성과 성교를 하려고 들면 오히려 불능에 빠진다. 그는 여자가 되고 싶다.

금딸러 역시도 이러한 정신역학 속에 놓여 있다. 이러한 판타지가 계집애 최면물 영상에 펼쳐지고 있고 금딸 남성들은 거기에 자위함으로써 반응하고 있는 것이다. 호버리가 말하였던, 주체 자신은 모르고 있으나 포르노를 통해서 폭로되는 진정한 성적 욕망이 바로 이것일까? 여자가 되고 싶은 것이 아니라, 계집애 최면물, 호구물에 존재하는 처벌적이고 모욕적인 측면이 이 남성들을 매료시키는 것일 수도 있다. 마치 이들이 누군가에게, 아내, 여자친구, 어머니, 누이, 친구 등에게 들켜서 포르노 소비가 마침내 폭로되어 끝날 수 있기를 무의식적으로 바라기라도 하는 듯 말이다. 이는 궁극적 탈억제이며 스크린을 뛰어넘어 모든 억제를 풀어 버릴 사건이다. 이들에게는 들킨다는 것 자체가 성적인 흥분을 주며 불안을 일으킨다(Kahr, 2008; Waldon, 2011). 백인 남성이 타자에 의해 모욕을 당하는 설정의 NTR 호구물을 소비함으로써 불안과 흥분이 증폭된다. 마조히즘과 여성에게 정복당하는 판타지가 이러한 포르노의 핵심에 해당한다. 그럼에도 아직까지 이들 남성들은 들키지 않았으며, 혹은 들켰더라도 이제 금딸 커뮤니티에 가입하여 이 모든 것을 끊을 결심을 하였다. 계집애 최면물과 호구물은 파시즘과 똑같은 약속을 제공한다. 남성은 최면당하고 세뇌당하고 모욕을 당했으며 무력하기 때문에 책임에서 해방시켜 주겠다는 것이다. 책임과 권력은 포기하고 이제 다른 누군가의 명령에 복종할 수 있게 된다. 그럼에도 금딸러는 여성에 대한 반응성과 관계성을 다시 회복하기를 소망한다.

## 결론: 남근 자격의식의 변태적 테크노컬처

이 장에서는 온라인 커뮤니티 금딸에 주목하였다. 이는 남성계의 주변부에 위치한 커뮤니티다. 그럼에도 이미 살펴보았듯 이들은 인셀과 남성분리주의자와 매우 유사하다. 이제껏 데이터에 나타난 특정 주제를 고찰하고, 판타지의 변화무쌍한 정신역학적 성질에 주목하였다(Cowie, 1997). 이들 남성들이 자세히 말하는 포르노 소비와 욕망의 관계를 알아보았다. 이전 장과 마찬가지로 억제/탈억제의 정신역학적 패턴이 금딸 데이터에도 나타난다. 이들의 모순적이고 가변적 담론에는 방어기제, 희생자 행세하기, 유해 현실의 날조 등이 가득하다. 이들이 만들어 낸 현실에서는 특정한 남성성이 긍정되며 여성과 타자에 대한 유해한 편견이 난무한다.

수많은 자기계발 그룹들이 그렇듯 금딸 역시 기본적으로 신자유주의의 산물이다. 이용자들은 자신의 육체와 자아를 경제적 관점에서 이해한다. 이들은 서로 지지해 줌으로써 육체의 의식적 조작을 꾀한다. 충동을 승화시켜서 생산성 상승을 꾀하려 든다. 과연 이들이 정말 중독을 극복했을까? 재발 방지에 성공한 사람들이 정말로 완전히 끊었을까? 증상으로서의 중독은 의식적으로 억제되었다고 해도, 잠재되어 있는 진짜 원인이 처리되지 않는다면 재발할 것이 분명하다. 금딸러는 계속해서 서로를 격려하면서 성욕을 보다 생산적 능력으로 승화시켜서 에너지를 보존하자고 주장한다. 이들은 자신들의 포르노 소비가 과도하고 유해하다고 여기므로 적극적인 자각과 개방성을 통해 문제를 해결하고 싶어 하는데, 그 정도가 다른 남성 집단과 비교하면 좀 더 심한 편이다. 이런 면에서 이들은 긍정적이면서 중요한 커뮤니티이고 훈습의 가능성이 잠재된 남성들이다. 이들은 자신들의 포르노 소비가 과도하고 유해하다고 여기므로 적극적인 자각와 개방성을 통해 문제를 해결하고 싶어 하는데, 그 정도가 다른 남성 집단과 비교하면 좀 더 심한 편이다. 이런 면에서 이들은 긍정적이면서 중요한 커뮤니티이고 훈습의 가능성이 잠재된 남성들이다. 이들이 소비하는 특정 장르의 포르노, 즉 게이 포르노, NTR 장르, 계집애 최면물 등은 자신의 섹슈얼리티를 퀴어화하고 무의식의 다형적 특성을 긍정하는 진보적 행동으로 여길 수도 있다. 그러나 이들은 이 점을 깨닫고 바로 돌아서서 방어를 하거나 혹은 적극적으로 멀어지기를 꾀한다. 그러나 이 정도 논의로는 이 커뮤니티를 사유하는 데에 필요한 만큼 충분한 복합성이 확보되지 않는다. 나는 포르노나 포르노 소비 **자체**를 비난하려는 의도가 없다. 오히려 포르노 덕택에 금딸러가 자신들의 특정 욕망이나 페티시를 자각하게 되었다고까지 주장할 수 있다. 앨리슨 호버리는 이렇게 말한다.

> 포르노그래피는 리비도의 향유 실현을 제한하던 구체적인 억제를 허물어뜨릴 능력
> 이 있다. 그러나 과연 우리에게 용기를 주어 내면적 검열을 뛰어넘어 우리 욕망의 개별
> 성에 접근하라고 격려해 줄 수 있을까?(Horbury, 2019, pp. 96-97)

그럼에도 금딸러는 자신의 포르노 소비가 너무 과도하고 병리적이라고 스스로 확언한다. 리비도의 향유를 실현하려던 행동이 오히려 그들에게 문제와 갈등을 일으켰다. 호버리가 지적한 장점은 포르노의 비병리적 소비에만 해당하는 듯하다.

이미 지적하였듯 계집애 최면물의 배후에 대한 의심, '호구'라는 용어 사용의 인종차별성 등은 이들 남성이 스스로의 무의식과 무의식적 생산성을 두려워하고 있음을

보여 준다. 음모론은 문제적이다. 배후에서 모든 것을 조종하는 존재로서의 타자를 상정하여 고립시키는 파시즘 전략이기 때문이다.

금딸 커뮤니티가 페미니즘, 여성, 남성성을 논할 때 사용하는 논법을 보면 이들이 여타 남성 커뮤니티와 친연성을 지녔음이 잘 드러난다. 여기에서는 다루지 않았지만 반페미니즘 성향의 게시물도 많다. 금딸러는 남성계의 여타 그룹과 마찬가지로 과잉 자격의식을 자주 드러낸다.

금딸 남성들을 이해하는 데에 도움이 되는 정신분석학 용어가 하나 더 있다. 바로 **변태성이다**(Stein, 2005; Kahr, 2008; Waldon, 2011). 이들은 은연중에 혹은 노골적으로 자신들 스스로의 변태성을 제거하고 싶어 한다. 이들은 자신들의 욕망을 억제하여 다른 일에 집중하고 싶어 한다. 욕망이 포르노에 의해 생겨난 것인지 여부는 주제와 무관하다. 프로이트에 따르면 변태성은 이런 식으로 문화에 연관된다. 에너지는 승화를 통해 재구성된다(Stein, 2005). 나는 다른 논문에서(Johanssen, 2019, 또한 제6장 참고) 우리는 빅 데이터 분석의 변태적 문화를 살아가고 있다고 진단하였다. SNS 플랫폼 회사는 우리를 데이터로 변환해서 비인간화한다. 자기 힐링, 돌봄, 소통이라는 미명으로 속여서 말이다. 이런 맥락에서 나는 루스 스타인의 변태성과 표상성에 대한 이론을 인용해 보고 싶다.

> 하나되고 생생한 통합체인 인간의 몸을 파괴하고 부정하는 방법은 기본적으로 두 가지다. 하나는 토막 치고 벗겨 내고 배설하고 피 내서 무의미한 살덩이로 표상/제시하는 방법이다. 다른 하나는 기계화 디지털화된 실재, 로보틱 메커니즘, 때로는 똑같은 제복을 입은 얼굴 없는 로봇이 익명적으로 군집한 대중으로 환원하는 것이다(Stein, 2005, p. 778).

오늘날 남성성과 젠더 관계에서도 적용되는 진리 아닐까? 금딸러는 온라인 포르노를 통해 변태적 형식의 관계성 안으로 들어가 버렸다. 그리고 거기에서 탈출하길 원한다. 이들 역시 모니터 앞에 앉아서 자위하며 포르노를 소비하는 익명의 부대로 전락해 버렸다. 동시에 그들의 데이터는 포르노 스트리밍 플랫폼의 세심한 알고리즘에 수집되고 있다. 그럼에도 그들은 오히려 **자신**들이 페미니즘에 의해 조작된 변태적 문화 속에 살아가고 있다고 주장한다(Stein, 2005, p. 787). 변태적 연합 세력이 성 평등과 여성 지위 강화를 주장하면서도 남성들을 착취하고 억압하고 있다는 것이다. 남성들은 이미 계집애나 호구가 되어 버렸다. 여성은 남성을 장악하고 지배하고 있다. 이러한 정서가 남성계를 꾸준히 지배하고 있다. 물론 사실일 리 없다. 비슷한 정서는 섹슈얼리티와 동성애를 다루는 유튜버에게도 나타난다(제3장 참고). 인셀과 남성분리주의자 역시도 남성 억압을 이야기한다. 금딸 남성들은 여자가 남자가 되고 남자가 여자가 되는 변태적 세상 속에 갇힌 신세라고 개탄한다. 이들은 최면에 걸려서 나약한 여자로 변했고 호구물을 보다가 호구남이 되었다고 말한다. 그러한 판타지에 자위를 한 사람들이 말이다. 이제 이들은 계집애 최면물과 호구남 장르가 주는 판타지의 중독에서 벗어나고 싶어 한다. 이들은 여성에게 당해서 여자가 되거나 호구가 되는 '현실'에서 벗어나고 싶다.

나는 이러한 '주장'에 반대한다. 인셀, 남성분리주의자 등은 주관적으로 이렇게 느끼는지 몰라도, 여성에 반대하는 변태적 연합을 형성하려는 것은 이들 자신이다. 이들은 남근적 능력을 보유하여 '정상적' 포르노 장면을 재연하면서 살균된 이성애적 규범의 판타지 속에 살고 싶어 한다. 이러한 정신역학의 배후에는 남성 권력의 궁극적 자기애 판타지가 숨어 있다. 남자가 권력을 쥐고 여성에게 마음껏 명령하고 싶은 판타지. 이는 학대적이고 주인-노예 관계와 닮아 있다. 이들은 여성이 반론할 기회조차 갖지 못하는 온라인 공간에서 일방적 게시물을 올린다.

인셀, 남성분리주의자, 총기난사범 등과 달리 그래도 최소한 금딸 이용자들은 여성과의 애정 있는 관계를 욕망한다. 금딸러는 양자 관계를 원하며 여성과 함께하고 싶어 한다. 그러려면 이들은 여성, 성소수자, '베타' 메일에 대한 피해망상과 유해한 판타지를 버려야 한다. 이들은 여성과 대화를 하고 관계를 맺음으로써 남 탓을 멈추고 서로를 이해해야 한다. 이들은 지배 판타지를 멈추고, 취약성과 모순을 지닌 남성성을 그대로 받아들여 다른 인간에게 지지를 구해야 한다. 오직 이러한 관점에서만 일말의 희망이 가능하다. 우리는 폭력적 이분법을 벗어나야 한다. 여성을 온라인에서 학대함으로써 망상적 행위주체성의 착각을 얻어서는 안 된다. 이 책에서 분석한 모든 남성이 원하는 것은 궁극적으로 오직 하나, 바로 인정이다. 이 주제를 깊이 연구한 사람이 정신분석학자 제시카 벤저민이다. 이제 결론에 이르렀다.

# 결론
# 억제/탈억제로부터 인정에 이르기까지
### -희망의 여지?

이는 자유로운 사람들이라면 견뎌 내야 할 단순한 갈등이 아니다. 감정에 완전히 몰입할 수 있는 가능성의 문제이기도 하다. 이를 프로이트는 '성적 판타지의 끝없는 홍수'라고 불렀다. 흥미로운 표현이다. **끝없는** 홍수가 언젠가 멈추게 되면 홍수가 아니라 호수나 강이 될 것이다. 다시 말하자면, 이 비유대로라면 성적 판타지는 언젠가는 더 이상 침습적이거나 압도적인 무엇이 아니게 된다는 뜻이다. 그저 우리 원래의 모습, 우리의 정신의 내용, 혹은 우리의 기억이 된다는 것이다……. 더 이상 홍수를 못 느끼게 된다면 우리가 홍수가 된다(Phillips, 2013, 192, 강조는 원본).

이들 남성이 진짜로 억압하고 있는 것은 무엇일까? 그들의 무의식은 정말로 어떻게 기능하는 것일까? 무의식이 진짜로 욕망하는 것은 무엇일까? 무의식의 생산물은 진짜 모습이 어떠할까?(Theweleit, 1987, p. 215)

이제 결론에 이르렀다. 몇 가지를 곱씹어 보고자 한다. 내가 집필을 시작한 2018년에 비하면 세상은 너무나 많이 바뀌었다. 내가 결론을 쓰고 있는 이 시점은 2020년 가을이다. 세상은 신종 코로나바이러스에 점령되었다. 많은 이가 절망감, 소외감, 불안감을 느끼고 있다. 많은 국가가 심각한 경제 위기에 임박해 있거나 이미 겪고 있다. 코로나19에 대한 각국 정부의 대응에 따라 사람들은 양분되었다. 과학을 믿는 사람들과 바이러스의 존재 자체마저도 믿지 않는 사람들로.

인종주의와 억압에 맞서는 '흑인의 목숨도 소중하다Black Lives Matter' 시위가 많은 국가에서 벌어졌다. 오늘날에는 인터넷과 온라인 문화가 사회 대다수에게 영향을 미친다. 시위자들은 SNS와 각종 플랫폼을 이용하여 조직하고 협력하고 여러 형태의 연대를 펼친다. 많은 이가 록다운 기간 동안 집에 갇혀 지내면서 디지털 테크놀로지를 통해 타인과 소통하였다. 그러나 인터넷의 한구석 남성계에는 여전히 다양한 커뮤니티의 남성이 모여들어서 시스 여성에 대한 혐오를 쏟아 냈다. 실직당하고 고립된 일부 남성이 집에 틀어박힌 채로 남성계로 모여들었던 듯하다.

이 책을 쓰는 것은 쉽지 않았다. 분석을 위해 접해야만 했던 많은 내러티브는 무척이나 어둡고도 유해성이 가득한 것들이었다. 그럼에도 집필을 끝낼 수 있었던 것은 아마도 내가 백인 남성 특권을 가졌기 때문일 수도 있다. 나는 은연중에 내 자신과 이들 남성들 사이에 일종의 벽이나 완충지대를 만들었던 듯하다. 내가 만약 학대적 내러티브의 피해자였더라면 그리 쉽지 않았을 것이다. 나는 어찌 보면 신자유주의 자본주의 시대를 살아가는 남성으로서 어느 정도는 가부장제의 재생산에 기여하고 있다.

여기까지의 논의를 돌이켜 보면 이들 남성들로부터 희망, 돌봄, 혹은 긍정적인 무언가를 기대하는 것이 절망적으로 느껴질 정도다. 이들 남성들을 비판하는 것은 비교적 쉬운 일이다. 이 책에서 내내 그러하였듯 이들의 내러티브를 논파하면 되니까. 이렇게까지 자세히 분석할 필요까지 있느냐고 비판할 수도 있겠다. 이 남성 커뮤니티가 끝내 저지르는 상징적, 현실적 폭력을 더 홍보해 주는 꼴이 된다고 말이다. 나는 이런 의견에는 반대한다. 우리는 특수한 온라인 문화와 좀 더 일반적인 온라인 상호 소통에 만연한 불편하고도 공격적인 본성을 직시할 필요가 있다. 유해한 내러티브의 부분적 재생산을 감수하고서라도 자세히 분석해야만 한다. 특히 정신분석학적 관점은 자세한 관여를 통해서 내러티브의 표면 아래까지 파헤침으로써 이들의 정신세계에 대한 통찰을 준다. 우리가 인셀, 남성분리주의, 금딸 및 남성계 여타 커뮤니티를 그저 비난하고 부정하고 무시한다면, 우리도 이분법적이고 피해망상적 자아분열적 세계관을 퍼뜨린다는 점에서 그들보다 나을 게 없어지는 것이다.

비판의 목적은 그들의 그릇된 이데올로기와 세계관의 정체를 폭로하는 것이라고 생각한다. 이러한 비판이 가능하려면 이론적인 분석만이 아닌 실제적인 데이터를 이용한 분석 작업이 반드시 필요하다.

사실 더 어려운 것은 비판이나 무시를 넘어서는 것이다. 남성계를 비판만 한다면 그들의 이데올로기 핵심을 더욱 재생산하게 만들 위험이 있다. 이 남성들이 더욱 소외되고 오해되고 사회 전체로부터 무시당하는 것이다.

우리가 남성계를 비판하고 공격하고 논박하면서 과연 어떠한 정신적 에너지를 쏟아붓고 있는지를 스스로에게 물어보아야 한다. 정신분석학에 따르면 내면에 근본적인 파괴성과 유해 판타지를 품고 있지 않은 순수한 인간은 존재하지 않는다. 물론 남성계 남성들과 대다수의 이성애 남성, 여성, 성소수자 개인들 사이에는 엄청난 차이가 존재한다. 그럼에도 정신분석학은 우리들에게 특정 커뮤니티를 인터넷이나 사회로부터 떼어 내어 소외시키는 차이를 넘어 건너뛰어 보라고 격려한다. 훨씬 더 어려운 것은 '그들'과 '우리'를 함께 어우르는 것이다. 이것이 가능하려면 새로운 관점이 필요하다. 그래서 나는 제시카 벤저민의 통찰을 결론에 써 보려고 한다. 벤저민은 말한다.

상반된 입장을 포용할 수 있는 능력은 자신의 파괴적 능력이나 잘못된 행동에 대한 인식보다도 훨씬 더 의미가 있다. 대타자에 속한다고 여겨지는 악을 자신에게 속하는 선함으로 포용할 수 있는 가능성을 관용할 능력이 있어야 한다. 인간 육체의 천하고 더럽고 역겨운 것을 거부하고 투사하는 원시적 초기적 감정은 자아와 타자의 육체적, 심리적 취약성을 받아들인 후에야 극복될 수 있다. 그렇지 못하면 역겹고 위험한 타자에게 모든 것을 외향투사하여 자아로부터 떼어 놓고 무슨 수단을 써서라도 배제하고 싶은 강렬한 충동에 지배당하고 만다(Benjamin, 2018, p. 225).

자아와 타자의 나쁜 일부를 관용하는 능력은 일차적으로는 남성계에 요구되어야 하지만 결국은 모두에게 적용되는 이야기다. 무척 어려운 일이다. 나는 관계적이고 관용적이고 희망적인 관점에서 이들 남성들을 바라보고자 하였지만 처음에는 사실 쉽지 않았다. 이들을 이해하거나 공감하고 싶지 않았기 때문이다. 모든 차이점을 피상적으로 제거한 후 순진하고 안전한 소리나 하게 될 것이기 때문이다. 우리가 서로를 진정으로 이해하려고 노력한다면 모든 유해성과 소외가 사라질 것이라고 주장하는 관점 말이다. 인간 주체의 복잡함을 논하는 모든 정신분석학 이론에 모순될 관점이다. 공격성과 유해한 판타지는 여전히 잔존한다. 그러나 한편 사랑과 돌봄과 희망도 사라지지는 않는다. 그럼에도 나는 좀 더 이성적이고 희망적인 방향으로 굳이 나아가고지 한다. 결론에서 나는 이 책의 핵심 주장을 요약하고 또 다른 관점을 추가적으로 논해 보고자 한다. 희망과 상호 인정의 가능성에 대해서 말하고 싶다.


## 섹슈얼리티와 불만

섹슈얼리티는 간단한 주제, 조우, 경험의 문제가 아니다. 아무리 다양한 형태를 취한다고 해도 말이다. 이 책은 특정한 남성들의 정신분석에 관한 책이다. 이들은 특정한 방어기제와 판타지를 많이 지녔다. 이들이 어떻게 말을 하고 어떤 경험을 하고, 어떤 식으로 항상 섹슈얼리티 주변을 맴도는지를 탐구하였다. 또한, 1960년대 후반의 성혁명이 어떻게 섹슈얼리티를 바꾸었는지를 알아보고 현재까지의 추이를 추적하였다. 우리 모두에게 섹슈얼리티는 인간의 삶에서 가장 알쏭달쏭한 실존적 측면이다. 우리는 인류사에서 가장 성적으로 해방된 현대 서방 세계를 살고 있지만 빌헬름 라이히의 예상은 빗나갔다. 우리의 성적 해방은 사회적 변화를 불러일으키지도 못했고 평등한 사회를 이룩하지도 않았다.

오늘날 극도로 용이한 접근성과 디지털 편의성이 있음에도 불구하고 섹슈얼리티는 무척 쾌락적이면서도 동시에 극악의 탐험 난이도를 보여 준다. 성혁명을 거치면서 쾌락의 양은 증폭되었지만 동시에 문제적으로 경험되었다. 이 현상은 계속되었고 다소 이상한 방식으로 집중되어 흘러갔다. 우리 현시대에 이르러서는 성 경험에서 소외되거나, 충분히 누리지 못하는 사람들이나, 혹은 혼자 해결해야만 하는 사람들이나, 혹은 가상 현실적으로 누리는 사람들이 욕망하는 대상이 되었다. 유사 기계적 테크노 섹슈얼 알고리즘 전사들. 이들 남성들은 다양한 플랫폼과 집단체를 빌려 특유의 구체화를 이루어 낸다. 유튜브, 인셀 서브 레딧 및 포럼, 남성분리주의자 서브 레딧 및 포럼, 남성인권운동 서브 레딧 및 포럼, 혹은 레드필, 혹은 픽업아티스트 커뮤니티, 대안우파와 파시즘 서클, 금딸 커뮤니티 및 그 외 모든 가능한 커뮤니티 기타 등등. 일부는 다시는 여성과 사귀지 않겠다고 맹세를 했으며 일부는 여성이 적이라고 선언하였다. 일부는 여성의 변화를 촉구하였으며 일부는 좋았던 옛 시절로의 귀환을 희망하였다. 일부는 언젠가는 여성을 사귀고야 말겠다고 결심하였다. 일부는 자신들이 속절없이 내향되어 포르노에 중독되고 말았다고 비명을 지른다. 가장 최악은 타자들, 특히 여성을 냉혹한 합리화와 정신증, 망상의 상태에서 살해하는 것이다.

이 책은 역사를 논하며 시작하였다. 성혁명의 기원을 탐구했고, 독일 파시즘의 기원을 알아보았다. 클라우스 테벨라이트의 기념비적인 저서는 나에게는 세팅 내지는 배경이 되어 주었고, 나는 그를 계승하여 좀 더 넓은 논의를 펼치며 이 책을 완성하였다. 오늘날의 남성들과 1920년대와 1930년대 독일의 남성들은 서로 동일하지는 않다. 그럼에도 양자 간에는 많은 공통점이 있다. 군인 남성성과 가부장제는 오래된 공통의 뿌리를 갖고 있다. 오늘날의 남성계는 특정 역사 기간, 사회적 그리고 기술적 맥락에서 독특한 존재다. 그러나 이들의 정동적 성격은 테벨라이트가 2권 분량의 저서에서 분석했던 군인 남성들과 대체적으로 매우 유사하다. 대부분의 온라인 남성들은 진짜 군인이나 살인자가 아니다. 그들은 오직 더 강해지길 소망할 뿐이며 과거의 강한 남성상이나 주변의 남성들 때문에 강박에서 헤어날 수가 없다. 독일 군인 남성들은 성적인 모든 것을 혐오하는 무성욕자들이었지만, 온라인 남성들은 성욕으로 잔뜩 충전되어 부풀어 터지기 직전이다. 그러면서도 섹슈얼과 관능 문제로 고뇌한다. 이들은 반항심으로 가득해서 자신이 통제할 수 없는 모든 것을 절멸시키고 싶어 한다.


## 무의식의 밀당

남성계 남성들은 자신의 육체와 전혀 교감이 안 되는 사람들이며 자신의 감정과 본질을 모르는 사람들이다. 클라우스 테벨라이트는 군인 남성들이 쾌락에 저항했으며 쾌락적인 모든 것에 맞서 싸웠다고 주장하였다. "금욕주의, 절제, 자기 통제 등의 태도는 효과 좋은 방어책이었다"(1989, p. 7). 다양한 종류의 남성이 취하는 다양한 방어 태도를 이 책에서 다루었다. 이들 모두는 어느 정도까지는 쾌락을 거부하면서도 동시에 쾌락, 섹슈얼리티, 향유를 추구하고 요구한다. 테벨라이트의 남성들은 욕망에 대한 욕망을 억압하였다. 자신들의 무의식이 두려웠기 때문이다. 오늘날 남성계가 처한 상황은 좀 더 복잡하다. 이들은 무의식도 두렵지만 무의식이 지닌 예측불허의 생산성 역시 두려워한다. 특히 금딸 커뮤니티에 대한 분석에서 이 점이 잘 드러난다고 생각한다. 이들은 여성을 두려워하면서도 욕망한다. 동시에 그들의 육체는 욕망에 대한 욕망과 사물의 영속화를 통해 추동된다. 이들은 상징적으로 타자를 파괴하고 거세함으로써 쾌락을 얻고자 한다. 그리고 더 이상 존재하지 않는 대상에 대해 느끼는 공포와 불안을 억누르려고 한다. 이들의 움직임은 갈팡질팡 오락가락 억제/탈억제를 오가고 무의식을 멀리 밀어냈다가 가까이 당겼다가를 되풀이한다. 이는 임무를 수행하는 군인에게도 나타났다.

> 그는 구체적인 내용을 억제하는 것이 아니었다. 오히려 무의식 그 자체, 무의식이 지니고 있는 욕망의 생산 그 자체가 억제의 대상이었다. 이 남자의 내면에는 강제 수용소가 있었다. 욕망을 살해하는 수용소였다(Theweleit, 1989, p. 6).

욕망에 대한 욕망은 표현의 필요성으로 나타난다. 이 책에서 논한 남성들은 글의 형태로 여성에 대한 감정과 생각을 표현한다. 현실은 게시물을 올림으로써 이들에게는 현실이 된다. 탈육체화되고 텅 빈 가상현실이 이미지, 비디오, 텍스트를 통해 **대번에 육체로 가득하게 된다.** 이들은 글을 씀으로써 집단적 유대를 만들어 내고, 더 나아가 스스로에게 무엇이 중요하고 무엇에 집중해야 하는지 다짐한다. 이들은 타자로부터 방어하기 위한 언어를 사용한다. 어떤 의미에서는 스스로에 대한 방어이기도 하다. 이러한 글쓰기의 목적은 방탄복을 강화하여 분해의 위기를 물리치는 것이다. **나는 이런 사람이다,** *내가 쓴 글이 곧 내 존재다.* 자아는 이렇게 수행된다. 내가 설명했던 유튜브 인플루언서, 포르노, SNS, 음모론, 대안우파 등 다양한 구성 요소를 통해서 자아가 형성된다. 이렇게 하여 이들은 자신들의 정체성이 무엇이며 인셀, 남성분리주의자, 금딸러가 어떤 사람들인지 끊임없이 스스로에게 주입한다.

온라인 커뮤니티에서 남들과 소통하는 것은 메시지 전파의 기능도 있지만 현실 재확인의 목적이 크다. **나는 아직도 존재한다. 내 생각이 문자화되어 내 눈앞에 있다.** 이렇게 남성들은 행위주체성을 경험하고 오프라인에서는 느낄 수 없는 집단적 평온함을 느낀다. 테벨라이트가 보기에 이들 언어의 목적은 자아를 유지하고 타자를 파괴하는 것이다. 바로 그래서 이러한 언어는 **파시즘적** 현실을 빚어낸다. 우리의 경계 너머에 있다고 판단되는 모든 것을 살해하고 비생명화하는 현실이다. 삶 그 자체를 죽이고 새로운 세계관과 파시즘적 전체성을 만들어 낸다. 이들은 끊임없이 오지도 않을 미래를 몽상한다. 인셀덤, 여성 없는 남성분리주의 세상, 포르노 중독이 없는 삶을 그린다. 이들은 들뢰즈적 의미에서 끊임없는 **생성**의 상태에 놓여 있다. 생성은 담론 과정에서 고정되어서 현실에서든 혹은 판타지에서든 유지되고 추구된다. 이들은 자신들이 뭔가를 누릴 자격이 있다고 생각하면서도 결여감을 느낀다. 마치 바이마르 공화국에서 군인이 되고 살인자가 되었던 남성들이 그러하였듯.

내가 분석했던 많은 남성은 자신의 성장 환경, 부모님 등에 대해 성찰한다. 금딸러들은 특히 무척이나 자기성찰적이고 자기비판적이다. 이들은 무척이나 능숙하게 자신과 부모님의 관계, 어린 시절의 기억, 청소년기의 갈등을 연관 지어 성찰한다. 이들이 보이는 방어기제와 판타지는 사회문화적 맥락과 연관된다. 역사, 사회적 변화, 구체적 데이터에 주목하여 살펴보면 명백히 드러나는 것이 있다. 이들의 판타지는 테벨라이트, 라이히, 영-브뤼얼의 이론적 틀을 통해 내가 분석해 보였듯이 역사 보편적인 동시에 동시대적 변화 속에 놓여 있다. 이렇게 볼 때에 비로소 기존 연구성과를 더욱 정교하게 담아낼 수 있으며 익명의 게시글 뒤의 인간유형을 이해할 수 있다. 이들의 판타지는 변화하는 신자유주의와 연관되어 있으며, 2008년 금융위기 이후 심화된 불안정성과 긴축 정책의 영향을 받았다(제4장 참고). 게다가 이들의 판타지는 변화하는 성문화, 온라인 포르노의 대량 유통, 사회 내 여성 및 페미니즘의 역동적 역할 등에 대한 특수한 대응이다(특히 제2장과 제7장 참고). 이들의 판타지는 근본적으로 대안우파와 파시즘 이데올로기의 산물이다(제3장, 제4장 참고. 특히 제5장). 이들의 삶에는 또한 유아기 갈등과 부모의 역할도 영향을 끼쳤다(제5장, 제6장). 인종 문제 역시도 남성계 내러티브에 영향을 주어 인종화되고 인종차별적 판타지를 심어 놓았다(제2장, 제4장, 제7장 참고). 이러한 판타지는 대안우파와 트럼프 행정부에 의해 증폭되었다. 전통적 백인 남성성이 느끼는 인종주의적 불안이 표면화되어 온라인과 오프라인에 넘쳐 났다.

게다가 내면에 상존하면서 갈등을 일으키는 두 가지의 목소리와 억제/탈억제를 오가는 정동 상태는 의식적인 글쓰기를 통해 억눌린다. 그럼에도 억압은 완벽하지 않다. 모순은 언제나 말과 글을 통해서 튀어나와서 담론 속에 자리 잡는다. 이들 남성은 의미 있는 대상관계를 맺을 수가 없다. 그 와중에 욕망의 기계가 작동한다. 남성들은 기계가 된다. 이용자 무의식에 휘둘리고(Clough, 2018a) 그들이 서식하는 SNS의 테크놀로지에 지배된다.

오늘날 많은 남성은 강철 같은 사나이가 되고 싶다. SNS와 포럼 플랫폼을 운영하는 알고리즘과 데이터 센터가 이를 가능하게 만든다. 이들의 기계와도 같은 자아는 다양한 커뮤니티 그 자체에서 형성하는 것이 아니다. 오히려 커뮤니티 안에서 정체성의 틀이 주어진다. 인셀의 본질이 무엇인지, 혹은 진정한 남성분리주의자는 어떠해야 하는지, 혹은 금딸을 제대로 실천하려면 어떻게 해야 하는지가 명백하게 주어진다. 하위 문화의 특성은 이진법과도 같이 명백하다. 이용자들은 그저 구현만 딱 하면 된다.

## 자본주의와 빅 데이터 유토피아

이 책의 주장을 전반적으로 돌이켜 보면, 남성계를 오늘날 기술사회적 차원과 연결할 보다 넓은 범위의 연결 조직으로 고찰을 넓혔더라면 좋았을 텐데 하는 아쉬움이 든다. 남성계, SNS, 온라인 문화, 오늘날 광의의 정치에 내재한 특별한 **리비도**적·기술적 논리가 있다(보다 자세한 논의는 Rambatan & Johanssen, 2021 참고). 내가 이 책에서 분석한 남성계와 시스 남성 그룹은 특정 사회경제적 차원 특유의 정동 상태를 체현한다. 그 외에도 권위주의적 자본주의의 일부인 감시 기술이 갈수록 지배력을 강화함에 따라 광범위한 변화가 나타난다. 이로써 오늘날 자본주의에서 기술의 역할과 관련하여 남성계가 가지는 독특성이 광의의 사회적 변화와 어떻게 연관되는지를 알 수 있게 해 준다.

나는 이 책의 여러 부분에서(예를 들면, 제3장과 제7장 참고) 남성계가 취하는 유사 과학적 담론을 지적하였다. 이들은 진화심리학을 조악한 수준으로 끌어와서 성별 차이나 남성 및 여성 행동의 천성이라는 허구를 자연의 섭리로 정당화한다. 이러한 유사 과학적 담론은 이들 남성들의 주장에 가짜 권위를 부여한다. 이 이론은 물론 모두 허상이다. 그럼에도 이는 힘 있는 판타지이며 이데올로기에 정당성을 부여한다.

이러한 판타지는 과학, 빅 데이터, 인공지능, 전산처리 논리에 의해 추동되는 유토피아적 정치와 자본주의를 남근적으로 욕망한다(Golumbia, 2009; Johanssen, 2019: Chapter 6; Jutel, 2019, 2020). 남성계는 특정한 이용자 무의식을 구현한다(Clough, 2018a). 이용자 무의식은 현대생활에 폭넓게 반영되어 있다. 이는 정치 영역에서 기술 유토피아적 자유주의 이데올로기로 나타난다. 이 점을 라캉주의 이론가 올리비에 주텔이 가장 깔끔하게 정리한다(2019, 2020).

주텔이 보기에 오늘날 현실 정치는 포스트-정치적post-political 시기를 겪고 있다. 현실 정치는 본래 모순, 반대, 정치적 행동 등을 특징으로 지닌다. 그런데 이 모든 것이 기술 자유주의적 문화의 복잡한 데이터 처리 과정으로 대체되면서 선거 캠페인과 행정을 추동하는 힘으로 작용하고 있다. 정치는 복잡한 데이터 분석 과정을 이용해서 통치 자체를 자동화한다. 힐러리 클린턴 캠페인을 이끈 것은 데이터였다. 이성적 정책과 데이터 분석에 중점을 두는 대신 현실 이슈는 외면되었다. 반면 트럼프 캠페인에서는 케임브리지 애널리티카Cambridge Analytica 정보 유출 스캔들이 있었다. 트럼프 대선과 브렉시트 국민투표가 SNS에서의 유권자 여론 조작을 통해 도움을 받았다는 의혹이다. 영국 총리 보리스 존슨Boris Johnson의 전직 수석 보좌관이었던 도미닉 커밍스Dominic Cummings는 공공 서비스의 현대화를 하겠다면서 '괴짜와 찐따들'에게 일을 맡기자고 주장하였다. 데이터 분석 및 인공지능 전문가를 지칭한 말이었다(Syal, 2020).

정치는 이제 '전산적 관점으로 본 사회'에 의해 빚어진다(Jutel, 2019, p. 179). 그리고 기술에 의해 장악될 수 있는 그 무엇으로 인식된다. 정치는 실리콘 밸리의 기술관료 유토피아주의, 구글, 페이스북, 아마존 등의 대형 기술회사에 의해 압도적 영향을 받는다. 데이터가 진실을 좌우한다. 진실은 데이터 축적과 감시를 통해서 날조된다. 트럼프 대선 캠페인이나 브렉시트, 정치 전반에서 볼 수 있듯, 정치인들은 SNS와 테크놀로지를 유용한 수단이면서도 동시에 정치적 공작의 위험한 수단으로 여긴다. 테크놀로지를 무색무취의 해결책으로 여기는 시각과 더러운 위협으로 여기는 시각이 서로 뒤얽힌 변태적 판타지가 문제의 핵심적 모순이다. 정치인들은 테크놀로지를 통해서 권력을 차지하는 것에 관심이 있다. 데이터 기반 정치의 판타지가 정치의 핵심에 자리 잡은 논쟁이다. 현실은 디지털 도구를 통해서 적절히 모델링하고 시뮬레이션할 수 있는 그 무엇일 수 없다. 차이 그 자체가 살균되어 버린다(Rambatan & Johanssen, 2021). 이러한 관점의 핵심에는 남성계가 그랬듯 타자와 진실 그 자체에 대한 지배와 장악을 위한 남근이 놓여 있다.

이러한 데이터 기반 정치는 오늘날 데이터 기반 기술의 내재적인 착취성과 폭력성을 은폐하고 있다. 주텔은 SNS와 빅 데이터 기술이 지난 십 년 동안 증가한 감시, 차별, 억압에 큰 책임이 있다고 주장한다(Clough, 2018a도 참고). 감시는 특히 소수인종, 성적 소수자 및 여성을 향하는 경우가 많았다.

데이터 기반 포스트-정치의 논리는 남성계 커뮤니티 전반에 반영되어 있다. 픽업 아티스트와 빨간 알약 커뮤니티의 차갑고 매정한 작전 매뉴얼, 인셀, 남성분리주의와 금딸러의 조악한 유사 과학주의, 대안우파, 퇴행적 유튜버, 브레이비크와 같은 총기난사범의 선언문 등에 나타난 왜곡된 역사 의식 등이 그 예다. 이들은 완벽하게 기능하는 자족적인 세상을 허구적으로 구성하여 그 안에서 살아간다. 자신들만의 세상에서 남근적 테크놀로지 지배감을 누린다. 이들은 판타지 세상의 주인이며 스스로의 언어와 코드, 법률과 관계를 구성해 낸다. 이들의 지배력은 명백히 **테크놀로지**의 성격을 띤다. 이들은 깔끔하고 미학적인 포럼, 짤, 움짤, 텍스트 내러티브를 능숙하게 만들어 낸다. 그리하여 가상 영역을 활보한다.

남성계의 장악력 욕망은 데이터의 공유와 축적으로 표현된다. 남성들의 세계관을 '증명'해 주는 유사 과학, 그들의 '적'에 대한 자료 박제다. 예를 들면, 남성계의 관점이 옳다는 것을 증명해 주는 여성 및 타자들의 행태를 보도한 신문 기사 등이 끝없이 박제 축적된다. 이는 모종의 객관적 진실 주장을 담은 데이터 기반 행동이다. 이들은 끝도 없이 기사를 펴 나르고 비디오, 짤, 사진, 게시물을 뿌리면서 다양한 남성계 커뮤니티의 세계관을 견고하게 다진다.

남성계 커뮤니티 정신의 기계적 핵심에는 보다 광범위한 현대사회가 담겨 있다. 이는 단순히 남성계나 정치계에만 있는 특징이 아니다. 데이터 과잉 축적 및 감시를 통해 이득을 최대화하려는 SNS의 리비도적 논리가 저변을 이루고 있는 것이다(Fuchs, 2014). 페이스북, 유튜브 등의 상업적 SNS의 이데올로기는 이용자가 자신에 대해서 공유를 많이 하면 할수록 남들로부터 인정받는 듯한 보상감을 더 많이 얻도록 되어 있다(Balick, 2014). 이용자들끼리 서로 연대감을 느끼고 자기 가치감을 느낄 수 있다는 점에서 긍정적으로 보이지만, 사실 그 배후에 숨어 있는 목적은 SNS 회사가 이용자 데이터를 광고에 사용함으로써 얻으려는 수익이다. '빅 데이터'라는 말 자체가 그토록 남근적으로 들리는 것이 우연은 아닐 것이다(Johanssen, 2019: Chapter 6).

지난 15년에서 20년 사이 벌어진 SNS 플랫폼의 성장 덕에 이용자들은 온라인 정체성을 형성하고 남들과 교류할 수 있었다. 그러나 한편으로 완벽한 모습으로 비춰지고 싶은 독특한 온라인 자아존재감이라는 것이 만들어졌다. 바로 인스타그램이 그러하다. 자신을 인기 좋고 친구 많고 행복하고 몸매 좋고 아름다운 사람으로 포장하는 능력은 새로운 형태의 사회 자본이 되었다. 배경과 젠더를 불문한 모든 이가 이를 **욕망하고 추구한다**(Rambatan & Johanssen, 2021). 육체는 이제 반짝반짝하게 가꾸어져 전시된다. 인셀이 말하는 외모지상주의 '루키즘lookism'이다. 이와 정반대되는 경향이 남성계 커뮤니티에 만연하였다. 평균적 SNS 이용자를 괴기스럽게 뒤집어서 만든 더럽고 막장이고 위악적인 이미지다. 남성계의 다양한 남성은 겉보기에 완벽한 자기 포장의 연극적 성격을 이해하지 못한다. 제이미 하킴의 표현에 따르면 이는 신자유주의 긴축 시대에 걸맞는 **육체의 공동체적 전시 행위다**(2019). 또한 SNS상의 자기 전시 행위는 자아의 진정성과 복잡성의 표출이기도 하다(Balick, 2014).

남성계는 특유의 가상 세계를 성공적으로 만들어 냈다. 그러나 그들의 지배 판타지와 데이터 기반 진실은 대부분의 현실에서는 통하지 않는다. 인셀은 '인셀덤'을 건국하지 못하였다. 금딸 이용자들은 포르노 금지법을 시행하지 못하였다. 남성분리주의자들은 어떻게 해도 여성을 피할 방법이 없다. 이들의 테크노 솔루션 판타지는 한계가 있으며 결코 현실화될 수 없다. 실패는 여성, 소수자, 타자의 방해 때문이므로 더 큰 혐오와 학대가 이어진다. 역설적이게도 판타지의 균열이 오히려 우리에게는 희망의 단초가 된다.

## 능동자와 피동자를 넘어서

이제껏 다양한 남성 커뮤니티와 이들의 억제/탈억제 상태를 충분히 고찰하였다. 이제 이들 스스로 만들어 내어 자신을 가두어 버린 교착 상태를 극복할 가능성을 생각해 보아야 한다. 결론 부분에 이르렀으니 희망을 모색해 본다. 이 책에서 제시하였던 분석적 성격 유형을 넘어서는 완전히 다른 주체를 개념화해 보고자 한다. 제시카 벤저민의 이론을 원용하여(1988) 상호주관적 인정이라는 개념의 가능성을 짚어 본다 (Honneth, 2012 참고). 우연찮게도 제시카 벤저민은 앤슨 래빈바흐와 함께 테벨라이트의 『남성 판타지』 영어 번역판 2권의 서문을 썼다(Theweleit, 1989).

결론 맨 앞부분에서 인용하였던 애덤 필립스의 말을 살짝 바꾸어 음미해 보자. 이들 남성들이 홍수에 휩쓸리는 피해자가 아니라 자신이 홍수가 되는, 혹은 고요한 호수가 되는 방법이 과연 있을까? 가능한 일일까? 벤저민의 인정 이론을 논할 절호의 시점이다.

우리 인간을 윤리적 주체로 만드는 핵심은 바로 "우리 자신 속의 타자를 인식할 수 있음"에 있다(Benjamin, 1988, p. 169). 벤저민은 오이디푸스 콤플렉스 개념과 소년/소녀에게 동일시 대상으로서의 아버지/어머니 역할을 비판적으로 재조정함으로써 인정 이론을 만들어 냈다(제1장과 제6장 관련 내용 참고). 벤저민은 유아의 오이디푸스 단계보다 전 오이디푸스 단계에 좀 더 중점을 둔다. 간략하게 설명하자면 오이디푸스 콤플렉스는 정신분석학에서 어머니를 개념적으로 평가 절하하고 아버지의 역할을 강조하는 결과를 가져온다. 유아의 욕망은 아버지를 향해 전환된다. 남근은 오이디푸스 콤플렉스 이론에서 무척이나 중요한 가치를 지니기 때문에 여성 섹슈얼리티는 상대적으로 평가 절하된다. "그리하여 남성성은 여성성에 상반되는 것으로 정의된다. 젠더는 양극단으로 정렬되어 하나는 이상화되고 다른 하나는 폄하된다"(ibid, p. 168). 오이디푸스 콤플렉스에 대한 벤저민의 평가와 비판을 여기에서 그대로 전할 수는 없다. 그러나 우리가 분석한 남성들은 벤저민이 비판한 패턴을 그대로 내면화하고 있는 듯이 보인다. 벤저민은 물론 남근의 중요성을 인정하긴 한다(제1장에서의 논의 참고). 그럼에도 그녀가 문제 삼는 것은 정신분석학 이론과 사회 전반에서 남근이 지나치게 강력한 상징으로 취급되고 있다는 점이다. 오이디푸스 이론의 문제점은 성별 **차이**를 너무나 확언한다는 것이다. 벤저민의 표현대로 '**양극적**'이다(ibid, p. 169). 남성과 여성은 인정을 통해 연합하는 것이 아니라 개념적 상반 관계다. **남성계 남성들은 여성성과 오이디푸스적 관계를 맺는다.** 그들은 여성성, 궁극적으로는 모성을 향하여 분리와 밀착 사이를 오가며 혼란스럽게 갈팡질팡한다. 이들이 모든 여성을 향해 토로하는 사랑과 미움은 오이디푸스 콤플렉스의 증상이다. 아들을 집어삼키고 거세하는 어머니에 대한 두려움이다. 어머니에 대한 미움이다. 여성 생식력의 상징인 자궁에 대한 선망이다. 남성계 남성들은 부모, 특히 아버지를 죽이려는 소망을 품고 있었다. 이는 오이디푸스 콤플렉스로 해석할 수 있다. 양친 사이를 갈라놓아 어머니를 차지하려는 욕망, 혹은 아버지를 살해하여 부모로부터 벗어나 개성화하려는 소망이다.

벤저민이 비판하는 오이디푸스 모델은 남성과 여성을 대립시켜 갈라치는 효과를 재생산한다. 앞에서 언급한 논리에 따르면 남성들은 이성애적, 존중적, 성찰적인 '올바른' 방식의 욕망을 배우지 못한 것이 된다. 오이디푸스 단계 이후 남성성과 여성성 관념을 제대로 추구하지 못하였다. 이렇게 이해한다면 다른 관점이 들어설 여지는 없으며 오직 이성애 규범적 논리만 재생산하게 된다. 벤저민의 이론은 어머니 판타지와 여성성과 연관된 문화적 허구를 부인한다.

테벨라이트에 따르면 그의 군인 남성들은 전 오이디푸스 단계에 정체되어 있다. 그들의 자아는 파편화되어 있으며 다른 기제를 통해 간신히 봉합되어 있다. 그들의 자아는 파시즘으로 지탱된다. 남성계 남성들도 이와 유사하다. 이들의 자아가 반드시 파편화된 것은 아니다. 그러나 이들에게 인터넷 사용과 인셀, 금딸, 남성분리주의 등의 특정 커뮤니티 참여가 일종의 방탄복처럼 자아를 감싸서 뭉쳐 준다는 것이 분석을 통해 명백히 드러난다. 방탄복의 구성은 억제/탈억제를 특징으로 하지만 언제나 구멍이 뚫려 있다. 방탄복의 다공성이 바로 가능성이다.

벤저민과 테벨라이트처럼 전 오이디푸스 단계에 주목한다면 이분법을 넘어서는 새로운 관점이 열릴 수도 있다. 벤저민은 말한다. 정신분석학과 오이디푸스 콤플렉스는 "인생을 한 육체가 다른 육체에게 행하거나 당하는 과정으로만 주로 이해한다. 남근은 주요 능동자다. 거세 불안의 경우에는 피동자가 된다"(ibid, p. 124). 나는 이 책에서 남근 개념을 주로 분석적 범주로 사용하였지만, 이를 뛰어넘어 새로운 관점으로 가능성을 탐색해 보는 것도 중요하다. 해결책까지는 아니더라도 어느 정도 희망을 찾아볼 수도 있을 것이다. 남근 개념을 폐기하는 대신 여성적 욕망과 행위주체성에 주목할 수도 있다.

벤저민은 인정이라는 주제를 지속적으로 탐구하였다(Benjamin, 1988, 1995, 1998, 2018). 그녀는 다양한 정신분석학파와 사상가를 종합하여 상호주체적, 관계적 정신분석학을 제안하였다. 최근작에서는 특히 '삼자'라는 개념에 주안점을 두었다(Benjamin, 2018). 벤저민의 이론은 최근 미국 정신분석학 관계 이론에 큰 영향력을 행사하고 있으며(Beebe & Lachmann, 2003), 정신분석학 이론 전반에 영향을 주고 있다. 벤저민의 삼자 개념은 한 주체가 타자를 자기와 같으면서도 동시에 다른 주체로 인식하는 위치를 의미한다. 서로 다른 주체 사이에 감정과 생각이 공유된다(Benjamin, 2018, p. 4).

결론 부분에서 나는 프로이트 라캉적 관점에서 벤저민의 관계 정신분석학적 관점으로 이동해 보고자 한다. 벤저민의 이론은 어떤 의미에서는 프로이트 라캉과 반대된다. 이러한 관점 전환은 프로이트도 라캉도 제공하지 못했던 전혀 다른 차원을 연다.

벤저민의 삼자라는 개념은 라캉의 용어에서 영감을 받았으며(Lacan, 1975), 원래 두 주체의 양자성을 넘어서는 차원을 묘사하는 말이었다(Benjamin, 2018, p. 26). 벤저민은 곧 라캉을 비판하였다. 라캉이 아버지 개념을 너무 강조한 나머지 삼자를 아버지의 권위와 오이디푸스적 역동과 동일화하였다는 것이다. "그러므로 삼자는 아버지에 의해서 혹은 타자에 의해서 말 그대로 제삼자처럼 설립되는 것이어서는 안 된다고 생각한다. 아버지가 금지와 거세를 수행하는 프로이트 혹은 라캉적 오이디푸스 관계에서는 삼자가 생겨날 수 없다"(Benjamin, 2018, p. 27). 벤저민의 말이다. 남근을 중심 개념으로 삼는 라캉 및 프로이트 사상과 거리두기를 선언하는 비판이다. 이 책에서 내가 분석한 자료를 새로운 시각으로 볼 수 있는 가능성이 열린다. 게다가 프로이트적인 인간 주체 개념은 상호주체성의 관계론에 잘 들어맞지 않는다(Johanssen, 2019, p. 21). 라캉을 포함한 후기 프로이트학파는 이 점에 고심하였다. 나의 결론에 벤저민의 시각은 특히 유용하다. 곧이어 자세히 설명하겠지만, 초기 상호주체적 젠더 관계에 중점을 두기 때문이다. 벤저민은 전 오이디푸스적 정신역학을 넘어 관계적 주체성의 정신분석학을 발전시켰다(Benjamin, 2018).

벤저민의 상호주체성은 무척이나 중요한 개념이지만 지면 제약으로 더 자세히 설명할 수는 없다. 벤저민의 저서를 직접 읽어 보기를 권장하고 싶다. 그녀의 이론은 분열, 극단화, 파괴성이 판치는 현재의 사회정치적 상황에서 무척 큰 중요성을 갖는다. 현재의 혼란은 비단 남성계와 대안우파뿐 아니라 트럼프 자신이 증폭시키고 있다. 그는 거짓과 사회적 악행을 버젓이 저지르며 능동자와 피동자라는 이분법적 논리를 휘두른다(Benjamin, 2018, pp. 6-7, 248). 벤저민이 상호주체성 이론의 정신분석학을 발전시킨 것은 수십 년 되었다. 내가 주목하는 것은 『사랑의 결합The Bonds of Love』이다. 이는 벤저민 이론의 기반이 된 저작이며 섹슈얼리티, 남성성, 여성성의 문제에 유용한 성찰을 제공한다(Benjamin, 1988).

## 인정의 전(前) 오이디푸스 모델: 자립/의존 및 발견

벤저민은 저서를 논쟁으로 시작한다. 유아의 인생 초기인 전 오이디푸스 단계에서부터 인정이 시작된다고 주장한다. 전 오이디푸스 발달 단계를 강조함으로써 어머니가 부각된다. 오이디푸스 단계에서 아버지가 중요한 것과 대조적이다. 신생아 및 유아 시절에 인정은 두 가지 형태로 나타난다. 어머니는 아기를 자녀로, 그리고 아기는 어머니를, 혹은 아버지, 그리고 손위 형제를 양육자로 인정한다. 어머니는 최소한 아기의 소리, 표정, 움직임 등을 인정이라고 생각한다. 혹은 투사한다. 아기는 태어난 직후부터 배 속에서부터 듣던 어머니의 목소리를 인식하고 인정한다. 인정이야말로 인간 경험의 중심이며 온갖 윤리학의 기반이다(Singh, 2019). 그렇다고 해서 인정이 갈등과 모순이 없는 이상적 상태라는 뜻은 아니다. 벤저민은 원래 "상호주관성의 순수한 문화"가 있었는데(ibid, p. 223) 후대에 갈등으로 타락한 것이 절대 아니라고 강조한다. 인정은 갈등이면서도 조화이고 분리인 동시에 결합이다. 내가 수행한 분석에 적용해 보면 남성계 남성들에게 가장 결여되어 있는 것이 상호 인정 같다. 이들은 여성들이 자신들을 투명인간 취급하고 무시하고 거부하고 부당 대우하였다고 비참해한다. 그 복수로 여성을 오인하려고 든다. 그럼에도 우리는 이들 남성들에게서 인정의 흔적을 발견하며 또한 인정받고 싶은 욕망을 본다. 오늘날 데이터 기반 커뮤니케이션 사회에서 인정의 윤리적 중요성은 갈수록 증대되고 있다. 또한 주체가 자신을 어떻게 드러내며 디지털 테크놀로지를 통해 서로 어떻게 소통하는지의 문제가 갈수록 중요해지고 있다(Balick, 2014; Singh, 2019; Crociani-Windland & Yates, 2020).

　　정신분석학에서는 인생 초기에 어머니와 아기가 하나로 융합된 상태로 있다가 서서히 분리되면서 개인화 과정이 시작된다고 이해한다(예를 들면, Anzieu, 1989 혹은 Mahler, 1979). 벤저민은 이에 반대한다. 그녀는 인정 개념을 타자로부터의 자유가 아니라 오히려 타자와의 관계성으로부터 재구성한다. 타자와의 관계 속에서 상호 인정과 독립이 가능해진다. 정신분석학파 내에서 예외적으로 벤저민과 입장을 같이하는 학자가 도널드 위니컷이다. 그는 유아가 어머니에게서 인정받으면서도 동시에 독립적으로 존재할 수 있는 공간인 이행 공간이라는 개념을 창안하였다. 여기에서 유아는 이행 대상을 가지고 놀면서 어머니가 있든 없든 간에 인정을 느끼고 경험한다(Winnicott, 2002). 인정은 반영적이다. 타자가 우리에게 해 주는 반응과 "우리가 그 반응에 어떻게 느끼는지"가 포함된 것이 인정이다(ibid, p. 21). 인정은 그래서 정신적 기능성과 건강에 기본적이다. 인정은 대상관계 정신분석과 상호주관적 접근을 통해 개념화될 수 있다. 이 책에 유용한 개념이다. 우리가 분석한 남성들의 담론은 겉으로 보기에는 인정 개념에 반대하거나 혹은 이성적 접근을 거부할 듯 느껴진다. 이들은 파괴적이고 유해하고 혐오적이다. 이들은 인정을 전면적으로 부정한다. 그러면서도 동시에 인정을 요구한다. 인셀이 특히 더 그렇다. 이러한 상황은 인정이라는 것 자체가 불가능한 상황으로 우리를 내몬다. 더구나 여성은 남성계 공간에서 원천적으로 배제되어 있어서 더욱 그렇다.

그럼에도 분석적 관점에서 보면, 이들 데이터에는 인정이라는 개념이 들어설 작은 여지와 힌트가 여기저기 보인다. 맨 처음 궁금한 것은 바로 이거다. 타자를 이름 짓는 다는 것이 이미 인정을 의미할까? 아니면 인정을 위한 욕망을 의미할까? 여성을 논한 다는 것은 인정의 혹은 인정 욕망의 첫 단계일까? 비록 이것이 '암봇' 등 매우 구체적인 모욕이라고 할지라도 말이다. 아니면 타자에 대한 **오인**에 지나지 않을까? 매우 중요한 질문들이다. 여성에 대한 부정과 멸절에 대한 생각을 벗어날 수 있도록 해 주기 때문이다. 우리가 분석하였던 담론에서 실제 여성은 부존재하였기 때문에 오히려 판타지에서는 더욱 크게 존재하였다. 판타지 속에서 여성은 끝없이 명명되고 소환되고 욕망되고 학대당하고 이용되고 농락당하였다. 남성계의 삶에서 여성은 거부당하고 배제당하기 위한 목적으로 무소부재하였다. 그러면서도 여성은 끊임없이 욕망되었다. 벤저민의 통찰에 대해서 좀 더 알아본 후 남성계를 점검하도록 한다.

"우리의 독립성을 깨닫는 순간 우리는 남들의 인정에 또다시 의존하게 된다"(ibid, p. 33). 유아에 대해 벤저민이 한 말이다. 그녀는 위니컷의 이론을 끌어온다. 위니컷은 유아가 이행 공간에서 독립성을 성취하며 다른 실재 혹은 물질적 대상물의 존재 앞에서 혼자 있는 법을 배운다고 강조한다(Winnicott, 2002). 벤저민은 상호주관적 인정 이론을 정교화하여 삼자 개념과 연결한다. 벤저민 스스로 말하듯 **삼자** 개념은 위니컷의 이행 공간과 유사하게 정의된다(Benjamin, 2018). 남성계는 여성을 가만두지를 못한다. 그들은 여성의 판타지에 의존해서 끝없이 온라인에서 갑론을박한다. 그럼으로써 인정감을 얻고 인정 욕망이 생겨난다. 여성의 판타지에 의존하는 까닭은 그들을 결국은 인정해 주고 그들의 존재를 확증해 줄 사람은 판타지 속 여성밖에 없기 때문이다. 이들이 차마 이 사실을 인정할 수가 없다는 것이 문제다. 그래서 이는 무의식으로 남겨져 있다. 대신 이들은 타자를 정당한 주체로서 인정해 주지 않는 판타지를 날조해 낸다. 타자는 스스로 독립적으로 존재하는 주체가 아니라 이들을 위해서 존재해야만 한다. 남성계 커뮤니티는 자신들이 원하는 타자상을 허구적으로 구성해 낸다. 남성들의 파편화된 자아를 지탱해 줄 순종적 여성상을 원한다. 이들이 간절히 원하는 것은 인정이지만, 그만 타자에 대한 파괴로 타락해 버리고 만다. 이러한 행동은 인정, 상호이해, 대화의 가능성을 아예 차단하는 결과를 가져온다. 이들 남성들이 원하는 인정이라고 하는 것은 오직 한 가지 형태만 남아 있는 듯 보인다. 바로 복종이다. 이들은 파시스트 육체의 판타지로부터 힘을 얻어 자신들이 복종적 여성으로부터 존경과 보살핌을 받는 지배적 남성이 되는 시나리오를 만들어 냈다. 이러한 형태의 인정은 사도마조히즘적이며 파시즘적이며, 여성은 복종당하기를 스스로 욕망하는 존재로 그려진다. 이러한 인정 판타지는 방어적일 뿐이다. 진정한 인정과 상호존중, 상대에 대한 편견 없는 접근은 가능성 자체가 차단되고 만다. 실제 여성은 부재하며 통제가 가능한 판타지 여성으로 대체된다.

이러한 남성들이 초기 발달 단계에 정체 혹은 퇴행되어 있다는 주장도 있다. 자신이 전능하다고 착각하는 유아기적 상태라는 것이다. 이러한 증상은 코헛, 클라인, 라캉, 위니컷 등에 의해 개념화된 바 있다. 이러한 단계가 극복되기 위해서 필요한 것은 유아가 주변 사람들과 상호작용을 더 많이 해서 성장하는 것이다. 이 책에서 다룬 모든 남성은 현저하게 미성숙한 주체성을 지니고 있으며 자신들의 전능성과 여성 지배력을 혼동한다. 이들에게 커뮤니티는 일종의 유해성 이행 공간으로 기능한다고도 볼수 있다. 여기에서 남성들은 서로 지지해 주면서 특정 정체성을 수행/유희한다. 일종의 내향성 인정이라고도 볼 수 있다. 남성들은 서로 인정하고 확인해 주는 것을 생존수단으로 삼는다. 이 책에서 내내 지적하였듯 이들의 판타지는 본질적으로 모순적이며 다공성이다. 이들은 여성을 완벽하게 제어하고 지배할 수가 없다. 억제/탈억제, 욕망, 유사 사랑에 휘둘리기 때문이다. 판타지는 너무나도 모순적이기 때문에 오히려 끝없이 계속되는 지배의 '악순환'을 끊어 낼 기회로 작용한다(Benjamin, 1988, p. 220). 판타지 그 자체로부터 인정의 가능성이 솟아난다.

판타지 자체는 여성을 부정하지 않지만, 파시즘과 강박적 성격 유형의 맥락에서 이해될 필요가 있다(제4장, 제5장). 또한 제7장에서 고찰했던 대로 엄격하게 규제되는 형태의 이성애와 관련하여 볼 필요가 있다. 이성애는 오로지 남성 지배와 여성 복종을 성생활 및 일반 생활 전체에까지 확대한 형태다. 이는 변화하는 신자유주의 사회경제적 조건과(제4장 참고) 트럼프의 득세, 전반적 온라인 여성혐오와 대안우파에 의해 증폭되었다. 여성혐오적 남성은 세상이 이제 고리타분한 젠더 고정관념에서 벗어났다는 것을 모른다. 사도 마조히즘적, 이성애 규범적 성질의 인정은 퀴어 섹슈얼리티에 맞서서 반대하고(제3장, 제7장) 무의식의 생산적 힘에 맞서는 기능을 한다. 판타지는 이게 전부가 아니다.


## 인정으로서의 파괴?

파괴 판타지와 파괴 행동은 사실 진정한 인정에 대한 욕망이 잘못 표출된 것이라고도 볼 수 있다. 벤저민은 위니컷의 이론을 인용하여 유아가 처음에는 파괴를 통해서 대상과 유의미한 관계를 맺는 법을 배운다고 지적한다(위니컷의 인정 이론을 발전시킨 Honneth, 2012도 참고). 어린 아기는 어머니 등의 대상이 자신의 마음속이 아니라 외부에 존재한다는 것을 서서히 배운다. 대상이 자체적으로 존재하는 것이다. 위니컷에 따르면 이행 과정에는 대상 파괴의 판타지가 포함된다. 타자가 외부에 존재함을 인정하려면 먼저 판타지 안에서, 즉 내면에서 파괴되어야만 한다. 전능성 판타지를 가진 유아가 과연 타자가 살아남는지 보려고 시험 삼아 파괴해 보는 것이다. 타자가 만약 살아남는다면 유아의 판타지 세상 바깥에 진짜로 존재한다는 뜻이 된다. 타자는 파괴적 판타지에서 '살아남았고' 유아를 인정하게 되었다. 만약 유아가 타자를 완전히 부정하였더라면 인정의 주체가 아예 남아 있지 않았을 것이다. 그런 의미에서 환지적 파괴는 상호주체적 인정의 기반이 된다. 이는 "상호주체적 공간으로의 진입이며, 세상의 한계와 타자의 차이로 인해 전능의 환상이 터지는 것이다"(Balick, 2014, p. 109).

남성계의 판타지를 이에 비유해 볼 수는 없을까? 남성들이 여성 파괴의 판타지를 그려 내는 이유가 혹시 인정에 대한 욕망 때문은 아닐까? 총기난사범을 제외한 대부분의 남성계는 타자로서의 여성을 완전히 부인하지는 않는다. 이들은 판타지 속에서 여성을 파괴하기는 하지만 동시에 판타지에서도 현실에서도 실재하는 주체로서의 여성을 욕망한다. 이들이 타자를 완벽하게 부정한다면, 이들 남성들을 인정하고 봐 주고 욕망할 타자는 아예 없어진다. 벤저민은 말한다. "성인기의 파괴에도 타자가 살아남는지 어디 한번 보자는 의도가 포함되어 있다"(1988, p. 38). 타자의 침범과 파괴에는 "타자의 독자적 현실을 공격함으로써 마침내 발견"하려는 의도가 들어 있다(ibid,

p. 68). 남성계 남성들은 일종의 가상적 **까꿍놀이**를 하고 있다. 숨었다가 확 나타나는 부정과 확인의 놀이다. 인정과 발견에 대한 욕망이 여기에서 시작되며, 아마도 어떤 형태의 희망의 시작을 의미한다.

어떤 이들은 받아들이기 힘들 수도 있다. 내가 게시물을 너무 많이 읽어서 물들었다고 생각할지도 모른다. 일견 모순적인 주장처럼 느껴진다. 내가 이들을 '인간화'하고 유해한 내러티브에 물타기를 해 준다고 생각할 수도 있다. 그러나 내가 여기 결론에서 점검한 관점에 따르면 이들 남성들이 갖고 있는 인정에 대한 욕망을 살펴볼 가능성이 열린다. 이들은 진정한 인정을 받지 못한다. 왜냐하면 외부 대상과 공유하는 현실을 발견하지 못하거나 발견하기 싫어하기 때문이다(ibid, p. 88). 대상 여성이 이들 남성들의 판타지 속에만 존재한다는 것이 비극이다. 이들 커뮤니티에서 여성은 부재한다. 많은 이에게 오프라인에서 여성과 의미 있는 교류를 맺을 가능성도 없어 보인다. 그럼에도 이들은 인정과 관계를 소망한다. 여기에 희망이 있다.

이러한 판타지가 온라인에 표현되고 유포된다는 사실이 중요하다. 여성혐오는 인터넷 바깥에도 존재한다. 그러나 SNS와 온라인 포럼이 모종의 인정을 가능하게 만들었다는 것이 아론 발릭Aaron Balick의 주장이다(2014). 인터넷에서의 자기표현과 커뮤니케이션 행위를 통해서 주체는 **인정 욕망을 표현**한다. 그리고 **그 자체**로 타자에 의해서 인정받을 수 있게 된다. SNS에서의 장난스러운 정체성 창조가 인기 있는 이유는 남들이 답글을 달고 공유하는 등 반응하기 때문이라고 발릭은 지적한다. 정체성은 이런 식으로 환영받는다. 온라인 진보 공간, 특히 LGBTQI+ 커뮤니티에서는 흔한 현상이다. 그러나 남성계의 경우는 특별히 파괴적인 정체성일수록 다른 남성으로부터 인정을 받는다. 남성 커뮤니티가 타자를 배제하는 것은 폭력적인 행동으로도 볼 수 있지만, 동시에 이들 남성의 취약성을 의미하기도 한다. 이들이 타자를 배척하는 이유는 타자가 자신을 오인한다고 느끼거나 혹은 오인이 두렵기 때문이다. 그리고 타자가 남성계에 들어오면 자신들의 정체성이 도전 당한다고 여기기 때문이다. 이러한 정신역학은 이들 남성들이 자신들의 커뮤니티에 쏟아붓고 있는 정신적 에너지의 엄청난 양을 보여 준다. 이들은 유해한 내러티브를 생산하느라 엄청난 시간을 투자한다. 그리고 엄청난 시간을 들여서 인셀, 남성분리주의자, 금딸 이용자의 정체성이 무엇이며 어떤 의미인지 논쟁하고 다짐한다. 끝없는 재확인이 필요하다는 것은 이들의 정체성이 얼마나 구멍이 숭숭 뚫려 있으며 취약한지를 보여 준다. 이들은 끊임없이 자신들의 취약한 정체성을 수선한다. 그리고 자신들과 외부인 사이에 뛰어넘지 못한 벽을 건설하려고 든다. 그럼에도 끝내 드러나는 것은 이들이 인정을 욕망하고 있고 자아의 통합성을 갈망한다는 것이다. 그러나 스스로 만들어 낸 유해한 정체성은 타인으로부터의 인정을 가로막는다. 그럼에도 이들은 커뮤니티 구성원에게 직접 받는 인정 그 이상을 진심으로 욕망한다.

인셀과 금딸러들이 끝없이 섹스에 대한 욕망을 표현하는 것은 사실 인정에 대한 욕망이라는 것을 벤저민의 이론으로 읽어 낼 수 있다. 성애적 결합에서 자아와 타자는 뒤얽히고 융합되고 하나가 된다. 성교의 궁극적인 목적은 초월적인 전체성을 경험하고 자아와 타자가 하나가 되려는 것이다. 벤저민에 따르면, 섹스에 대한 욕망은 "사실은 인정에 대한 욕망의 일종이다"(ibid, p. 128). 욕망이 재구성되어야 한다. **무한하게** 밀고 당기는 라캉적 욕망이 아니라 성애적 합일에 대한 욕망이어야 한다. 상호 인정을 통해서만 타자와 함께 그리고 타자 안에서 상호적 쾌락을 달성할 수 있다. 상호 인정은 남근이나 남성성, 혹은 여성성에만 특권을 주지 않는다. 벤저민에 따르면 이로써 여성 욕망의 관점이 새로이 열린다. 남근에 근원하지 않으며 남성에게 복속되지도 않는다. 남성들은 남근에 대한 집착을 버려야 한다. 그리고 타자적인, 좀 더 여성적인 주체성과 섹슈얼리티를 스스로 포용해야 한다. 다시 말해 자신의 무의식의 힘을 받아들이고 비이성애 규범적 섹슈얼리티에 대한 방어를 멈추어야 한다. 제2장에서 나는 제이미 하킴의 최근 저서를 인용하여 디지털 미디어에 묘사되는 남성 육체에 대해 논하였다(Hakim, 2019). 하킴은 SNS 미디어 플랫폼에서 벌어지는 남성 스타의 누드 유출을 분석한다. 인스타그램 등 플랫폼에서 젊은 게이 및 이성애 남성들 사이에 동성애적 이미지가 널리 유통되고 있고, 또한 게이 남성들 사이에서 '켐섹스'가 유행하고 있다. 우리가 다룬 남성성에 비교하면 훨씬 더 연약하고 모순적이며 연대적인 남성성이다. 하킴에 따르면 이는 2008년 이후 신자유주의 긴축에 대한 대응적 현상이다. 이는 체화, 욕망의 남성성인 동시에 연약성을 스스럼없이 드러내는 새로운 종류의 남성성이다. 남성계에 비하면 좀 더 연대적이며 공감적인 남성성이다. 찌질남 남성성 역시도 이 범주에 해당한다. 로라 마크스는 최근 『남성 판타지』에 대한 서평에서 비슷한 결론을 냈다. 그녀는 테벨라이트의 저서가 자유군단 남성성에 맞서 대안이 될 수 있는 새로운 남성성을 제시하지 못하였다고 주장한다.

> 자유군단이나 일파 메일 등의 방탄복 이상을 추구하지 않거나 혹은 적극적으로 거부하는 수많은 남성문화와 하위문화가 있다. 북미 사회에서는 뺀질이, 쪼다, '감성남' 등이 있다. 게이들의 엄격한 몸매 숭배에 저항하는 테디남과 강아지남이 있다. 남자로 태어나긴 하였지만 제3의 길을 시도해 보기도 한다. '레즈비언 보이', 스타일남도 있다. 우아한 미노년. 편견 없는 남성 섹슈얼리티. 다정한 아버지. 가상 세계 속에서 활보하는 게임 캐릭터의 바디 이미지와 현실 세계에서 게임 콘솔을 잡은 자신의 통통하게 살찐 몸을 조화시키는 게이머들. 이 모두 얼마나 사랑스러운 남성들인가(Marks, 2020, p. 117).

이 다양한 남성성을 남성계가 롤 모델로 삼을 수만 있다면 얼마나 좋을까. 그래도 남성계 남성들은 기본적으로 여성에 대한 호기심과 탐구욕을 지니고 있다. 이 점이 희망적이다. 이들은 현실을 좀 더 다각적으로 보아야만 한다. 그리고 타자에 대한 의존과 독립을 동시에 인정해야 한다. 여성을 진정으로 발견하고 전혀 다른 타자의 현실을 알고 싶다면 좀 더 마음을 열어야만 한다. 벤저민이 말한 삼자의 위치에 들어와서 근본적으로 항복을 해야만 한다(Benjamin, 2018). 타자에게 항복한다는 것은 "제어하고 강제하겠다는 의도로부터 자유를 얻는다."는 것을 의미한다(Benjamin, 2004, p. 7). 대신 타자의 차이를 수용하고 따뜻하게 인정하는 것을 뜻한다. 마찬가지로 여성들도 마음을 열고 대화에 참여해야만 한다. 요구하기 어려운 일인 것은 안다. 그러나 인정에는 양자 모두가 필요하다.

남성계가 지닌 판타지는 다른 의미에서는 과연 여성들이 살아남는지 보려는 실험과도 같은 것이다. 대부분 여성은 견뎌 낸다. 온라인 남초 커뮤니티에 여성들이 없어서 그런 것은 아니다. 성차별주의와 여성혐오는 남성과 여성이 함께 활동하는 온라인 오프라인에 폭넓게 퍼져 있다. 그 누구도 여성에게 여성혐오적 남성과 교류하라고 요구할 수는 없다. 먼저, 어조와 말투를 고치고 폭력적인 언어와 행동을 그만두어야 한다. 성차별과 여성혐오를 마주한 여성들이 화를 내고 분노하고 실망하고 냉소하고 비웃는 것은 당연하다. 이 책을 통해 탐구한 여러 현상에 대해서 나의 확실한 해답은 없다.

"겉은 방탄복으로 무장했으나 내면은 분열되어 있고 증오로 가득한 주체성이 세상을 활보하고 있다. 이론적으로 논파하여 막을 방법은 없다는 것을 잘 안다. 그러나 이 또한 역사의 산물이라고 믿고 싶다"(Marks, 2020, p. 118). 로라 마크스는 테벨라이트의 이론을 빌려 현재 세계 각지를 위협하고 있는 파시즘에 대해 이렇게 말하였다. 남성계도 언젠가는 역사의 뒤로 사라질 것이다.

* * *

마지막 발언은 또 한 명의 여성에게 맡기고 싶다. 이 남성들에게 어떻게 대해 주어야 할 것인가. 바로 **사랑**이다. 2019년 8월에 미국 엘파소에서 총기난사 참사가 일어났다. 알렉산드리아 오카시오 코르테즈Alexandria Ocasio-Cortez 하원의원은 이렇게 연설하였다.

꼭 하고 싶은 말이 있어요. 우리 사회의 젊은 남성들이 그리고 젊은 여성들이 점점 더 많이 백인 우월주의의 손아귀에 빠져들고 있습니다. 독설의 함정에 빠져들어 가서 극단화되고 있습니다. 라틴계에게, 이민자에게, 아프리카계 미국인에게, 모든 흑인에게, 모든 유대인에게, 모든 신앙인에게 막말을 퍼붓고 있습니다! 내가 하고 싶은 말은 이겁니다. 돌아오세요! 당신을 기다리는 엄마가 있어요, 내가 압니다! 당신을 기다리는 선생님이 있어요! 우리 애가 어쩌다 저렇게 됐을까? 내 친구가 왜 저렇게 됐을까? 우리는 언제나 기다리고 있어요. 돌아올 자리 맡아 놓고 기다리고 있어요. 언제든 다시 사랑해 줄 겁니다. 이제라도 늦지 않았어요. 이 사회에서 사는 게 외로운 거 알아요. 힘든 거 안다고요. 세상 어디에도 기회가 없다는 거 안다고요. …… 그저 살상 무기 탓이 아닙니다. 우리 사회 전반의 총기 폭력이 문제입니다. 여성혐오 탓이든 인종주의 탓이든 간에 무관합니다. 총을 든다고 사나이가 되지 않습니다! 폭력을 서슴없이 쓴다고 사나이 되는 거 아닙니다! 다른 사람의 생명을 파괴한다고 강자가 되는 게 아닙니다! …… 우리 모두 더 깊이 더 깊이 생각해야만 해요. 우리 모두 더 큰 사랑을 배워야 합니다. 저들이 돌아올 수 있도록 말입니다(Anwar, 2019, 게시물).

남성계를 떠돌고 있는 유명한 밈을 인용하여 마지막을 장식하고자 한다.

[그림 1] 가끔은 방향성이 전부일 때도 있다.

세로로 읽으면 "당신은 소중합니다, 포기하지 마세요."
가로로 읽으면 "당신은 아무것도 아닙니다, 포기하세요."

# 참고문헌

Abel, E., Christian, B., & Moglen, H. (Eds.). (1997). *Female Subjects in Black and White: Race, Psychoanalysis, Feminism.* Berkeley: University of California Press.

Adorno, T. W. (1970). Freudian Theory and the Pattern of Fascist Propaganda. *Psyche: Zeitschrift für Psychoanalyse und ihre Anwendungen, 24*(7), 486–509.

Adorno, T. W., Frenkel-Brunswik, E., Levinson, D. J., & Sanford, R. N. (1950). *The Authoritarian Personality.* New York: Harper & Brothers.

Adorno, T. W., & Horkheimer, M. (1947). *Dialectic of Enlightenment: Philosophical Fragments.* Amsterdam: Querido.

Adorno, T. W., & Horkheimer, M. (1989). *Dialectic of Enlightenment.* London: Verso.

Albury, K. (2014). Porn and Sex Education, Porn as Sex Education. *Porn Studies, 1*(1–2), 172–181.

Allan, J. A. (2016). Phallic Affect, or Why Men's Rights Activists Have Feelings. *Men and Masculinities, 19*(1), 22–41.

Allyn, D. (2001). *Make Love, Not War: The Sexual Revolution: An Unfettered History.* London: Routledge.

Almog, R., & Kaplan, D. (2017). The Nerd and His Discontent: The Seduction Community and the Logic of the Game as a Geeky Solution to the Challenges of Young Masculinity. *Men and Masculinities, 20*(1), 27–48.

Anderson, B. (1991). *Imagined Communities: Reflections on the Origin and Spread of Nationalism.* London: Verso.

Anwar, M. (2019). AOC's Speech To White Supremacists Is So Passionate & Inspiring. *Elite Daily.* https://www.elitedaily.com/p/aocs-speech-to-white-supremacists-is-so--passionate-inspiring-18567176.

Anzieu, D. (1989). *The Skin Ego.* New Haven, CT: Yale University Press.

Aron, L., & Starr, K. (2013). *A Psychotherapy for the People: Toward a Progressive Psychoanalysis.* London: Routledge.

Attwood, F. (2002). Reading Porn: The Paradigm Shift in Pornography Research. *Sexualities, 5*(1), 91–105.

Attwood, F. (2005). What Do People Do with Porn? Qualitative Research into the Consumption, Use, and Experience of Pornography and Other Sexually Explicit Media. *Sexuality and Culture, 9*(2), 65–86.

Attwood, F. (2009). *Mainstreaming Sex: The Sexualization of Western Culture*. London: IB Tauris.

Attwood, F. (2011). The Paradigm Shift: Pornography Research, Sexualization and Extreme Images. *Sociology Compass, 5*(1), 13–22.

Attwood, F. (2017). *Sex Media*. Cambridge: Polity.

Attwood, F., Smith, C., & Barker, M. (2019). Engaging with Pornography: An Examination of Women Aged 18–26 as Porn Consumers. *Feminist Media Studies, 21*(2), 173–188.

Auestad, L. (Ed.) (2012). *Psychoanalysis and Politics: Exclusion and the Politics of Representation*. London: Karnac Books.

Auestad, L. (Ed.) (2014). *Nationalism and the Body Politic*. London: Karnac Books. Auestad, L. (2017). Speech, Repetition, Renewal. In Auestad, L., & Kabesh, A. T. (Eds.), *Traces of Violence and Freedom of Thought* (pp. 17–34). Basingstoke: Palgrave Macmillan

Aust, S. (2008). *Baader–Meinhof: The Inside Story of the RAF*. Oxford: Oxford University Press.

Baader, M. S., Jansen, C., König, J., & Sager, C. (Eds.). (2017). *Tabubruch und Entgrenzung. Kindheit und Sexualität nach, 1968*. Cologne: Böhlau Verlag.

Bainbridge, C. (2008). *A Feminine Cinematics: Luce Irigaray, Women and Film*. Basingstoke: Palgrave Macmillan.

Bainbridge, C. (2012). Psychotherapy on the Couch: Exploring the Fantasies of In Treatment. *Psychoanalysis, Culture and Society, 17*(2), 153–168.

Bainbridge, C. (2013). The Spectacle of Envy and Femininity in the Press: A Psycho–Cultural Approach. In Martin–Albo, Á. M.–A., & Gregorio–Godeo, E. (Eds.), *Culture and Power: Identity and Identification* (pp. 217–232). Newcastle: Cambridge Scholars Publishing.

Bainbridge, C. (2019). Box–Set Mind–Set: Psycho–Cultural Approaches to Binge Watching, Gender, and Digital Experience. *Free Associations: Psychoanalysis and Culture, Media, Groups, Politics, 75*, http://freeassociations.org.uk/FA_New/OJS/ index.php/fa/article/view/253.

Bainbridge, C. (2020). Who Will Fix It for Us? Toxic Celebrity and the Therapeutic Dynamics of Media Culture. *Celebrity Studies, 11*(1), 75–88.

Bainbridge, C., & Yates, C. (2005). Cinematic Symptoms of Masculinity in Transition: Memory, History and Mythology in Contemporary Film. *Psychoanalysis, Culture, & Society, 10*(3), 299–318.

Bainbridge, C., & Yates, C. (Eds.). (2011). Therapy Culture/Culture as Therapy. Special Edition. *Free Associations: Psychoanalysis and Culture, Media, Groups, Politics, 62*, http://

freeassociations.org.uk/FA_New/OJS/index.php/fa/issue/view/5.

Bainbridge, C., & Yates, C. (Eds.). (2012). Media and the Inner World: New Perspectives on Psychoanalysis and Popular Culture. Special Issue. *Psychoanalysis, Culture & Society, 17*(2), 113–119.

Bainbridge, C., & Yates, C. (Eds.). (2014). *Media and the Inner World: Psycho-cultural Approaches to Emotion, Media and Popular Culture*. Basingstoke: Palgrave Macmillan.

Balaji, M. (2009). Owning Black Masculinity: The Intersection of Cultural Commodification and Self-Construction in Rap Music Videos. *Communication, Culture & Critique, 2*(1), 21–38.

Balick, A. (2014). *The Psychodynamics of Social Networking: Connected-Up Instantaneous Culture and the Self*. London: Karnac Books.

Bandinelli, C., & Bandinelli, A. (2021). Love me, Tinder: Enjoying Dating Apps in Neoliberal Societies. *Psychoanalysis, Culture & Society, 26*(2).

Banet-Weiser, S. (2018). *Empowered: Popular Feminism and Popular Misogyny*. Durham: Duke University Press.

Banet-Weiser, S., & Miltner, K. M. (2016). #MasculinitySoFragile: Culture, Structure, and Networked Misogyny. *Feminist Media Studies, 16*(1), 171–174.

Beauchamp, Z. (2019). Our Incel Problem. *Vox*. https://www.vox.com/the-highlight/2019/4/16/18287446/incel-definition-reddit.

Beebe, B., & Lachmann, F. (2003). The Relational Turn in Psychoanalysis: A Dyadic Systems View from Infant Research. *Contemporary Psychoanalysis, 39*(3), 379–409.

Belle, C. (2014). From Jay-Z to Dead Prez: Examining Representations of Black Masculinity in Mainstream Versus Underground Hip-hop Music. *Journal of Black Studies, 45*(4), 287–300.

Benjamin, J. (1988). *The Bonds of Love: Psychoanalysis, Feminism, and the Problem of Domination*. New York: Pantheon Books.

Benjamin, J. (1995). *Like Subjects, Love Objects: Essays on Recognition and Sexual Difference*. New Haven, CT: Yale University Press.

Benjamin, J. (1998). *Shadow of the Other: Intersubjectivity and Gender in Psychoanalysis*. London: Routledge.

Benjamin, J. (2004). Beyond Doer and Done to: An Intersubjective View of Thirdness. *The Psychoanalytic Quarterly, 73*(1), 5–46.

Benjamin, J. (2018). *Beyond Doer and Done To. Recognition Theory, Intersubjectivity and the Third*. London: Routledge.

Bennett, D. (2016). *Currency of Desire: Libidinal Economy, Psychoanalysis and Sexual Revolution*. London: Lawrence & Wishart.

Berardi, F. B. (2015). *Heroes: Mass Murder and Suicide*. London: Verso.

Berbrier, M. (2000). The Victim Ideology of White Supremacists and White Separatists in the United States. *Sociological Focus, 33*(2), 175–191.

Bergner, G. (2005). *Taboo Subjects: Race, Sex and Psychoanalysis*. Minneapolis: University of Minnesota Press.

Berns, N. S. (2017). *Framing the Victim: Domestic Violence, Media, and Social Problems*. London: Routledge.

Besana, T., Katsiaficas, D., & Loyd, A. B. (2019). Asian American Media Representation: A Film Analysis and Implications for Identity Development. *Research in Human Development, 16*(3–4), 201–225.

Bessel, R. (1993). *Germany after the First World War*. Oxford: Oxford University Press.

Bhabha, H. K. (1994). *The Location of Culture*. London: Routledge.

Bhattacharyya, G. (2015). *Crisis, Austerity, and Everyday Life: Living in a Time of Diminishing Expectations*. Basingstoke: Palgrave Macmillan.

Bhavnani, K. K. (Ed.). (2001). *Feminism and "Race"*. Oxford: Oxford University Press.

Billig, M. (1995). *Banal Nationalism*. London: Sage.

Bion, W. (1963). *Elements of Psycho-Analysis*. London: Heinemann.

Blevins, K. (2018). Bell hooks and Consciousness-Raising: Argument for a Fourth Wave of Feminism. In Ryan Vickery, J. & Everbach, T. (Eds.), *Mediating Misogyny. Gender, Technology, and Harassment* (pp. 91–108). Basingstoke: Palgrave Macmillan.

Blodgett, B., & Salter, A. (2018). Ghostbusters Is for Boys: Understanding Geek Masculinity's Role in the Alt-Right. *Communication, Culture & Critique, 11*(1), 133–146.

Boag, S. (2012). *Freudian Repression, the Unconscious and the Dynamics of Inhibition*. London: Karnac.

Boehme, H. M., & Isom Scott, D. A. (2020). Alt-White? A Gendered Look at "Victim" Ideology and the Alt-Right. *Victims & Offenders: An International Journal of Evidence-based Research, Policy, and Practice, 15*(2), 174–196.

Boyle, K. (2005). *Media and Violence: Gendering the Debates*. London: Sage.

Boyle, K. (2014). Feminism and Pornography. In Evans, M., Hemmings, C., Henry, M., Johnstone, H., Madhok, S., Plomien, A., & Wearing, S. (Eds.), *The Sage Handbook of Feminist Theory* (pp. 215–231). London: Sage.

Boyle, K. (2010). Porn Consumers' Public Faces: Mainstream Media, Address and Representation. In Boyle, K. (Ed.), *Everyday Pornography* (pp. 146–158). London: Routledge.

Bratich, Z., & Banet-Weiser, S. (2019). From Pick-up Artists to Incels: Con(fidence) Games, Networked Misogyny, and the Failure of Neoliberalism. *International Journal of Communication, 13*, 5003–5027.

Brickman, C. (2003). *Aboriginal Populations in the Mind: Race and Primitivity in Psychoanalysis*. New York: Columbia University Press.

Bridges, T., & Pascoe, C. J. (2014). Hybrid Masculinities: New Directions in the Sociology of Men and Masculinities. *Sociology Compass, 8*(3), 246–258.

Brigley Thompson, Z. (2020). The (Alt) Right to Rape: Violated white Masculinities in the Alt-Right, and the Film Nocturnal Animals. *Feminist Media Studies, 20*(1), 104−118.

Brown, B. (2015). *Isla Vista Mass Murder, May 23, 2014. Investigative Summary.* Police Report. https://web.archive.org/web/20150220034256/http://www.sbsheriff.us/doc-uments/ISLAVISTAINVESTIGATIVESUMMARY.pdf.

Bulman, M. (2019). Number of People Identifying as Lesbian, Gay or Bisexual Hits Record High, Figures Show. *The Independent.* https://www.independent.co.uk/news/uk/home-news/lgbt-lesbian-gay-bisexual-uk-sexuality-office-national-statis-tics-ons-a8738356.html.

Burke, N. B. (2016). Straight-acting: Gay Pornography, Heterosexuality, and Hegemonic Masculinity. *Porn Studies, 3*(3), 238−254.

Butler, J. (1990). *Gender Trouble and the Subversion of Identity.* London: Routledge.

Butler, J. (1993). *Bodies that Matter: On the Discursive Limits of "Sex".* London: Routledge.

Butler, J. (2004). The Force of Fantasy: Mapplethorpe, Feminism, and Discursive Excess. In Butler, J., & Salih, S. (Eds.), *The Judith Butler Reader* (pp. 183−203). Oxford: Blackwell Publishing.

Cameron, D. (2015). Evolution, Language and the Battle of the Sexes: A Feminist Linguist Encounters Evolutionary Psychology. *Australian Feminist Studies, 30*(86), 351−353

Campbell, J. (2000). *Arguing with the Phallus—Feminist, Queer and Postcolonial Theory: A Psychoanalytic Contribution.* New York: St Martin's Press.

Capino, J. B. (2006). Asian College Girls and Oriental Men with Bamboo Poles: Reading Asian Pornography. In Lehman, P. (Ed.), *Pornography: Film and Culture* (pp. 206−219). New Brunswick, NJ: Rutgers University Press.

Chamberlain, P. (2017). *The Feminist Fourth Wave: Affective Temporality.* Basingstoke: Palgrave Macmillan.

Chang, W. Y., & Glynos, J. (2011). Ideology and Politics in the Popular Press: The Case of the 2009 UK MPs' Expenses Scandal. In Dahlberg, L., & Phelan, S. (Eds.), *Discourse Theory and Critical Media Politics* (pp. 106−127). Basingstoke, London: Palgrave Macmillan.

Chasseguet-Smirgel, J. (1986). *Sexuality and Mind.* New York: New York University Press.

Cheng, A. A. (2001). *The Melancholy of Race: Psychoanalysis, Assimilation and Hidden Grief.* Oxford: Oxford University Press.

Ciclitira, K. (2004). Pornography, Women and Feminism: Between Pleasure and Politics. *Sexualities, 7*(3), 281−301.

Clarke, S. (2003). *Social Theory, Psychoanalysis and Racism.* Basingstoke: Palgrave Macmillan.

Clarkson, J. (2005). Contesting Masculinity's Makeover: Queer Eye, Consumer Masculinity, and "Straight-Acting" Gays. *Journal of Communication Inquiry, 29*(3), 235−255.

Clough, T. P. (2018a). *The User Unconscious: On Affect, Media, and Measure.* Minneapolis: University of Minnesota Press.

Clough, T. P. (2018b). From the Cyborg Manifesto to the User Unconscious. A Commentary by Patricia Ticineto Clough. *Public Seminar*. http://www.publicseminar.org/2018/08/from-the-cyborg-manifesto-to-the-user-uncon-scious/.

Clough, T. P. (2020). By the Skin of Our Machines: Psychoanalysis Beyond the Human, A Dialogue Between Patricia Clough and Jacob Johanssen. *Capacious: Journal For Emerging Affect Inquiry*, *2*(1-2), http://capaciousjournal.com/article/ by-the-skin-of-our-machines/.

Cohen, P. (2002). Psychoanalysis and Racism: Reading the Other Scene. In Goldberg, D. T., & Solomos, J. (Eds.), *A Companion to Racial and Ethnic Studies* (pp. 170-201). Malden: Blackwell.

Coleman, G. (2014). *Hacker, Hoaxer, Whistleblower, Spy: The Many Faces of Anonymous*. London: Verso.

Collins, P. H. (2004). *Black Sexual politics: African Americans, Gender, and the New Racism*. London: Routledge.

Connell, R. W. (1987). *Gender and Power. Society, the Person and Sexual Politics*. Cambridge: Polity.

Connell, R. W. (1995). *Masculinities*. Cambridge: Polity.

Connell, R. W., & Messerschmidt, J. W. (2005). Hegemonic Masculinity: Rethinking the Concept. *Gender & Society*, *19*(6), 829-859.

Copjec, J. (1994). *Read My Desire: Lacan Against the Historicists*. Cambridge, MA: MIT Press.

Copjec, J. (2002). *Imagine There's No Woman. Ethics and Sublimation*. Cambridge, MA: MIT Press.

Cottee, S. (2018). Sex and Shame: What Incels and Jihadists Have in Common. *New York Times*. https://www.nytimes.com/2018/04/30/opinion/sex-shame-incels-jihadists-minassian. html.

Cowie, E. (1992). Pornography and Fantasy. In Segal, L. & McIntosh, M. (Eds.), *Sex Exposed: Sexuality and the Pornography Debate* (pp. 132-152). London: Virago.

Cowie, E. (1997). *Representing the Woman. Cinema and Psychoanalysis*. Basingstoke: Macmillan Press.

Cox, M. (2017). The Rise of Populism and the Crisis of Globalisation: Brexit, Trump and Beyond. *Irish Studies in International Affairs*, *28*, 9-17.

Crawford, M. N. (2008). *Dilution Anxiety and the Black Phallus*. Columbus, OH: The Ohio State University Press.

Crenshaw, K. (1989). Demarginalizing the Intersection of Race and Sex: A Black Feminist Critique of Antidiscrimination Doctrine, Feminist Theory and Antiracist Politics. *University of Chicago Legal Forum*, *8*(1), 139-167.

Crenshaw, K. (1992). Race, Gender, and Sexual Harassment. *Southern California Law Review*,

65(3), 1467−1476.

Crenshaw, K. (1993). Beyond Racism and Misogyny: Black Feminism and 2 Live Crew. In Matsuda, M., Lawrence, C. R., Delgado, R., Williams Crenshaw, K. (Eds.), *Words That Wound. Critical Race Theory, Assaultive Speech, and the First Amendment* (pp. 111−132). Boulder, CO: Westview Press.

Crociani−Windland, L., & Yates, C. (2020). Masculinity, Affect and the Search for Certainty in an Age of Precarity. *Free Associations: Psychoanalysis and Culture, Media, Groups, Politics, 78,* 105−127.

Dalal, F. (2001). Insides and Outsides: A Review of Psychoanalytic Renderings of Difference, Racism and Prejudice, *Psychoanalytic Studies, 3,* 43−66.

Dalal, F. (2013). *Race, Colour and the Processes of Racialization: New Perspectives from Group Analysis, Psychoanalysis and Sociology.* London: Routledge.

Daniels, J. (2009). *Cyber Racism. White Supremacy Online and the New Attack on Civil Rights.* London: Rowman & Littlefield International.

Daub, A. (2018). The Return of the Face. *Longreads.* https://longreads.com/2018/10/03/the−return−of−the−face/.

Dean, J. (2009). *Democracy and Other Neoliberal Fantasies.* Durham: Duke University Press.

Dean, J. (2010). *Blog Theory: Feedback and Capture in the Circuits of Drive.* Cambridge: Polity.

Dean, T. (2000). *Beyond Sexuality.* Chicago: The University of Chicago Press.

de Alarcón, R., de la Iglesia, J. I., Casado, N. M., & Montejo, A. L. (2019). Online Porn Addiction: What We Know and What We Don't—A Systematic Review. *Journal of Clinical Medicine, 8*(1), 1−20.

deCook, J. R. (2018). Memes and Symbolic Violence: #proudboys and the Use of Memes for Propaganda and the Construction of Collective Identity. *Learning, Media and Technology, 43*(4), 485−504.

deCook, J. R. (2021). Black Pill Epistemology, Castration, and the Archive in the Incel Wiki. *Psychoanalysis, Culture & Society, 26*(2).

DeKeseredy, W. S. (2015). Critical Criminological Understandings of Adult Pornography and Woman Abuse: New Progressive Directions in Research and Theory. *International Journal for Crime, Justice and Social Democracy, 4*(4), 4−21.

de Lauretis, T. (1994). *The Practice of Love: Lesbian Sexuality and Perverse Desire.* Bloomington: Indiana University Press.

Deleuze, G., & Guattari, F. (1983a). *Anti−Oedipus. Capitalism and Schizophrenia.* Minneapolis: University of Minnesota Press.

Deleuze, G., & Guattari, F. (1983b). *A Thousand Plateaus. Capitalism and Schizophrenia.* Minneapolis: University of Minnesota Press.

Denisova, A. (2019). *Internet Memes and Society: Social, Cultural, and Political Contexts.* London:

Routledge.

De Visser, R. O. (2017). "I'm Not a Very Manly Man" Qualitative Insights into Young Men's Masculine Subjectivity. *Men and Masculinities, 11*(3), 367–371.

De Wiele, C. E., & Campbell, F. (2019). From Swiping to Ghosting: Conceptualising Rejection in Mobile Dating. In Hetsroni, A., & Tuncez, M. (Eds.), *It Happened on Tinder: Reflections and Studies on Internet Infused Dating* (pp. 158–175). Amsterdam: Institute of Network Cultures.

Dines, G. (2006). The White Man's Burden: Gonzo Pornography and the Construction of Black Masculinity. *Yale JL & Feminism, 18,* 283.

Doane, M. A. (1987). *The Desire to Desire. The Woman's Film of the, 1940s.* Bloomington, In Indiana University Press.

Doane, M. A. (1999). Dark Continents: Epistemologies of Racial and Sexual Difference in Psychoanalysis and the Cinema. In Evans, J., & Hall, S. (Eds.), *Visual Culture. The Reader* (pp. 448–456). London: Sage.

Dodes, L. M. (1990). Addiction, Helplessness, and Narcissistic Rage. *The Psychoanalytic Quarterly, 59*(3), 398–419.

Dodson, B. (2015). Masturbation. In Bolin, A., & Whelehan, P. (Eds.), *The International Encyclopedia of Human Sexuality.* 10.1002/9781118896877.wbiehs288.

Donnerstein, E. (1984). Pornography: Its Effect on Violence against Women. In Malmuth, N. M., & Donnerstein, E. (Eds.), *Pornography and Sexual Aggression* (pp. 53–81). Cambridge, MA: Academic Press.

Donson, A. (2010). *Youth in the Fatherless Land: War Pedagogy, Nationalism, and Authority in Germany, 1914–1918.* Cambridge, MA: Harvard University Press.

Dunham, L., & Aptow, J. (2012–2017). *Girls.* TV Series.

Eichhorn, K. (2019). *The End of Forgetting. Growing Up with Social Media.* Cambridge, MA: Harvard University Press.

Engel, J. (2006). *The Epidemic: A Global History of AIDS.* New York: Harper Collins.

Elliot, P. (2014). Psychoanalysis. *TSQ: Transgender Studies Quarterly, 1*(1–2), 165–168.

Evans, D. (2006). *An Introductory Dictionary of Lacanian Psychoanalysis.* London: Routledge.

Evans, E. (2016). What Makes a (Third) Wave? How and Why the Third-Wave Narrative Works for Contemporary Feminists. *International Feminist Journal of Politics, 18*(3), 409–428.

Fakhry Davids, M. (2011). *Internal Racism: A Psychoanalytic Approach to Race and Difference.* London: Red Globe Press.

Faludi, S. (1999). *Stiffed: The Betrayal of the Modern Man.* London: Chatto & Windus.

Fang, N. (2020). Feeling/being 'Out of Place': Psychic Defence Against the Hostile Environment. *Journal of Psychosocial Studies, 13*(2), 151–164.

Fanon, F. (1967). *Black Skin, White Masks.* London: Pluto.

Farrell, T., Fernandez, M., Novotny, J., & Alani, H. (2019). Exploring Misogyny across the Manosphere in Reddit. *Proceedings of the 10th ACM Conference on Web Science*. 10.1145/3292522.3326045.

ffytche, M., & Pick, D. (Eds.). (2016). *Psychoanalysis in the Age of Totalitarianism*. London: Routledge.

Fielding, J., & Bass, C. (2018). Individuals Seeking Gender Reassignment: Marked Increase in Demand for Services. *BJPsych Bulletin, 42*(5), 206-210.

Fielitz, M., & Thurston, N. (Eds.). (2019). *Post-Digital Cultures of the Far Right: Online Actions and Offline Consequences in Europe and the US*. Bielefeld: Transcript Verlag.

Filipovic, J. (2007). Blogging While Female: How Internet Misogyny Parallels Real-World Harassment. *Yale Journal of Law & Feminism, 19*, 295-304.

Fincher, D. (1999). *Fight Club*. Film.

Florêncio, J. (2020). *Bareback Porn, Porous Masculinities, Queer Futures. The Ethics of Becoming-Pig*. London: Routledge.

Forscher, P. S., & Kteily, N. S. (2020). A Psychological Profile of the Alt-right. *Perspectives on Psychological Science, 15*(1), 90-116.

Foucault, M. (1978). *The History of Sexuality. Volume 1: An Introduction*. New York: Pantheon Books.

Foucault, M. (1980). Body/Power. In Gordon, C. (Ed.), *Power/Knowledge. Selected Interviews and Other Writings., 1972-1977*. New York: Pantheon Books, pp. 55-62. Foucault, M. (2003). *Abnormal: Lectures at the Collége de France, 1974-1975*. London: Verso.

Fountain, A. (2019). Men of Color Are Creating Their Own Manospheres, & Their Misogynistic Violence Is Going Ignored. https://racebaitr.com/2019/06/18/men-of-color-are-creating-their-own-manospheres-their-misogynistic-violence-is-going-ig-nored/.

Fraser, N. (2017). The End of Progressive Neoliberalism. *Dissent, https://*www.dissentmagazine. org/online_articles/progressive-neoliberalism-reactionary-populism-nancy-fraser.

Freud, S. (1915). The Unconscious. *The Standard Edition of the Complete Psychological Works of Sigmund Freud. Volume XIV. On the History of the Psycho-Analytic Movement, Papers on Metapsychology and Other Works*. London: The Hogarth Press and the Institute of Psycho-Analysis, pp. 159-215.

Freud, S. (1932). Libidinal Types. *The Psychoanalytic Quarterly, 1*(1), 3-6.

Freud, S. (1949). *Inhibitions, Symptoms and Anxiety*. London: The Hogarth Press and the Institute of Psycho-Analysis.

Freud, S. (1953). On Aphasia. *A Critical Study*. New York: International Universities Press.

Freud, S. (1960). *Totem and Taboo*. Empire Books. London: Penguin Books.

Freud, S. (1981a). Project for a Scientific Psychology. *The Standard Edition of the Publications and Unpublished Drafts* (pp. 283-346). London: The Hogarth Press and the Institute of

Psycho-Analysis.

Freud, S. (1981b). Three Essays on the Theory of Sexuality. *The Standard Edition of the Complete Psychological Works of Sigmund Freud, Volume VIII. A Case of Hysteria, Three Essays on Sexuality and Other Works* (pp. 130–231). London: The Hogarth Press and the Institute of Psycho-Analysis.

Freud, S. (1981c). Some Character-Types Met with in Psycho-Analytic Work. *The Standard Edition of the Complete Psychological Works of Sigmund Freud, Volume XIV. On the History of the Psycho-Analytic Movement, Papers on Metapsychology and Other Works* (pp. 309–333). London: The Hogarth Press and the Institute of Psycho-Analysis.

Freud, S. (1981d). From the History of an Infantile Neurosis. *The Standard Edition of the Complete Psychological Works of Sigmund Freud, Volume XVII. An Infantile Neurosis and Other Works* (pp. 7–104). London: The Hogarth Press and the Institute of Psycho-Analysis.

Freud, S. (1981e). 'A Child is Being Beaten': A Contribution to the Study of the Origin of Sexual Perversion. *The Standard Edition of the Complete Psychological Works of Sigmund Freud, Volume XVII. An Infantile Neurosis and Other Works* (pp. 175–176). London: The Hogarth Press and the Institute of Psycho-Analysis.

Freud, S. (1981f). A Seventeenth-Century Demonological Neurosis. *The Standard Edition of the Complete Psychological Works of Sigmund Freud, Volume XIX. The Ego and the Id and Other Works* (pp. 67–106). London: The Hogarth Press and the Institute of Psycho-Analysis.

Freud, S. (1981g). A Note Upon the 'Mystic Writing Pad'. *The Standard Edition of the Complete Psychological Works of Sigmund Freud, Volume XIX. The Ego and the Id and Other Works* (pp. 225–232). London: The Hogarth Press and the Institute of Psycho-Analysis.

Fritz, N., & Paul, B. (2017). From Orgasms to Spanking: A Content Analysis of the Agentic and Objectifying Sexual Scripts in Feminist, for Women, and Mainstream Pornography. *Sex Roles, 77*(9-10), 639–652.

Fromm, E. (1941). *Man for Himself: An Inquiry into the Psychology of Ethics.* New York: Holt, Rinehard, and Winston.

Frosh, S. (1994). *Sexual Difference: Masculinity and Psychoanalysis.* London: Routledge.

Frosh, S. (1995). Masculine Mastery and Fantasy, or the Meaning of the Phallus. In Elliott, A., & Frosh, S. (Eds.), *Psychoanalysis in Contexts: Paths Between Theory and Modern Culture* (pp. 89–105). London: Routledge.

Frosh, S. (2005). *Hate and the 'Jewish Science'. Anti-Semitism, Nazism and Psychoanalysis.* Basingstoke: Palgrave Macmillan.

Frosh, S. (2006). *For and Against Psychoanalysis.* Second Edition. London: Routledge.

Frosh, S. (2011). Psychoanalysis, Anti-Semitism and the Miser. *New Formations, 72,* 94–106.

Frosh, S. (2016). Studies in Prejudice: Theorizing anti-Semitism in the Wake of the Nazi
　　Holocaust. In Ffytche, Matt (Ed.), *Psychoanalysis in the Age of Totalitarianism* (pp. 28–41).
　　London: Routledge.

Frosh, S., Phoenix, A., & Pattman, R. (2001). *Young Masculinities: Understanding Boys in
　　contemporary Society*. Basingstoke: Palgrave Macmillan.

Frost, L. (2001). *Sex Drives: Fantasies of Fascism in Literary Modernism*. Ithaca: Cornell University
　　Press.

Fuchs, C. (2014). *Digital Labour and Karl Marx*. London: Routledge.

Fuchs, C. (2018). *Digital Demagogue: Authoritarian Capitalism in the Age of Trump and Twitter*.
　　London: Pluto Press.

Garlick, S. (2010). Taking Control of Sex? Hegemonic Masculinity, Technology, and Internet
　　Pornography. *Men and Masculinities, 12*(5), 597–614.

George, S. (2014). From Alienation to Cynicism: Race and the Lacanian Unconscious.
　　*Psychoanalysis, Culture & Society, 19*(4), 360–378.

George, S. (2016). *Trauma and Race: A Lacanian Study of African American Racial Identity*.
　　Waco, TX: Baylor University Press.

Gerhard, J. (2001). *Desiring Revolution: Second-Wave Feminism and the Rewriting of Twentieth-
　　Century American Sexual Thought*. New York: Columbia University Press.

Gherovici, P. (2017). *Transgender Psychoanalysis: A Lacanian Perspective on Sexual Difference*.
　　London: Routledge.

Giddens, A. (2009). *Sociology*. Sixth Edition. Cambridge: Polity Press.

Giffney, N., & Watson, E. (Eds.). (2017). *Clinical Encounters in Sexuality. Psychoanalytic Practice
　　& Queer Theory*. Goleta, CA: Punctum Books.

Gilbert, J. (2013). What Kind of Thing Is 'Neoliberalism'? *New Formations, 80/81*, 7–22.

Gill, R. (2007). Postfeminist Media Culture: Elements of a Sensibility. *European Journal of Cultural
　　Studies, 10*(2), 147–166.

Gill, R. (2013). Postfeminist Sexual Culture. In Steiner L., McLaughlin L., & Carter C. (Eds.), *The
　　Routledge Companion to Media and Gender* (pp. 607–617). London: Routledge.

Gill, R. (2016). Post-Postfeminism? New Feminist Visibilities in Postfeminist Times. *Feminist
　　Media Studies, 16*(4), 610–630.

Gill, R. (2017). The Affective, Cultural and Psychic Life of Postfeminism: A Postfeminist Sensibility
　　10 Years on. *European Journal of Cultural Studies, 20*(6), 606–626.

Gilman, S. L., King, H., Porter, R., Rousseau, G. S., & Showalter, E. (1993). *Hysteria Beyond
　　Freud*. Berkeley: University of California Press.

Gilmore, D. D. (1990). *Manhood in the Making: Cultural Concepts of Masculinity*. New Haven:
　　Yale University Press.

Ging, D. (2017). Alphas, Betas, and Incels: Theorizing the Masculinities of the Manosphere. *Men* and Masculinities, 22(4), 1–20.

Ging, D., & Siapera, E. (Eds.). (2019). Gender Hate Online. *Understanding the new Anti-Feminism*. Basingstoke: Palgrave Macmillan.

Glynos, J., & Mondon, A. (2016). The Political Logic of Populist Hype: The Case of Right-Wing Populism's 'Meteoric Rise' and its Relation to the Status Quo'. *POPULISMUS Working Paper Series*.

Goldberg, M. (2017). Norway Massacre: Anders Breivik's Deadly Attack Fueled by Hatred of Women. *The Daily Beast*. https://www.thedailybeast.com/norway-massacre-anders-breiviks-deadly-attack-fueled-by-hatred-of-women.

Golumbia, D. (2009). *The Cultural Logic of Computation*. Cambridge, MA: Harvard University Press.

Gotell, L., & Dutton, E. (2016). Sexual Violence in the "Manosphere": Antifeminist Men's Rights Discourses on Rape. *International Journal for Crime, Justice and Social Democracy, 5*(2), 65–80.

Gottzén, L., Mellström, U., & Shefer, T. (Eds.). (2019). *The Routledge International Handbook of Masculinity Studies*. London: Routledge.

Grant, L. (1993). *Sexing the Millennium: A Political History of the Sexual Revolution*. Glasgow: Harper Collins.

Gray, P. W. (2018). 'The Fire Rises': Identity, the Alt-Right and Intersectionality. *Journal of Political Ideologies, 23*(2), 141–156.

Gray, R. T. (2004). *About Face: German Physiognomic Thought from Lavater to Auschwitz*. Detroit, MI: Wayne State University Press.

Greedharry, M. (2008). *Postcolonial Theory and Psychoanalysis: From Uneasy Engagements to Effective Critique*. Basingstoke: Palgrave Macmillan.

Greene, V. (2019). All They Need Is Lulz: Racist Trolls, Unlaughter, and Leslie Jones. In Webber, J. A. (Ed.), *The Joke is on Us. Political Comedy in (Late) Neoliberal Times* (pp. 37–64). London: Lexington Books.

Grigg, R., Hecq, D., & Smith, C. (Eds.). (2015). *Female Sexuality. The Early Psychoanalytic Controversies*. London: Karnac Books.

Grosz, E. A. (1994). *Volatile Bodies: Toward a Corporeal Feminism*. Indiana University Press.

Grosz, E. A. (1995). *Space, Time and Perversion: Essays on the Politics of Bodies*. London: Routledge.

Guillaumin, C. (2002). *Racism, Sexism, Power and Ideology*. London: Routledge.

Gullestad, S. E. (2017). Anders Behring Breivik, Master of Life and Death: Psychodynamics and Political Ideology in an Act of Terrorism. *International Forum of Psychoanalysis, 26*(4), 207–216.

Günther, H. F. K. (1933). *Kleine Rassenkunde des Deutschen Volkes*. https://www.velesovasloboda.info/archiv/pdf/guenther-kleine-rassenkunde-des-deutschen-volkes.pdf.

Hakim, C. (2010). Erotic Capital. *European Sociological Review, 26*(5), 499-518.

Hakim, J. (2019). *Work that Body. Male Bodies in Digital Culture*. London: Rowman & Littlefield International.

Hanna, B. (2018). Challenge Mode: Overcoming Sexism in the Games Industry. *Screen Education,* (89), 44-49.

Hartmann, M. (2020). The Totalizing Meritocracy of Heterosex: Subjectivity in NoFap. *Sexualities, 24*(3), 409-430.

Hartzell, S. L. (2018). Alt-White: Conceptualizing the "Alt-Right" as a Rhetorical Bridge Between White Nationalism and Mainstream Public Discourse. *Journal of Contemporary Rhetoric, 8*(1/2), 6-25.

Haider, S. (2016). The Shooting in Orlando, Terrorism or Toxic Masculinity (or Both?). *Men and Masculinities, 19*(5), 555-565.

Hall, S. (1993): Cultural Identity and Diaspora. In Rutherford, J. (Ed.), *Identity, Community, Culture, Difference* (pp. 222-237). London: Lawrence and Wishart.

Hawley, G. (2017). *Making Sense of the Alt-Right*. New York: Columbia University Press.

Heidenry, J. (1997). *What Wild Ecstasy: The Rise and Fall of the Sexual Revolution*. New York: Simon & Schuster.

Heino R., Ellison, N., & Gibbs, J. (2010) Relationshopping: Investigating the Market Metaphor in Online Dating. *Journal of Social and Personal Relationships, 27*(4), 427-447.

Hellinger, D. C. (2019). *Conspiracies and Conspiracy Theories in the Age of Trump*. Basingstoke: Palgrave Macmillan.

Hermansson, P., Lawrence, D., Mulhall, J., & Murdoch, S. (2020). *The International Alt-Right: Fascism for the 21st Century?* London: Routledge.

Herzog, D. (2005). *Sex after Fascism, Memory and Morality in Twentieth-Century Germany*. Princeton, NJ: Princeton University Press.

Hills, M. (2002). *Fan Cultures*. London: Routledge.

Hines, A. (2019). How Many Bones Would You Break to Get Laid? "Incels" Are Going Under the Knife to Reshape Their Faces, and Their Dating Prospects. *The Cut*. https://www.thecut. com/2019/05/incel-plastic-surgery.html.

Hines, S. (2018). *Is Gender Fluid? A Primer for the 21st Century*. London: Thames & Hudson.

Hirdman, A. (2007). (In) Visibility and the Display of Gendered Desire: Masculinity in Mainstream Soft-and Hardcore Pornography. *NORA—Nordic Journal of Women's Studies, 15*(2-3), 158-171.

Hodapp, C. (2017). *Men's Rights, Gender, and Social Media*. London: Rowman & Littlefield International.

Honneth, A. (2012). *The I in We. Studies in the Theory of Recognition*. Cambridge: Polity. Hook,

D. (2004). Racism as Abjection: A Psychoanalytic Conceptualisation for a Post-Apartheid South Africa. *South African Journal of Psychology, 34*(4), 672-703.

Hook, D. (2006). 'Pre-discursive' Racism. *Journal of Community & Applied Social Psychology, 16*(3), 207-232.

Hook, D. (2008). Postcolonial Psychoanalysis. *Theory & Psychology, 18*(2), 269-283.

Hook, D. (2018). Racism and Jouissance: Evaluating the "Racism as (the Theft of) Enjoyment" Hypothesis. *Psychoanalysis, Culture & Society, 23*(3), 244-266.

Hook, D. (2020). White Anxiety in (Post) Apartheid South Africa. *Psychoanalysis, Culture & Society, 25*, 612-631.

Horbury, A. (2015). *Post-Feminist Impasses in Popular Heroine Television: The Persephone Complex.* Basingstoke: Palgrave Macmillan.

Horbury, A. (2019). A Psychoanalytic Ethics of the Pornographic Aesthetic. *Porn Studies, 6*(1), 87-99.

Horney, K. (2015). The Dread of Woman: Observations on a Specific Difference in the Dread Felt by Men and Women Respectively for the Opposite Sex. In Grigg, R., Hecq, D., & Smith, C. (Eds.), *Female Sexuality: The Early Psychoanalytic Controversies* (pp. 241-252). London: Karnac Books.

Horrocks, R. (1994). *Masculinities in Crisis: Myths, Fantasies, and Realities.* Basingstoke: Palgrave Macmillan.

Huffer, L. (2013). *Are the Lips a Grave? A Queer Feminist on the Ethics of Sex.* Columbia University Press.

Hunte, Z. (2019). 'Female Nature, Cucks, and Simps': Understanding Men Going Their Own Way as Part of the Manosphere. http://www.diva-portal.org/smash/

Humphries, D. (Ed.). (2009). *Women, Violence, and the Media: Readings in Feminist Criminology.* Lebanon, NH: Northeastern University Press.

Hsieh, L. (2012). A Queer Sex, or, Can Feminism and Psychoanalysis Have Sex without the Phallus. *Feminist Review, 102*(1), 97-115.

Incels.co. (2018). Who Is the Enemy to You? https://incels.co/threads/poll-who-is-the-enemy-to-you.49499/.

IncelWiki. (2020). Chad. https://incels.wiki/w/Chad.

Irigaray, L. (1985). *The Sex Which Is Not One.* Ithaca, NY: Cornell University Press.

Irigaray, L. (1993). *An Ethics of Sexual Difference.* Ithaca, NY: Cornell University Press.

Jakobsen, K. D., Skyum, E., Hashemi, N., Schjerning, O., Fink-Jensen, A., & Nielsen, J. (2017). Antipsychotic Treatment of Schizotypy and Schizotypal Personality Disorder: A Systematic Review. *Journal of Psychopharmacology, 31*(4), 397-405.

Jane, E. (2014). 'Back to the Kitchen, Cunt': Speaking the Unspeakable about Online Misogyny. *Continuum, 28*(4), 558-570.

Jane, E. (2016). *Misogyny Online: A Short (and Brutish) History*. London: Sage.

Jane, E. (2018). Systemic Misogyny Exposed: Translating Rapeglish from the Manosphere with a Random Rape Threat Generator. *International Journal of Cultural Studies*, 21(6), 661-680.

Jardina, A. (2019). *White Identity Politics*. Cambridge University Press.

Jeffreys, S. (1990). *Anticlimax: A Feminist Perspective on the Sexual Revolution*. New York: The Women's Press and New York University Press.

Jenson, J., & De Castell, S. (2013). Tipping Points: Marginality, Misogyny and Videogames. *Journal of Curriculum Theorizing*, 29(2), 72-85.

Johanssen, J. (2012). Subjects in Labour. A New Self in 'My Strange Addiction'. In Henderson, D. (Ed.), *Psychoanalysis, Culture and Society* (pp. 144-162). Newcastle: Cambridge Scholars Publishing.

Johanssen, J. (2013). We Shall Overcome. The Posthuman Discourse as a Symptom of Today's Negation of the Unconscious. In Rambatan. B., & Johanssen, J. (Eds.), *Cyborg Subjects: Discourses On Digital Culture* (pp. 42-52). Seattle, WA: Createspace Publishing.

Johanssen, J. (2016). Not Belonging to One's Self: Affect on Facebook's Site Governance Page. *International Journal of Cultural Studies*, 21(2), 207-222.

Johanssen, J. (2017). Immaterial Labour and Reality TV: The Affective Surplus of Excess. In Briziarelli, M., & Armano, E. (Eds.), *The Spectacle of 'Free' Labor: Reading Debord in the Context of Digital Capitalism* (pp. 197-208). London: University of Westminster Press.

Johanssen, J. (2019). *Psychoanalysis and Digital Culture: Audiences, Social Media, and Big Data*. London: Routledge.

Johanssen, J., & Krüger, S. (2016). Digital Media, Psychoanalysis and the Subject. Special Issue. *CM: Communication and Media*, 38(11). http://aseestant.ceon.rs/index.php/comman/issue/view/467/showToc.

Jones, M. (2017). Expressive Surfaces: The Case of the Designer Vagina. *Theory, Culture & Society*, 34(7-8), 29-50.

Jones, S. (2016). "Extreme" Porn? The Implications of a Label. *Porn Studies*, 3(3), 295-307.

Jones, C., Trott, V., & Wright, S. (2019). Sluts and Soyboys: MGTOW and the Production of Misogynistic Online Harassment. *New Media & Society, Online First*. 10.1177/1461444819887141.

Jones, J. C. (2011). &ers Breivik's Chilling Anti-feminism.' *The Guardian*. https://www.theguardian.com/commentisfree/2011/jul/27/breivik-anti-feminism.

Jones, K. (2008). The Role of Father in Psychoanalytic Theory: Historical and Contemporary Trends. *Smith College Studies in Social Work*, 75(1), 7-28.

Jutel, O. (2019). Civility, Subversion and Technocratic Class Consciousness: Reconstituting Truth in the Journalistic Field. In R. Overell and Nicholls, B. (Eds.), *Post-Truth and the Mediation of Reality. New Conjunctures* (pp. 177-202). Basingstoke: Palgrave Macmillan.

Jutel, O. (2020). Blockchain, Affect and Digital Teleologies. In Boler, M., & Davis, E. (Eds.), (2020). *Affective Politics of Digital Media: Propaganda by Other Means* (pp. 101–115). Routledge.

Kahr, B. (2008). *Sex and the Psyche: The Truth About Our Most Secret Fantasies*. London: Penguin Books.

Kanwal, G., & Akhtar, S. (2018). *Intimacy: Clinical, Cultural, Digital and Developmental Perspectives*. London: Routledge.

Keller, J., Mendes, K., & Ringrose, J. (2016). Speaking Unspeakable Things. Documenting Digital Feminist Responses to Rape Culture. *Journal of Gender Studies, 27*(1), 22–36.

Keller, J., & Ryan, M. (2014). Call for Papers: Problematizing Postfeminism. http://arcyp.ca/archives/4244.

Kelly, A. (2017). The Alt–Right: Reactionary Rehabilitation for White Masculinity. *Soundings 66*, 68–78.

Keskinen, S. (2013). Antifeminism and White Identity Politics: Political Antagonisms in Radical Right–Wing Populist and Anti–Immigration Rhetoric in Finland. *Nordic Journal of Migration Research, 3*(4), 225–232.

Kershaw, I. (1998). *Hitler, 1889–1936: Hubris*. London: Penguin Books.

Khanna, R. (2003). *Dark Continents: Psychoanalysis and Colonialism*. Durham: Duke University Press.

Kimmel, M. (2008). *Guyland: The Perilous World Where Boys Become Men*. New York: Harper.

Kimmel, M. (2013). *Angry White Men: American Masculinity at the End of an Era*. New York: Nation Books.

Klein, M. (1988a). *Love, Guilt and Reparation and Other Works, 1921–1945*. London: Virago.

Klein, M. (1988b). *Envy and Gratitude and Other Works, 1946–1963*. London: Virago.

Klein, Ma. (2016). *His Porn, Her Pain Confronting America's Pornpanic with Honest Talk about Sex*. Santa Barbara, CA: Praeger.

Knafo, D., & Lo Bosco, R. (2017). *The Age of Perversion: Desire and Technology in Psychoanalysis and Culture*. London: Routledge.

Knausgård, K. O. (2015). Inside the Warped Mind of Anders Breivik. *The Telegraph*. https://www.telegraph.co.uk/news/2016/07/22/anders–breivik–inside–the–warped–mind–of–a–mass–killer/.

KnowYourMeme.com. (2018). Virgin vs. Chad Meme. https://knowyourmeme.com/photos/1265119–virgin–vs–chad.

Koulouris, T. (2018). Online Misogyny and the Alternative Right: Debating the Undebatable. *Feminist Media Studies, 18*(4), 750–761.

Kovel, J. (1984). *White Racism: A Psychohistory*. Columbia University Press.

Kray, T. R. (2018). By Means of Seduction: Pickup–Artists and the Cultural History of Erotic

Persuasion. *NORMA*, *13*(1), 41-58.

Kristeva, J. (1982). *Powers of Horror: An Essay on Abjection*. New York: Columbia University Press.

Kristeva, J. (1998). Experiencing the Phallus as Extraneous, or Women's Twofold Oedipus Complex. *Parallax*, *4*(3), 29-43.

Krüger, S. (2017). Unable to Mourn Again? Media(ted) Reactions to German Neo-Nazi Terrorism. In Auestad, L. (Ed.), *Shared Traumas, Silent Loss, Public and Private Mourning* (pp. 59-76). London: Karnac Books.

Krüger, S. (2018). Violence and the Virtual. Right-wing, Anti-asylum Facebook Pages and the Fomenting of Political Violence. In Krüger, S., Figlio, K., & Richards, B. (Eds.), *Fomenting Political Violence -Fantasy, Language, Media, Action* (pp. 75-102). Basingstoke: Palgrave Macmillan.

Krüger, S. (2021). Anal Sexuality and Male Subcultures Online. *Psychoanalysis, Culture & Society*, *26*(2).

Krüger, S., & Johanssen, J. (2014). Alienation and Digital Labour—A Depth Hermeneutic Inquiry into Online Commodification and the Unconscious. *Triple C: Communication, Capitalism & Critique. Open Access Journal for a Global Sustainable Information Society*, *12*(2), 632-647.

Krüger, S., Figlio, K., & Richards, B. (Eds.). (2018). *Fomenting Political Violence*. Basingstoke: Palgrave Macmillan.

Kühn, S., & Gallinat, J. (2014). Brain Structure and Functional Connectivity Associated with Pornography Consumption: The Brain on Porn. *JAMA Psychiatry*, *71*(7), 827-834.

Kupers, T. A. (2005). Toxic Masculinity as a Barrier to Mental Health Treatment in Prison. *Journal of Clinical Psychology*, *61*, 713-724.

Lacan, J. (1972-1973). *The Seminar. Book XX. Encore. The Limits of Love and Knowledge*. New York, NY: Norton.

Lacan, J. (1974-1975). *RSI*. Unpublished Seminar.

Lacan, J. (1975). *The Seminar of Jacques Lacan, Book I: Freud's Papers on Technique, 1953-54*. New York: Norton.

Lacan, J. (1977). *The Four Fundamental Concepts of Psychoanalysis*. London: Karnac Books.

Lacan, J. (2014). *Anxiety. The Seminars of Jacques Lacan. Book X*. Cambridge: Polity.

Lacan, J. (2020). *Écrits*. London: Routledge.

Lamerichs, N., Nguyen, D., Melguizo, M. C. P., Radojevic, R., Business, C., & Lange-Böhmer, A. (2018). Elite Male Bodies: The Circulation of Alt-Right Memes and the Framing of Politicians on Social Media. *Participations*, *15*(1), 180-206.

Lane, C. (1998, Ed.). *The Psychoanalysis of Race*. New York: Columbia University Press.

Langman, P. (2014). Elliot Rodger: An Analysis. *The Journal of Campus Behavioral Intervention*,

2, 5–19. https://www.researchgate.net/profile/Peter_Langman/publication/294090690_
   Elliot_Rodger_An_Analysis/links/56be443f08ae2f498ef62a5e.pdf.

Laplanche, J., & Pontalis, J.-B. (1968). Fantasy and the Origins of Sexuality. *The International
   Journal of Psycho-Analysis, 9,* 1–18.

Laplanche, J., & Pontalis, J.-B. (1973). *The Language of Psycho-Analysis.* New York: Norton.

Lawrence, E., & Ringrose, J. (2018). @NoToFeminism, #FeministsAreUgly, and Misandry Memes:
   How Social Media Feminist Humor is Calling Out Antifeminism. In Keller, J., & Ryan, M. E.
   (Eds.), *Emergent Feminisms: Complicating a Postfeminist Media Culture* (pp. 211–232).
   London: Routledge.

LeGates, M. (2001). *In Their Time: A History of Feminism in Western Society.* London: Routledge.

Lehmann, Z. (2015–2018). *Casual.* TV Series.

Lemma, A. (2017). *The Digital Age on the Couch. Psychoanalytic Practice and New Media.*
   London: Routledge.

Lemma, A., & Lynch, P. E. (Eds.). (2015). *Sexualities: Contemporary Psychoanalytic Perspectives.*
   London: Routledge.

Lewis, R. (2018). *Alternative Influence. Broadcasting the Reactionary Right on YouTube.* Report.
   https://datasociety.net/output/alternative-influence/.

Liff, S., & Wajcman, J. (1996). 'Sameness' and 'Difference' Revisited: Which Way Forward for
   Equal Opportunity Initiatives? *Journal of Management Studies, 33*(1), 79–94.

Lin, J. L. (2017). Antifeminism Online. MGTOW (Men Going Their Own Way). In Frömming, U.
   U., Köhn, S., Fox, S., & Terry, M. (Eds.), *Digital Environments: Ethnographic Perspectives
   Across Global Online and Offline Spaces* (pp. 77–96). Bielefeld: Transcript Verlag.

Lindgren, S. (2010). Widening the Glory Hole: The Discourse of Online Porn Fandom. In
   Attwood, F. (Ed.), *Porn.com: Making Sense of Online Pornography* (pp. 171–185). New
   York: Peter Lang.

Long, J. (2012). *Anti-Porn: The Resurgence of Anti-Pornography Feminism.* London: Zed
   Books.

Longstaff, G. (2019). Bodies that Splutter–Theorizing Jouissance in Bareback and Chemsex Porn.
   *Porn Studies, 6*(1), 74–86.

Lokke, G. (2019). Cuckolds, Cucks, and Their Transgressions. *Porn Studies, 6*(2), 212–227.

Lumsden, K., & Harmer, E. (Eds.). (2019). *Online Othering: Exploring Digital Violence and
   Discrimination on the Web.* Basingstoke: Palgrave Macmillan.

Luepnitz, D. (2003). Beyond the Phallus: Lacan and Feminism. In Rambaté, J.-M. (Ed.), *The
   Cambridge Companion to Lacan* (pp. 221–237). Cambridge: Cambridge University Press.

Lyons, M. N. (2017). *Ctrl-Alt-Delete: The Origins and Ideology of the Alternative Right.*
   Somerville, MA: Political Research Associates. https://www.politicalresearch.
   org/2017/01/20/ctrl-alt-delete-report-on-the-alternative-right.

MacInnes, J. (1998). *The End of Masculinity: The Confusion of Sexual Genesis and Sexual Difference in Modern Society.* Philadelphia: Open University Press.

Maguire, M. (2004). *Men, Women, Passion and Power.* Revised Edition. London: Routledge.

Maguire, M. (2015). *Men, Women, Passion and Power: Gender Issues in Psychotherapy.* London: Routledge.

Maguire, S. (2001). *Bridget Jones Diary.* Film.

Mahler, M. (1979). Autism and Symbiosis: Two Extreme Disturbances of Identity. *Infantile Psychosis and Early Contributions: The Selected Papers of Margaret S. Mahler. Volume 1.* London: Jason Aronson.

Main, T. J. (2018). *The Rise of the Alt-Right.* Washington: Brookings Institution Press.

Manne, K. (2018). *Down Girl. The Logic of Misogyny.* Oxford: Oxford University Press.

Mantilla, K. (2013). Gendertrolling: Misogyny Adapts to New Media. *Feminist Studies, 39*(2), 563−570.

Mantilla, K. (2015). *Gendertrolling. How Misogyny Went Viral.* Santa Barbara, CA: Praeger.

Marcuse, H. (1955). *Eros and Civilization.* Boston, MA: Beacon Press.

Marcuse, H. (1964). *One-Dimensional Man: Studies in the Ideology of Advanced Industrial Society.* Boston: Beacon.

Marks, L. U. (1996). Straight Women, Gay Porn, and the Scene of Erotic Looking. *Jump Cut,* 127−136.

Marks, L. U. (2020). Which Came First, Fascism or Misogyny? Reading Klaus Theweleit's Male Fantasies? In Gandesha, S. (Ed.), *Spectres of Fascism: Historical, Theoretical and International Perspectives* (pp. 109−119). London: Pluto Press.

Marsden, L. (2019). Pushing Back the Obama Legacy: Trump's First Year and the Alt-Right-Evangelical-Catholic Coalition. In Olivia, M., & Shanahan, M. (Eds.), *The Trump Presidency* (pp. 85−109). *From Campaign Trail to World Stage.* Basingstoke: Palgrave Macmillan.

Marwick, A. E., & Caplan, R. (2018). Drinking Male Tears: Language, the Manosphere, and Networked Harassment. *Feminist Media Studies, 18*(4), 543−559.

May, R., & Feldman, M. (2019). Understanding the Alt-Right: Ideologues, 'Lulz' and Hiding in Plain Sight. In Fielitz, M., & Thurston, N. (Eds.), *Post-Digital Cultures of the Far Right: Online Actions and Offline Consequences in Europe and the US* (pp. 25−36). Bielefeld: Transcript.

Massanari, A. (2017). #Gamergate and The Fappening: How Reddit's Algorithm, Governance, and Culture Support Toxic Technocultures. *New Media & Society, 19*(3), 329−346.

Mayer, V. (2013). The Feminization of US Media Work. In Steiner L., McLaughlin L., & Carter C. (Eds.), *The Routledge Companion to Media and Gender* (pp. 51−60). London: Routledge.

McGowan, T. (2004). *The End of Dissatisfaction. Jacques Lacan and the Emerging Society of*

*Enjoyment*. New York: State University of New York Press.

McKee, A. (2005). The Objectification of Women in Mainstream Pornographic Videos in Australia. *Journal of Sex Research, 42*(4), 277–290.

McKee, A. (2018). Porn Consumers as Fans. In Booth, P. (Ed.), *A Companion to Media Fandom and Fan Studies* (pp. 509–520). London: John Wiley & Sons.

McKey Carusi, R. (2020). *Lacan and Critical Feminism. Subjectivity, Sexuation, and Discourse.* London: Routledge.

McQuarrie, M. (2016). Trump and the Revolt of the Rust Belt. USAPP–American Politics and Policy Blog. https://blogs.lse.ac.uk/usappblog/2016/11/11/23174/.

McRobbie, A. (2004). Post-Feminism and Popular Culture. *Feminist Media Studies, 4*(3), 255–264.

McRobbie, A. (2007). Postfeminism and Popular Culture: *Bridget Jones* and the new Gender Regime. In Tasker, Y., & Negra, D. (Eds.), *Interrogating Postfeminism. Gender and the Politics of Popular Culture* (pp. 27–39). Durham: Duke University Press.

McRobbie, A. (2008). Young Women and Consumer Culture: An Intervention. *Cultural Studies, 22*(5), 531–550.

McRobbie, A. (2009). *The Aftermath of Feminism: Gender, Culture and Social Change.* London: Sage.

Mercer, J. (2017). *Gay Pornography: Representations of Sexuality and Masculinity.* London: IB Tauris.

Messerschmidt, J. W. (2018). *Hegemonic Masculinity: Formulation, Reformulation, and Amplification.* London: Rowman & Littlefield International.

Messner, M. A. (1998). The Limits of "The Male Sex Role" An Analysis of the Men's Liberation and Men's Rights Movements' Discourse. *Gender & Society, 12*(3), 255–276.

Messner, M. A. (2016). Forks in the Road of Men's Gender Politics: Men's Rights vs Feminist Allies. *International Journal for Crime, Justice and Social Democracy, 5,* 6–20.

Miller, J.-A. (1994). Extimité. In Bracher, M., Alcorn, M. W., Cortell, R. J. Massardier-Kenney, F. (Eds.), *Lacanian Theory of Discourse: Subject, Structure and Society* (pp. 74–87). New York: New York University Press.

Miller-Young, M. (2010). Putting Hypersexuality to Work: Black Women and Illicit Eroticism in Pornography. *Sexualities, 13*(2), 219–235.

Minsky, R. (1996). *Psychoanalysis and Gender.* London: Routledge.

Mirrlees, T. (2018). The Alt-Right's Discourse on "Cultural Marxism": A Political Instrument of Intersectional Hate. *Atlantis: Critical Studies in Gender, Culture & Social Justice, 39*(1), 49–69.

Mitchell, J. (1974). *Psychoanalysis and Feminism: A Radical Reassessment of Freudian Psychoanalysis.* London: Allen Lane.

Mitchell, J. (2000). *Mad Men and Medusas. Reclaiming Hysteria.* New York: Basic Books.

Morgan, A. (2019). The Real Problem with Toxic Masculinity Is That It Assumes There Is Only One Way of Being a Man. *The Conversation.* https://theconversation.com/the-real-problem-with-toxic-masculinity-is-that-it-assumes-there-is-only-one-way-of-being-a-man-110305.

Morgan, S. L. (2018). Status Threat, Material Interests, and the, 2016 Presidential Vote. *Socius, 4,* 1-17.

Moss, Donald (Ed.). (2003). *Hating in the First Person Plural: Psychoanalytic Essays on Racism, Homophobia, Misogyny, and Terror.* New York: Other Press.

Mountford, J. B. (2018). Topic Modeling the Red Pill. *Social Sciences, 7*(3), 1-16.

Mulloy, D. J. (2020). *Enemies of the State: The Radical Right in America from FDR to Trump.* London: Rowman & Littlefield International.

Mulvey, L. (1975). Visual Pleasure and Narrative Cinema. *Screen, 16*(3), 6-18.

Murray, J. L. (2017a). The Role of Sexual, Sadistic, and Misogynistic Fantasy in Mass and Serial Killing. *Deviant Behavior, 38*(7), 735-743.

Murray, J. L. (2017b). The Transcendent Fantasy in Mass Killers. *Deviant Behavior, 38*(10), 1172-1185.

Mutz, D. C. (2018). Status Threat, Not Economic Hardship, Explains the, 2016 Presidential Vote. *Proceedings of the National Academy of Sciences, 115*(19), 4330-4339.

Myketiak, C. (2016). Fragile Masculinity: Social Inequalities in the Narrative Frame and Discursive Construction of a Mass Shooter's Autobiography/Manifesto. *Contemporary Social Science, 11*(4), 289-303.

Nagle, A. (2017). *Kill all Normies. Online Culture Wars from 4chan and Tumblr to Trump and the Alt-Right.* Winchester: Zero Books.

Nakamura, L. (2015). The Unwanted Labour of Social Media: Women of Colour Call Out Culture as Venture Community Management. *New Formations, 86,* 106-112.

Neale, S. (1983). Masculinity as Spectacle. *Screen, 24*(6), 2-17.

Neill, C. (2019). Masculinity in Crisis: Myth, Fantasy and the Promise of the Raw. *Psychoanalysis, Culture & Society, 25*(1), 4-17.

Neumark Hermann, S. (2019). *The Discursive Style and Reactionary Politics of the Manosphere.* Doctoral dissertation. https://summit.sfu.ca/item/19345.

Nicholas, L., & Agius, C. (2018). #Notallmen, #Menenism, Manospheres and Unsafe Spaces: Overt and Subtle Masculinism in Anti-"PC" Discourse. In Nicholas, L., & Agius, C. (Eds.), *The Persistence of Global Masculinism: Discourse, Gender and Neo-Colonial Re-Articulations of Violence* (pp. 31-59). Basingstoke: Palgrave Macmillan.

Niethammer, L. (1979). Male Fantasies: An Argument for and with an Important New Study in History and Psychoanalysis. *History Workshop, 7,* 176-186.

No author (2013). Disinhibition. In VandenBos, G. R. (Ed.), *APA Dictionary of Clinical*

*Psychology* (p. 177). Washington, DC: American Psychological Association.

NoFap. (2017a). Alternatives to Porn When Masturbating. https://www.nofap.com/forum/index. php?threads/alternatives-to-porn-when-masturbating.115405/.

NoFap. (2017b). Alternatives to Porn When Masturbating. https://www.nofap.com/forum/index. php?threads/alternatives-to-porn-when-masturbating.

NoFap, (2017c). What Is Sissy Hypno Porn. https://www.nofap.com/forum/index.php?threads/ what-is-sissy-hypnosis-porn.115145/.

NoFap. (2018). Sissy Hypno Horror Avoid. One Doctors Struggle. https://forum.nofap.com/ index.php?threads/sissy-hypno-horror-avoid-one-doctors-struggle.196675/.

NoFap. (2019a). Starter Guide on Being a Real Man. Just My Opinion. https://nofap.com/forum/ index.php?threads/starter-guide-on-being-a-real-man-just-my-opinion.210441/#post-1846025.

NoFap. (2019b). Shemale Gay Porn Is the Natural Progression from Straight Porn. https://www. nofap.com/forum/index.php?threads/shemale-gay-porn-is-the-nat-ural-progression-from-straight-porn.235514/.

NoFap. (2019c). Watching Others F-uk While Masturbating Is Actually a Very Disturbing. https:// nofap.com/forum/index.php?threads/watching-others-fu-k-while-masturbating-is-actually-a-very-disturbing-act-possibly-triggering.226323/#post-2005691.

NoFap. (2019d). Who Is Behind Sissy Hypno Stuff and What Is Their Actual Goal. Page 2. https://www.nofap.com/forum/index.php?threads/who-is-behind-sissy--hypno-stuff-and-what-is-their-actual-goal.220974/page-2.

NoFap. (2019e). Who Is Behind Sissy Hypno Stuff and What Is Their Actual Goal. Page 2. https:// www.nofap.com/forum/index.php?threads/who-is-behind-sissy--hypno-stuff-and-what-is-their-actual-goal.220974/page-2.

NoFap. (2019f). Who Is Behind Sissy Hypno Stuff and What Is Their Actual Goal. Page 3. https:// www.nofap.com/forum/index.php?threads/who-is-behind-sissy--hypno-stuff-and-what-is-their-actual-goal.220974/page-3.

NoFap. (2019g). Who Is Behind Sissy Hypno Stuff and What Is Their Actual Goal. https://nofap. com/forum/index.php?threads/who-is-behind-sissy-hypno-stuff-and-what-is-their-actual-goal.

NoFap. (2019h). Who Is Behind Sissy Hypno Stuff and What Is Their Actual Goal. https://www. nofap.com/forum/index.php?threads/who-is-behind-sissy-hypno-stuff-and-what-is-their-actual-goal.220974/.

NoFap (2019i). Shemale/Gay Porn Is the "Natural" Progression from "Straight Porn". https://www. nofap.com/forum/index.php?threads/shemale-gay-porn-is-the-natural-progression-from-straight-porn.235514/.

NoFap (2019j). Starter Guide on Being a Real Man (Just my Opinion). https://nofap.com/forum/

index.php?threads/starter-guide-on-being-a-real-man-just-my-opinion.210441/.

NoFap (2019k). Fall of Modern Men. https://nofap.com/forum/index.php?threads/fall-of-modern-men.240413/.

Nunn, L. (2019). *Sex Education*. TV Series.

Ogden, T. (2004). On Holding and Containing, Being and Dreaming. *International Journal of Psychoanalysis, 85*(6), 1349–1364.

Olito, F. (2019). How the Divorce Rate Has Changed Over the Last 150 Years. Insider. https://www.insider.com/divorce-rate-changes-over-time-2019-1.

O'Neill, L. (2018). Incest Is the Fastest Growing Trend in Porn. Wait, What?. *Esquire.* https://www.esquire.com/lifestyle/sex/a18194469/incest-porn-trend/.

O'Neill, R. (2015). Feminist Encounters with Evolutionary Psychology: Introduction. *Australian Feminist Studies, 30*(86), 345–350.

O'Neill, R. (2018). *Seduction: Men, Masculinity and Mediated Intimacy*. London: John Wiley & Sons.

Ostow, M. (1996). *Myth and Madness: The Psychodynamics of Antisemitism*. New Brunswick, NJ: Transaction Publishers.

Ott, B. L. (2017). The Age of Twitter: Donald J. Trump and the Politics of Debasement. *Critical Studies in Media Communication, 34*(1), 59–68.

Ouellette, L., & Banet-Weiser, S. (2018). Media and the Extreme Right: Editors' Introduction. *Communication, Culture & Critique, 11*(1), 1–6.

O'Keefe, T. (2016). Making Feminist Sense of No-Platforming. *Feminist Review, 113*(1), 85–92.

Overall, C. (1992). What's Wrong with Prostitution? Evaluating Sex Work. *Signs: Journal of Women in Culture and Society, 17*(4), 705–724.

Paasonen, S. (2011). *Carnal Resonance: Affect and Online Pornography*. Cambridge, MA: MIT Press.

Pearson, E. (2019). Extremism and Toxic Masculinity: The Man Question re-posed. *International Affairs, 95*(6), 1251–1270.

Pegues, C. (1998). Piece of Man: Redefining the Myths around the Black Male Phallus. In Atkins, D. (Ed.), *Looking Queer: Body Image and Identity in Lesbian, Bisexual, Gay, and Transgender Communities* (pp. 259–275). New York: Harrington Park Press.

Perron, R. (2005a). Projection. In de Mijolla, A. (Ed.), *International Dictionary of Psychoanalysis* (pp. 1334–1336). Detroit, MI: Thomson Gale.

Perron, R. (2005b). 'Autoeroticism'. In de Mijolla, A. (Ed.), *International Dictionary of Psychoanalysis* (p. 141). Detroit, MI: Thomson Gale.

Petro, P. (1988). Review of Male Fantasies. Volume I: Women, Floods, Bodies, History by Klaus Theweleit. *SubStance, 17*(3), 77–78.

Phillips, A. (2013). Against Inhibition. *In One Way or Another* (pp. 177–202). London: Penguin.

Phillips, W. (2015). *This is Why We Can't Have Nice Things: Mapping the Relationship between Online Trolling and Mainstream Culture*. Cambridge, MA: MIT Press.

Pinchevski, A. (2019). *Transferred Wounds: Media and the Mediation of Trauma*. Oxford: Oxford University Press.

Pollock, G. (1988). *Vision and Difference: Femininity, Feminism and the Histories of Art*. London: Routledge.

Preciado, P. B. (2018). *Countersexual Manifesto*. Columbia University Press.

Proctor, W., & Kies, B. (2018). On Toxic Fan Practices and the New Culture Wars. *Participations*, *15*(1), 127–142.

Quindeau, I. (2018). Masculinity Concepts in Psychoanalysis. *Internationales Archiv für Sozialgeschichte der deutschen Literatur*, *43*(2), 377–386.

Rambatan, B., & Johanssen, J. (2021). *Event Horizon. Sexuality, Politics, Online Culture, and the Limits of Capitalism*. Winchester: Zero Books.

Rasmussen, B., & Salhani, D. (2010). A Contemporary Kleinian Contribution to Understanding Racism. *Social Service Review*, *84*(3), 491–513.

Ravetto, K. (2001). *The Unmaking of Fascist Aesthetics*. Minneapolis: University of Minnesota Press.

Reddit. (2018a). Sometimes I Fantasize. https://www.reddit.com/r/Braincels/comments/98s1ti/sometimes_i_fantasize_about_having_dbz_or_bleach/.

Reddit. (2018b). Foid Whore Revenge Feels So Good. https://www.reddit.com/r/Braincels/comments/bs7wfy/foid_whore_revenge_feels_so_good/.

Reddit. (2018c). Sweet Fucking Revenge from an Ascendedcel. https://www.reddit.com/r/Braincels/comments/c19tga/sweet_fucking_revenge_from_an_ascendedcel/.

Reddit. (2018d). Don't Think a Lot of You Guys Understand The. https://www.reddit.com/r/Braincels/comments/9awobp/i_dont_think_a_lot_of_you_guys_understand_the/.

Reddit. (2018e). When You Post About Being Shocked. https://www.reddit.com/r/BlackPilledNormies/comments/9k395o/when_you_post_about_being_shocked_ by_the_absolute/.

Reddit. (2018f). My Chad Brothers. https://www.reddit.com/r/Braincels/comments/98hz2h/my_chad_brothers/.

Reddit. (2018g). Daydreaming About the Life I Would Have Wanted. https://www.reddit.com/r/Braincels/comments/c6ffwa/daydreaming_about_the_life_i_would_ have_wanted/.

Reddit. (2018h). What's Your Background. https://www.reddit.com/r/Braincels/comments/99pxh4/whats_your_background/.

Reddit. (2019a). Chadlite Jawline. https://www.reddit.com/r/Incelselfies/comments/9ffz6j/chadlite_jawlinenormie_jawline_or_a_fucking/.

Reddit. (2019b). What They're Actually Like. https://www.reddit.com/r/MGTOW/comments/

cc17gc/what_theyre_actually_like/.

Reddit. (2019c). You Can Do It Too. https://www.reddit.com/r/MGTOW/comments/cbxkxl/ you_can_do_it_too/.

Reddit. (2019d). I Am Honestly Three Times More Happier Since I Follow MGTOW. https:// www.reddit.com/r/MGTOW/comments/cbqpd6/i_am_honestly_three_times_ more_ happier_since_i/.

Rehberg, P. (2019). More than Vanilla Sex: Reading Gay Post-Pornography with Affect Theory and Psychoanalysis. *Porn Studies, 6*(1), 114−128.

Reich, W. (1933). *Massenpsychologie und Faschismus. Zur Sexualökonomie der politischen Reaktion und zur proletarischen Sexualpolitik.* Kopenhagen: Verlag für Sexualpolitik.

Reich, W. (1997). *The Mass Psychology of Fascism.* London: Souvenir Press.

Reichardt, S. (2007). Klaus Theweleits "Männerphantasien": ein Erfolgsbuch der 1970er-Jahre. *Zeithistorische Forschungen/Studies in Contemporary History, 3*(3), 401−421.

Reid, R. C., Carpenter, B. N., & Fong, T. W. (2011). Neuroscience Research Fails to Support Claims that Excessive Pornography Consumption Causes Brain Damage. *Surgical Neurology International, 2.* https://www.ncbi.nlm.nih.gov/pmc/articles/PMC3115160/.

Renold, E., & Ringrose, J. (2012). Phallic Girls? Girls' Negotiation of Phallogocentric Power. In Landreau, J. C., & Rodriguez, N. M. (Eds.), *Queer Masculinities* (pp. 47−67). BerlIn Springer.

Renold, E., & Ringrose, J. (2017). Pin-Balling and Boners: The Posthuman Phallus and Intra-Activist Sexuality Assemblages in Secondary School. In Allen, L., & Rasmussen, M. L. (Eds.), *The Palgrave Handbook of Sexuality Education* (pp. 631−653). Basingstoke: Palgrave Macmillan.

Rentschler, C. A. (2014). Rape Culture and the Feminist Politics of Social Media. *Girlhood Studies, 7*(1), 65−82.

Reny, T. T., Collingwood, L., & Valenzuela, A. A. (2019). Vote Switching in the, 2016 Election: How Racial and Immigration Attitudes, Not Economics, Explain Shifts in White Voting. *Public Opinion Quarterly, 83*(1), 91−113.

Richards, B. (2014). What Drove Anders Breivik?. *Contexts, 13*(4), 42−47.

Riggs, D. W. (2005). Psychoanalysis as a 'Postcolonising' Reading Practice. In Riggs, D. W. (Ed.), *Taking up the Challenge: Critical Race and Whiteness Studies in a Post-Colonising Nation* (pp. 33−59). Adelaide: Crawford House.

Ringrose, J., & Lawrence, E. (2018). Remixing Misandry, Manspreading, and Dick Pics: Networked Feminist Humour on Tumblr. *Feminist Media Studies, 18*(4), 686−704.

Ringrose, J., & Renold, E. (2012). Slut-Shaming, Girl Power and 'Sexualisation': Thinking Through the Politics of the International SlutWalks with Teen Girls. *Gender and Education, 24*(3), 333−343.

Rivers, N. (2017). *Postfeminism(s) and the Arrival of the Fourth Wave: Turning Tides*. Basingstoke: Palgrave Macmillan.

Roberts, S. (Ed.). (2014.). *Debating Modern Masculinities: Change, Continuity, Crisis?* Basingstoke: Palgrave Macmillan.

Robinson, S. (2000). *Marked Men: White Masculinity in Crisis*. New York: Columbia University Press.

Rose, J. (1986). *Sexuality in the Field of Vision*. London: Verso.

Ross, K. (Ed.). (2011.). *The Handbook of Gender, Sex, and Media*. London: John Wiley & Sons.

Rothstein, R. (2017). *The Color of Law: A Forgotten History of How Our Government Segregated America*. New York: Liveright.

Rustin, M. (1991). *The Good Society and the Inner World*. London: Verso.

Ruti, M. (2018). *Penis Envy and Other Bad Feelings: The Emotional Costs of Everyday Life*. New York: Columbia University Press.

Said, E. (1978). *Orientalism*. New York: Pantheon.

Saitō, T. (2011). *Beautiful Fighting Girl*. Minneapolis: University of Minnesota Press.

Salazar, P. J. (2018). The Alt-Right as a Community of Discourse. *Javnost-The Public, 25*(1–2), 135–143.

Salter, M. (2018). From Geek Masculinity to Gamergate: The Technological Rationality of Online Abuse. *Crime, Media, Culture, 14*(2), 247–264.

Salter, A., & Blodgett, B. (2017). *Toxic Geek Masculinity in Media: Sexism, Trolling, and Identity Policing*. Basingstoke: Palgrave Macmillan.

Samuels, A. (2018). Masculinity, Psychoanalysis and Politics. In Petersen, H. (Ed.), *Love and Law in Europe* (pp. 127–146). London: Routledge.

Sanday, P. R. (1992). *Fraternity Gang Rape: Sex, Brotherhood, and Privilege on Campus*. New York: New York University Press.

Sanday, P. R. (2007). *Fraternity Gang Rape: Sex, Brotherhood, and Privilege on Campus*. Second Edition. New York: New York University Press.

Sandman. (2016). Rejecting Her-MGTOW. YouTube Video. https://www.youtube.com/watch?time_continue=32&v=dIbj1uUQ6Ys.

Savelle-Rocklin, N., & Akhtar, S. (Eds.). (2019). *Beyond the Primal Addiction: Food, Sex, Gambling, Internet, Shopping, and Work*. London: Routledge.

Schaefer, E. (Ed.). (2014). *Sex Scene: Media and the Sexual Revolution*. Durham: Duke University Press.

Schauer, T. (2005). Women's Porno: The Heterosexual Female Gaze in Porn Sites "for Women". *Sexuality and Culture, 9*(2), 42–64.

Schmitt, M. (2018). From Privilege to Precarity (and Back): Whiteness, Racism and the New Right. *Coils of the Serpent: Journal for the Study of Contemporary Power, 2*, 48–64.

Schneider, P. (1974). Die Sache mit der "Männlichkeit". Gibt es eine Emanzipation der Männer? *Kursbuch, 35*, 103–132.

Schrupp, A. (2017). *A Brief History of Feminism*. Cambridge, MA MIT Press.

Scott, J. W. (1988). Deconstructing Equality–versus–Difference: Or, the Uses of Poststructuralist Theory for Feminism. *Feminist Studies, 14*(1), 33–50.

Scoular, J. (2004). The 'Subject' of Prostitution: Interpreting the Discursive, Symbolic and Material Position of Sex/Work in Feminist Theory. *Feminist Theory, 5*(3), 343–355.

Sedgwick, E. K. (1993). *Tendencies*. Durham: Duke University Press.

Seegers, L. (2015). 'Dead Dads': Memory Narratives of War–related Fatherlessness in Germany. *European Review of History: Revue Européenne D'histoire, 22*(2), 259–276.

Segal, L. (1990). *Slow Motion: Changing Masculinities, Changing Men*. London: Virago Press.

Segal, L. (1999). *Why Feminism? Gender, Psychology, Politics*. New York: Columbia University Press.

Semerene, D. (2016). The Female Target: Digitality, Psychoanalysis and the Gangbang. *CM: Communication and Media Journal, 38*(11), 217–242.

Semerene, D. (2021). Creampied to Death. Ejaculative Kinship in the Age of Normative Data Flows. *Psychoanalysis, Culture & Society, 26*(2).

Seshadri–Crooks, K. (2000). *Desiring Whiteness: A Lacanian Analysis of Race*. London: Routledge.

Sheehi, L. (2020). The Reality Principle: Fanonian Undoing, Unlearning, and Decentering: A Discussion of Fanon's vision of Embodied Racism for Psychoanalytic Theory and Practice. *Psychoanalytic Dialogues, 30*(3), 325–330.

Shor, E., & Seida, K. (2019). "Harder and Harder"? Is Mainstream Pornography Becoming Increasingly Violent and Do Viewers Prefer Violent Content? *The Journal of Sex Research, 56*(1), 16–28.

Shrage, L. (2005). Exposing the Fallacies of Anti–Porn Feminism. *Feminist Theory, 6*(1), 45–65.

Sigusch, V. (1998). The Neosexual Revolution. *Archives of Sexual Behavior, 27*(4), 331–359.

Sinclair, A. (1993). *The Deceived Husband: A Kleinian Approach to the Literature of Infidelity*. New York: Oxford University Press.

Sinclair, S., & Steinkoler, M. (2019). *On Psychoanalysis and Violence. Contemporary Lacanian Perspectives*. London: Routledge.

Singh, G. (2019). *The Death of Web 2.0: Ethics, Connectivity and Recognition in the Twenty–First Century*. Routledge.

Smith, C., & Attwood, F. (2014). Anti/Pro/Critical Porn Studies. *Porn Studies, 1*(1–2), 7–23.

Snider, N. (2020). Anti–Racism in Our Institutes: Opportunities and Challenges. *Contemporary Psychoanalysis, 56*(2), 418–437.

Snyder–Hall, R. C. (2010). Third–Wave Feminism and the Defense of "Choice".

Sontag, S. (1981). Fascinating Fascism. *In Under the Sign of Saturn* (pp. 73-108). New York: Vintage Books.

Southern Poverty Law Center. (2014). Shooting Suspect Elliot Rodger's Misogynistic Posts Point to Motive. https://www.splcenter.org/hatewatch/2014/05/23/shooting-suspect-elliot-rodgers-misogynistic-posts-point-motive.

Southern Poverty Law Center. (No Year). Male Supremacy. https://www.splcenter.org/fighting-hate/extremist-files/ideology/male-supremacy.

Squirrel, T. (2018). A Definitive Guide to Incels Part Two: The A-Z Incel Dictionary. https://medium.com/@timsquirrell/dictionary-of-hate-the-a-z-of-incels-23cb431f0788.

Stamps, D. L. (2020). B(l)ack By Popular Demand: An Analysis of Positive Black Male Characters in Television and Audiences' Community Cultural Wealth. *Journal of Communication Inquiry*. 10.1177/0196859920924388.

Stanley, L. (2014). 'We're Reaping What We Sowed': Everyday Crisis Narratives and Acquiescence to the Age of Austerity. *New Political Economy*, *19*(6), 895-917.

Stanley, J. (2018). *How Fascism Works. The Politics of Us vs. Them*. New York: Random House.

Star, D. (1998-2004). *Sex and the City*. TV Series.

Starck, K., & Luyt, R. (2019). Political Masculinities, Crisis Tendencies, and Social Transition: Toward an Understanding of Change. *Men and Masculinities*, *22*(3), 431-443.

Stein, R. (2005). Why Perversion? "False Love" and the Perverse Pact. *The International Journal of Psychoanalysis*, *86*(3), 775-799.

Stein, R. (2010). *For Love of the Father: A Psychoanalytic Study of Religious Terrorism*. Stanford, CA: Stanford University Press.

Stephens, M. A. (2014). *Skin Acts: Race, Psychoanalysis, and the Black Male Performer*. Durham, NC: Duke University Press.

Suler, J. (2004). The Online Disinhibition Effect. *Cyberpsychology & Behavior*, *7*(3), 321-326.

Sundén, J., & Paasonen, S. (2020). *Who's Laughing Now? Feminist Tactics in Social Media*. Cambridge, MA: MIT Press.

Syal, R. (2020). Dominic Cummings Calls for 'weirdos and misfits' for No 10 jobs. The Guardian. https://www.theguardian.com/politics/2020/jan/02/dominic-cummings-calls-for-weirdos-and-misfits-for-no-10-jobs.

Tate, C. (1996). Freud and His "negro": Psychoanalysis as Ally and Enemy of African Americans. *Journal for the Psychoanalysis of Culture & Society*, *1*(1), 53-62.

Tate, C. (1998). *Psychoanalysis and Black Novels: Desire and the Protocols of Race*. New York: Oxford University Press.

Taylor, K., & Jackson, S. (2018). 'I Want that Power Back': Discourses of Masculinity within an Online Pornography Abstinence Forum. *Sexualities*, *21*(4), 621-639.

Taylor, K., & Gavey, N. (2019). Pornography Addiction and the Perimeters of Acceptable

Pornography Viewing. *Sexualities*, 10.1177/1363460719861826

The Daily Wire. (2018). *The Sexual Revolution Ruined Everything It Touched*. https://www.youtube.com/watch?v=pYmDAac0CiI.

The Distributist. (2016). *The Lies of the Sexual Revolution* (parts 1–4). https://www.youtube.com/watch?v=5wuBQa86nj0.

Theweleit, K. (1977). *Männerphantasien 1. Fluten, Körper, Geschichte*. Frankfurt am MaIn Verlag Roter Stern.

Theweleit, K. (1978). *Männerphantasien 2. Männerkörper−Zur Psychoanalyse des Weißen Terrors*. Frankfurt am MaIn Verlag Roter Stern.

Theweleit, K. (1987). *Male Fantasies. Volume 1. Women, Floods, Bodies, History*. Minneapolis: University of Minnesota Press.

Theweleit, K. (1989). *Male Fantasies. Volume 2. Male Bodies: Psychoanalyzing the White Terror*. Minneapolis: University of Minnesota Press.

Theweleit, K. (1990). ⋯ *ein Aspirin von der Grösse der Sonne*. Freiburg: Jos Fritz Verlag.

Theweleit, K. (2015). *Das Lachen der Täter: Breivik ua: Psychogramm der Tötungslust*. Salzburg: Residenz Verlag.

Thomadaki, T. (2019). Getting Naked with Gok Wan: A Psychoanalytic Reading of How To Look Good Naked's Transformational Narratives. *Clothing Cultures, 6*(1), 115−134.

Tietze, T. (2014). The Breivik Controversy: Politics, Terrorism and Psychiatry. *Australasian Psychiatry, 22*(4), 383−385.

Tissot, S. (2015). *Diseases Caused by Masturbation*. New York: Gottfried and Fritz.

Tricarico, G. (2018). *Lost Goddesses: A Kaleidoscope on Porn*. London: Karnac.

Tuhkanen, M. (2010). *The American Optic: Psychoanalysis, Critical Race Theory, and Richard Wright*. New York: SUNY Press.

Turkle, S. (2011). *Alone Together: Why We Expect More from Technology and Less from Each Other*. New York: Basic Books.

Tuters, M., Jokubauskaitė, E., & Bach, D. (2018). Post−truth Protest: How 4chan Cooked Up the Pizzagate Bullshit. *M/C Journal, 21*(3). https://doi.org/10.5204/ mcj.1422.

Udupa, S. (2019). Nationalism in the Digital Age: Fun as a Metapractice of Extreme Speech. *International Journal of Communication, 13*, 3143−3163.

Vacker, B. (2019). The, 20th Anniversary of Fight Club and The Matrix: Two Futures All Around Us in, 2019. *Medium*. https://medium.com/@barryvacker/the−20th−anniversary−of−fight−club−and−the−matrix−two−futures−all−around−us−in−2 019−511fad554864.

Vadolas, A. (2009). *Perversions of Fascism*. London: Karnac.

Van Valkenburgh, S. P. (2018). Digesting the Red Pill: Masculinity and Neoliberalism in the Manosphere. *Men and Masculinities, 24*(1), 84−103.

Varghese, R. (Ed.). (2019). Porn on the Couch: Sex, Psychoanalysis, and Screen Cultures/

Memories. *Porn Studies Special Issue*. https://www.tandfonline.com/toc/rprn20/6/1.

Veissière, S. P. L. (2018). "Toxic Masculinity" in the Age of #MeToo: Ritual, Morality and Gender Archetypes across Cultures. *Society and Business Review, 13*(3), 274–286.

Veith, I. (1965). *Hysteria. The History of a Disease*. Chicago: University of ChicagoPress.

Vemuri, A. (2018). "Calling Out" Campus Sexual Violence: Student Activist Labors of Confrontation and Care. *Communication Culture & Critique, 11*(3), 498–502.

Vendée Radio. (2018). *The New Left, 1968 and the Sexual Revolution*. https://www.youtube.com/watch?v=oeB7qTn9Sik.

Vito, C., Admire, A., & Hughes, E. (2018). Masculinity, Aggrieved Entitlement, and Violence: Considering the Isla Vista Mass Shooting. *NORMA, 13*(2), 86–102.

Voros, F. (2009). The Invention of Addiction to Pornography. *Sexologies, 18*(4), 243–246.

Wachowski, A., & Wachowski, L. (1999). *The Matrix*. Film.

Waldon, E. (2011). *Playing with Dynamite. A Personal Approach to the Psychoanalytic Understanding of Perversions, Violence, and Criminality*. London: Karnac Books.

Walkerdine, V. (2020). Neoliberalism. In Stavrakakis, Y. (Ed.), *Routledge Handbook of Psychoanalytic Political Theory* (pp. 380–391). London: Routledge.

Walton, J. (2001). *Fair Sex, Savage Dreams: Race, Psychoanalysis, Sexual Difference*. Durham: Duke University Press.

Walton, S. J. (2012). Anti-Feminism and Misogyny in Breivik's "Manifesto". *NORA–Nordic Journal of Feminist and Gender Research, 20*(1), 4–11.

Ward, J. (2015). *Not Gay: Sex Between Straight White Men*. New York: New York University Press.

Ware, J. (2020). *Testament to Murder: The Violent Far-Right's Increasing Use of Terrorist Manifestos*. International Center for Counter-Terrorism. https://www.jstor.org/stable/pdf/resrep23577.pdf.

Warzel, N. (2019). How an Online Mob Created a Playbook for a Culture War. The *New York Times*. https://www.nytimes.com/interactive/2019/08/15/opinion/what-is-gamergate.html.

Weder, C. (2016). *Intime Beziehungen. Ästhetik und Theorien der Sexualität um, 1968*. Göttingen: Wallstein Verlag.

Weiss, S. F. (1990). The Race Hygiene Movement in Germany., 1904–1945. In Adams, R. T. (Ed.), *The Wellborn Science. Eugenics in Germany, France, Brazil, and Russia* (pp. 8–50). Oxford: Oxford University Press.

Wendling, M. (2018). *Alt-Right: From 4chan to the White House*. London: Pluto Press.

Wetzel, D. (2020). The Rise of the Catholic Alt-Right. *Journal of Labor and Society, 23*(1), 31–55.

White, M. (2019). *Producing Masculinity: The Internet, Gender, and Sexuality*. London: Routledge.

Williams, L. (1989). *Hard Core: Power, Pleasure and the "Frenzy of the Visible".* Berkeley, CA: University of California Press.

Williams, L. (Ed.). (2004). *Porn Studies.* Durham: Duke University Press.

Williams, L. (2009). Skin Flicks on the Racial Border: Pornography, Exploitation, and Interracial Lust. In Thornham, S., Bassett, C., & Marris, P. (Eds.), *Media Studies: A Reader.* (3th ed. pp. 71–105). New York: New York University Press.

Wilson, L. C. (Ed.). (2017). *The Wiley Handbook of the Psychology of Mass Shootings.* London: John Wiley & Sons.

Winnicott, D. W. (2002). *Playing and Reality.* London: Routledge.

Wilz, K. (2016). Bernie Bros and Woman Cards: Rhetorics of Sexism, Misogyny, and Constructed Masculinity in the, 2016 Election. *Women's Studies in Communication, 39*(4), 357–360.

Witt, T. (2020). 'If i cannot have it, i will do everything i can to destroy it.' The Canonization of Elliot Rodger: 'Incel' Masculinities, Secular Sainthood, and Justifications of Ideological Violence. *Social Identities, 26*(5), 675–689.

Wodak, R. (2015). *The Politics of Fear: What Right-Wing Populist Discourses Mean.* London: Sage.

Yates, C. (2007). *Masculine Jealousy and Contemporary Cinema.* Basingstoke: Palgrave Macmillan.

Yates, C. (2015). *The Play of Political Culture, Emotion and Identity.* Basingstoke: Palgrave Macmillan.

Yates, C. (2019). The Psychodynamics of Casino Culture and Politics. *Journal of Psychosocial Studies, 12*(3), 217–230.

Yates, C., Richards, B., & Sergeant, A. (Eds.). (2020). Psychosocial Reflections on Fifty Years of a Cultural and Political Revolution. *Free Associations: Psychoanalysis and Culture, Media, Groups, Politics, 78,* http://freeassociations.org.uk/FA_New/OJS/index.php/fa/issue/view/28/.

Young-Bruehl, E. (1996). *The Anatomy of Prejudice.* Cambridge, MA: Harvard University Press.

Žižek, 1993 Žižek, S. (1993). *Tarrying with the Negative.* Durham: Duke University Press.

Žižek, 1994 Žižek, S. (1994). *The Metastases of Enjoyment.* London: Verso.

Žižek, 1997 Žižek, S. (1997). *The Plague of Fantasies.* London: Verso.

Zuckerberg, D. (2018). *Not All Dead White Men. Classics and Misogyny in the Digital Age.* Cambridge, MA: Harvard University Press.

Zupančič, A. (2017). *What is Sex?* Cambridge, MA: The MIT Press.

# 찾아보기

## 인명

## 내용

○ 저자소개 ○

**야콥 요한센**Jacob Johanssen은 런던 세인트 메리 대학교 커뮤니케이션학과 부교수다. 연구 분야는 정신분석학, 디지털 미디어, 수용자 연구, 섹슈얼리티와 디지털 미디어, 정동 이론, 심리사회학 및 비판이론이다. 학술지『정신분석학, 문화 그리고 사회Psychoanalysis, Culture & Society』의 카운터스페이스 코너 공동 편집인이며, 영국 정신분석학위원회British Psychoanalytic Council(BPC)의 창립자다.


○ 역자 소개 ○

**김정은**(정은 하이데커, Jeong eun Haidekker)

서울 출생으로 고려대학교 철학과를 졸업하고 동대학원 동양철학 석사 과정, 한국고등교육재단 한학연수장학생 3년 과정을 수료하였다. 미디어 번역과 영상 번역, 충무로 국제영화제 자막 작업 등에 참여하였다. 또한 한국 방송물 영한 번역, 기내 상영작 안내 매거진 번역, 다국적 기업 홍보물 한국어 자막 작업 등을 하였다. 현재는 남편과 세 아이들과 함께 15년째 독일에서 살고 있다. 역서로『영원의 전쟁: 전통주의의 복귀와 우파 포퓰리즘』(2024)이 있다.

온라인 청년 극우의
성차별, 인종주의, 여성혐오의 정신분석

Fatasy, Online Misogyny and The Manosphere
-Male Bodies and Dis/Inhibition-

2025년 3월 5일 1판 1쇄 인쇄
2025년 3월 10일 1판 1쇄 발행

지은이 • 야콥 요한센
옮긴이 • 김정은
펴낸이 • 김진환
펴낸곳 • (주) **학지사**
　　　　04031 서울특별시 마포구 양화로 15길 20 마인드월드빌딩
대표전화 • 02)330-5114　　　팩스 • 02)324-2345
등록번호 • 제313-2006-000265호

홈페이지 • http://www.hakjisa.co.kr
인스타그램 • https://www.instagram.com/hakjisabook

ISBN 978-89-997-3259-1 03180

정가 19,000원

▌출판미디어기업 **학지사**

간호보건의학출판 **학지사메디컬** www.hakjisamd.co.kr
심리검사연구소 **인싸이트** www.inpsyt.co.kr
학술논문서비스 **뉴논문** www.newnonmun.com
교육연수원 **카운피아** www.counpia.com
대학교재전자책플랫폼 **캠퍼스북** www.campusbook.co.kr